MASSAGE

Lucy Lidell · Sara Thomas
Carola Beresford-Cooke · Anthony Porter

MASSAGE

Anleitung zu östlichen und westlichen Techniken

Partnermassage, Shiatsu
Reflexzonenmassage

Fotografien Fausto Dorelli
Vorwort Clare Maxwell-Hudson

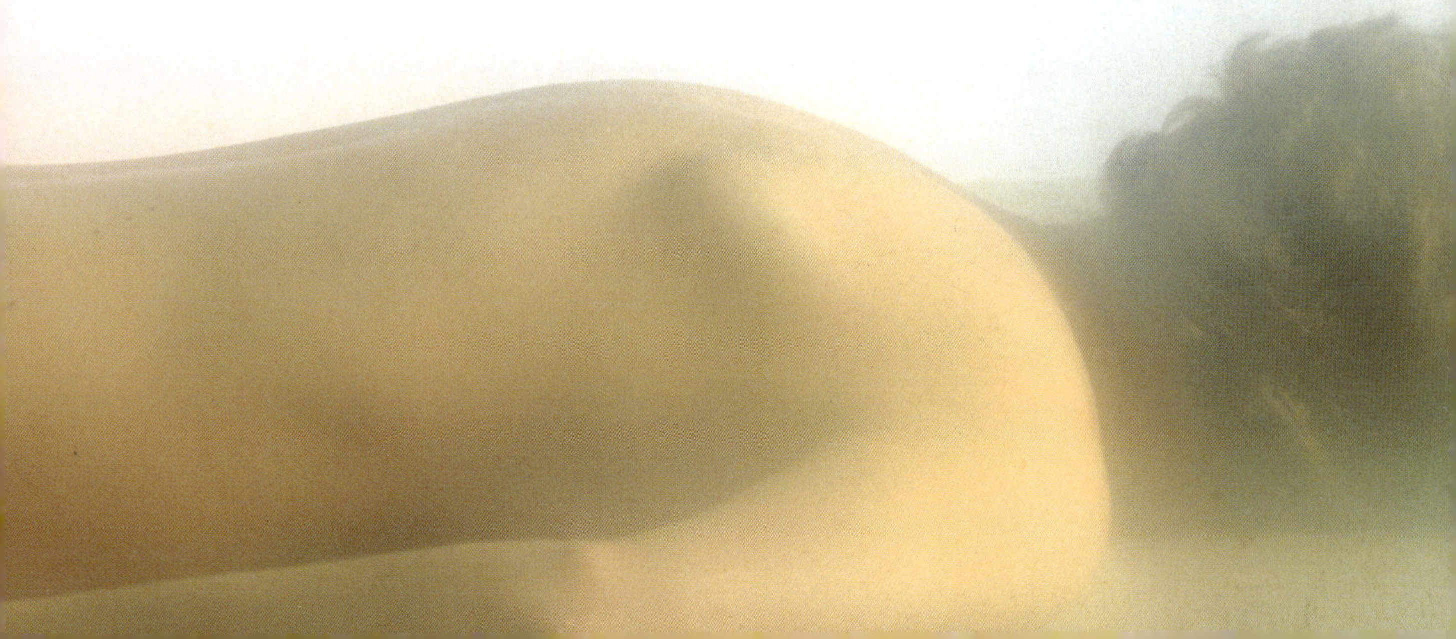

Verfasst von Lucy Lidell,
mit Beiträgen von Sara Thomas (Massage),
Carola Beresford-Cooke (Shiatsu) und
Anthony Porter (Reflexzonenmassage)
Herausgeber: Pip Morgan
Gestaltung: Patrick Nugent
Illustrationen: Joe Robinson

Die überarbeitete Ausgabe von *The Book of Massage*
erschien 2000 unter dem Titel *The New Book of Massage*
bei Ebury Press, Random House, London
A Gaia Original

Aus dem Englischen von Elke vom Scheidt
Übersetzung und Redaktion
der überarbeiteten Ausgabe: Annette Baldszuhn
Einbandgestaltung: Heinz Kraxenberger

2. Auflage

Satz: Filmsatz Schröter GmbH, München
Druck und Bindung: Printer, Trento
Printed in Italy

ISBN 3-442-39052-4

www.goldmann-verlag.de

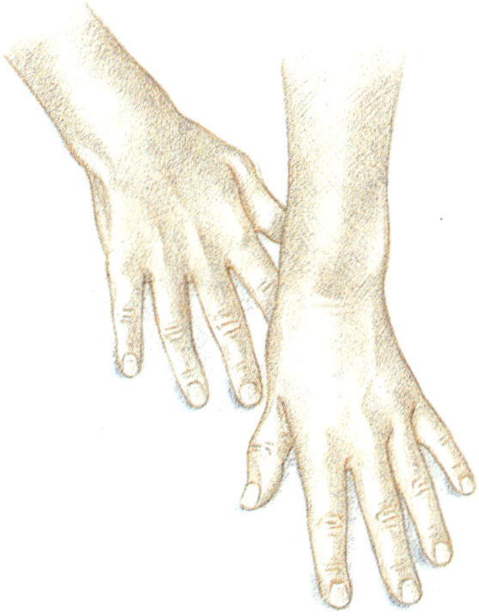

Über dieses Buch

In diesem Buch werden drei verschiedene Therapien gelehrt – Massage, Shiatsu und Reflexzonenmassage. Welche Sie auch lernen möchten, lesen Sie auf jeden Fall zuvor die Seiten 19 bis 25 (»Wie man anfängt«), denn sie enthalten praktische Ratschläge, die für alle drei Techniken wesentlich sind, sowie die Seiten 153 bis 165 (»Die menschliche Berührung«), die Ihnen zeigen, wie Sie die Techniken für verschiedene Lebensalter und besondere Bedürfnisse anwenden können.

Hinweis: Im Kapitel »Massage« sind die massierten Personen nackt abgebildet, da dieses Buch in erster Linie für die Anwendung zwischen Partnern und guten Freunden gedacht ist. Bei einer professionellen Massage werden immer Handtücher zum Bedecken des Körpers benutzt (siehe Seite 38 bis 39).

Bitte beachten Sie: Konsultieren Sie stets Ihren Arzt, wenn Sie sich über eine gesundheitliche Frage nicht im Klaren sind, und befolgen Sie die in diesem Buch angegebenen Vorsichtsmaßregeln und Gegenanzeigen.

Vorwort

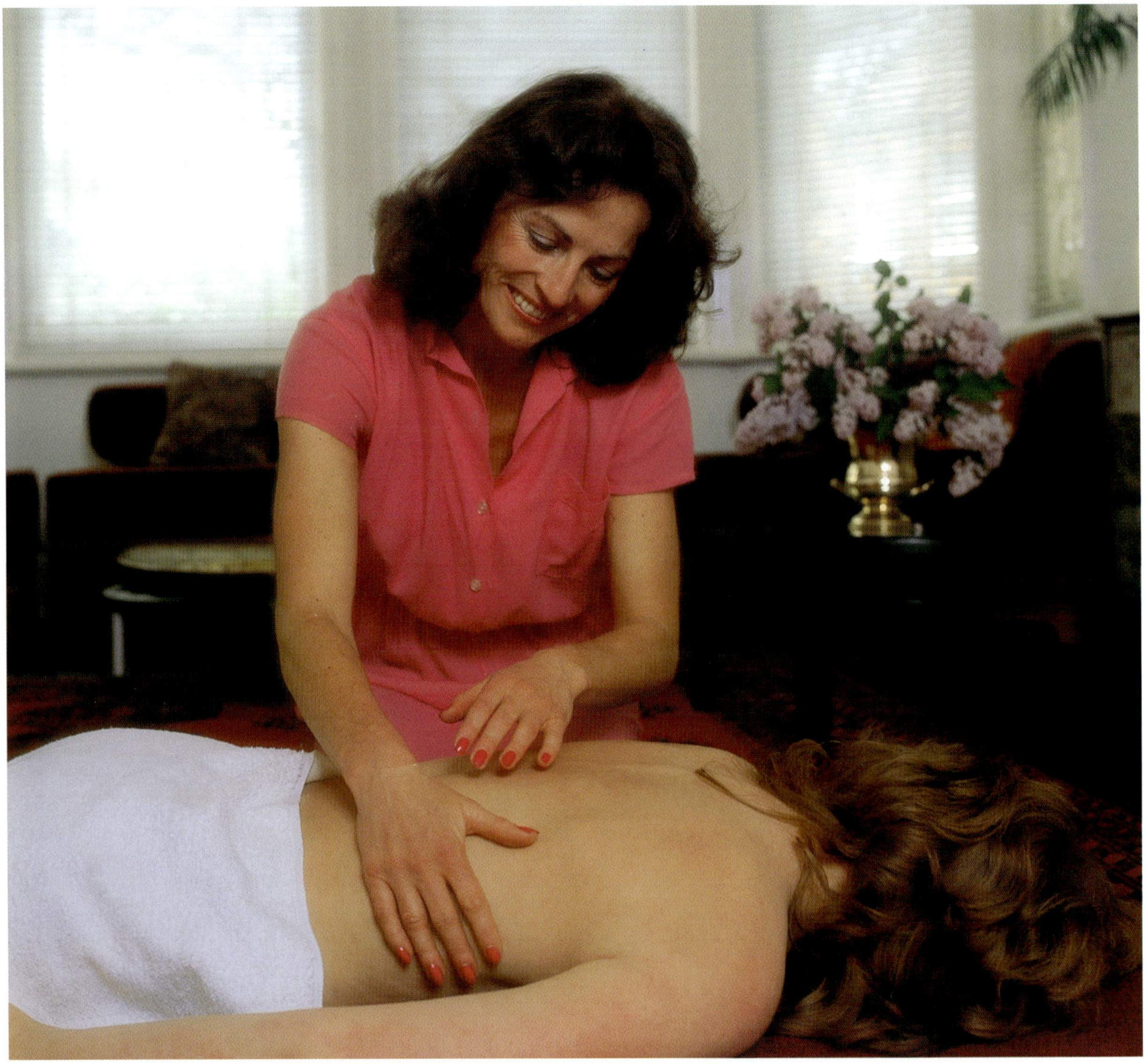

Massage ist vielleicht die älteste und einfachste aller medizinischen Behandlungsweisen. In traditionellen Kulturen, insbesondere im Osten, gilt es als ganz selbstverständlich, dass regelmäßige Massage Menschen jeden Alters nützt. Bei uns im Westen ist der Wert der Massage in der Sportwelt immer anerkannt worden, auf anderen Gebieten aber hat sie sich erst in jüngerer Zeit weiter durchgesetzt.

Nur zu oft haben wir Angst davor, einander zu berühren. Die Wissenschaft aber beweist zunehmend, wie überaus wirksam Berührung ist – und Berührung ist beim Massieren von zentraler Bedeutung. Eine kürzlich durchgeführte Untersuchung hat ergeben, dass einfache Massage den psychischen Zustand von Patienten verbessert und die Heilung beschleunigt. Bei meiner eigenen Arbeit in Krankenhäusern habe ich diese Erfahrung ebenfalls gemacht.

Massage ist nämlich nicht nur ein physischer Vorgang – das entdeckt man, wenn man sie praktiziert. Verständnis für die Person, die man unter den Händen hat, entwickelt sich durch Einfühlung. Wie jeder gute Therapeut auf diesem Gebiet weiß, wurzelt Einfühlung in der Einstellung: »Ich bin hier, um zu helfen.«

Massage ist für den Gebenden ebenso angenehm wie für den Nehmenden. Es ist wissenschaftlich erwiesen, dass das Streicheln eines Haustiers eine entspannende Wirkung hat und den Blutdruck senkt. Das Streicheln oder Massieren eines Menschen bewirkt dasselbe.

Massage kann anregend oder beruhigend sein, je nach der Geschwindigkeit und Tiefe der Griffe. Darum kann sie einen Menschen wach machen und auf einen Marathonlauf vorbereiten – oder ihm zu Entspannung und Schläfrigkeit verhelfen. Sie kann Spannung lindern, Kopfschmerzen beseitigen, verspannte und schmerzende Muskeln lockern und Schlaflosigkeit beheben. Und sie kann einen Heilungsprozess in Gang setzen, indem sie dem Menschen ein Gefühl für das eigene Wohlbefinden vermittelt. Viele meiner Klienten sind davon überzeugt, dass die Annehmlichkeit einer Massage an sich schon therapeutische Wirkung hat.

Massage ist eine Wohltat und auch noch leicht zu erlernen. Jeder kann es, denn im Grunde wenden wir sie in ihrer einfachsten Form alle instinktiv an. Wir streichen über die Stirn, wenn wir müde sind oder Kopfweh haben, wir tätscheln Kindern den Kopf oder die Wangen, wenn wir sie trösten wollen, wir halten liebevoll die Hand eines Freundes, und wir reiben eine schmerzende Körperstelle genauso selbstverständlich, wie wir ein Haustier streicheln. Ziel meines Buches ist es, Ihnen bei der Weiterentwicklung dieser natürlichen Fähigkeit zu helfen.

Man könnte Massage definieren als jede systematische Form der Berührung, die Wohlbefinden schaffen oder die Gesundheit fördern soll. In diesem Buch werden drei verschiedene Techniken beschrieben: Massage als solche, bei der die Griffe im Allgemeinen breit und fließend sind; Shiatsu, eine japanische Methode der Drucktherapie, der Akupunktur verwandt; und Reflexzonenmassage, die sämtliche Körperteile beeinflusst, indem sie die Reflexzonen an den Füßen bearbeitet. Dieses Massagebuch ist daher eine ausgezeichnete Einführung in unser Thema. Mit seiner Hilfe kann jeder anfangen, die therapeutischen Kräfte seiner Hände zu entwickeln.

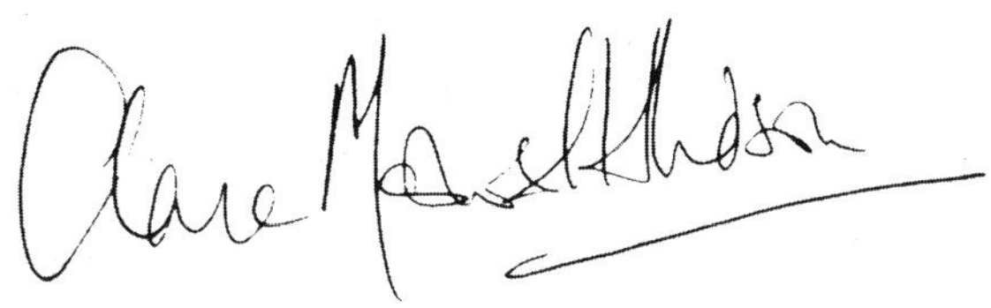

Inhalt

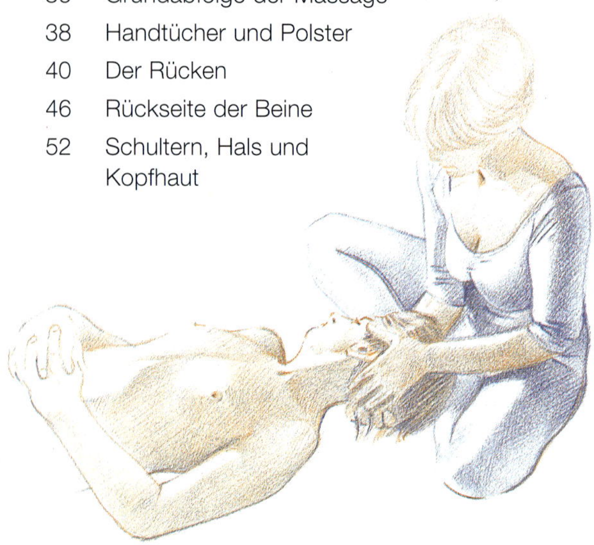

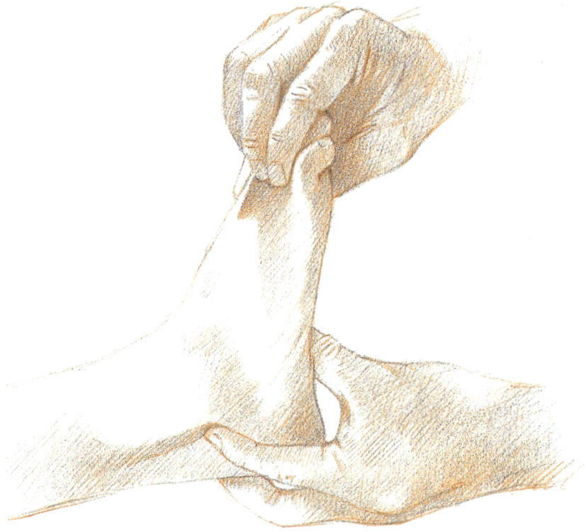

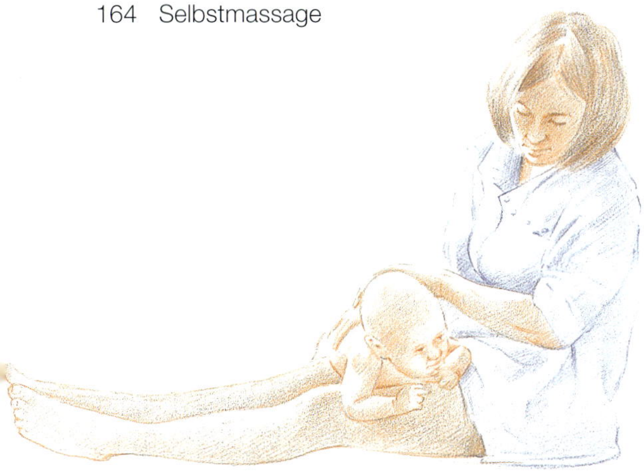

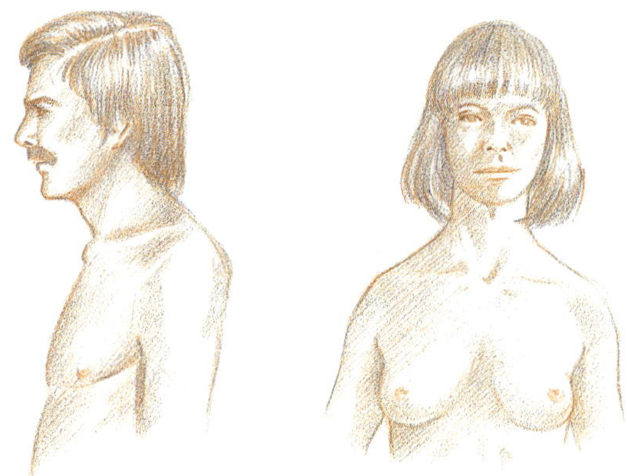

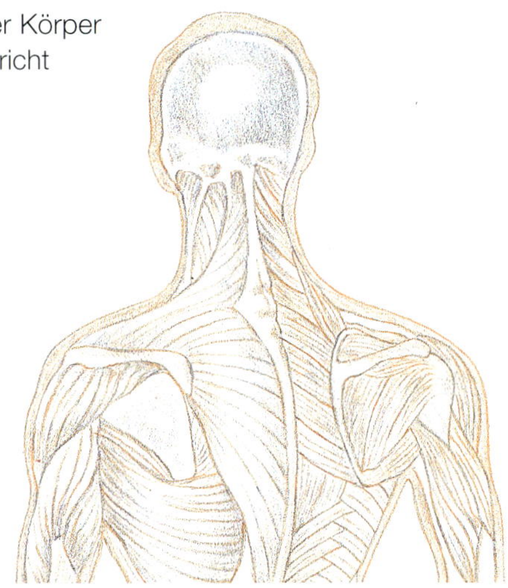

Einführung

Jeder braucht Entspannung, um dem Diktat der Zeit zu entfliehen. Wir hören Musik, wir beobachten das Ziehen der Wolken, wir suchen am Strand nach Muscheln und Steinen – so bringen wir unseren Geist zur Ruhe, gewinnen in der Unschuld des Augenblicks wieder ein Gefühl für unsere eigene Ganzheit. Als Kinder klettern wir auf Bäume und laufen barfuß herum. Wir fühlen uns in uns selbst zu Hause und haben Zugang zu unserer eigentlichen Natur. Doch wenn wir älter werden, verbringen wir mehr und mehr Zeit damit, nur noch im Kopf zu leben.

Es ist an der Zeit, das Gleichgewicht wiederherzustellen und in unseren Körper zurückzukehren, indem wir die sanfte Kunst der Berührung erlernen. Berührung ist eine gemeinsame Sprache, die wir benutzen können, um zu heilen oder zu trösten, Schmerz zu lindern oder Spannung zu lösen – und vor allem die Tatsache mitzuteilen, dass uns am anderen liegt.

Massage hilft uns, ständigem Stress und Druck entgegenzuwirken. Für viele von uns sind Verspannung und Schmerz gewohnte Begleiterscheinungen des Lebens; erst wenn wir massieren oder selbst massiert werden, erkennen wir, dass unsere Muskulatur angespannt ist, und merken, wie viel Energie durch Spannung verzehrt wird.

Massage einst und jetzt

Seit tausenden von Jahren heilte oder linderte man Krankheiten durch Massage oder Handauflegen. Für die Ärzte der alten Griechen und Römer war Massage dabei ein ganz wichtiges Mittel. Im frühen 5. Jahrhundert vor Christus schrieb Hippokrates – der »Vater der Medizin«: »Der Arzt muss in vielen Dingen erfahren sein, gewiss aber im Reiben … Denn Reiben kann ein Gelenk festigen, das zu locker ist, und ein Gelenk lockern, das zu steif ist.«

Plinius, der bekannte römische Naturforscher, wurde zur Linderung seines Asthmas regelmäßig abgerieben, und Julius Cäsar, der an Epilepsie litt, ließ sich täglich am ganzen Körper gegen seine Neuralgie und seine Kopfschmerzen kneten. Nach dem Niedergang Roms im 5. Jahrhundert nach Christus gab es in Europa auf dem Gebiet der Medizin nur geringe Fortschritte; es blieb den Arabern überlassen, die Lehren der klassischen Welt zu studieren und weiterzuentwickeln. Avicenna, der arabische Philosoph und Arzt des 11. Jahrhunderts, bemerkte in seinem *Canon*, Ziel der Massage sei es, »die Abfallstoffe zu beseitigen, die sich in den Muskeln befinden und nicht durch Bewegung ausgeschieden werden«.

Im Mittelalter hörte man in Europa wenig von Massage. Im 16. Jahrhundert wurde sie wiederbelebt, hauptsächlich durch die Arbeit eines französischen Arztes, Ambroise Paré. Dann, zu Beginn des 19. Jahrhunderts, entwickelte ein Schwede namens Per Henrik Ling das, was heute als »Schwedische Massage« bekannt ist: ein System aus Gymnastik, Physiologie und den chinesischen, ägyptischen, griechischen und römischen Techniken. 1813 wurde die erste höhere Schule, die Massage als Teil des Lehrplans umfasste, in Stockholm eingerichtet; von da an verbreiteten sich Institute und Bäder, in denen massiert wurde, auf dem ganzen Kontinent. Heute wird der therapeutische Wert der Massage in der ganzen westlichen Welt sowohl von Laien als auch von Fachleuten anerkannt.

Im Osten wurden Massagetechniken wegen ihrer Heilwirkung immer stärker anerkannt als im Westen und seit frühesten Zeiten angewandt. Der Unterschied in der östlichen und westlichen Einstellung zur Massage, den es bis vor kurzer Zeit gab, stammt möglicherweise aus der wissenschaftlichen Revolution, die sich vor rund 250 Jahren im Westen abspielte. Als Folge dieser neuen Wissenschaft wurden alte Vorstellungen, die Körper, Geist und Seele als Einheit betrachteten, als unwissenschaftlich abgetan, und im Laufe der Zeit wurde der menschliche Körper als eine Art hoch entwickelter Maschine betrachtet, die nur von besonders ausgebildeten und spezialisierten Menschen bedient und in Gang gehalten werden konnte – von Ärzten.

Im Osten jedoch konnte diese »wissenschaftliche« Einstellung erst in jüngster Zeit Fuß fassen; die Leute vom Land verbanden weiterhin den instinktiven Wunsch, ein Übel mit den durch lange Tradition verfeinerten und entwickelten Fertigkeiten der Barfußärzte »wegzureiben«, die ihre Autorität vom Wissen um östliche medizinische Theorien und Techniken der Knocheneinrenkung und -behandlung bezogen. Shiatsu entstand aus dieser traditionellen Art der Massage, wie sie in Japan praktiziert wurde; nachdem es sich durchgesetzt hatte, wurde es durch weitere Einflüsse der klassischen Akupunktur-Theorie und die westlichen Wissenschaften Osteopathie und Chiropraxis bereichert, die in Japan neu waren. Die Anfänge der Reflexzonenmassage sind unbekannt – vielleicht hat sie sich aus der alten Kunst der östlichen Druckpunkt-Theorie entwickelt. Doch welches auch immer ihre genauen Ursprünge sein mögen, sicher scheint, dass sie im alten Ägypten gebräuchlich war, wie die Wandmalereien aus dem Grab eines Arztes beweisen, die rechts oben abgebildet sind.

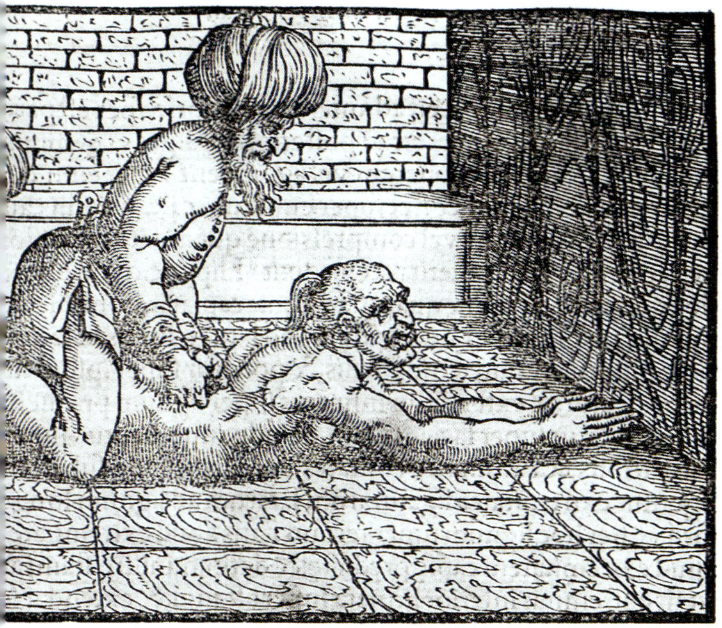

Historische Beweisstücke für Reflexzonenmassage, Massage und Shiatsu. Oben: Wandgemälde in Saqqara (Ägypten), 2330 v. Chr. Darunter: Aus dem Canon des Avicenna, 980–1037 n. Chr. Rechts: Japanische Holzschnitte, frühes 19. Jh.

Die Sprache der Berührung

Berührung bedeutet Kontakt – Beziehung zu dem, was außerhalb von uns selbst liegt. Und für Menschen wie für andere Lebewesen auch ist Berührung von lebenswichtiger Bedeutung. Berührung gibt Bestätigung, Wärme, Freude, Trost, Geborgenheit und neue Vitalität.

Der Tastsinn ist der erste Sinn, der sich entwickelt. Als Babys erforschen wir die Welt in erster Linie durch Tasten und erfassen so ihren Sinn; die liebevolle Berührung durch unsere Eltern ist wesentlich für unser Gedeihen. Solange das Bedürfnis zu berühren und berührt zu werden befriedigt wird, wachsen wir gesund heran; wo dieses Bedürfnis aber gehemmt wird, kann unsere Entwicklung Schaden nehmen. Das Streicheln und die Umarmungen nämlich, die wir in früher Kindheit erfahren, helfen uns, ein gesundes Selbst aufzubauen; sie nähren das Gefühl, dass wir akzeptiert und geliebt werden, weil wir berührt werden. Vor mehr als fünfunddreißig Jahren zeigte der amerikanische Psychologe S. M. Jourard, dass unsere Wahrnehmung, wie oft wir von anderen Menschen berührt werden, in einem eindeutigen Zusammenhang mit unserem Selbstwertgefühl steht, also damit, wie sehr wir uns selbst schätzen.

Experimente mit Primatenbabys haben gezeigt, wie entscheidend körperlicher Kontakt mit einer warmen, fürsorglichen Mutter ist und wie schädlich sich für Körper und Seele der Mangel an Berührung auswirkt. Unser gesamtes Realitätsgefühl nämlich basiert auf dem Tastsinn. In unserer Gesellschaft ist das Ausgeschlossensein vom Kontakt mit unseren Mitmenschen eine Strafe – und Einzelhaft ist die schlimmste aller Strafen. Wenn wir nicht berühren und berührt werden, fühlen wir uns schmerzhaft allein gelassen und ängstlich. In einer amerikanischen medizinischen Untersuchung aus jüngster Zeit erklärten Patienten, denen Hautkontakt vorenthalten wurde, sie fühlten sich schmerzhaft isoliert und von der Wärme menschlicher Berührung abgeschnitten.

Berührung ist eine Sprache, die wir alle instinktiv sprechen, um unsere Gefühle zu zeigen, um anderen zu beweisen, dass sie geliebt, begehrt oder geschätzt werden. Streicheln ist unsere natürliche Reaktion, wenn Kinder sich wehtun; Hände legen sich sanft auf eine fiebrige Stirn, streichen über einen wehen Bauch oder einen schmerzenden Kopf. Durch Umarmung und Streicheln teilen wir Sympathie, Verständnis, Trost mit. Wenn wir allein sind und Schmerzen haben, wiegen wir uns, krümmen uns zusammen, legen den müden Kopf in die Hände, massieren unbewusst schmerzende Gliedmaßen. Doch abgesehen davon, dass wir einander vielleicht aus Freundschaft umarmen oder, um unser Glück und unsere Freude mitzuteilen – haben wir uns nicht sehr weit von unseren Instinkten entfernt, wenn wir die Sprache der Berührung ausschließlich dem Weinen aus Schmerz und Sorge oder allem, was mit Sexualität verbunden ist, vorbehalten?

Massage, Shiatsu und Reflexzonenmassage

In diesem Buch werden wir zeigen, wie Berührungstechniken nicht nur dazu benutzt werden können, um denen, die uns nahe stehen, zu Entspannung und Wohlbefinden zu verhelfen, sondern auch dazu, mehr Verständnis für uns selbst und andere zu schaffen. Die drei vorgestellten Berührungstherapien – Massage, Shiatsu und Reflexzonenmassage – unterscheiden sich in Wirkung und Anwendungsweise erheblich voneinander. Alle drei jedoch arbeiten mit der Regenerationsfähigkeit des Körpers und fördern die Selbstheilungskräfte des Individuums. Wir schlagen Ihnen vor, die Therapie zu erlernen, zu der Sie sich von Ihrem Temperament her am meisten hingezogen fühlen – Massage ist vielleicht am einfachsten zu erlernen, denn ihre Bewegungen beruhen auf Berührungsweisen, die wir alle von Natur aus anwenden. Shiatsu und Reflexzonenmassage müssen dagegen präziser gehandhabt werden.

Massage umfasst das systematische Streichen, Kneten und Pressen des weichen Gewebes am ganzen Körper, um einen Zustand totaler Entspannung herbeizuführen. Der Massierte ist nackt oder teilweise bekleidet, und man verwendet Öl, um die Haut geschmeidig zu machen. Bei der Massage streichen Ihre Hände stetig über große Körperpartien, während Sie bei Shiatsu und bei der Reflexzonenmassage meist mit Druck auf kleine Bereiche oder Punkte arbeiten.

Shiatsu ist ein japanisches System der Körpertherapie, das mit Fingern, Daumen, Ellbogen, Knien oder Füßen ausgeführt wird. Es unterscheidet sich von der Massage durch das Prinzip, auf dem es beruht. Während Massage hauptsächlich auf Muskeln, Bänder und Sehnen einwirkt und besonders das Gleichgewicht der Körperflüssigkeiten Blut und Lymphe beeinflusst, gehört zu Shiatsu die Konzentration auf Druckpunkte oder *Tsubos*, um das Gleichgewicht von Lebensenergie oder *Ki* in den Meridianen zu beeinflussen. Da beide Therapien die Arbeit mit dem gesamten Körper umfassen, muss Shiatsu gelegentlich auch die Muskel-, Kreislauf- und Lymphsysteme berühren, ebenso wie Massage die Druckpunkte und Meridiane berühren muss, selbst wenn das nicht absichtlich geschieht. Bei Shiatsu ist man gewöhnlich bekleidet – weil es so niemanden stört, wenn man, wie es zur Behandlung gehört, mitunter recht ausgefallene Stellungen einnehmen muss. Es ist besonders wirksam als vorbeugende Maßnahme und als Stärkung für Menschen, die erschöpft oder nach einer Krankheit auf dem Weg der Genesung sind. Bei der Reflexzonenmassage nutzt man spezielle Daumen- und Fingertechniken, um kleine Bereiche oder Reflexzonen an den Füßen zu bearbeiten. Diese Reflexzonen sind mit bestimmten Körperteilen verbunden, sodass man bei der Bearbeitung aller Fußreflexzonen tatsächlich den ganzen Körper beeinflusst. Der Hauptnutzen der Reflexzonenmassage ist Entspannung, doch sie verbessert auch die Blutversorgung und die Funktion der Nervenimpulse.

Wie man anfängt

Sorgfalt und Empfindsamkeit, etwas Zeit und Energie und ein Paar gute Hände – mehr brauchen Sie nicht, um mit dem Massieren zu beginnen. Doch auch wenn Sie eine der beiden anderen Berührungstherapien erlernen möchten: Es gibt bestimmte wichtige Richtlinien der Behandlung, die für alle drei gelten.

Zunächst einmal lohnt es sich, einige kleine Vorkehrungen zu treffen, damit Sie gut auf die Sitzung vorbereitet sind, ehe Sie beginnen. Der Raum sollte bereits warm und behaglich sein, Kissen, Decken und Handtücher bereitliegen; auch für Puder oder Öl sollten Sie vorher sorgen. Sie unterbrechen nämlich den Fluss der Behandlung, wenn Sie zwischendurch die Heizung anstellen oder Öl holen müssen. Und Sie verfehlen den Zweck der Übung ganz, wenn Ihr Partner sich nicht entspannen kann, weil er oder sie friert oder sich unbehaglich fühlt. Denken Sie auch an das, was Sie zu Ihrer eigenen Bequemlichkeit brauchen. Um gut zu massieren oder Shiatsu anzuwenden, müssen Sie Kleidung tragen, in der Sie sich unbeschwert bewegen können. Jedes Mal, wenn Sie während einer Behandlung Ihre Stellung verändern, müssen Sie wieder eine entspannte Haltung einnehmen, damit sich Ihre Spannung nicht auf den Partner überträgt.

Ihr Wohlbefinden ist eng verbunden mit Ihrer Haltung und Atmung. Ob Sie sitzen, knien oder stehen, Ihr Körper sollte ausgeglichen und entspannt sein. Damit die heilende Energie frei fließen kann, müssen Sie Ihren Rücken gerade halten, statt ihn zu beugen oder abzuknicken; bewegen Sie sich von Bauch und Becken aus und benutzen Sie Ihren ganzen Körper, um Druck auszuüben, nicht nur Ihre Hände oder Schultern. Wenn Sie voll atmen und Ihren Körper gewissermaßen »tanzen« lassen können, während Sie sich bewegen, vermeiden Sie, dass Sie angespannt oder müde werden, und können die Behandlung mit genauso viel Energie beenden wie beginnen.

Von zentraler Bedeutung für den Erfolg jeder Berührungstherapie sind Ihr seelischer Zustand und Ihre Einstellung dem Partner gegenüber. Sie sollten jede Sitzung als neue Erfahrung ansehen und jedes Mal ein Gefühl von echter Fürsorge, von Achtung und Respekt einbringen. Sprechen Sie mit Ihrem Partner über das, was Sie in der Behandlung tun werden, und stellen Sie fest, ob es besondere Probleme gibt. Ermutigen Sie ihn, Sie während der Sitzung zu unterbrechen, wenn er sich unbehaglich fühlt oder wenn Ihr Druck zu stark oder zu schwach ist. Im Allgemeinen aber sollten Sie bei der Massage keine Unterhaltung führen – dadurch verlieren Sie nur Ihre Konzentration und könnten leicht die Kostbarkeit bewusster Berührung der abgegriffenen Alltagssprache opfern. Versuchen Sie nie, eine Behandlung zu verabreichen, wenn Sie aufgebracht, wütend sind oder sich unwohl fühlen – Sie erschöpfen damit nicht nur Ihre Energie, sondern stecken mit Ihrer Stimmung auch Ihren Partner an.

Für alle Berührungstherapien müssen Sie Ihre Aufmerksamkeit auf das »Hier und Jetzt« richten, denn die heilende Energie, die Sie durch Ihre Hände übertragen, wird durch geistige Abwesenheit geschwächt oder abgelenkt. Wenn Sie zentriert sind (siehe Seite 25), werden Sie durch Ihre Intuition angeleitet und spüren schneller, wo die Quellen von Spannung in Ihrem Partner liegen und wo seine Energie nicht im Gleichgewicht ist. Sie werden in der Lage sein, die richtige Berührung für jeden Körperteil zu finden und zu unterscheiden zwischen einer Massage, die »angenehm wehtut«, und übermäßigem Druck. Wenn aber Ihre Gedanken abzuschweifen beginnen, während Sie arbeiten, dann bringen Sie sie einfach sanft zurück und beruhigen Sie Ihren Geist, indem Sie sich auf Ihren Atem konzentrieren. Eine kurze Zeit lang mit geschlossenen Augen zu arbeiten, kann Ihnen helfen, mit dem in Berührung zu bleiben, was Sie gerade tun, und Ihre Aufmerksamkeit in Ihren Händen festzuhalten.

Eine entspannte Atmosphäre schaffen

Entspannung ist für jede Art von Massage wichtig und entscheidend; je ruhiger und angenehmer die Umgebung ist, in der Sie arbeiten, desto wirkungsvoller wird Ihre Behandlung sein. Wie auch immer Ihr Zuhause aussieht, es sind nur wenige Handgriffe nötig, um ein paar Quadratmeter in eine friedvolle Massageecke zu verwandeln. Am wichtigsten sind Wärme und Ruhe. Der Raum, den Sie wählen, sollte ohne Zugluft und sehr warm sein – besonders für eine Ölmassage, bei der der Partner nackt oder nur teilweise bekleidet ist. Sie brauchen zwei Badetücher, um Ihren Partner während oder auch nach der Sitzung zudecken zu können (siehe Seite 38–39). Für Shiatsu und Reflexzonenmassage legen Sie eine Decke bereit, mit der Sie Ihren Partner am Ende der Sitzung zudecken. Und ehe Sie anfangen, sollten Sie noch für ein paar kleine Kissen oder Polster sorgen, um es dem anderen oder sich selbst bequemer zu machen. Wählen Sie für die Massage eine Zeit, in der Sie und Ihr Partner Ruhe haben und nicht gestört werden, damit die Konzentration nicht unterbrochen wird. Manche Menschen mögen entspannende Musik im Hintergrund, andere finden Musik jeder Art eher störend. Die Beleuchtung des Raums sollte gedämpft sein, da helles Licht die Augen daran hindert, sich völlig zu entspannen. Der milde Schein von Kerzen ist ideal.

Arbeitsflächen

Von den drei Berührungstechniken, die in diesem Buch gelehrt werden, wird Shiatsu stets auf dem Fußboden ausgeführt, ganzheitliche Massage auf dem Fußboden oder auf einem Massagetisch, bei der Reflexzonenmassage sitzt oder liegt der Empfänger in einem Sessel (siehe Seite 138). Für Shiatsu benötigen Sie mehr Platz als für Massage – mindestens 2,40 m mal 1,80 m. Liegt auf dem Fußboden ein weicher Teppich, brauchen Sie nur eine gefaltete Decke oder eine Steppdecke auszulegen, bedeckt mit einem Laken oder einem Handtuch, wenn Sie eine Ölmassage verabreichen. Ist der Boden aber hart, empfiehlt sich ein Extrapolster. Ein Futon oder eine breite, 2,5 bis 5 cm dicke Schaumstoffmatratze ist am besten; wenn Sie keine haben, legen Sie mehrere Decken oder Steppdecken übereinander. Achten Sie darauf, dass die Polsterung ein gutes Stück größer ist als der Massierte selbst. So schonen Sie Ihre eigenen Knie, wenn Sie sich um ihn herum bewegen. Wenn Sie häufig massieren, lohnt es sich, einen Massagetisch anzuschaffen. Verwenden Sie kein Bett und keine Sprungfedermatratze – der Druck, den Sie ausüben, wird von der Matratze absorbiert.

Massagetische

Massagetische sind in vielen Ausführungen erhältlich. Die meisten sind leicht an Gewicht, zusammenklappbar und tragbar, oft sind sie aus Aluminium; viele besitzen verstellbare Beine. Die richtige Höhe hat der Tisch, wenn die Oberfläche mit locker hin- und herschlenkerndem Arm mit den Fingerknöcheln gestreift wird. Alle Massagetische haben eine gepolsterte Liegefläche, und viele Typen weisen noch eine Aushöhlung für das Gesicht auf. Es gibt fertige Überzüge zu kaufen; ebenso gut können Sie aber auch ein Laken oder ein großes Handtuch auf den Tisch legen.

Geben und empfangen

Massage ist ein wechselseitiges Fließen von Berührung und Reaktion, ein gegenseitiger Energieaustausch. Die Hände, die sowohl geben als auch empfangen, und die Haut – das sind die Instrumente der Kommunikation. Durch Ihre Hände nehmen Sie wahr und entdecken die Einzigartigkeit des Menschen, den Sie berühren; durch Ihre Haut empfängt er die Gabe Ihrer Berührung, den fürsorglichen Kontakt und die Bewegung. Eigentlich sind die Begriffe »geben« und »empfangen« hier täuschend, da jede Form der Berührungstherapie eine Sache des Miteinander-Teilens ist. Damit die heilende Kraft der Berührung durchdringen kann, müssen beide Partner ihre Rollen bei diesem Austausch verstehen, müssen beide geben und empfangen – der Empfänger, indem er Vertrauen hat und sich dem Gebenden überlässt; der Gebende, indem er sensibel für die Bedürfnisse des Empfängers ist. Auf höchster Ebene kann Massage eine Form der Meditation sein, bei der beide Teilnehmer sich auf den Berührungspunkt zwischen sich konzentrieren. Wenn Sie die angeführte Übung machen, werden Sie erfahren, wie sich eine bewusst statt mechanisch gegebene Berührung anfühlt.

Sensibilität entwickeln *(unten)*
Setzen Sie sich mit gestreckten Beinen auf den Boden. Sammeln Sie zunächst Ihren Geist; dann streichen Sie mit Ihren Händen sanft an einem Schenkel herunter, um Kontakt herzustellen. Anschließend streichen Sie in breiten Bögen und Kreisen über die Beine, konzentrieren Sie dabei Ihr Bewusstsein zunächst in den Handballen (1), dann in den Handflächen (2), dann in den Daumen (3) und zuletzt in den Fingern (4).

Konzentration des Bewusstseins

Um gut massieren zu können, müssen Körper und Geist in Einklang gebracht werden. Die Übung rechts hilft Ihnen, Ihre Sensibilität zu entwickeln, indem Sie gleichzeitig Berührung geben und empfangen. Das erfordert, dass Sie Ihr Bewusstsein in den verschiedenen Teilen Ihrer Hände konzentrieren, während Sie damit an einem Bein herunterstreichen. Konzentrieren Sie immer erst Ihr Bewusstsein in einem Teil Ihrer Hände, dann üben Sie mit diesem Teil kurz Druck auf das Bein aus, um anschließend mit den Händen sanft das Bein herunterzugleiten. Die Berührung soll von der ganzen Hand ausgeführt werden, aber Ihr volles Bewusstsein soll jeweils in dem ausgewählten Teil der Hände ruhen.

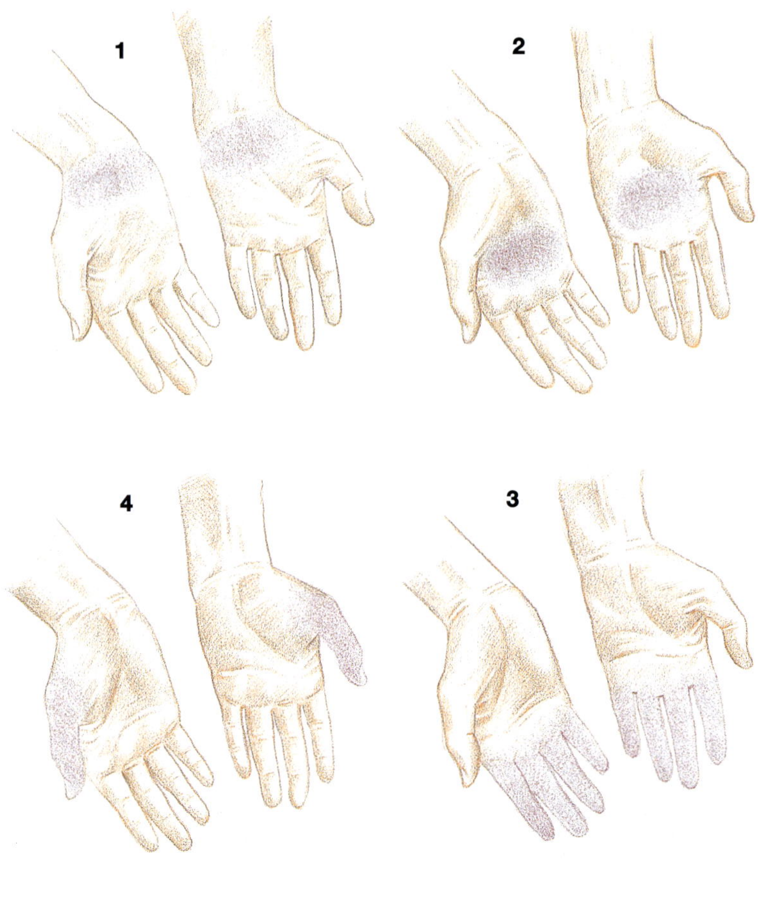

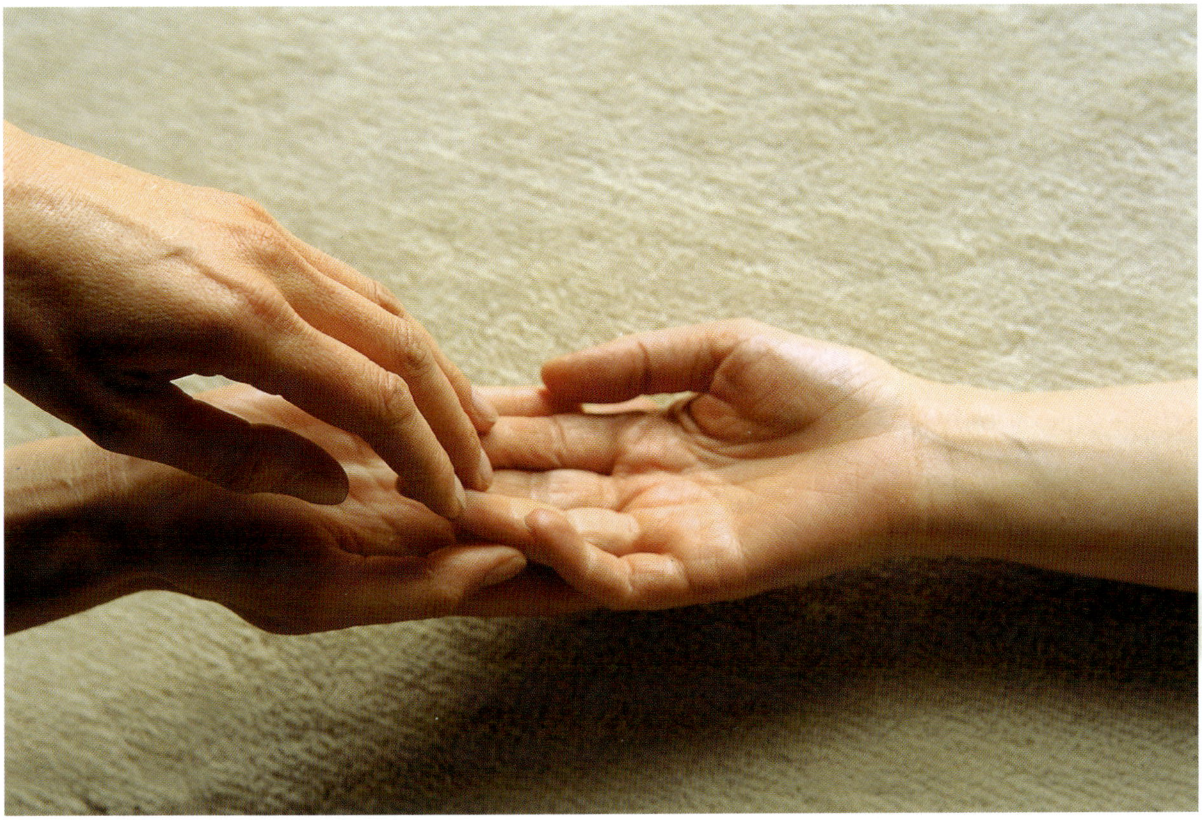

Geber

Es ist wichtig, dass Sie sich unbeschwert bewegen können. Tragen Sie also bequeme Kleidung, die nicht einengt. Ehe Sie mit einer Behandlung beginnen, sollten Sie sich die Hände waschen und dafür sorgen, dass Ihre Fingernägel kurz sind. Nehmen Sie Ihre Uhr und sämtliche Ringe ab. Auch Ihr Partner sollte keinen Schmuck tragen und die Kleider ablegen. Wenn Sie Ihrem Partner oder einem guten Freund eine Ölmassage verabreichen, kann der Empfänger dabei nackt sein; Sie müssen jedoch stets die Wünsche Ihres Partners respektieren, wenn ihn das stört und er sich leicht bekleidet wohler fühlt.

Machen Sie es ihm bequem, falls erforderlich mit Polstern unter Fußknöcheln, oberem Brustkorb, Bauch oder Knien. Nehmen Sie selbst eine bequeme Stellung ein, ehe Sie sich zentrieren (siehe Seite 25). Versuchen Sie, während der Behandlung entspannt zu bleiben und Ihren Geist auf das zu konzentrieren, was Sie gerade tun. Waschen Sie sich am Ende einer Sitzung stets die Hände.

Empfänger

Um eine Massage voll nutzen zu können, müssen Sie beim Heilungsprozess eine aktive Rolle spielen, indem Sie Ihre Aufmerksamkeit auf die Berührungen Ihres Partners konzentrieren und Ihre Gedanken nicht abschweifen lassen. Setzen oder legen Sie sich hin, schließen Sie die Augen und achten Sie auf Ihre Atmung; werden Sie sich der Körperteile bewusst, die sich bewegen, während Sie ein- und ausatmen. Versuchen Sie abzuschalten und allen Sorgen und Problemen zu entkommen. Stellen Sie sich auf die Hände des Gebenden ein, seien Sie aufnahmebereit und konzentrieren Sie sich einfach auf die Empfindungen, die durch ihre gegenseitige Berührung hervorgerufen werden. Sie sollen nicht »mitarbeiten«, der Masseur soll Ihre Gliedmaßen heben und senken, ohne dass Sie versuchen, dabei zu helfen. Lassen Sie ihn wissen, wenn Sie den Druck einer Berührung als zu stark empfinden, wenn irgendetwas unangenehm ist – oder wenn Sie einen bestimmten Griff oder eine Bewegung besonders genießen. Ansonsten sollten Sie nicht reden.

Zentrieren

Zentrieren ist eine Art der Konzentration, des Sammelns von Energie an einem Punkt, damit wir sie leichter in die gewählte Aktivität kanalisieren können. Es ist ein Zustand von Gleichgewicht, Ruhe, Stärke und Präsenz im Augenblick. Genauer ausgedrückt bedeutet Zentrieren Konzentration im *Hara*, dem Energiezentrum im Bauch, wie die nebenstehende Abbildung zeigt. Für jede Form der Massage wie auch für die Kampfkünste ist das Zentrieren im *Hara* von größter Bedeutung, denn so ist es möglich, flexibel und doch voller Spannkraft zu bleiben und mehr mit der Intuition als mit dem Verstand zu arbeiten. Wenn unsere Energie im Hara zentriert ist, brauchen wir weniger Muskelkraft und können eine ganze Reihe von Massagebehandlungen durchführen, ohne zu ermüden. Zum Zentriertsein gehört ganz wesentlich die richtige Haltung – gerade Wirbelsäule, Schultern und Hals entspannt. Außerdem müssen wir »geerdet« bleiben, das heißt, der Kontakt zum Boden durch flexible Beine und Füße muss uns bewusst bleiben (siehe auch Seite 170).

Atmen ins *Hara*

Eines der frühen Übungsstadien beim taoistischen Yoga ist eine Visualisierungs- und Atmungsmeditation. Der Meditierende konzentriert sich darauf, das ewige Sein in seinem Hara-*Zentrum zu schaffen.*

Das *Hara*

Hara ist das japanische Wort für Bauch oder Leib, im Chinesischen als *Tan t'ien* und im Arabischen als *Kat* bekannt. Es bezieht sich auf die Quelle von Vitalenergie und Kraft im unteren Bauch, genauer gesagt einige Zentimeter unter dem Nabel, die als *Tan-Den* bezeichnet wird (siehe Seite 122). Das *Hara* ist das zweite der Chakras, der sieben Energiezentren, die hauptsächlich entlang der Wirbelsäule angeordnet sind (siehe Seite 189). Das *Hara* wird gewöhnlich als »Erd«-Zentrum betrachtet und sorgt dafür, dass die Energie aus der Erde im Becken gesammelt und dann über Arme und Hände ausgestrahlt wird. Es ist das Zentrum von Schwere, Kraft, Gleichgewicht und Stabilität, der Kern unserer physischen und psychischen Stärke. Wenn wir irgendeine Art von Massage durchführen – oder eine der Kampfkünste praktizieren –, dann kommt unsere Energie aus unserem Schwerkraftzentrum und wir können ohne Anstrengung und Belastung arbeiten (siehe Seite 88).

Das *Hara* in den Kampfkünsten

Ein Mann, der im Hara *zentriert ist wie der Karate-Meister rechts, ist kraftvoll und unverrückbar wie ein Baum, dessen Wurzeln tief hinunter in die Erde reichen. Wenn die Mitte stark ist, kann die Energie durch Arme und Hände frei nach außen fließen.*

Zentrierungsmeditation

Ehe Sie eine Form der Berührungstherapie in unserem Buch durchführen – Massage, Shiatsu oder Reflexzonenmassage –, sollten Sie einige Minuten damit zubringen, sich selbst zu zentrieren und die Energie Ihres *Hara* mit Ihren Händen in Verbindung zu bringen. Knien oder setzen Sie sich mit gekreuzten Beinen auf den Boden, falls nötig mit einem Kissen unter dem Gesäß, um jede Belastung der Beine zu vermeiden. Wenn Sie sich noch immer unbehaglich fühlen, dann setzen Sie sich auf einen Stuhl mit gerader Lehne und stellen beide Füße flach auf den Boden. Schließen Sie die Augen und richten Sie Ihre Aufmerksamkeit nach innen. Fühlen Sie das starke Fundament von Gesäß, Beinen und Füßen, die das Kissen, den Stuhl oder den Boden berühren. Lassen Sie von dieser festen Basis aus Ihr Rückgrat sanft nach oben steigen, und zwar ohne Anstrengung. Vertreiben Sie alle Spannung aus Schultern, Hals und Gesicht. Konzentrieren Sie sich auf Ihren Atem; lassen Sie ihm seinen eigenen Rhythmus. Stellen Sie sich beim Einatmen vor, dass er Ihren unteren Bauchraum oder Ihr *Hara* ausfüllt. Fangen Sie nach einigen Atemzügen an, sich beim Ausatmen bildlich vorzustellen, wie Ihr Atem vom *Hara* aus durch Ihren Rumpf fließt, durch die Schultern, in den Armen herunter und aus den Händen heraus.

Massage

Massage ist Berührung, die man miteinander teilt – Hände auf dem Körper, dem Kopf, auf Händen oder Füßen. Und doch berührt Massage mehr als nur die Haut, mehr sogar als Muskeln und Knochen – eine gute, liebevolle Massage dringt direkt in die Tiefe Ihres Seins.

Die Art, die wir in diesem Buch lehren, wird oft als ganzheitliche oder intuitive Massage bezeichnet – im Unterschied zur Sportmassage sowie zur »Schwedischen Massage«. Die ganzheitliche Massage behandelt das Individuum als Ganzes, statt sich nur auf physische Zustände des Empfängers einer Massage zu konzentrieren, und ihre Bewegungen sind im Allgemeinen langsamer und meditativer. Dabei sind die Einstellung von Geber und Empfänger und die Kommunikation zwischen beiden von vorrangiger Bedeutung für die Wirkung der Behandlung. Die Rolle des Empfängers besteht darin, entspannt, aber wach zu sein, sich auf die Berührungen des Gebers zu konzentrieren; der Geber sollte versuchen, zentriert zu bleiben und eine Einstellung von Zuneigung und Fürsorge einzubringen.

Die Grundmassage, die wir in diesem Kapitel vorstellen, ist eingeteilt in Griffe und Körperpartien, um Ihnen das Lernen zu erleichtern; Sie müssen sich allerdings nicht sklavisch daran halten. Der Empfänger sollte sie als einen stetigen Ablauf empfinden, bei dem die Griffe rhythmisch von einem zum anderen fließen. Denken Sie daran, dass Ihr Partner es spürt, wenn Ihre Haltung angespannt ist oder Ihre Griffe unbeholfen sind. Wenn Sie Ihren gesamten Körper aus den Hüften heraus bewegen, anstatt nur die Arme und Hände zu gebrauchen, werden Sie feststellen, dass Ihre Hände sich entspannen und die Griffe sich ganz natürlich einstellen. Mit zunehmender Erfahrung fangen Sie dann an, neue Griffe zu improvisieren und Ihre eigene Berührungssprache weiterzuentwickeln, die Ihnen der Körper unter Ihren Händen eingibt.

Bitten Sie beim Massieren um eine Reaktion, wenn der Partner etwas Besonderes mag; vermeiden Sie aber zu viel verbale Kommunikation, da das Sprechen die Konzentration von den Händen ablenkt. Je langsamer und rhythmischer Ihre Griffe sind, desto entspannter und sicherer fühlt sich Ihr Partner. Wenn es sich einrichten lässt, sollten Sie sich während Ihrer Lehrzeit selbst massieren lassen; so können Sie am eigenen Körper erfahren, wie sich die einzelnen Griffe bei unterschiedlicher Geschwindigkeit und Druckstärke anfühlen.

Eine gute Massage beeinflusst Sie auf allen Ebenen des Seins. Physisch gehört zu ihrem Nutzen die Entspannung und Belebung der Muskeln; das Nervensystem wird beruhigt; der Hämoglobinspiegel steigt; der Lymphfluss wird gefördert; die verbindenden Gelenkgewebe werden gedehnt.

Ganzheitliche Massage beeinflusst auch die Energiezentren oder *Chakras* des »feinstofflichen Körpers« (siehe Seite 189).

Auf seelischer Ebene lindert Massage nicht nur Stress und Angst, sondern hilft Ihnen auch, sich Ihres Körpers als Ganzes bewusster zu werden; Sie spüren die Partien, mit denen Sie in Berührung sind, und die, die sich »abgeschnitten« anfühlen. Wenn Sie einmal herausgefunden haben, wo Ihre Energien blockiert sind, können Sie versuchen, Ihren Körper besser zu integrieren und so ein positives Selbstbild entwickeln.

Eine liebevolle Massage schafft Gefühle von Wohlbefinden, Vertrauen und Freude. Sie kann auch einen großen Teil der Energie freisetzen, die vorher durch Verspannung vergeudet wurde, und zu einer tief greifenden Veränderung von Haltung und Gesichtsausdruck führen, indem chronische Gewohnheiten von Agieren und Reagieren durchbrochen werden (siehe »Körpersprache«, Seite 166–179). Der emotionale Aspekt der Massage ist überaus wichtig.

Ölen

Wenn Sie anfangen, einen neuen Körperteil zu bearbeiten, ölen Sie diesen zuerst ein. Dadurch können Ihre Hände glatt und gleichmäßig über die Konturen gleiten, ohne Reibung oder ruckartige Bewegungen zu erzeugen. Außerdem nährt das Öl die Haut. Viele Menschen überschätzen zuerst die benötigte Ölmenge – tatsächlich genügt ein ganz dünner Film, um die Haut geschmeidig zu machen; wenn der Körper Ihres Partners in Öl schwimmt, können Sie nicht den richtigen Kontakt herstellen. Für die meisten Partien genügt ein einmaliges Auftragen. Bei größeren aber wie dem Rücken oder bei behaarten Partien wie der Vorderseite der Beine müssen Sie vielleicht zusätzlich etwas Öl auftragen. Da die meisten Öle von der Haut rasch aufgenommen werden, reibt man nicht den ganzen Körper ein, sondern jede Körperpartie einzeln; das Öl wird mit langen, gleitenden Griffen einmassiert.

Öle und Behälter

Es ist nicht nötig, fertiges Massageöl zu kaufen, das meist recht teuer ist. Sie können genauso gut Pflanzenöl verwenden, etwa Sonnenblumenöl, Distelöl oder Traubenkernöl. Mandelöl ist sehr angenehm, wenn auch kostspielig; Olivenöl ist leicht etwas zu dickflüssig. Sie können auch mineralische Öle wie beispielsweise Babyöl verwenden; diese werden allerdings weniger leicht absorbiert. Wenn Sie ein einfaches Öl verwenden, können Sie es mit einem ätherischen Öl aromatisieren; mischen Sie fünf Tropfen mit zwei Teelöffeln Trägeröl. Bei der Aromatherapie werden essenzielle Öle, die Pflanzenhormone enthalten, zu spezifischen therapeutischen Zwecken in die Haut einmassiert. Wer sich nicht mit der Aromatherapie auskennt, greift am besten zu »harmlosen« Ölen mit entspannender Wirkung wie Lavendel-, Kamillen- oder Sandelholzöl, da bei der Anwendung einiger ätherischer Öle Einschränkungen und Gegenanzeigen zu beachten sind. Bewahren Sie Ihr Öl in einer verkorkten Flasche oder in einer Plastikflasche mit Kippverschluss auf. Letztere ist praktisch, weil Sie dann während der Sitzung kein Öl verschütten. Wenn Sie sonst nichts haben, genügen auch eine kleine Schüssel oder eine Untertasse.

Vorbereitungen

Eine positive Atmosphäre gleich zu Beginn der Massage beeinflusst die ganze Sitzung; es zahlt sich also aus, gut vorbereitet zu sein. Wärmen Sie das Öl möglichst vorher an – stellen Sie den Behälter in heißes Wasser oder auf einen Heizkörper. Wählen Sie einen Platz, an dem Sie es bei der Massage nicht versehentlich umwerfen können. Ehe Sie das Öl auftragen, sollten Sie sich zentrieren (siehe Seite 25) und für einen ersten, leichten Kontakt Ihre Hände kurz auf den Körper Ihres Partners legen. Dann geben Sie etwa einen halben Teelöffel Öl auf eine Handfläche; halten Sie dabei Ihre Hände nicht über den Körper des Partners, damit keine Tropfen darauf fallen.

Auftragen des Öls *(oben)*
Verteilen Sie etwas Öl zwischen Ihren Händen, führen Sie diese langsam nach unten und beginnen Sie damit, das Öl aufzutragen. Wenden Sie dazu den langen, streichenden Griff an (siehe Seite 30).

Herstellen und Unterbrechen des Kontakts

Die Sensibilität, mit der Sie den Kontakt zu Ihrem Partner herstellen und unterbrechen, ist von vorrangiger Bedeutung. Lassen Sie Ihre Hände nach dem Einölen langsam nach unten sinken, auf den Körperteil zu, den Sie massieren wollen – als hingen sie an einem Fallschirm. So wie Sie vielleicht die Wärme oder Energie fühlen, die den Körper umgibt, ehe Sie die Haut tatsächlich berühren, kann auch Ihr Partner die Gegenwart der Hände über seinem Körper spüren. Sorgen Sie dafür, dass Ihre Hände entspannt sind, wenn Sie ihn berühren; brauchen Sie weiteres Öl oder gehen Sie zu einem neuen Körperteil über, sollte die Unterbrechung des Kontakts sanft und weich geschehen. Besonders wenn Sie auf dem Fußboden arbeiten, empfiehlt es sich, den Kontakt zu unterbrechen, wenn Sie zu einem anderen Körperteil übergehen; es ist nämlich schwer, die Körperhaltung ohne Erschütterung des Partners zu verändern.

Grundgriffe

Eine Ganzkörpermassage besteht aus einer relativ kleinen Anzahl von Griffen, die auf verschiedene Art wiederholt werden, je nach den besonderen Erfordernissen des Körperteils, den Sie massieren. Aus Gründen der Einfachheit haben wir diese Griffe in vier Hauptarten unterteilt – Gleitmassage, mitteltiefe Massage, tiefe Gewebsmassage und Klopfmassage. Das ist das Massage-ABC, aus dem Sie Ihre eigene Berührungssprache aufbauen können. Wenn Sie neue Griffe erlernen, machen Sie sich nicht zu viele Gedanken über technische Einzelheiten. Es ist wesentlich wichtiger, sich dessen bewusst zu bleiben, was Sie mit Ihren Händen spüren, und dass Ihr Körper Ihre Arme in einem fortwährenden rhythmischen Tanz hin- und herbewegen lässt. Bevor Sie eine andere Person massieren, probieren Sie die Griffe, auf dem Boden sitzend, einmal an Ihren eigenen Beinen aus. Experimentieren Sie mit verschiedenen Geschwindigkeiten und Druckstärken und versuchen Sie vor allem, ein Gefühl für den Rhythmus zu bekommen, sodass Ihre Hände von einer Bewegung in die andere gleiten, ohne den Kontakt zu unterbrechen.

Gleitende Griffe (Effleurage)

Wie Wellen, die über Felsen gleiten, bewegen sich diese sanften, rhythmischen Griffe über die Haut. Sie sind ihrer Natur nach mehr allgemein als spezifisch und werden am Anfang und am Ende einer Massage für den ganzen Körper benutzt. Sie dienen auch als Übergangsgriffe, um den Fluss von einer Bewegung in eine andere übergehen zu lassen. Sie wirken nie tief auf die Muskelpartien ein. Der lange Griff ist eine breite, fließende und besänftigende Bewegung. Er wird für alle Körperteile angewendet, um Öl aufzutragen und den Bereich anzuwärmen und zu entspannen. Die Hände beschreiben große, weite Kreise. Dieser Griff dient auch dazu, das Öl gleichmäßiger über den Körper zu verteilen. Beide Hände sollen entspannt sein, damit deren gesamte Oberfläche mit dem Körper des Partners in Berührung kommt. Das Federn ist ein kurzer, zarter Griff, der die Hautoberfläche streift. Es wird hauptsächlich dazu benutzt, nach und nach den Kontakt zu unterbrechen; die Griffe sollen verhallen wie Echos.

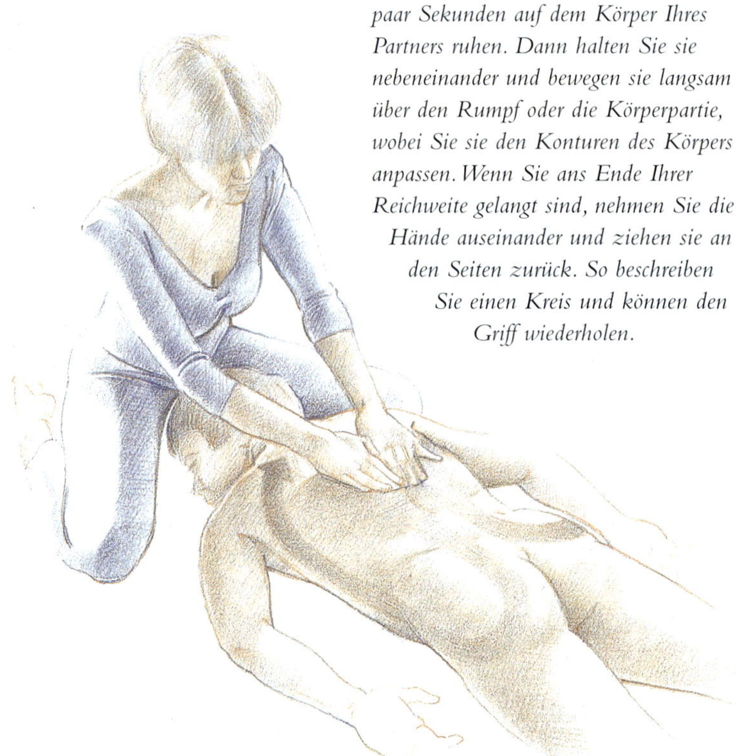

Der lange, streichende Griff
Lassen Sie Ihre Hände sinken und ein paar Sekunden auf dem Körper Ihres Partners ruhen. Dann halten Sie sie nebeneinander und bewegen sie langsam über den Rumpf oder die Körperpartie, wobei Sie sie den Konturen des Körpers anpassen. Wenn Sie ans Ende Ihrer Reichweite gelangt sind, nehmen Sie die Hände auseinander und ziehen sie an den Seiten zurück. So beschreiben Sie einen Kreis und können den Griff wiederholen.

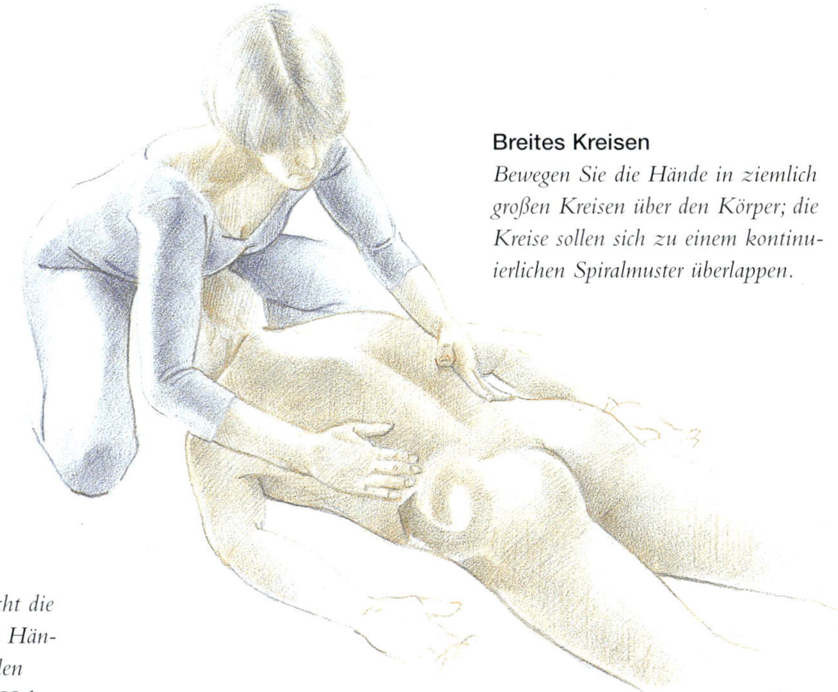

Breites Kreisen
Bewegen Sie die Hände in ziemlich großen Kreisen über den Körper; die Kreise sollen sich zu einem kontinuierlichen Spiralmuster überlappen.

Federn *(unten)*
Streifen Sie mit den Fingerspitzen leicht die Haut Ihres Partners; benutzen Sie die Hände abwechselnd. Arme und Hände sollen entspannt bleiben, ohne dass Sie Ihre Haltung verändern müssen.

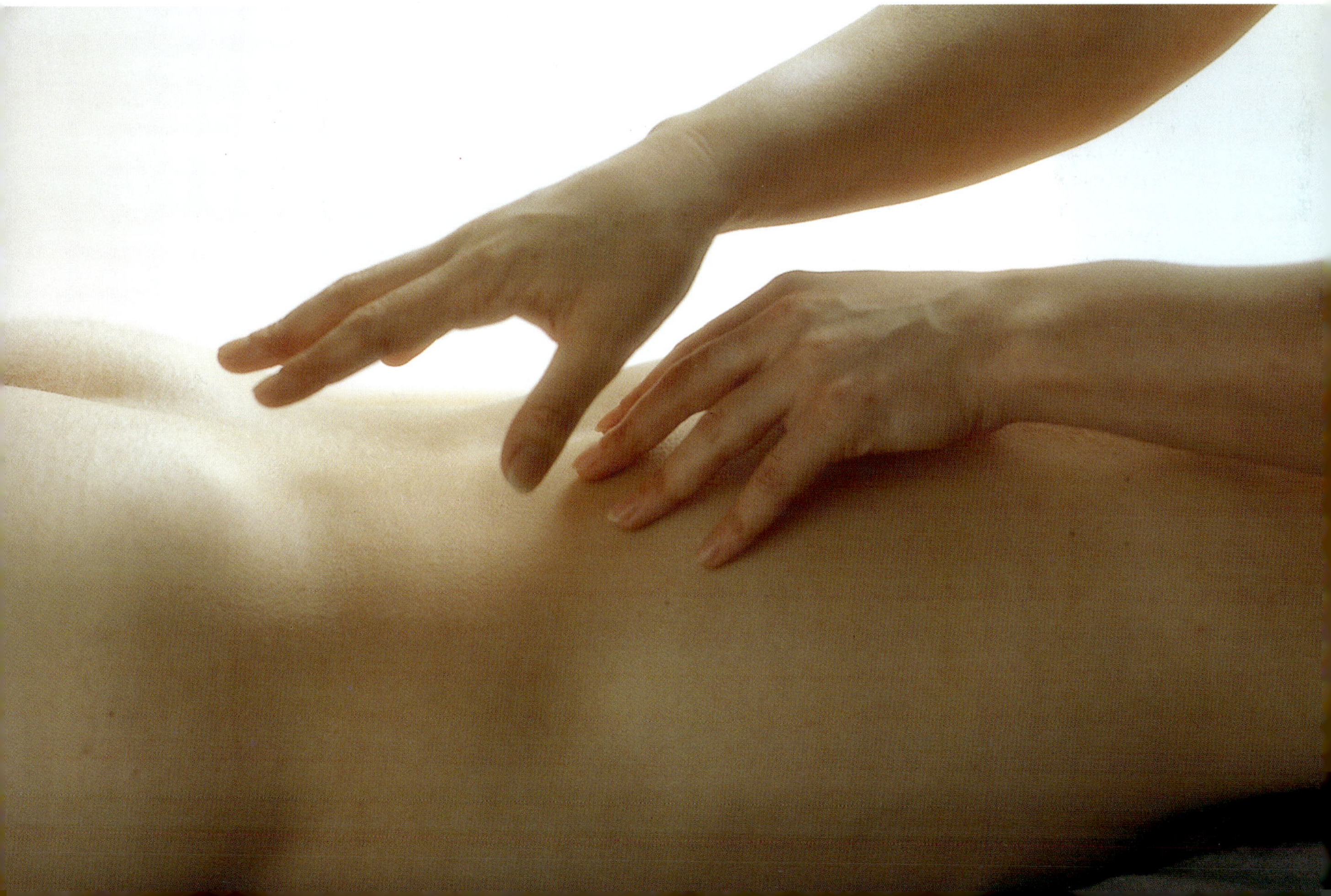

Mitteltiefe Griffe (Petrissage)

Nach den gleitenden Griffen beginnen Sie nun, die großen Muskelpartien tiefer zu bearbeiten, und zwar mit knetenden, ziehenden und wringenden Griffen. Bei allen dreien geben Ihre Hände einander sozusagen ein Echo, indem sie abwechselnd ihre Bewegungen wiederholen, und zwar in einem stetigen Rhythmus, der die Muskeln entspannt, Abfallstoffe beseitigt und Venen- und Lymphzirkulation fördert. Das Kneten besteht aus dem abwechselnden Pressen und Loslassen von Körperpartien, und zwar in einer breiten, kreisförmigen Bewegung. Es dient der Dehnung und Entspannung von weichen, fleischigen Körperpartien wie Gesäß und Schenkel. Ziehen ist ein fester, hebender Griff, der an den Seiten des Rumpfs und der Gliedmaßen angewendet wird. Beim Wringen bewegen sich die Hände von entgegengesetzten Seiten aufeinander zu.

Kneten

Benutzen Sie die ganzen Hände, indem Sie abwechselnd mit je einer eine Hand voll Gewebe greifen und pressen – die eine Hand lässt los, wenn die andere neu zugreift. Heben Sie zwischen den Griffen Ihre Hände nicht vom Körper ab; gehen Sie weich von einer Hand zur anderen über, als kneten Sie Teig.

Ziehen *(rechts)*

Legen Sie eine Hand auf die Ihnen abgewandte Seite des Partners; die Fingerspitzen sollten den Boden oder den Tisch berühren. Legen Sie die andere Hand daneben. Nun ziehen Sie abwechselnd Ihre Hände zu sich hin, wobei sich die Griffe jeweils da überlappen sollten, wo die letzte Hand war. Arbeiten Sie sich mit rhythmischen Bewegungen langsam an der Körperseite entlang.

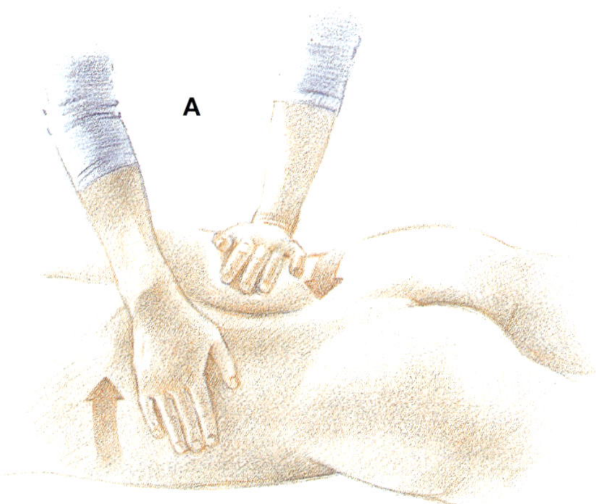

Wringen

Legen Sie die linke Hand auf die Ihnen zugewandte Seite des Partners. Handballen nach unten und die rechte Hand auf die Ihnen abgewandte Seite, mit den Fingern nach unten wie in der Abbildung links (A). Wechseln Sie nun, ohne zu unterbrechen, die Richtung und führen Sie die Hände zurück zur entgegengesetzten Seite (B). Bewegen Sie sich mit jedem neuen Griff stetig fließend langsam voran.

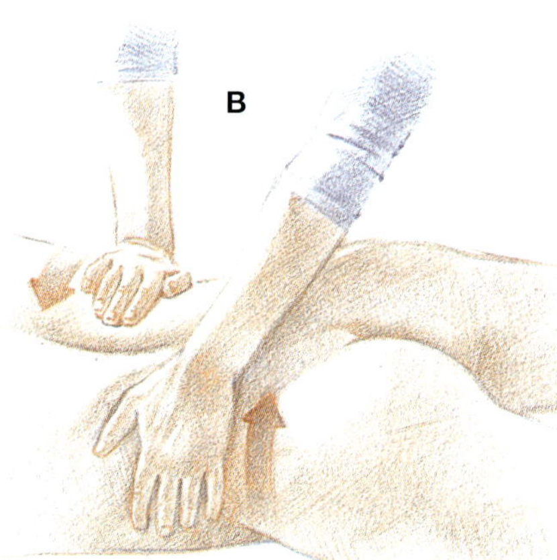

Tiefe Gewebegriffe (Reibung)

Diese Reibungsbewegungen sind tief und gezielt und benutzen Daumen, Fingerspitzen oder Handballen, um in das Gewebe zu greifen, wo versteckte Verspannungen sitzen können. Nachdem Sie Ihren Partner mit den breiteren, leicht streichenden und mitteltiefen Griffen entspannt und gelockert haben, dringen Sie nun unter die oberflächlichen Muskelschichten vor und arbeiten mit tiefen Gewebegriffen um die Gelenke herum. Es ist wichtig, sich ganz allmählich tiefer zu arbeiten. Sie werden feststellen, dass der Körper weniger empfindlich ist, als Sie meinten; allerdings ist die Toleranzschwelle bei jedem verschieden, und obwohl es manchmal wirksam ist, bis an die Schmerzgrenze zu gehen, schadet es, diese Schwelle zu überschreiten. Wenn Sie die hier abgebildeten Griffe durchführen, sollten Sie Ihr Bewusstsein auf den Teil der Hand konzentrieren, den Sie benutzen; setzen Sie Ihr Körpergewicht ein, um den Druck zu vertiefen. So sind die Hände stark, bleiben aber entspannt.

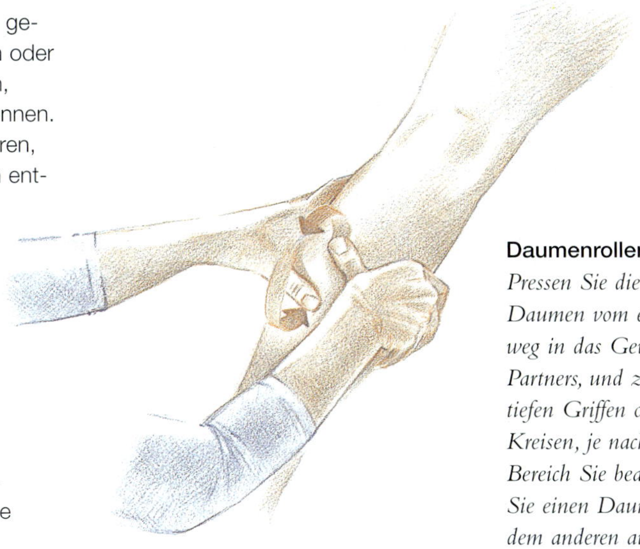

Daumenrollen

Pressen Sie die Ballen Ihrer Daumen vom eigenen Körper weg in das Gewebe Ihres Partners, und zwar in kurzen, tiefen Griffen oder kleinen Kreisen, je nachdem, welchen Bereich Sie bearbeiten. Setzen Sie einen Daumen so hinter dem anderen auf, dass Sie mit jedem folgenden Griff etwas voranschreiten; auf diese Weise decken Sie schließlich einen ziemlich großen Bereich ab.

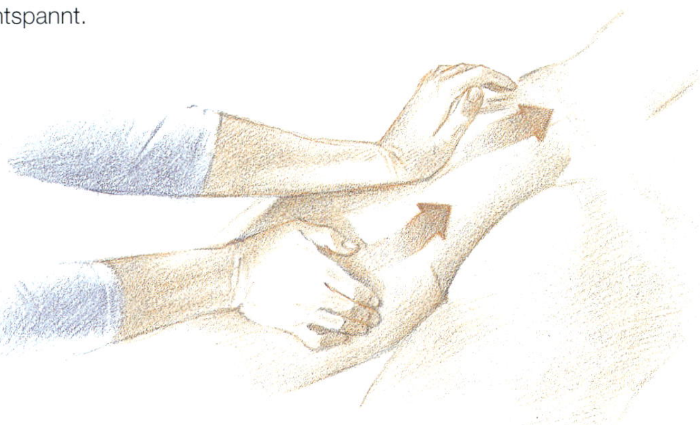

Fingerspitzen-Druck

Drücken Sie in kleinen elliptischen Kreisen um die Gelenke herum, und zwar mit den Fingerspitzen. Sorgen Sie dafür, dass Sie das darunter liegende Gewebe bewegen, statt nur über die Hautoberfläche zu gleiten.

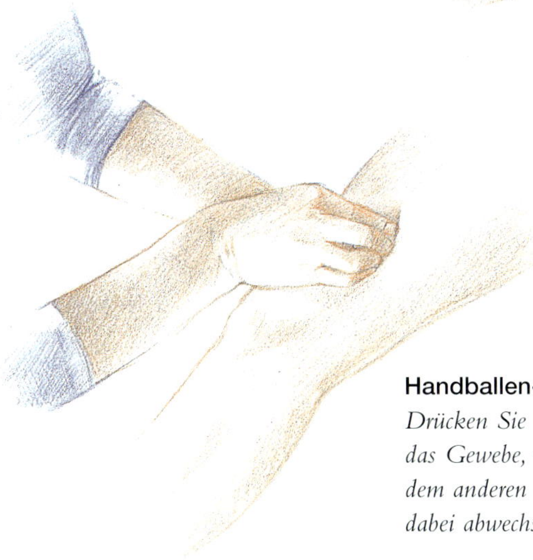

Handballen-Druck

Drücken Sie Ihre Handballen sanft, aber fest in das Gewebe, wobei Sie einen unmittelbar hinter dem anderen absetzen. Ihre Hände sollen sich dabei abwechselnd und rhythmisch bewegen.

Klopfen

Innerhalb dieser ganzheitlichen Massage bildet das Klopfen eine eigene Kategorie – im Gegensatz zu den anderen Griffen nämlich sind hierbei die Bewegungen eher anregend als entspannend. Zum Klopfen gehört eine Reihe schneller, rhythmischer Schläge, die wiederholt von beiden Händen abwechselnd verabreicht werden. Umfassen ist in der Anwendung verhältnismäßig geräuschvoll; Hacken, Trommeln und Kneifen sind leiser. Der Hauptwert des Klopfens besteht in der Stimulation der Bereiche mit weichem Gewebe wie Schenkel und Gesäßbacken; die Haut wird belebt und der Kreislauf angeregt. Bevor Sie die Griffe an einem Partner ausprobieren, sollten Sie sie an Ihrem eigenen Bein üben. Ihre Hände müssen entspannt und Ihre Handgelenke locker sein, ehe Sie anfangen und mit verschiedenen Geschwindigkeiten und Druckstärken experimentieren.

Hacken

Schütteln Sie Ihre Hände gut aus, um sie zu entspannen. Nun lassen Sie deren Außenkanten schnell auf- und niederfallen; die Handinnenflächen sind einander zugewandt, die Finger berühren sich leicht. Warten Sie, bis Sie einen guten Rhythmus entwickelt haben, ehe Sie Muskeln direkt in Angriff nehmen.

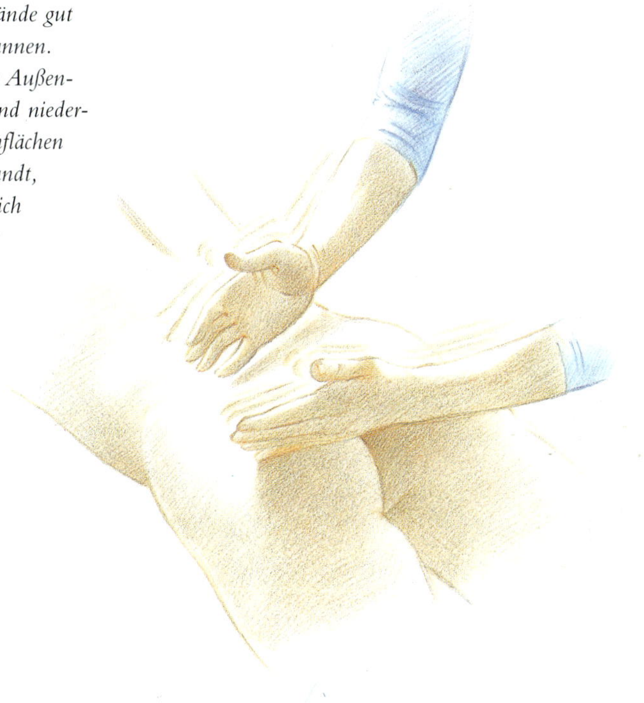

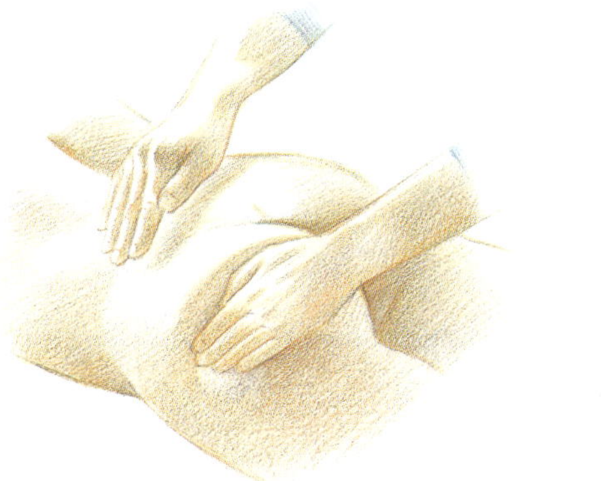

Trommeln *(rechts)*

Ballen Sie die Hände locker zu Fäusten und wiederholen Sie dann die gleichen abwechselnden Griffe mit den fleischigen Seiten Ihrer Fäuste. Die Hände sollten dabei entspannt sein, sodass sie energisch, aber dennoch leicht auf- und abprallen.

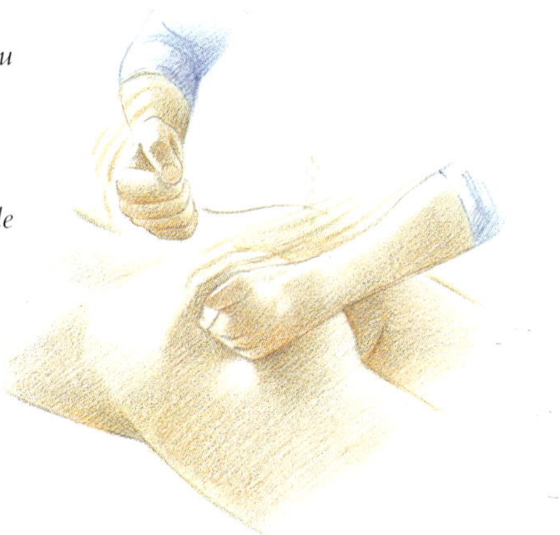

Umfassen *(oben)*

Machen Sie hohle Hände, indem Sie die Knöchel beugen; die Finger bleiben gestreckt. Nun wiederholen Sie die gleiche rasche Abfolge von abwechselnden Klopfgriffen wie beim Hacken und Trommeln. Ihre hohlen Hände drücken Luft gegen die Haut, lassen dann locker und erzeugen dabei einen lauten klatschenden Ton.

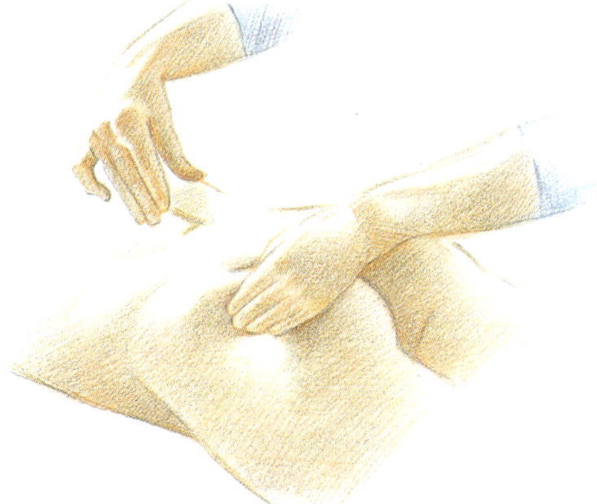

Kneifen *(links)*

Zwicken oder kneifen Sie abwechselnd kleine Partien zwischen Daumen und Fingerspitzen. Bei dem kneifenden Griff sollte das Gewebe mühelos zwischen Ihren Fingern davongleiten.

Grundabfolge der Massage

Für den Anfang ist es sicher hilfreich, wenn Sie sich einmal vergegenwärtigen, aus welcher Abfolge von Griffen sich eine Massage zusammensetzt. Sie beginnen mit der Massage des Rückens, arbeiten vom Kopf zu den Füßen, drehen dann den Partner um und massieren die Vorderseite des Körpers wieder von oben nach unten. Das Ganze setzt sich aus sieben deutlich unterschiedenen Bereichen zusammen – zwei auf der Rückseite, fünf auf der Vorderseite des Körpers – und endet mit der Verbindung aller Körperteile. Ganz gleich, welche Partie Sie gerade bearbeiten, führen Sie die Griffe möglichst in der gleichen Reihenfolge aus. Zunächst ölen Sie den betreffenden Körperteil gründlich ein, dann gehen Sie von den leichteren, breiteren Griffen zu den tieferen, spezifischeren über; am Schluss stehen wieder die leichteren. Bei einer Vollmassage beeinflussen Sie viele Körpersysteme, so auch das Lymph- und Venensystem, das Nervensystem und die »feinstofflichen« Energien (siehe Seite 180–189). Die traditionelle Massage arbeitet immer »auf das Herz zu«, um den venösen Kreislauf zu unterstützen, doch da wir uns hier für die Entspannung und das Ausgleichen einer Vielzahl von Vorgängen interessieren, hält sich unsere Abfolge nur da an diese Regel, wo sie besonders zweckmäßig ist. An Armen und Beinen zum Beispiel benutzen Sie festere Griffe in Richtung auf das Herz und leichtere vom Herzen weg, um den Blutrückfluss zum Herzen zu fördern.

Vorsicht: *In manchen Fällen darf nicht massiert werden. Dazu gehören Hautausschläge wie Furunkel, Hautinfektionen wie Herpes oder Krätze, große Quetschungen, Krampfadern, Fieber, Schwellungen oder Entzündungen, frische Narben, Tumore oder nicht diagnostizierte Geschwülste, kardiovaskuläre Probleme wie Thrombose und Phlebitis. Die betroffenen Stellen dürfen nicht direkt bearbeitet werden. Eine sanfte Massage der nicht betroffenen Körperpartien kann jedoch ausgesprochen lindernd und wohltuend wirken. Wann immer Sie aber unsicher sind, ob massiert werden darf oder nicht, sollten Sie einen Arzt um Rat fragen.*

1. Der Rücken

Sie beginnen mit der Massage am Rücken; zuerst bearbeiten Sie umfassend den ganzen Bereich, dann konzentrieren Sie sich der Reihe nach auf kleinere Partien: Schulterblätter und oberer Rücken; unterer Rücken, Gesäß und Rumpfseiten; zum Schluss die Wirbelsäule selbst.

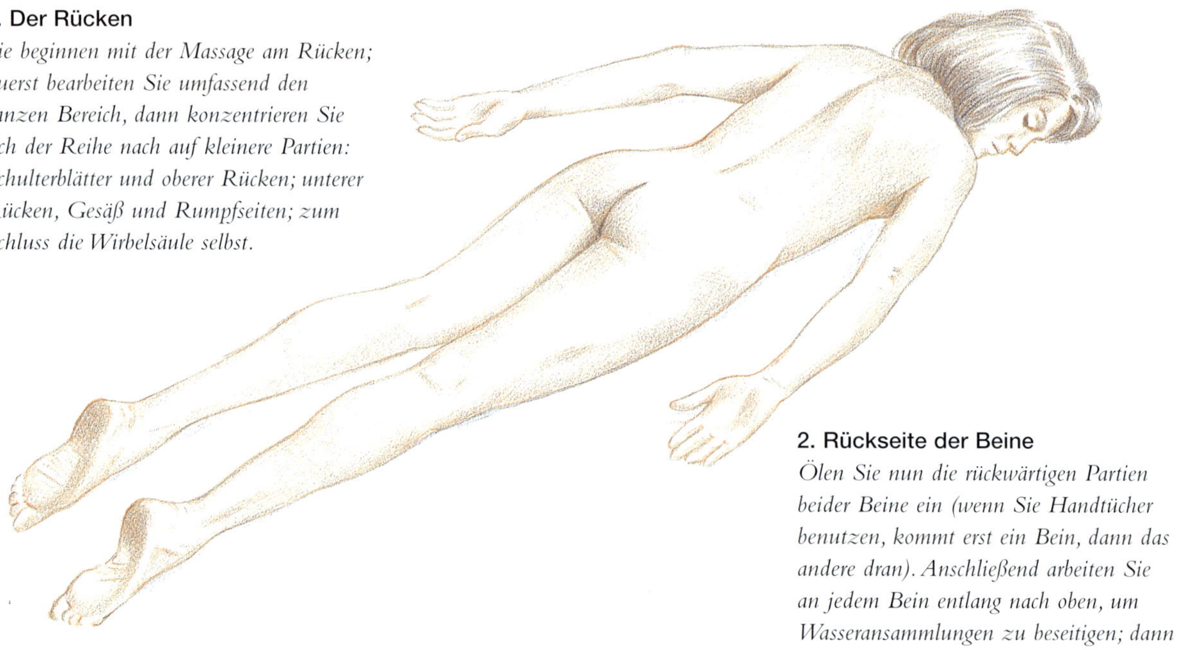

2. Rückseite der Beine

Ölen Sie nun die rückwärtigen Partien beider Beine ein (wenn Sie Handtücher benutzen, kommt erst ein Bein, dann das andere dran). Anschließend arbeiten Sie an jedem Bein entlang nach oben, um Wasseransammlungen zu beseitigen; dann kneten Sie in umgekehrter Richtung und massieren zum Schluss den Fuß.

3. Schultern, Hals und Kopfhaut

Auf der Vorderseite des Körpers beginnen Sie mit den Schultern, die Sie mit beiden Händen gleichzeitig vorn und von hinten bearbeiten. Dann drehen Sie den Kopf auf eine Seite und massieren jede Schulter einzeln. Die Arbeit in diesem Bereich wird mit einer Massage der gesamten Kopfhaut abgeschlossen.

4. Das Gesicht

Hier beginnen Sie an der Stirn und bewegen sich hinunter bis zum Kinn, wobei Sie stets von der Mitte seitlich nach außen arbeiten. Augen, Nase, Kiefermuskulatur und Ohren werden gesondert behandelt.

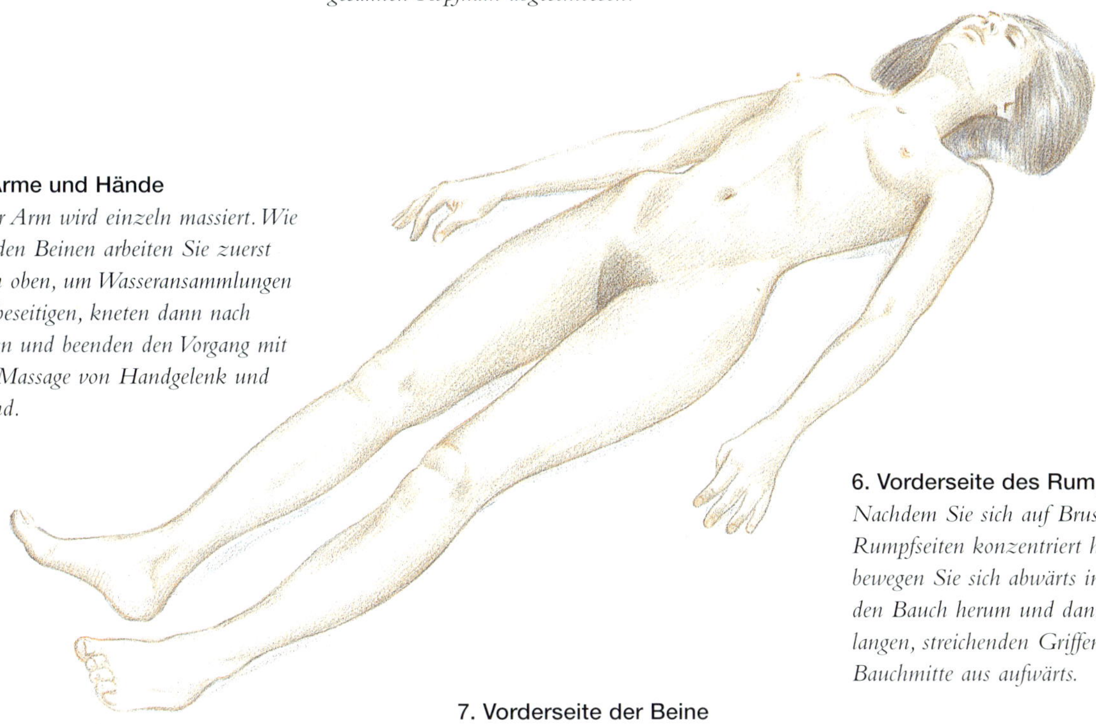

5. Arme und Hände

Jeder Arm wird einzeln massiert. Wie bei den Beinen arbeiten Sie zuerst nach oben, um Wasseransammlungen zu beseitigen, kneten dann nach unten und beenden den Vorgang mit der Massage von Handgelenk und Hand.

6. Vorderseite des Rumpfs

Nachdem Sie sich auf Brustkorb und Rumpfseiten konzentriert haben, bewegen Sie sich abwärts im Kreis um den Bauch herum und dann mit langen, streichenden Griffen von der Bauchmitte aus aufwärts.

7. Vorderseite der Beine

So wie die Rückseite der Beine ölen Sie die Vorderseite ein und arbeiten an jedem Bein entlang nach oben, um Wasseransammlungen zu beseitigen. Bewegen Sie sich dabei in Kreisen um die Kniescheibe herum weiter nach oben, dann wieder knetend abwärts. Zuletzt wird der Fuß massiert.

8. Verbinden

Zum Schluss verbinden Sie alle Körperteile – entweder mit langen, streichenden »Verbindungs«-Griffen oder indem Sie Ihre Hände kurz auf zwei verschiedene Körperpartien legen.

Handtücher und Polster

Was könnte angenehmer und behaglicher sein, als während einer Massage ein weiches, warmes Handtuch auf dem Körper zu spüren. Bei einer professionellen Massage sind die Körperbereiche, die gerade nicht behandelt werden, immer mit Handtüchern bedeckt. So bleibt die Intimsphäre gewahrt, und der Körper wird warm gehalten. Bei einer Heimmassage ist eine ausgefeilte Technik, um den Körper geschickt zu bedecken, im Allgemeinen nicht nötig. Dennoch kann sich mancher wesentlich besser entspannen, wenn immer nur ein Teil des Körpers entblößt ist. Deshalb ist es durchaus sinnvoll zu lernen, wie man Handtücher am besten arrangiert, etwa wenn man einen Freund massiert, der sich ganz nackt unwohl fühlt, oder einen älteren oder gebrechlicheren Menschen, der leichter friert. Sie brauchen zwei Badehandtücher, die Sie vorher über einem Heizkörper anwärmen. Zusätzlich sollten Sie ein kleineres Handtuch bereithalten, falls eine Frau bei der Massage des Oberkörpers ihre Brüste bedecken möchte. Auch richtig platzierte Kissen oder Polster sorgen für mehr Bequemlichkeit und tragen zur Entspannung bei. Wenn der massierte Partner jung und beweglich ist, sind Polster nicht unbedingt nötig. Bei Schmerzen im unteren Rücken dagegen sind Polster unter den Knien unabdingbar (siehe gegenüberliegende Seite).

Die richtige Abfolge des Ab- und Zudeckens

Bei einer professionellen Massage ist das Prinzip der richtigen Handhabe von Handtüchern recht einfach: Es wird immer nur der Teil des Körpers freigelegt, der als nächstes massiert wird, der restliche Körper bleibt bedeckt. Sobald Sie die Massage eines Bereichs des Körpers beendet haben, wird dieser Bereich wieder mit dem Handtuch bedeckt. Das Umgehen mit den Handtüchern erfordert ebenso viel Feingefühl und Aufmerksamkeit wie die Massage selbst; achten Sie darauf, die Handtücher nicht einfach nachlässig über den Körper des Massierten zu werfen oder abrupt wegzuziehen. Auf diesen beiden Seiten zeigen wir Ihnen genau, wie Sie für die Grundabfolge der Massage die verschiedenen Körperbereiche geschickt zu- und wieder abdecken. Für eine Massage zu Hause wenden Sie einfach die Techniken an, die Sie am zweckmäßigsten finden – Sie müssen nicht sämtliche Techniken in allen Einzelheiten lernen.

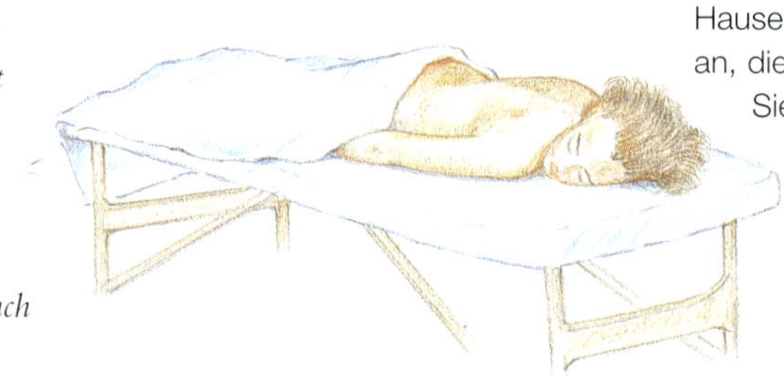

1 Schultern und oberer Rücken *(rechts)*
Bedecken Sie den Körper Ihres Partners mit zwei Handtüchern. Das untere legen Sie längs über Po und Beine, das obere quer über Rücken und Arme. Um mit der Massage der Schultern und des oberen Rückens zu beginnen, nehmen Sie das obere Handtuch einfach weg.

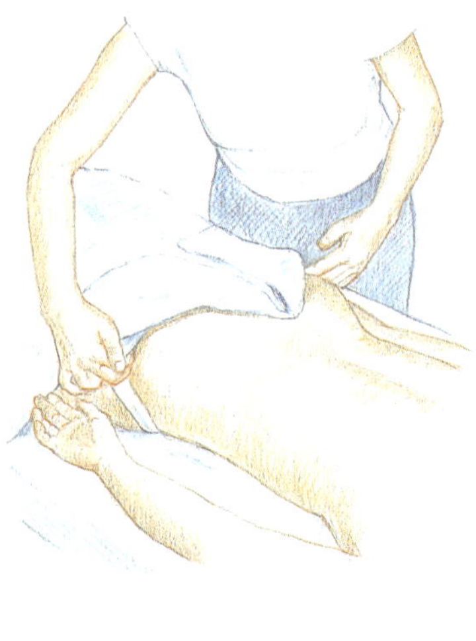

2 Unterer Rücken und Po *(links)*
Halten Sie die obere Mitte des unteren Handtuchs mit einer Hand fest und schlagen Sie mit der anderen Hand zuerst die eine Seite und dann die andere Seite des Handtuchs zu einem Dreieck um. Auf diese Weise sind die Pobacken und Hüften freigelegt, und Sie können den unteren Rücken sowie das Gesäß massieren, ohne die Gesäßfurche zu entblößen. Nach der Massage dieser Körperteile schlagen Sie das untere Handtuch wieder auf die ganze Breite zurück und bedecken den Oberkörper wieder mit dem oberen Handtuch.
Hinweis: *Behält der Massierte seine Unterhose an, fragen Sie erst um Erlaubnis, bevor Sie diese unter dem Handtuch nach unten ziehen.*

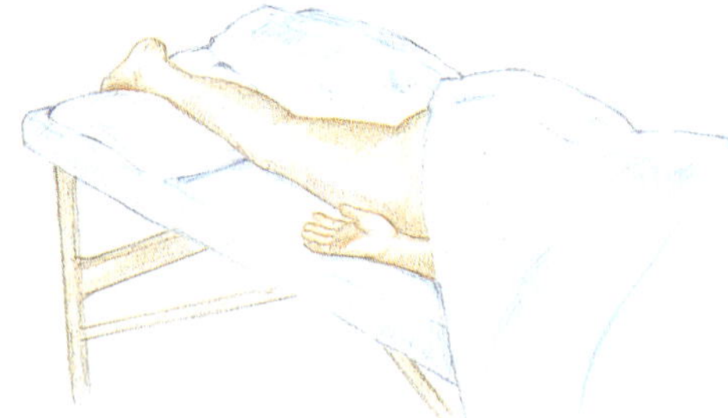

3 Rückseite der Beine
Schlagen Sie das untere Handtuch erst nach oben und dann zur Hälfte um, sodass eine Hüfte und ein Bein ganz freigelegt sind. Nachdem Sie diese Seite massiert haben, schlagen Sie das Handtuch wieder zurück und legen Hüfte und Bein der anderen Seite frei.

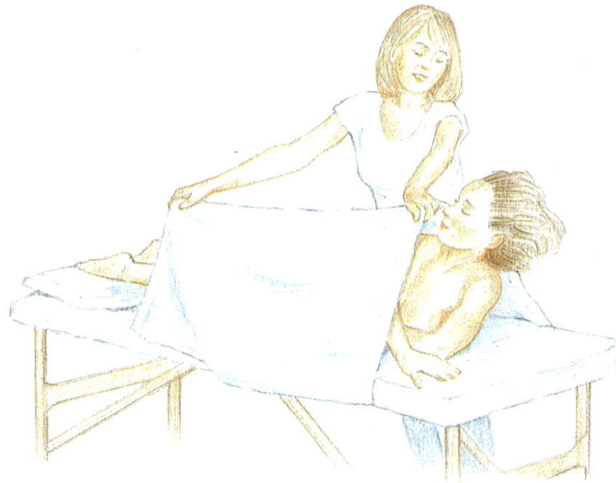

4 Umdrehen *(rechts)*
Wenn der Massierte sich umdrehen soll, wird das untere Handtuch am besten ganz entfernt. Die eine Seite des oberen Handtuchs klemmen Sie mit Ihren Beinen gegen den Massagetisch, dann greifen Sie das Handtuch an der gegenüberliegenden Seite und halten es hoch. So abgeschirmt kann sich der Massierte bequem umdrehen. Anschließend legen Sie dieses Handtuch wieder über den Oberkörper und bedecken den Unterkörper mit dem anderen Handtuch.

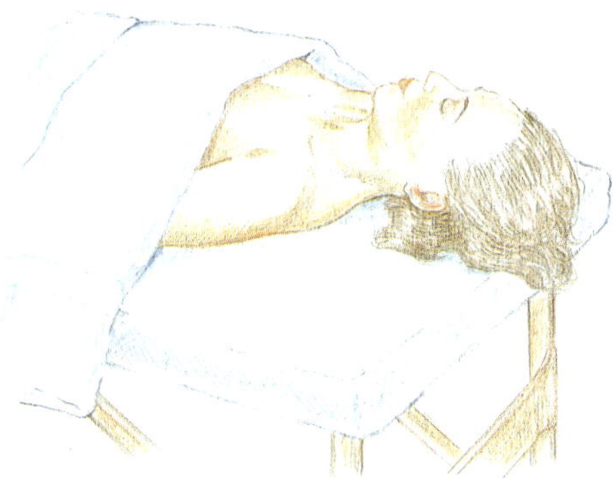

5 Vorderseite der Schultern und Hals *(links)*
Schlagen Sie das obere Handtuch so weit um, dass der obere Brustkorb freiliegt. Dann massieren Sie Schultern und Halsgegend. Wenn Sie zum Gesicht übergehen, können Sie den oberen Brustkorb wieder bedecken und dabei das Handtuch über den Schultern einmal umschlagen, damit dieser Bereich schön warm bleibt. Lassen Sie aber einen kleinen »Kragen« am Hals frei, um Druck auf die Kehle zu vermeiden.

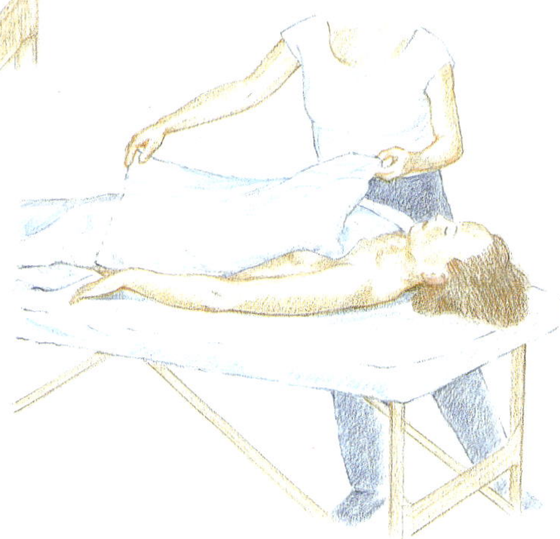

6 Arme
Schlagen Sie das Handtuch erneut vom oberen Brustkorb zurück. Dann bedecken Sie mit einer Seite des Handtuchs die eine Schulter und schlagen die andere Seite über den Oberkörper zurück, um den ganzen anderen Arm und die Schulter freizulegen. Nachdem eine Körperseite massiert ist, gehen Sie genauso für die andere Seite vor.

7 Oberkörper und Beine *(unten)*
Wenn Sie den Oberkörper eines Mannes massieren oder einer Frau, die dabei die Brust entblößen möchte, nehmen Sie einfach das obere Handtuch weg. Nachdem die Massage des Oberkörpers beendet ist, legen Sie das Handtuch wieder zurück. Wenn Sie zu den Beinen übergehen, entblößen Sie erst das eine, dann das andere, so wie für die Rückseite der Beine gezeigt.

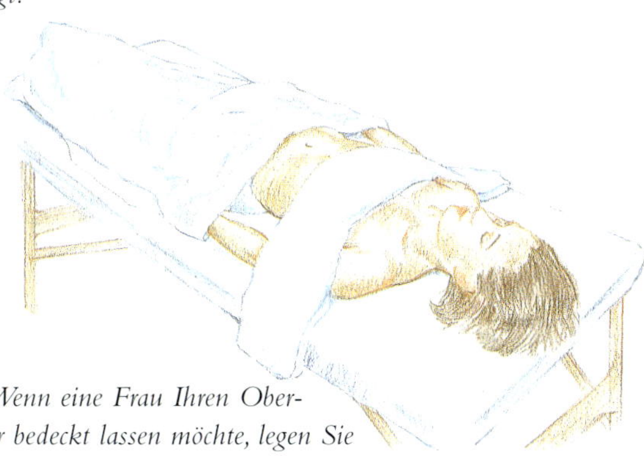

Hinweis: *Wenn eine Frau Ihren Oberkörper lieber bedeckt lassen möchte, legen Sie erst ein kleines zusammengefaltetes Handtuch über die Brüste, bevor Sie das große Handtuch behutsam wegziehen. Massieren Sie den Bereich oberhalb und unterhalb des kleinen Handtuchs dann jeweils getrennt.*

Kissen und Polster

Polster können das Wohlgefühl bei einer Massage noch vergrößern. Der Massierte kann es sich so bequem wie möglich machen und sein gesamtes Gewicht auf dem Massagetisch ruhen lassen. Bevor Sie die Rückseite des Körpers massieren, legen Sie ein Kissen ans Fußende, um die Knöchel zu entlasten. Bei einem steifen Nacken ist es hilfreich, ein kleines Kissen unter den oberen Brustkorb zu legen, um Verspannungen zu vermeiden, wenn der Kopf nach einer Seite gedreht wird. Bei Schmerzen im unteren Rücken sorgt ein Kissen unter den Hüften für Erleichterung. Dreht sich der Massierte um, legen Sie das Fußkissen unter die Kniekehlen, um den unteren Rücken zu entlasten.

Der Rücken

Der Rücken ist das wichtigste Stützkorsett des Körpers und ein Bereich großer Beweglichkeit und Kraft. Da er geschützter ist als die weichere Vorderseite des Körpers, ist er bestens geeignet für den Beginn der Massage. Bis Sie nämlich zur verwundbaren Vorderseite kommen, wird sich Ihr Partner im Allgemeinen schon entspannter und vertrauter fühlen. Der Rücken ist der größte zusammenhängende Körperbereich, den Sie massieren. Weil man auf dem Rücken Nerven erreicht, die sich in sämtliche Körperteile erstrecken, fühlen sich die meisten Menschen nach einer gründlichen Rückenmassage sehr wohl. Besonders wichtig ist dabei, dass Sie eine bequeme Stellung einnehmen und leicht alle Partien des Rückens erreichen können. Damit Sie nicht ermüden, denken Sie daran, den ganzen Körper aus den Hüften heraus zu bewegen und nicht nur Ihre Arme und Schultern. Mit der Rückenmassage gewöhnen Sie den Partner an Ihre Berührung und bekommen selbst ein Gefühl für seinen beziehungsweise Ihren Körper.

Ölen

Für die Rückenmassage liegt Ihr Partner auf dem Bauch, die Arme seitlich am Körper ausgestreckt. Legen Sie ein kleines Polster oder Kissen unter die Fußknöchel, bei Nackensteife auch unter den oberen Brustbereich, bei Schmerzen im unteren Rücken unter die Hüften. Nehmen Sie Ihre Position am Kopfende des Partners ein und zentrieren Sie sich einige Minuten lang, ehe Sie ihn mit langen, streichenden Griffen einölen. Mit diesen Griffen verteilen Sie nicht nur das Öl und wärmen den Rücken an, sondern machen sich auch mit dem Körper des anderen bekannt. Schließen Sie die Augen, während Sie Ihre Hände langsam über die Konturen bewegen, und konzentrieren Sie sich auf die verschiedenen Empfindungen. Schicken Sie Ihre Hände auf Entdeckungsreise!

Hinweis: Wenn Sie Handtücher benutzen, bedecken Sie Po und Beine (siehe Seite 38).

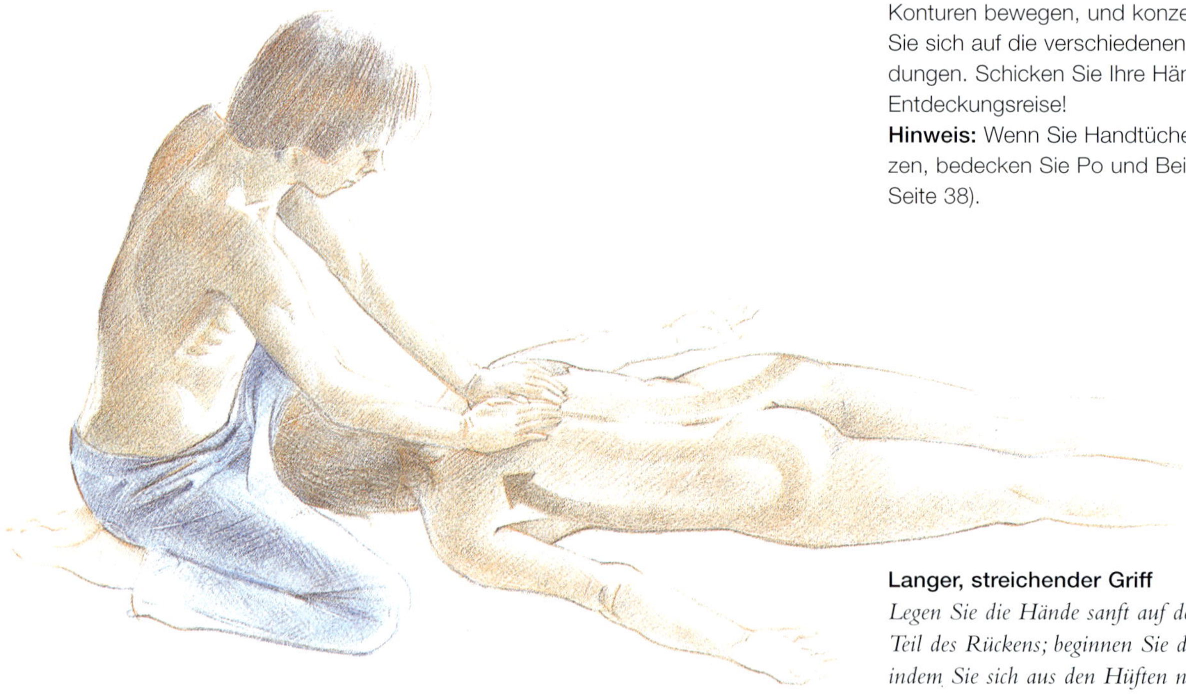

Langer, streichender Griff

Legen Sie die Hände sanft auf den oberen Teil des Rückens; beginnen Sie dann, indem Sie sich aus den Hüften nach vorn wiegen, seitlich an der Wirbelsäule nach unten zu streichen. Am unteren Ende der Wirbelsäule teilen sich Ihre Hände und beschreiben Kurven zu den Seiten der Pobacken; dann fahren Sie langsam an den Seiten hoch und über die Schultern. Wiederholen Sie diese Bewegungen, bis der Rücken gründlich eingeölt ist.

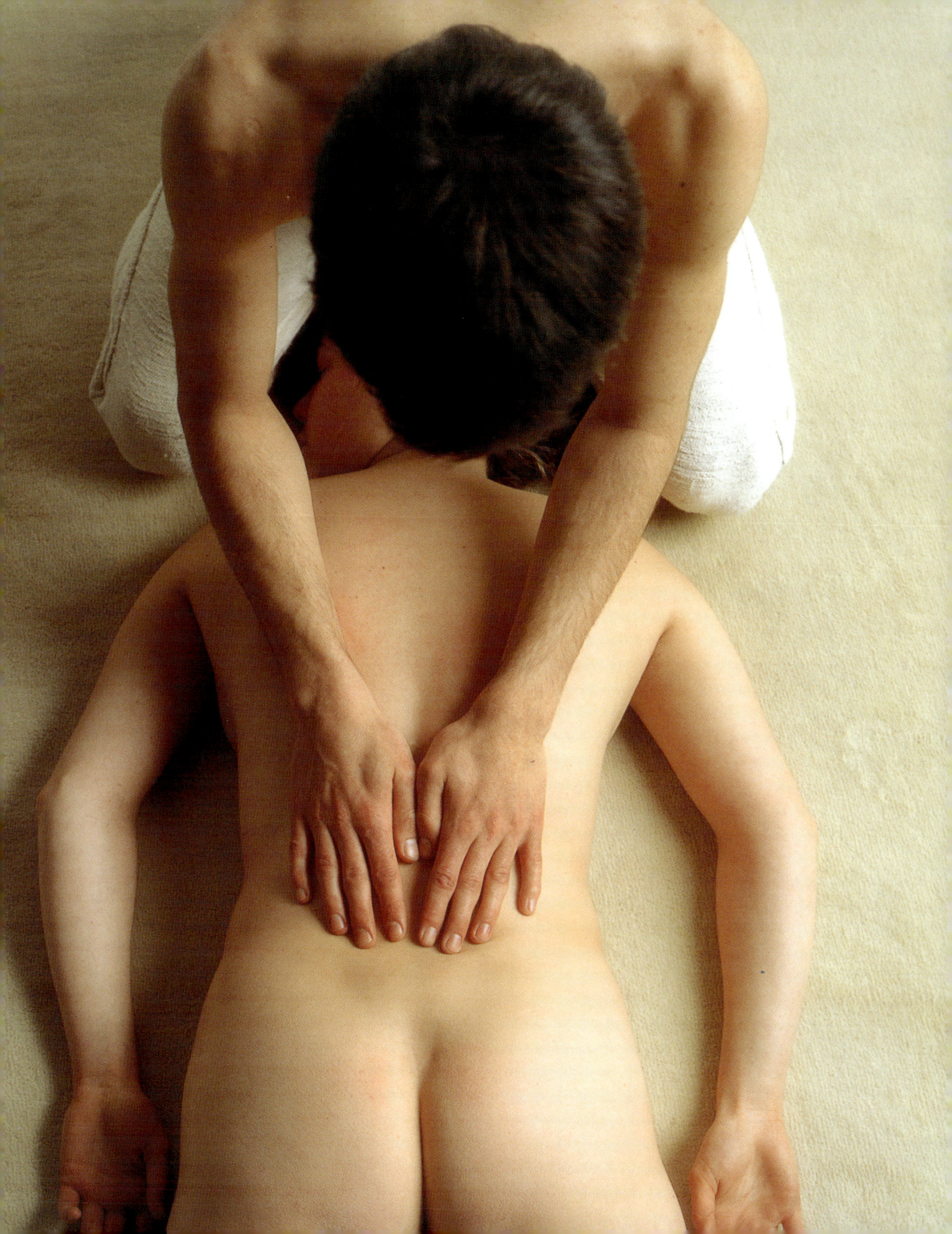

Schulter vom Kopf her

Nachdem Sie den Rücken eingeölt haben, bearbeiten Sie die Schultern, und zwar eine nach der anderen. Fangen Sie mit der dem Gesicht des Partners abgewandten Schulter an. Beschreiben Sie einen Kreis um das Schulterblatt herum und an der Seite des Brustkorbs herauf. Arbeiten Sie dann fester und kneten Sie alle fleischigen Partien durch. Verstärken Sie den Druck allmählich, indem Sie um Halsansatz und Trapezmuskel herum das Daumenrollen anwenden (siehe Seite 183). Verweilen Sie bei allen kleinen Spannungsknoten, die Sie finden; durchsetzen Sie diese konzentriertere Arbeit mit glatteren, breiten Strichen. Beenden Sie den Teil mit abwechselnden, tiefen Daumengriffen an den Seiten der Wirbelsäule entlang.

1. Kneten der Schulter

Benutzen Sie beide Hände abwechselnd; pressen und drücken Sie rhythmisch kleine Partien. Kneten Sie um das Schulterblatt und die entsprechende Seite des Brustkorbs herum und kneten Sie auch die Schulter selbst, indem Sie Ihre Hände den Konturen folgen lassen.

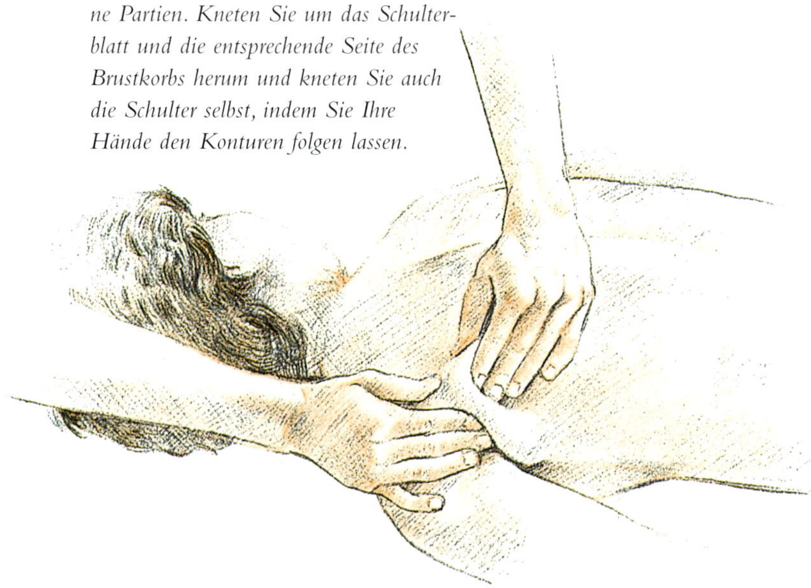

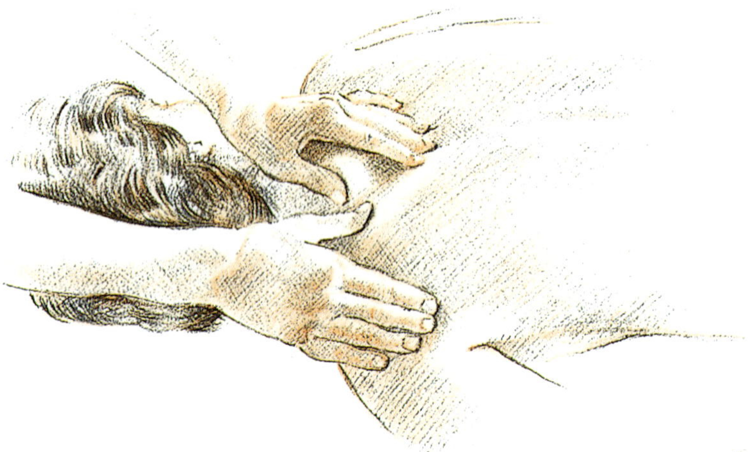

2. Daumenrollen am Halsansatz *(links)*

Beginnen Sie die tiefere Arbeit mit Daumenrollen im muskulösen Dreieck oben an der Schulter und am Halsansatz. Machen Sie kleine, feste Griffe und vertiefen Sie die Arbeit allmählich, um jede Spannung zu lindern.

3. Daumengriffe entlang der Wirbelsäule

Beginnen Sie am Halsansatz und schieben Sie Ihre Daumen abwechselnd in kurzen, festen Strichen an der Rinne neben der Wirbelsäule entlang. Arbeiten Sie bis zur Mitte des Rückens nach unten, lassen Sie Ihre Hände dann zum Halsansatz zurückgleiten und wiederholen Sie die Bewegungen.

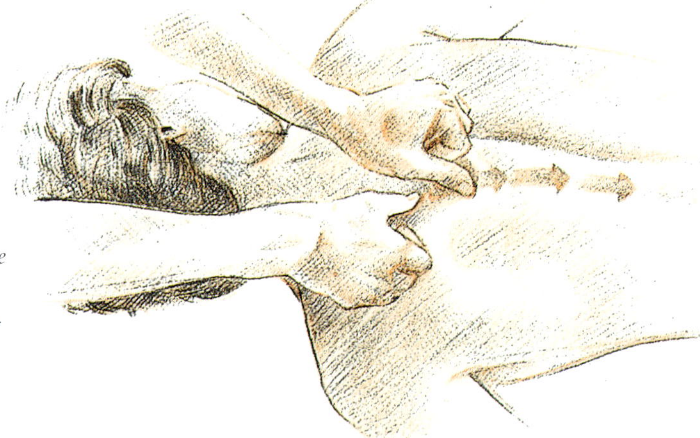

Schulter von der Seite

Verändern Sie Ihre Position, um dieselbe Schulter von der Seite zu bearbeiten. Legen Sie den Unterarm Ihres Partners vorsichtig auf seinen unteren Rücken, wie links gezeigt. Halten Sie den Arm dort fest und legen Sie Ihre andere Hand unter das Schultergelenk – linke Hand unter die linke Schulter und umgekehrt.

Jetzt hebt sich das Schulterblatt gut heraus, und Sie können beginnen. Bearbeiten Sie zuerst das Gebiet um das Schulterblatt und konzentrieren Sie sich dann auf seine Fläche.

Danach kommen die Erhebung des Schulterblatts und der Nacken dran. Legen Sie den Arm zurück und helfen Sie Ihrem Partner, den Kopf sanft zur anderen Seite zu drehen.

4. Arbeit am Rand des Schulterblatts

Eine Hand liegt unter der Schulter. Bearbeiten Sie mit den Fingern der anderen Hand das Gebiet um das Schulterblatt. Beginnen Sie oben an der Schulter, bewegen Sie sich langsam am inneren Rand des Schulterblatts nach unten, drücken Sie dabei so weit es geht fest unter das Schulterblatt. Wiederholen Sie das mehrere Male.

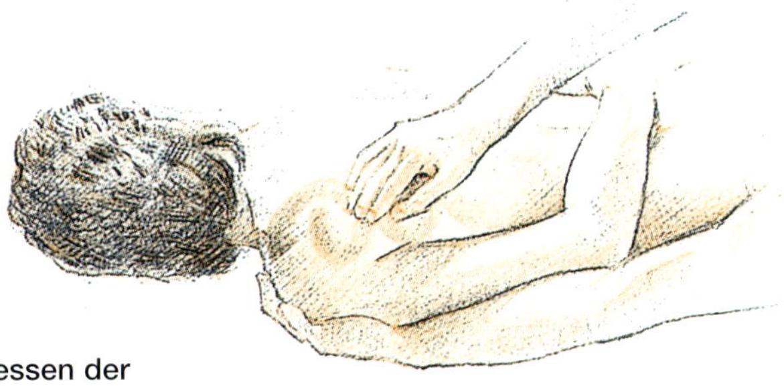

5. Pressen der Schulterblattfläche

Beschreiben Sie nun mit den Fingerspitzen kleine Kreise auf der Fläche des Schulterblatts. Arbeiten Sie sich systematisch mehrere Male durch den ganzen Bereich.

A

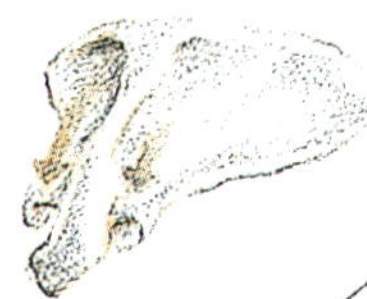

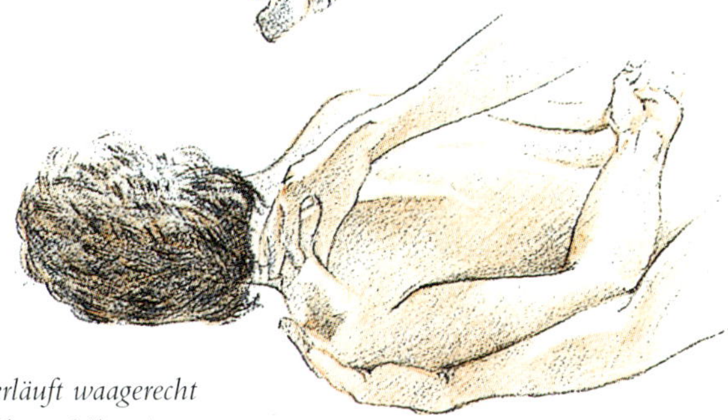

6. Kneifen an der Schulterblatterhebung entlang *(rechts)*

Die Erhebung des Schulterblatts verläuft waagerecht in der oberen Hälfte, wie die Abbildung (A) zeigt. Wenn Sie sie gefunden haben, arbeiten Sie sich mehrmals daran entlang, und zwar vom Hals aus nach außen. Führen Sie mit Fingern und Daumen kräftige Kneifbewegungen aus.

7. Kneten des Nackens

Nehmen Sie die Muskeln und den Nackenansatz zwischen Finger und Daumen und kneten Sie daran entlang. Kneten Sie dann kräftig den Nacken selbst und arbeiten Sie den gesamten Bereich gründlich durch.

Wiederholen Sie die Abfolge 1–7 an der anderen Seite.

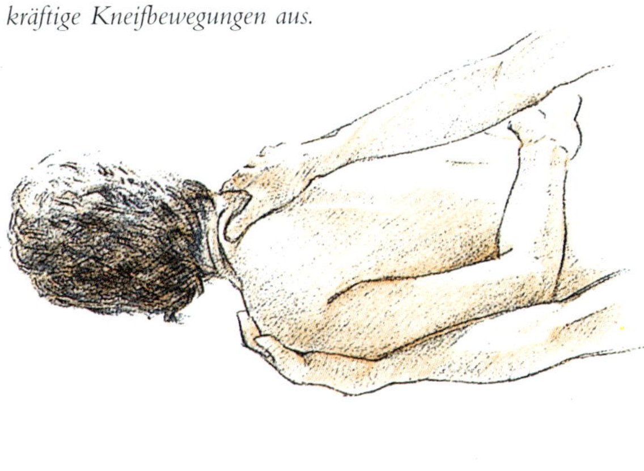

Unterer Rücken und Po

Um den unteren Rücken und den Po zu bearbeiten, müssen Sie eine Position seitlich von Ihrem Partner einnehmen, und zwar auf der Höhe seiner Oberschenkel. Zuerst kneten Sie den unteren Rücken gründlich durch; dann massieren Sie eine Pohälfte, ehe Sie seitlich am Rumpf nach oben ziehen. Der untere Rücken ist häufig Sitz von Verspannungen und Beschwerden. Da er mit dem *Hara* (Seite 189) verbunden ist, lassen Schmerzen in der Lendenregion oft auf Probleme schließen, die mit »Erdung«, Sicherheit und Sexualität zu tun haben. Es tut gut, die Abfolge nach dem Hochziehen an den Seiten durch streichende Griffe am Körper entlang (von der Schulter zum Fuß) zu vervollständigen. Danach begeben Sie sich auf die andere Seite Ihres Partners und wiederholen die Abfolge dort.

Hinweis: Wenn Sie Handtücher benutzen, entblößen Sie den unteren Rücken und die Hüften (siehe Seite 38).

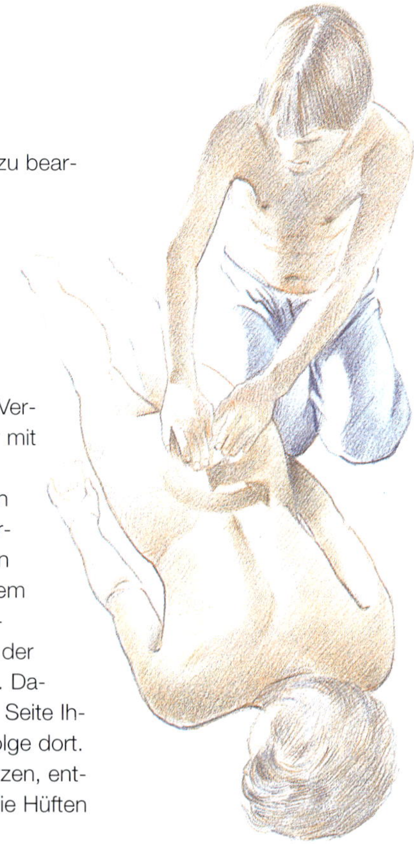

8. Umkreisen von Kreuzbein und Lendenwirbeln

Umkreisen Sie mit beiden Händen abwechselnd das Kreuzbein und die Lendenwirbel, indem Sie einen flachen, knetenden Griff anwenden. Arbeiten Sie ziemlich breit über den ganzen Bereich und wiegen Sie dabei Ihr Becken von einer Seite zur anderen.

9. Kneten der Pobacken

Bewegen Sie die Hände zu der Ihnen abgewandten Gesäßhälfte herunter und machen Sie tiefe Knetbewegungen, indem Sie abwechselnd mit beiden Händen Muskelpartien ergreifen. Arbeiten Sie sich knetend und wringend über die ganze Pohälfte.

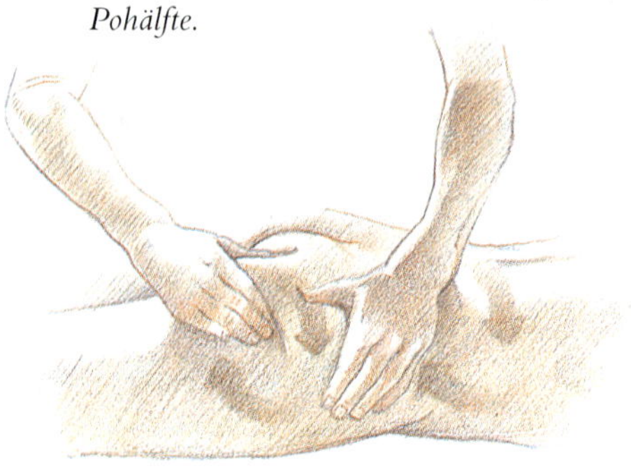

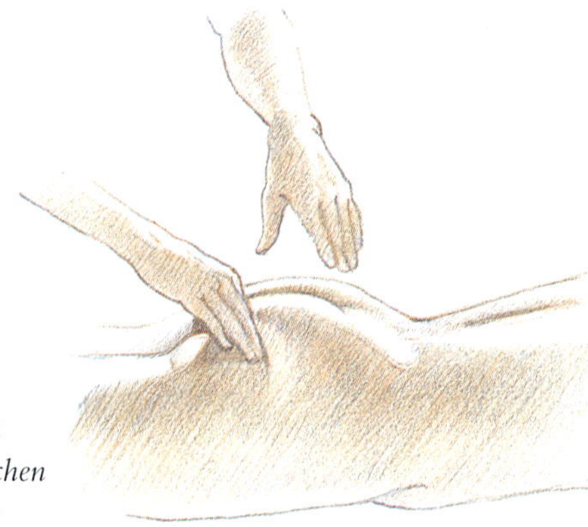

10. Kneifen der Pobacken

Nehmen Sie mit beiden Händen abwechselnd kleine Partien zwischen Daumen und Finger. Halten Sie einen schnellen, aber regelmäßigen Rhythmus ein; achten Sie darauf, dass Ihre Hände entspannt und die Handgelenke locker sind.

11. Hochziehen der Seiten

Beginnen Sie bei den Pobacken und ziehen Sie mit beiden Händen abwechselnd die Ihnen abgewandte Körperseite hoch. Sorgen Sie dafür, dass immer eine Hand mit dem Körper in Kontakt bleibt. Wiederholen Sie die Abfolge 9–11 auf der anderen Seite.

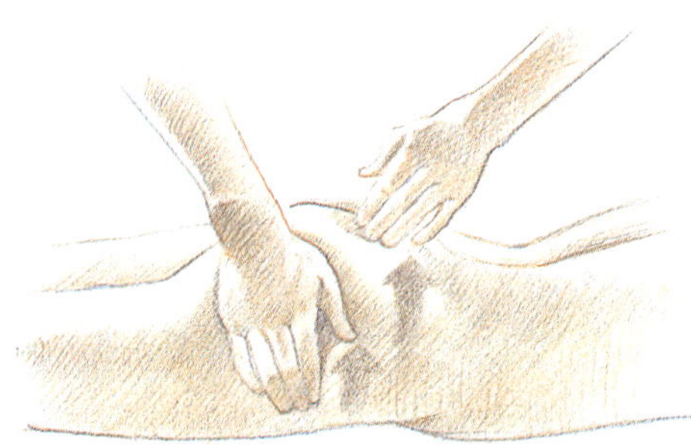

Wirbelsäule

Da die Nerven der Wirbelsäule das Gehirn mit allen anderen Körperteilen verbinden und da sie nahe an der Oberfläche des Rückens liegen, kann Massage eine zutiefst entspannende Wirkung haben. Die Wirbelsäulenmassage ist unterteilt in drei Hauptgriffe: einen breiten, streichenden Griff, »Schaukelpferd« genannt, der einen besänftigenden und einen eher stimulierenden Teil hat; einen tiefen, reibenden Griff, der Spannung in der Wirbelgegend löst, und schließlich einen verbindenden Griff mit den Unterarmen, der dem gesamten Rücken ein Gefühl der Ganzheit mitteilt. Im Allgemeinen sollten Sie vermeiden, direkt auf die Wirbel Druck auszuüben, und jeweils an der Seite der Wirbelsäule arbeiten. Lassen Sie mit Ihren Händen alle Knoten verschwinden, die Sie bei der Arbeit am Rücken entlang finden.

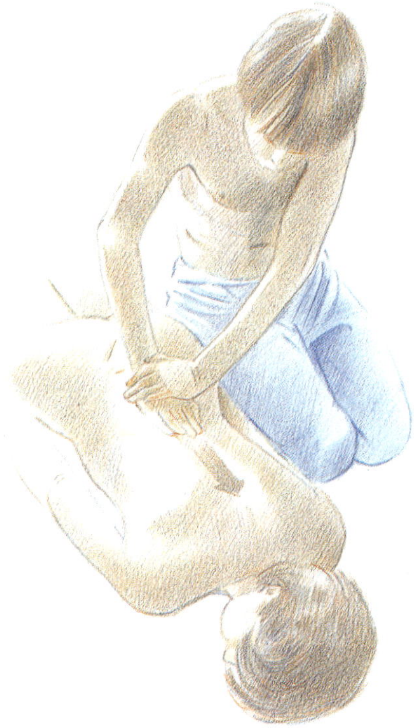

A

12. »Schaukelpferd«

Legen Sie eine Hand über die andere und gleiten Sie mit beiden fest vom Ende der Wirbelsäule bis zum Nacken. Drücken Sie dann mit den Fingerspitzen von Zeige- und Mittelfinger an beiden Seiten der Wirbelsäule entlang nach unten, wobei sich die Wege der beiden Hände überlappen. Arbeiten Sie sich allmählich an der ganzen Wirbelsäule entlang bis zum Steißbein.

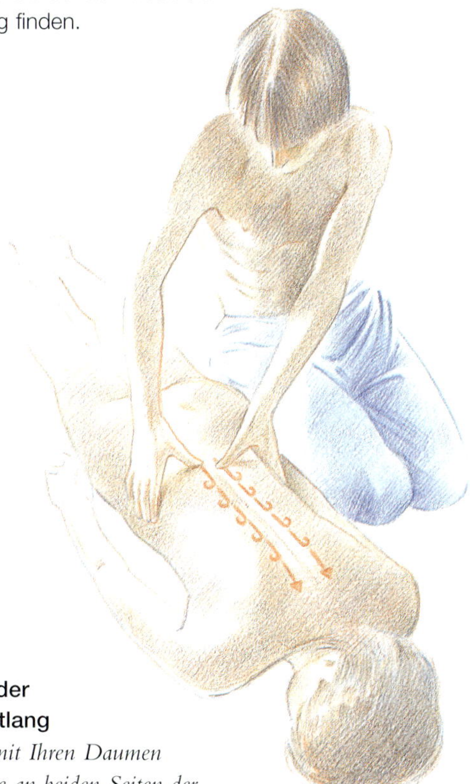

13. Reiben an der Wirbelsäule entlang

Beschreiben Sie mit Ihren Daumen kurze, tiefe Kreise an beiden Seiten der Wirbelsäule entlang nach oben.

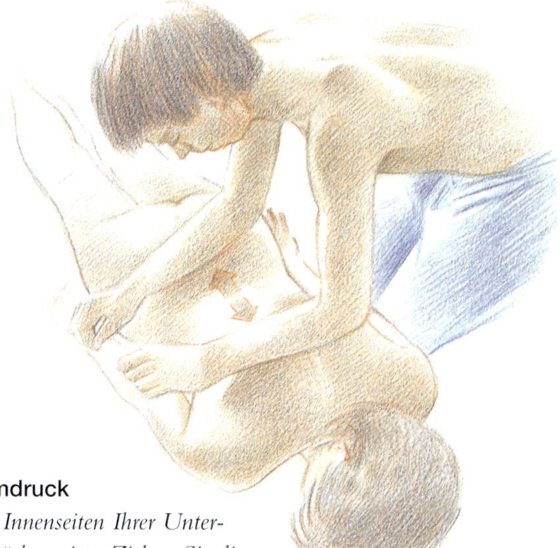

14. Unterarmdruck

Legen Sie die Innenseiten Ihrer Unterarme in die Rückenmitte. Ziehen Sie die Unterarme dann langsam auseinander, den einen zum Nacken, den anderen zum Ende der Wirbelsäule. Wiederholen Sie die Bewegung diagonal über den Rücken, sodass ein Unterarm über eine Schulter fährt, der andere über die entgegengesetzte Pohälfte. In die andere Richtung wiederholen.

Rückseite der Beine

Die Massage der Körperrückseite wird durch die Bearbeitung der Beine und der Füße vervollständigt. Indem Sie Energie in Beine und Füße leiten, helfen Sie Ihrem Partner, sich sicherer und besser »geerdet« zu fühlen. Die weiche Rückseite des Beins ist ideal zum Kneten und Wringen. Wenn diese Partien empfindlich sind oder schmerzen, kann es sein, dass Ihr Partner Probleme mit dem unteren Rücken hat, da der Ischiasnerv von der Basis der Wirbelsäule aus direkt durch die Rückseite des Beins zur Ferse verläuft. Wenn Sie diese massieren, lindern Sie nicht nur dort sitzende Beschwerden, sondern auch Schmerzen oder Steifheit im unteren Rückenbereich.

Langer, streichender Griff an beiden Beinen *(unten)*
Ölen Sie Ihre Hände ein und gleiten Sie von den Fußgelenken aus in der Mitte der Beine nach oben, über die Pobacken und seitlich zu den Hüften. Fahren Sie dann an den Beinseiten nach unten, seitlich über die Füße und zu den Zehen. Wiederholen Sie die Bewegung.

Vorsicht: *Streichen Sie nur sehr sanft an den Beinen nach oben, keinesfalls nach unten, wenn Ihr Partner Krampfadern hat. Arbeiten Sie auf beiden Seiten der Venen.*

Ölen

Nehmen Sie eine Position zwischen den Füßen Ihres Partners ein und ölen Sie beide Beine gleichzeitig ein. Wenn Sie in kniender Stellung arbeiten, wiegen Sie sich aus den Hüften nach vorn, während Sie die Beine aufwärts streichen. Nehmen Sie Ihre Position an dem Bein ein, das Sie zuerst bearbeiten wollen. Um das Öl gründlich verteilen zu können und das Bein vor der Massage anzuwärmen, sollten Sie entweder lange, streichende Griffe anwenden, bei denen die Finger nach oben zeigen, oder die Hände leicht wölben, wie rechts abgebildet.

Hinweis: Wenn Sie Handtücher benutzen, entblößen und ölen Sie zuerst das eine Bein ein, dann das andere (siehe Seite 38).

Umfassungsgriff

Legen Sie die Hände leicht gewölbt über den Fußknöchel (A), und zwar die linke Hand über die rechte, wenn Sie das linke Bein bearbeiten; rechts umgekehrt. Lassen Sie beide Hände in der Mitte des Beins nach oben gleiten. Dort angekommen, streicht die führende Hand über die Pobacke und um das Hüftgelenk herum nach oben, während die andere sich zur Innenseite des Schenkels bewegt (B). Achten Sie dabei darauf, nicht zu nah an die Genitalien zu kommen. Streichen Sie mit beiden Händen an den Seiten des Beins herunter über den Fuß (C).

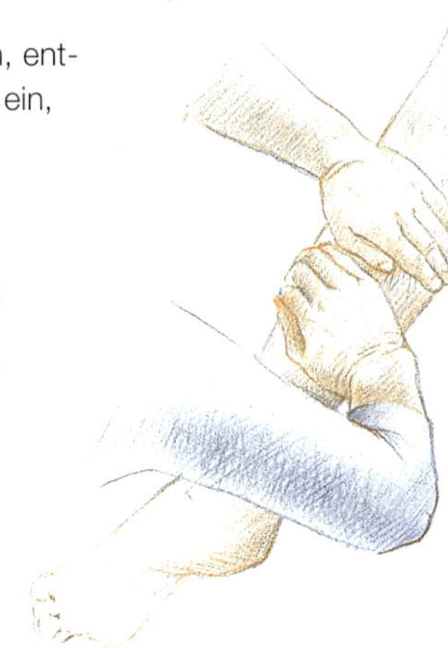

A

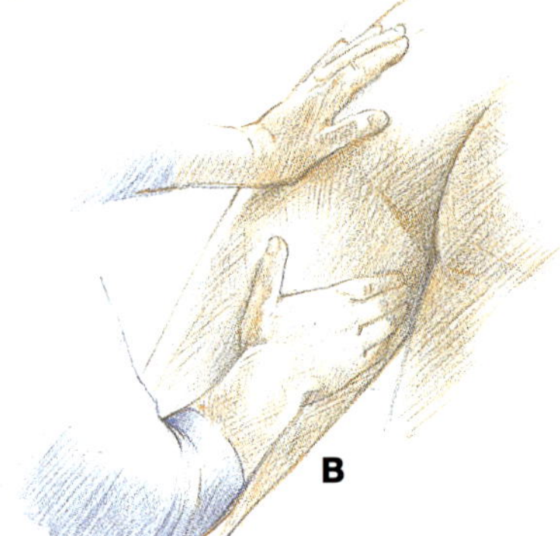

B

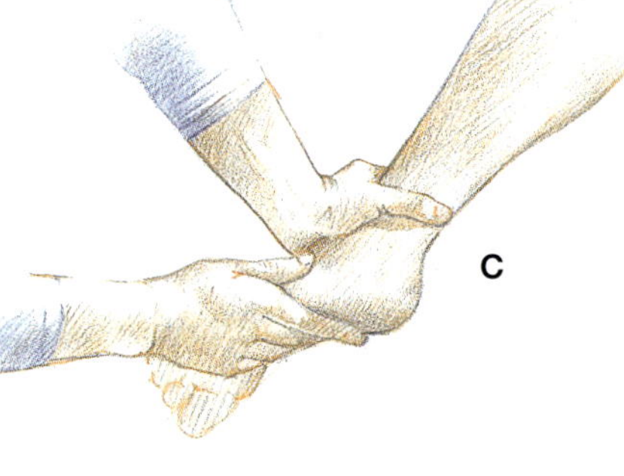

C

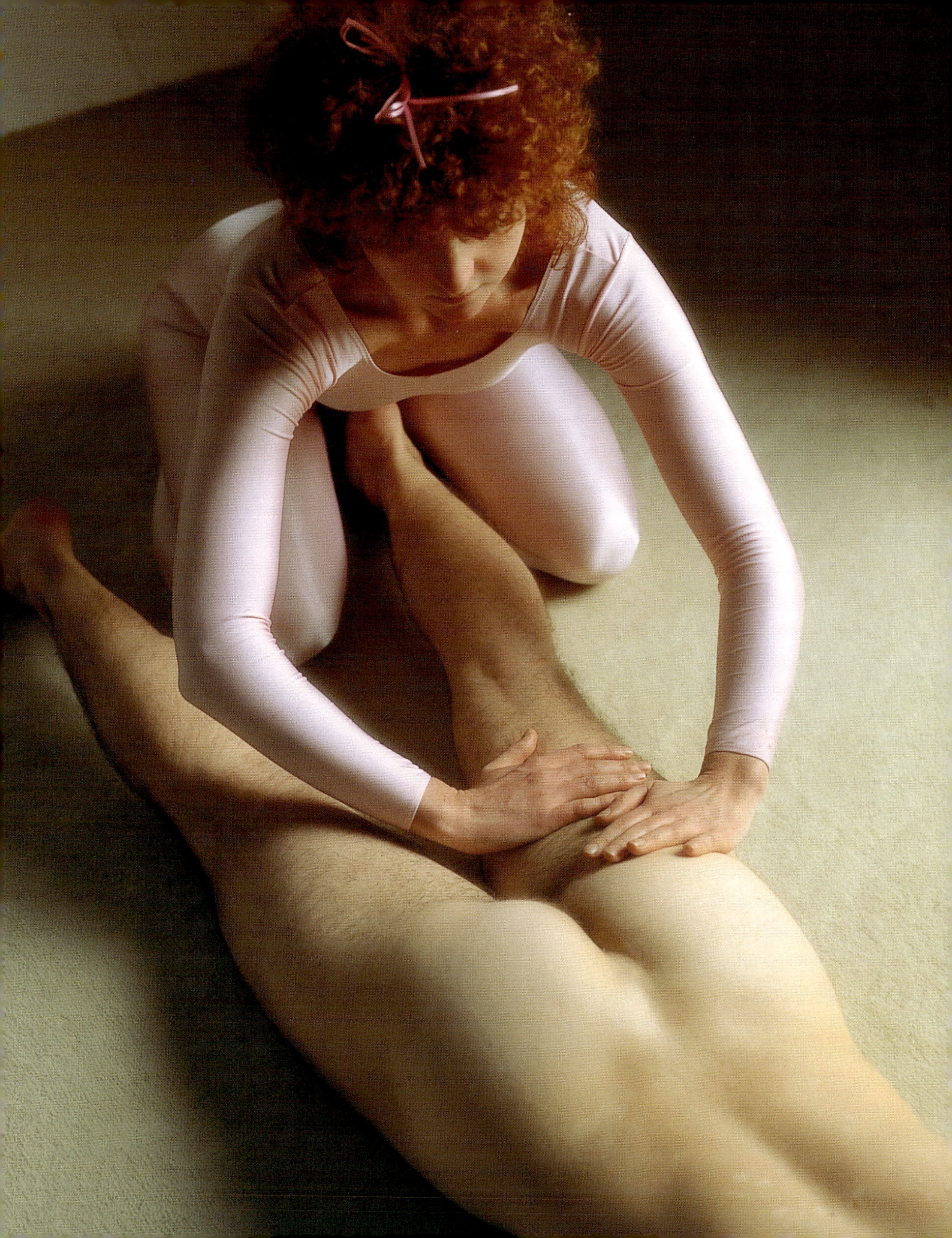

Beinhebung »Halbe Heuschrecke«

Zusätzlich zu den verschiedenen Grundgriffen der Massage können Sie verschiedene »passive« Übungen in Ihre Sitzung einbauen. Dabei werden die Gelenke mobilisiert und die Muskeln gedehnt, indem Sie den Körper des Partners in bestimmte Positionen bringen. Die »Halbe Heuschrecke«, so benannt nach einer ähnlichen Yogastellung, ist bei der Beinmassage nützlich, weil sie das Hüftgelenk bewegt und die Muskeln auf der Vorderseite des Oberschenkels dehnt. Wenn Sie das Bein Ihres Partners anheben, sollte Ihr ganzer Körper das Gewicht tragen, nicht nur Schultern und Arme. Beugen Sie das Bein nur so weit, wie Sie einen Widerstand spüren. Weder Sie noch Ihr Partner sollten Anstrengung oder Unbehagen empfinden.

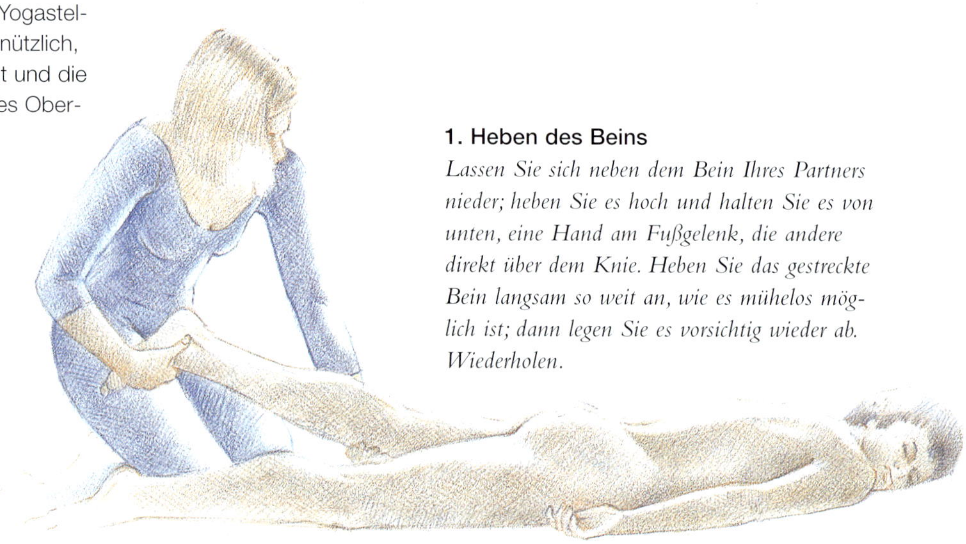

1. Heben des Beins
Lassen Sie sich neben dem Bein Ihres Partners nieder; heben Sie es hoch und halten Sie es von unten, eine Hand am Fußgelenk, die andere direkt über dem Knie. Heben Sie das gestreckte Bein langsam so weit an, wie es mühelos möglich ist; dann legen Sie es vorsichtig wieder ab. Wiederholen.

Entwässern des Beins

Diese Griffe unterstützen den Kreislauf und den Blutrückfluss zum Herzen. Nehmen Sie Ihre Position entweder am Fuß des Partners oder neben seinem Bein ein. Arbeiten Sie vom Knöchel an aufwärts, zunächst mit den Daumen, dann mit den Handballen. Wenn Sie die Kniekehle erreichen, sollten Ihre Griffe breiter und leichter werden – wenn Sie zu viel Druck ausüben, wird die Kniescheibe unangenehm auf die Unterlage gepresst. Der Entwässerungsgriff mit den Handballen ist am wirksamsten an Schenkel und Pobacke, weil dies fleischige Partien sind; Sie können ihn aber auch bei den Waden anwenden.

2. Entwässern mit den Daumen *(rechts)*
Arbeiten Sie abwechselnd mit den Daumen unterhalb der Wade, indem Sie sich mit kurzen, festen Griffen an ihr zum Schenkel hinaufbewegen. Die übrige Hand soll dabei mit dem Bein in Berührung bleiben, um die Daumen zu »verankern«.

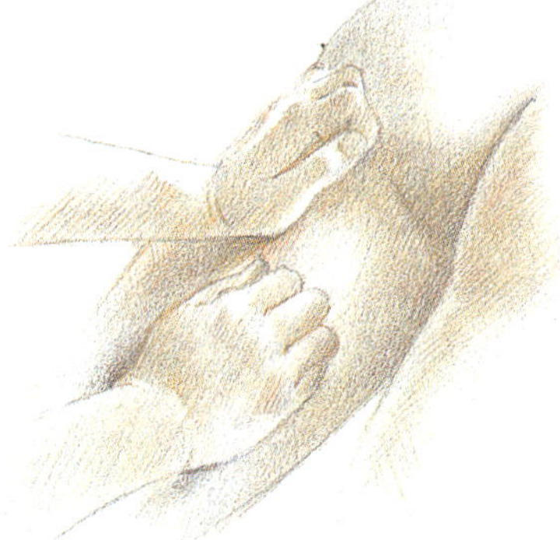

3. Entwässern mit den Handballen
Arbeiten Sie sich langsam am Bein hoch, indem Sie mit den Handballen abwechselnd breite, tiefe Striche ausführen. Die Bewegungen sollen stetig und rhythmisch sein, Ihre Hände entspannt.

Arbeit am Bein abwärts

Nachdem Sie das Bein bis zur Hüfte entwässert haben, arbeiten Sie jetzt in die andere Richtung. Wenden Sie an Schenkel und Wade einen knetenden Griff an. Haben Sie das ganze Bein gründlich massiert, können Sie an seiner Innenseite entweder in überlappenden Griffen herunterfahren (siehe Seite 32) oder sich mit wringenden Griffen nach unten bewegen. Die Rückseite des Beins ist für wringende Griffe besonders geeignet, weil es keine vorstehenden Knochen gibt, die Ihnen im Weg sind.

4. Kneten des Beins

Greifen Sie mit abwechselnden, rhythmischen Bewegungen beider Hände über Schenkel und Wade und kneten Sie das Gewebe. Bleiben Sie stets in Berührung mit dem Bein – zwischen den Griffen brauchen Sie Ihre Hände nicht in die Luft zu heben.

5. Wringen am Bein entlang

Beginnen Sie am unteren Teil der Wade und wringen Sie allmählich am Bein hoch und dann wieder herunter. Der Druck soll dabei gleichmäßig sein.

Fußknöchel

Wie in allen anderen Gelenken auch, sammelt sich in den Fußknöcheln oft Spannung an, was den freien Energiefluss zwischen Füßen und Beinen blockiert. Menschen mit steifen Fußgelenken leiden häufig unter kalten Füßen und sind vermutlich »nicht geerdet« (siehe Seite 170), das heißt, sie haben keinen festen Kontakt zum Boden, zur Realität. Massage hilft nicht nur, die Elastizität wiederherzustellen und das »Erden« sowie den Energiefluss zu unterstützen, sondern mindert auch den Stau von Flüssigkeit. Die hier gezeigten Bewegungen dienen dazu, die Beweglichkeit und Geschmeidigkeit zu testen und auch zu fördern. Das Drehen des Fußknöchels gibt Ihnen ein Gefühl für die Beweglichkeit des Gelenks; das Biegen des Fußes prüft die Spannung in Muskeln und Bändern. Sind die Bänder hart, können Sie den Fuß nicht weit nach vorn drücken; sind die Streckmuskeln an der Vorderseite des Unterschenkels hart, schmerzt es, wenn der Fuß nach hinten gedrückt wird.

Heben des Unterschenkels

Um an den Knöcheln und Füßen zu arbeiten, müssen Sie erst den Unterschenkel heben. Lassen Sie sich neben dem Bein Ihres Partners nieder und legen Sie eine Hand unter den Fußknöchel, die andere auf die Kniekehle. Heben Sie nun langsam den Unterschenkel, bis er aufrecht steht. Achten Sie darauf, ob Ihr Partner Ihnen »hilft«, indem er das Bein anhebt, oder ob er Ihnen das Bein bereitwillig überlässt.

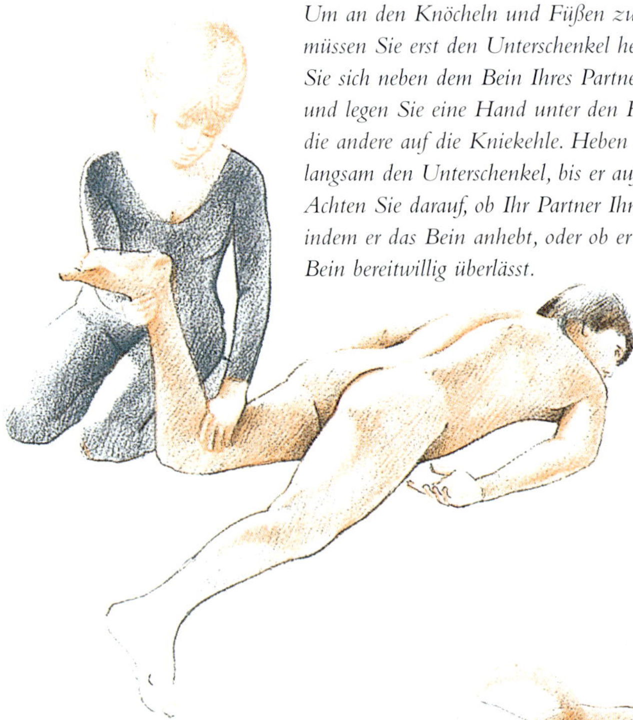

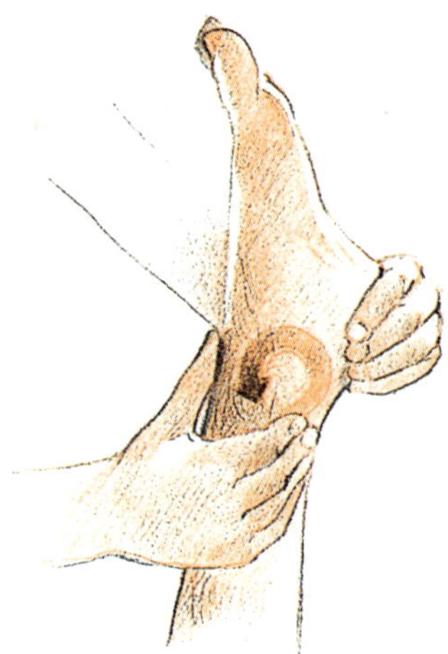

6. Arbeit um den Fußknöchel

Halten Sie den Fuß mit einer Hand fest und arbeiten Sie mit der anderen, und zwar mit Fingern oder Daumen, um den Fußknöchel herum. Lockern Sie die Umgebung des Gelenks mit kleinen, kreisenden Griffen auf jeder Beinseite.

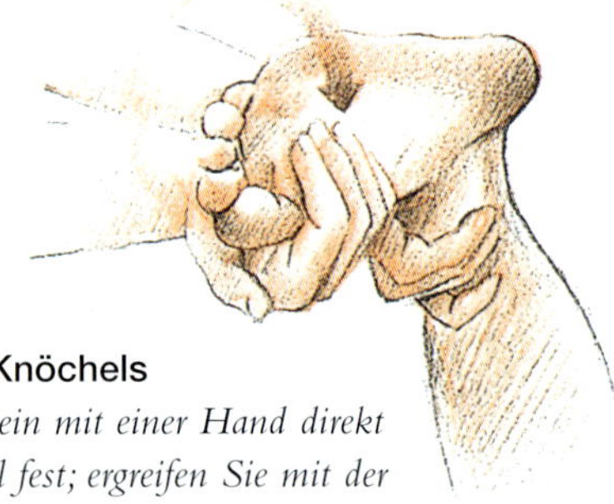

7. Drehen des Knöchels

Halten Sie das Bein mit einer Hand direkt über dem Knöchel fest; ergreifen Sie mit der anderen den Fuß und beschreiben Sie mit ihm langsam einen großen Kreis, zuerst in die eine, dann in die andere Richtung. Führen Sie jeweils mehrere Drehungen durch. Lassen Sie den Fuß bis an die Grenzen seiner Beweglichkeit kreisen.

8. Nieder- und Hochdrücken des Fußes

A

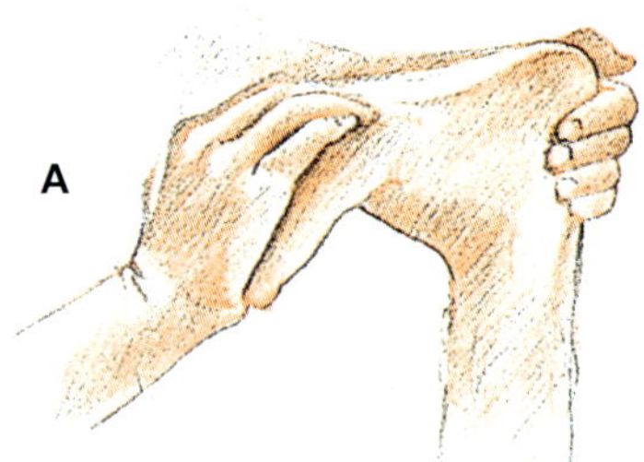

Fassen Sie den Knöchel mit einer Hand und drücken Sie mit der anderen Fußballen und Zehen nach unten, bis Sie einen Widerstand spüren (A). Dann ziehen Sie mit einer Hand den vorderen Teil des Fußes nach hinten, während Sie mit der anderen die Ferse herunterdrücken; Sie dehnen so die Fußspitze und die Vorderseite des Beins (B).

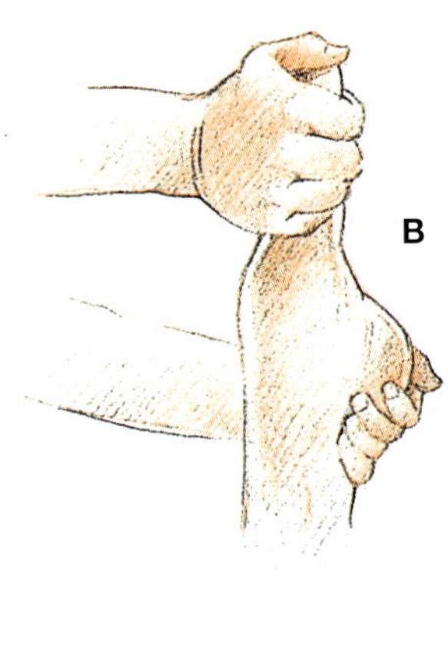

B

Der Fuß

Der menschliche Fuß hat eine überaus komplexe Struktur entwickelt, die aus 26 kleinen Knochen besteht. Einige davon bilden zwei große Stützbogen. Die Füße tragen nicht nur das gesamte Körpergewicht, sondern dienen auch als Stoßdämpfer. Außerdem enthält die Fußsohle tausende von Nervenenden mit Reflexverbindungen zum gesamten übrigen Körper (siehe Seite 136 bis 137). Wenn Sie die Füße massieren, beeinflussen Sie daher den ganzen Körper, nicht nur die Füße selbst. Aus diesem Grund konzentrieren sich viele Masseure auf eine Fußmassage, wenn die Zeit für eine Ganzkörpermassage nicht ausreicht. Wenn Sie mit dem einen Fuß fertig sind, senken Sie das Bein behutsam, gehen zur Arbeit an der Rückseite des anderen Beins über und wiederholen die Abfolge von Anfang an. Haben Sie die Massage beider Beine beendet, sollte Ihr Partner einen Moment ausruhen, ehe Sie ihn bitten, sich für die Massage der Vorderseite umzudrehen.

Hinweis: Wenn Sie Handtücher benutzen, halten Sie sie vor den Partner, während er sich umdreht (siehe Seite 39).

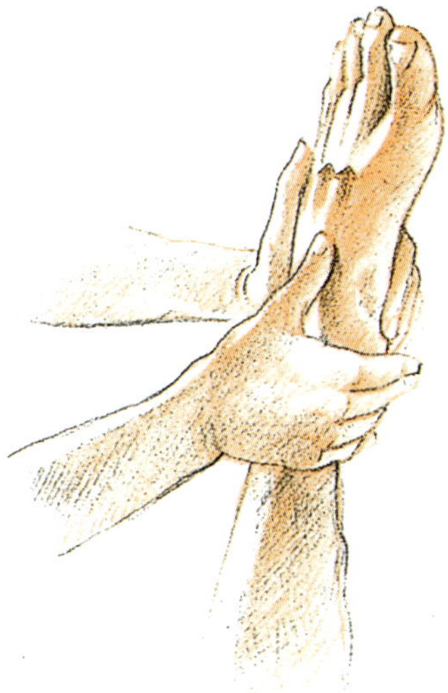

9. Ableiten zwischen den Sehnen

Halten Sie mit einer Hand die Fußsohle; die Zehen zeigen nach oben. Benutzen Sie Daumen oder Finger der anderen Hand, um langsam an jedem Kanal zwischen den Sehnen von den Zehen zu den Fußknöcheln entlangzudrücken.

10. Daumenkreisen auf der Fußsohle

Stützen Sie den Fuß mit einer Hand und bearbeiten Sie die Fußsohle mit dem Daumen der anderen Hand, und zwar in kleinen, festen Kreisen. Am besten beginnen Sie an der Ferse und hören am Fußballen direkt unter den Zehen auf.

11. Dehnen der Zehen

Arbeiten Sie systematisch an den Zehen entlang. Spreizen Sie sie zuerst seitlich auseinander, dehnen Sie dann jeden einzelnen Zeh nach vorn und nach hinten. Probieren Sie aus, wie weit Sie die Zehen dehnen können – oft geht es weiter, als Sie vermuten.

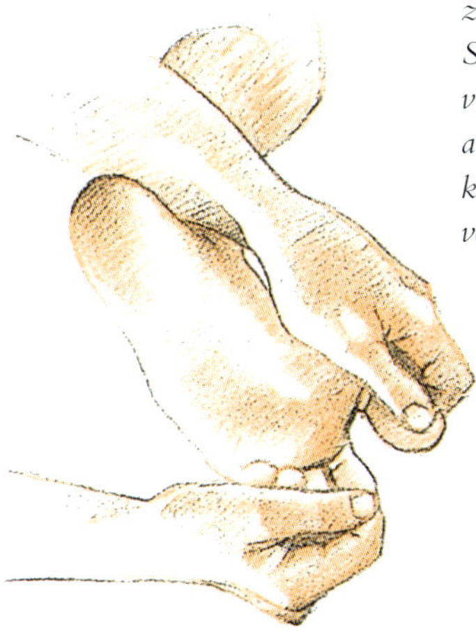

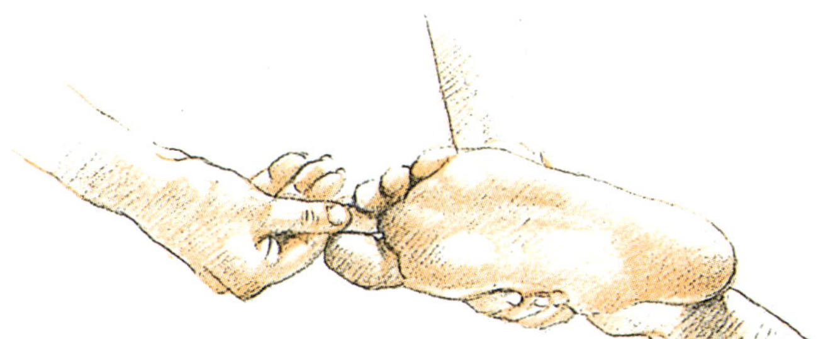

12. Auswringen der Zehen

Nehmen Sie nacheinander jeden Zeh vom Ansatz her zwischen Daumen und Finger und ziehen Sie stetig daran. Drehen Sie den Zeh ein wenig, während Sie Ihre Finger nach oben ziehen und über die Zehenspitze abgleiten. Schütteln Sie Ihre Hand aus, wenn Sie mit einem Zeh fertig sind, um jede negative Energie loszuwerden. Wiederholen Sie die Abfolge am anderen Bein.

Schultern, Hals und Kopfhaut

Nachdem Ihr Partner sich umgedreht hat, massieren Sie die Vorderseite des Körpers; kehren Sie zunächst zu den Schultern zurück. Hier sammeln sich am häufigsten Verspannungen an. Ein gesunder Mensch reagiert Ärger und Wut, die in ihm aufziehen, mit Armen und Händen oder der Stimme ab. Viele von uns durften jedoch als Kinder ihre Gefühle nicht frei ausdrücken und haben gelernt, sie zu unterdrücken, indem sie sich im Schulter- und Halsbereich versteifen. Die Bearbeitung der Schultern von vorn hat dabei den Vorteil, dass das Körpergewicht des Empfängers auf die Hände unter seinem Rücken drückt, was die Griffe verstärkt. Zuerst mag Ihnen die Abfolge der Griffe etwas kompliziert vorkommen, da vieles außer Sicht geschieht, nämlich zwischen dem Rücken Ihres Partners und der Arbeitsfläche. Wenn Sie sie aber erst einmal erlernt haben, werden Sie sehen, wie sehr sich dieser Teil der Massagesitzung lohnt und wie gut er dem Massierten tut.

Ölen

Hat Ihr Partner sich umgedreht, legen Sie das Fußknöchelpolster unter die Kniekehlen und prüfen Sie, ob er ein kleines zusammengefaltetes Handtuch unter dem Kopf benötigt (siehe Seite 39). Dann setzen Sie sich am Ende seines Kopfes hin und beginnen mit einem glatten, fließenden Streichen, Öl auf den oberen Brustraum, die Schultern und den Hals aufzutragen, so wie es die Abbildungen in drei Schritten zeigen. Wenn Sie sich nach der Abfolge der Ganzmassage richten, ist der Rücken Ihres Partners bereits eingeölt. Wenn Sie diese Partien aber einzeln behandeln möchten, sollten Sie den gesamten oberen Rücken einölen, ehe sich Ihr Partner hinlegt.

Hinweis: Wenn Sie Handtücher benutzen, schlagen Sie das obere zurück, wie auf Seite 39 gezeigt.

Langer, streichender Griff

A. *Legen Sie Ihre Hände direkt unterhalb der Schlüsselbeine auf den oberen Brustkorb; die Finger zeigen zur Mitte. Ziehen Sie nun die Hände langsam auseinander, wobei sich die Handballen in Richtung auf die Schultern bewegen sollen.*

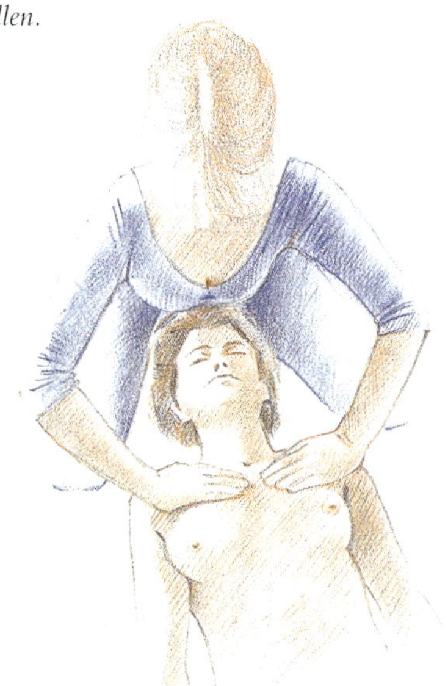

B. *Haben Sie die Schultern erreicht, umfassen Sie mit den Händen die Schultergelenke und gleiten dann an den Schultern entlang, bis Sie den Nacken erreichen.*

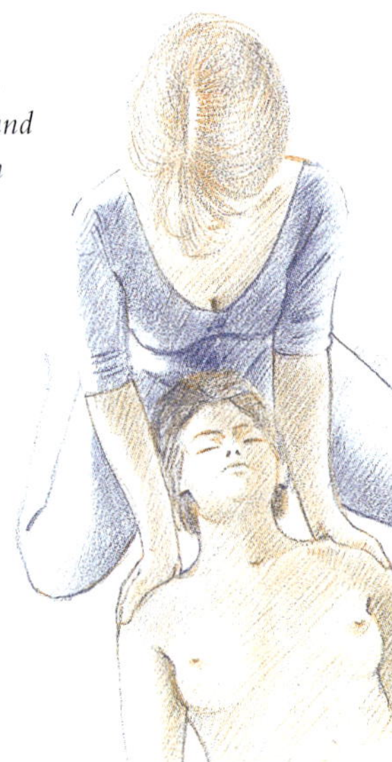

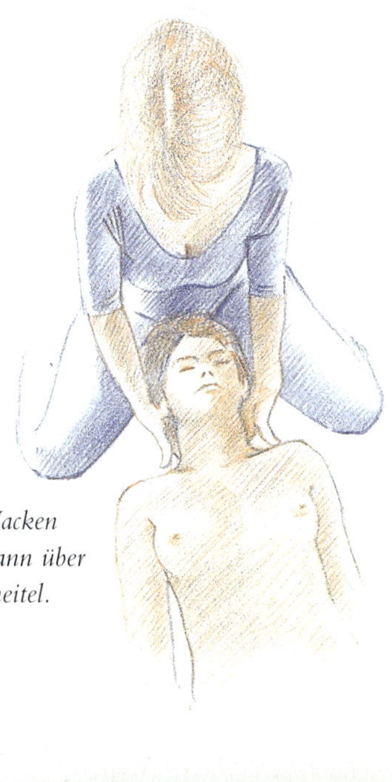

C. *Streichen Sie jetzt im Nacken hoch bis zur Schädelbasis, dann über den Hinterkopf bis zum Scheitel. Wiederholen.*

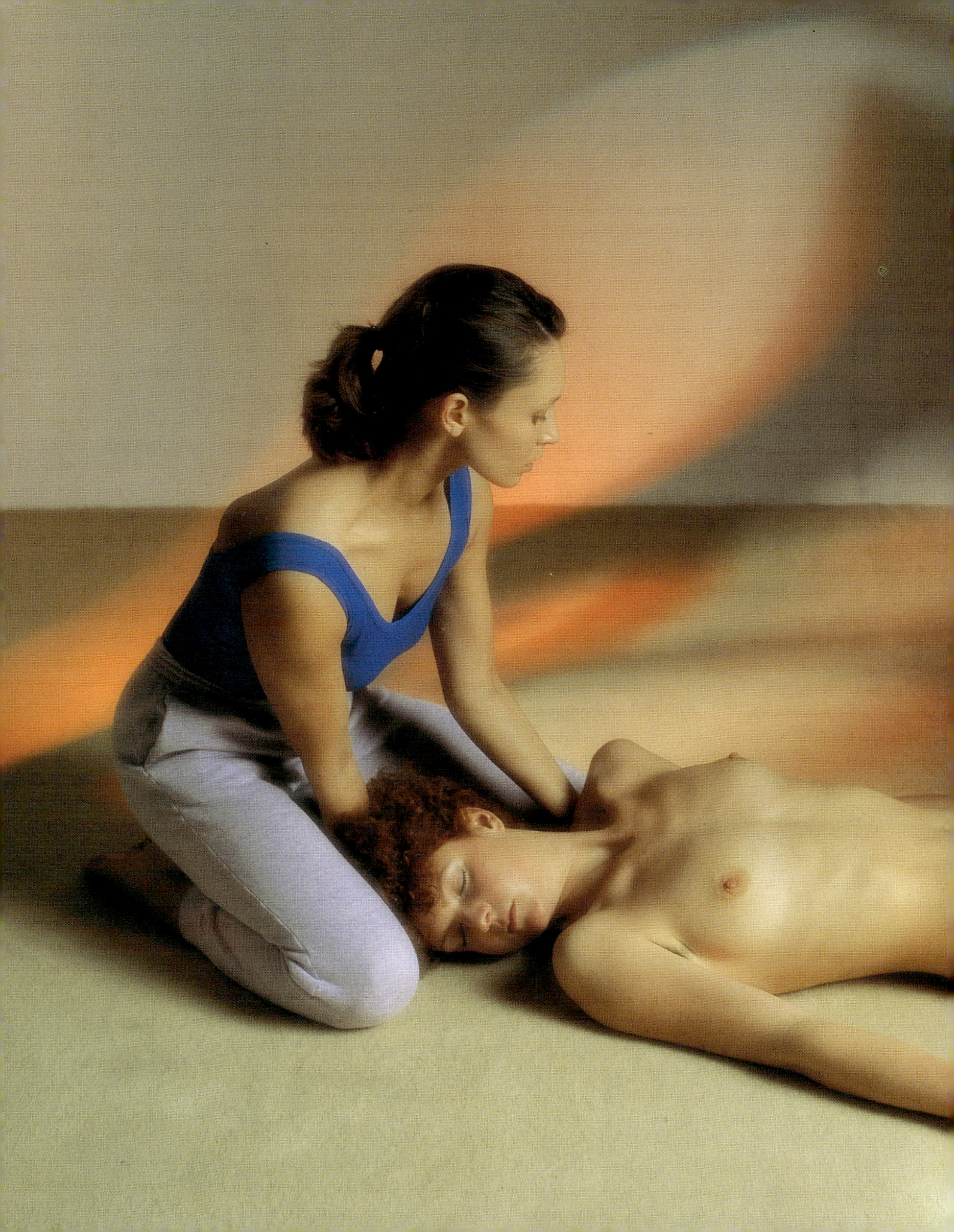

Dehnen des Halses

Diese Dehnungsbewegungen schließen sich natürlich an die langen, streichenden Griffe an. Statt mit den Händen bis zum Scheitel zu fahren, halten Sie an der Schädelbasis inne, fassen den Kopf und bewegen Ihren Oberkörper zurück, um den Hals zu dehnen. Sie können den Hals auch vorwärts, rückwärts und zur Seite dehnen. Dabei werden die Oberseite der Schulter und die Halsseite gestreckt. Ist der Partner entspannt genug, wird er seinen Kopf Ihren Händen überlassen – der Kopf fühlt sich schwer an, wenn Sie ihn heben. Ist der Partner jedoch verspannt, bewegt er ihn unbewusst selbst mit. Wenn das geschieht, müssen Sie ihn bitten, absichtlich nicht »loszulassen«, wenn Sie versuchen, den Hals durch Dehnung zu lockern. Er soll sich dessen bewusst werden. Verlieren Sie aber nicht die Geduld, wenn jemand dazu nicht in der Lage ist. Gehen Sie einfach zum nächsten Griff über.

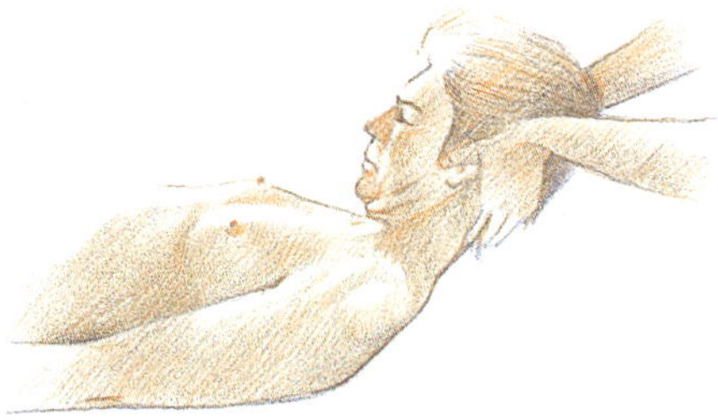

1. Dehnen des Halses

Legen Sie beide Hände fest unter den Kopf, die Finger an der Schädelbasis. Heben Sie den Kopf ein wenig von der Unterlage ab und bewegen Sie sich zurück, sodass der Nacken gedehnt wird. Lassen Sie dann den Kopf vorsichtig wieder sinken.

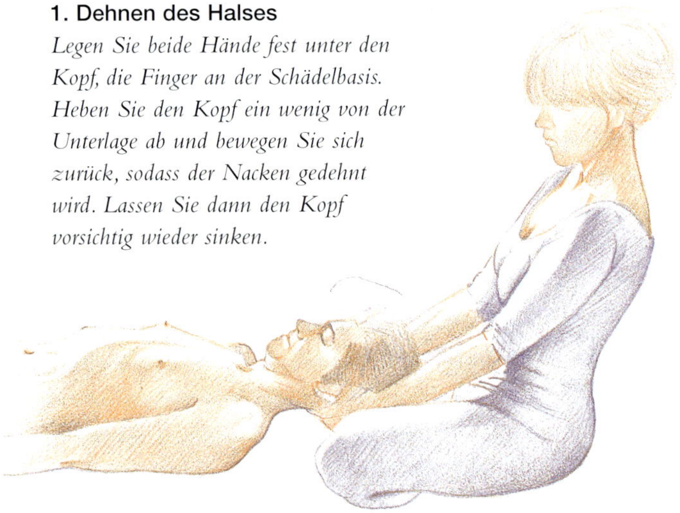

2. Vor- und Rückwärtsdehnung

Ihre Hände liegen noch immer unter dem Kopf. Heben Sie ihn ein wenig an und drücken Sie ihn mit dem Kinn auf die Brust (siehe links). Dann führen Sie ihn langsam wieder zurück, legen eine Hand in den Nacken und heben den Kopf so an, dass er nach hinten sinkt, wie in der Abbildung unten gezeigt. Jetzt bringen Sie den Hals wieder in eine gerade Lage.

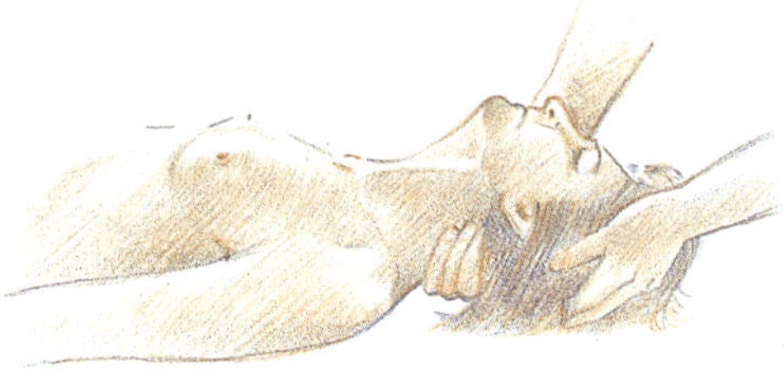

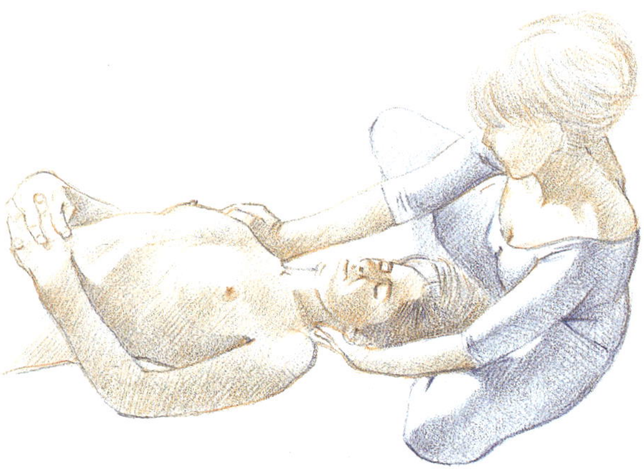

3. Seitliche Dehnung des Halses

Halten Sie den Hinterkopf sicher in einer Hand und führen Sie ihn langsam auf eine Schulter zu, während Sie mit der anderen Hand die entgegengesetzte Schulter herunterdrücken. Führen Sie dann den Kopf wieder in die Mitte, wechseln Sie die Hände und wiederholen Sie die Bewegung zur anderen Seite.

Schultern, Abfolge der Vorder- und Hintergriffe

Nachdem Sie nun den gesamten Halsbereich ein wenig gelockert haben, konzentrieren Sie sich jeweils auf eine Seite. Der Kopf des Partners liegt seitlich auf einer Hand; bearbeiten Sie mit der anderen den gesamten oberen Rücken- und Halsbereich, und zwar in der dreiteiligen Abfolge, die unten abgebildet ist. Da der größte Teil unter dem Rücken durchgeführt wird, haben wir den Weg, den Ihre Hand nimmt, mit Pfeilen eingezeichnet. Zunächst schieben Sie sie unter den Rücken und ziehen sie dann nach oben zum Hals, und zwar fächerförmig über drei verschiedene Rückenbereiche. Sie werden feststellen, dass Sie einigen Leuten leichter eine Hand unter den Rücken schieben können als anderen; führen Sie die Hand so weit, wie es mühelos geht. Wenn Sie sie zurückziehen, kann es sein, dass das Gewebe im Nacken einen Wulst bildet. Versuchen Sie in diesem Fall nicht, darüber hinwegzugehen – streichen Sie einfach langsam weiter nach oben; Ihr Druck wird die Falten nach und nach zum Verschwinden bringen. Wichtig ist, dass Sie diese Abfolge sehr langsam und bewusst vollziehen.

Drehen des Kopfes

Halten Sie den Kopf an beiden Seiten. Die Daumen sind über, die Finger hinter den Ohren. Heben Sie den Kopf leicht an und drehen ihn sanft so zur Seite, dass er auf einer Hand liegt. Achten Sie darauf, dass Sie Ihren Partner dabei nicht an den Haaren ziehen und dass der Kopf bequem liegt. Beginnen Sie nun die Schulter zu bearbeiten, der Ihr Partner den Hinterkopf zuwendet.

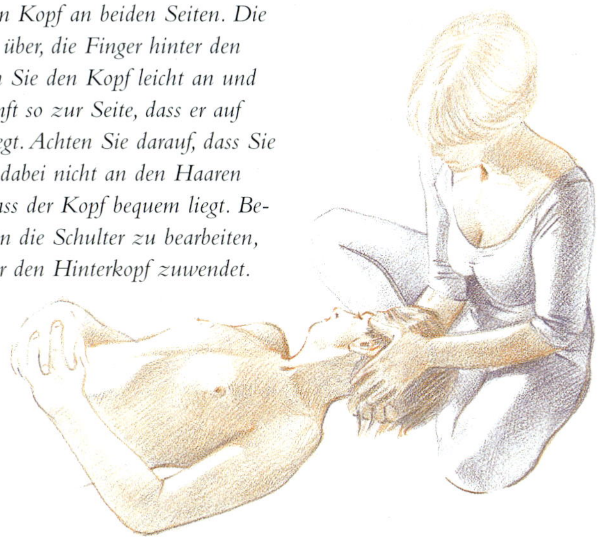

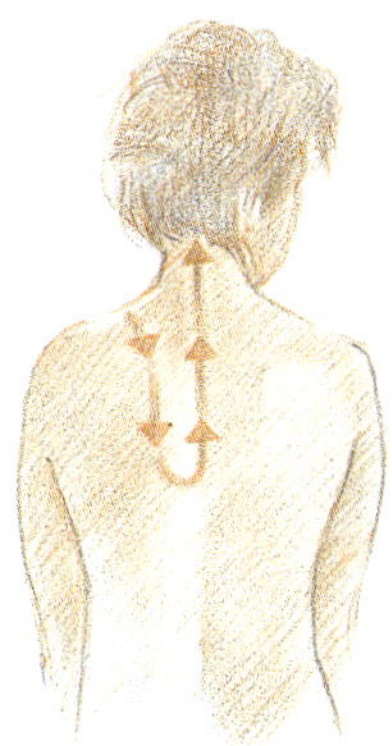

4. Abfolge der Vorder- und Hintergriffe

A. *Beginnen Sie die Sequenz wie beim langen, streichenden Griff (Seite 52); statt aber zum Hals heraufzugehen, schieben Sie die Hand seitlich an der Wirbelsäule entlang nach unten. Ziehen Sie dann Ihre gebogenen Finger an der Seite der Wirbelsäulenrinne entlang nach oben, über den Nacken bis zur Schädelbasis. Beschreiben Sie mit Ihren Fingern kleine Bogen unter ihr. Wiederholen.*

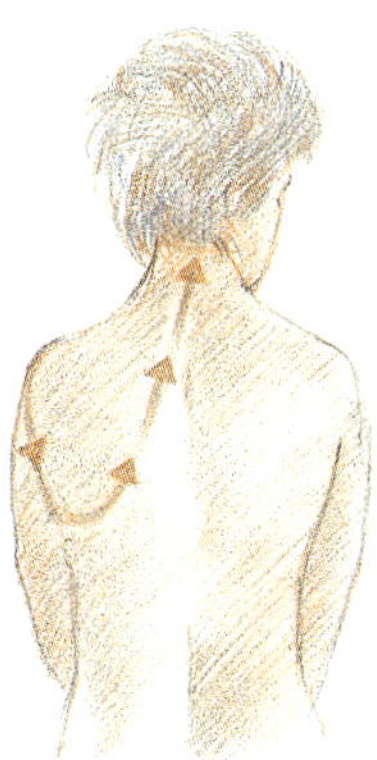

B. *Beginnen Sie wie vorher, doch wenn Ihre Hand das Schultergelenk erreicht, führen Sie sie mit gekrümmten Fingern unter der Schulter seitlich am Partner herunter. Haben Sie Brusthöhe erreicht, ziehen Sie die Hand diagonal über Rücken und Schulterblatt. Wenn Sie zu Nacken und Schädelansatz zurückgekommen sind, machen Sie wieder kreisende Bewegungen am Schädelansatz. Wiederholen.*

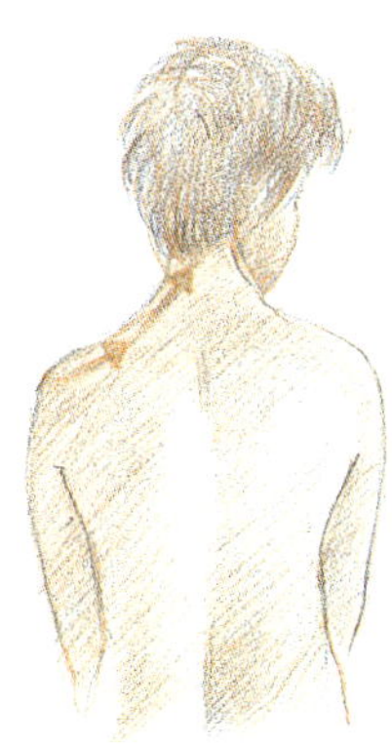

C. *Beginnen Sie wie vorher, doch wenn Ihre Hand das Schultergelenk umkreist hat, ziehen Sie sie auf der Schulter entlang und seitlich am Hals hoch. Ihr Daumen liegt dabei auf der Vorderseite der Schulter, die Finger hinten. Der innere Rand des Zeigefingers und die Innenseite des Daumens sollten ein straffes Band bilden. Wenn Sie wie oben an der Schädelbasis Kreise beschrieben haben, wiederholen Sie die Bewegung.*

Die Kopfhaut

Eine verspannte Kopfhaut kann zu Kopfschmerzen und Haarproblemen führen. Massage hilft, diese Spannung zu lindern, und unterstützt die Zirkulation. Wenn Sie die drei nebenstehenden Griffe durchgeführt haben, legen Sie Ihre freie Hand sanft über das Ohr des Partners und wenden seinen Kopf zur anderen Seite.

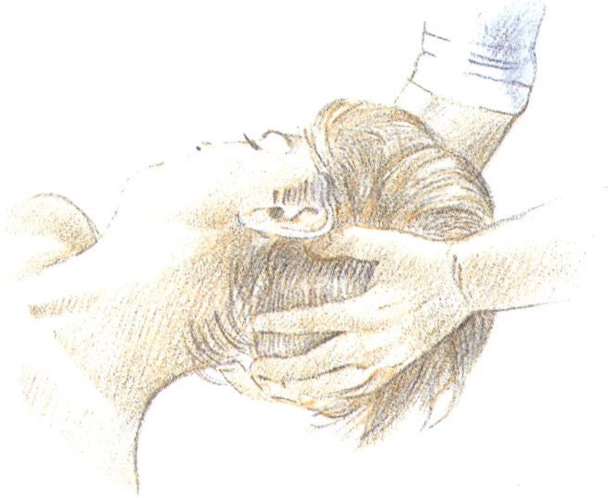

5. Drehen der Kopfhaut
Legen Sie die Hand leicht gespreizt auf den Kopf und drehen Sie sie, indem Sie die Kopfhaut über dem Knochen bewegen, wie links gezeigt.

6. »Shampoonieren«
Reiben Sie mit Ihren Fingerspitzen kräftig die gesamte Kopfhaut.

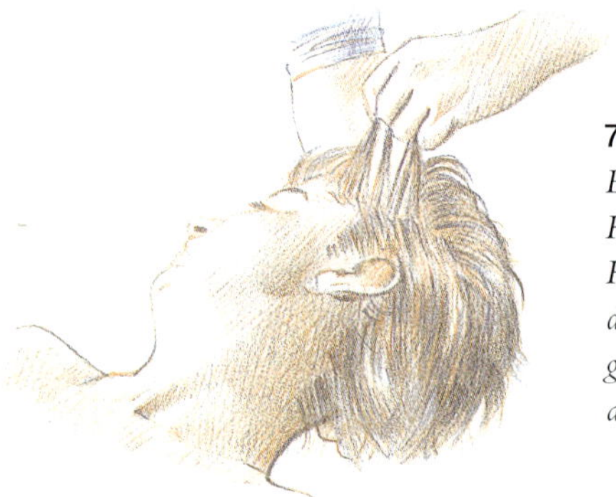

7. »Wegziehen« der Haare
Ergreifen Sie jeweils ein Büschel Haare und ziehen Sie leicht an den Haarwurzeln, indem Sie Ihre Finger durch das Haarbüschel nach oben gleiten lassen. Wiederholen Sie 4–7 auf der anderen Seite.

Dehnen der Wirbelsäule

Dies ist der einzige Vorder- und Hintergriff für Hals und Schultern, der die Mitwirkung des Partners erfordert. Er muss seinen Rücken anheben, damit Sie mit Ihren Händen darunter greifen können. Der Griff bewirkt eine wunderbare Dehnung der ganzen Wirbelsäule und tut dem Empfänger außerordentlich gut. Sie brauchen vielleicht ein wenig Übung, ehe Sie ihn wirklich glatt durchführen können. Es sollte jedoch zu schaffen sein, es sei denn, Ihr Partner ist sehr schwer oder viel größer als Sie selbst – in diesem Fall lassen Sie den Griff aus. Achten Sie immer darauf, dass Sie aus dem *Hara* und dem Becken ziehen und nicht nur aus den Schultern.

8. Dehnen der Wirbelsäule
Legen Sie die Handflächen seitlich unter die Wirbelsäule, wie unten gezeigt (A). Nun bitten Sie Ihren Partner, sich auf Ihren Armen zu entspannen. Beginnen Sie dann, Ihren Körper zurückzubewegen und dabei Ihre Hände mit leicht gebogenen Fingerspitzen an der Vertiefung neben der Wirbelsäule hochzuziehen, wie unten links gezeigt (B). Arbeiten Sie sich so langsam über die Wirbelsäule nach oben zu Hals und Schädelbasis (C). Beenden Sie die Sequenz mit dem »Wegziehen« der Haare.

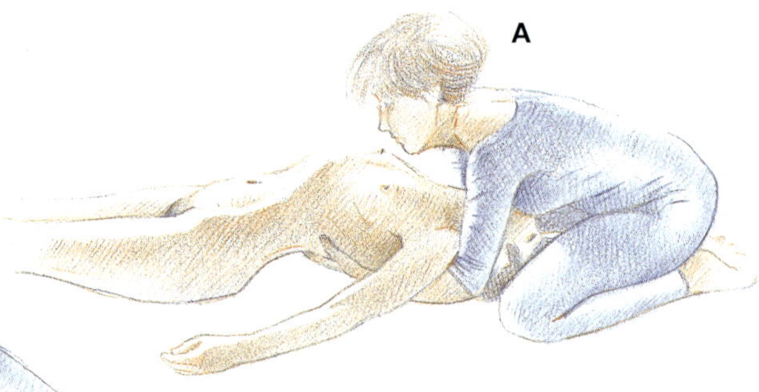

A

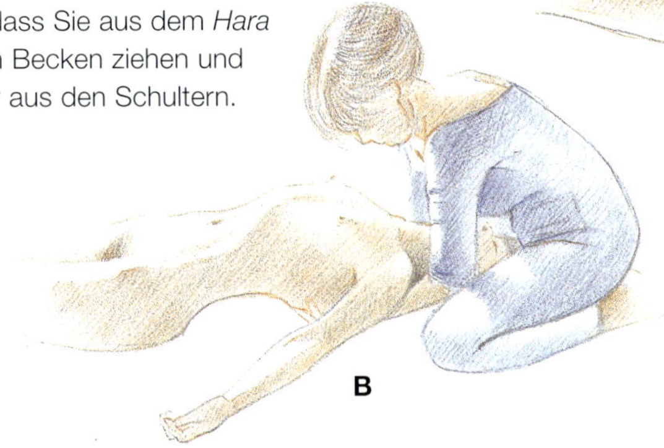

B

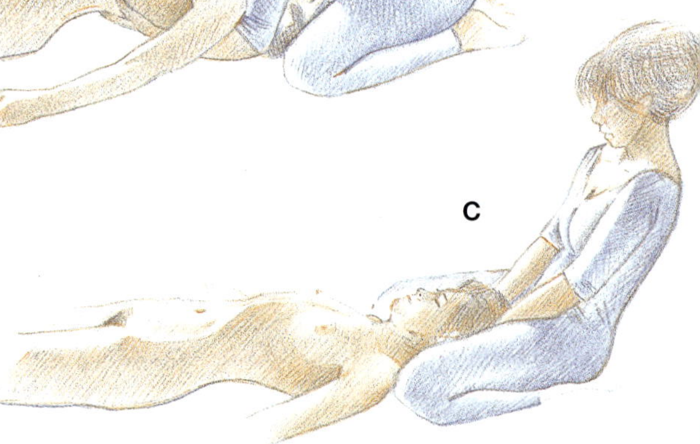

C

Das Gesicht

Das Gesicht ist der Teil, den wir bei einem Menschen im Allgemeinen zuerst bemerken. Es zeigt offen oder verdeckt die Geschichte seines Besitzers. Sein Ausdruck wird geformt von unzähligen winzigen Muskeln, die das Gesicht beweglich machen. Stress und Spannung spiegeln sich wieder in der Anspannung von Brauen, Kinn und Augen; Freude und Heiterkeit in einem offenen, entspannten Ausdruck. Ob wir nun die unablässig lächelnde Maske der Beschwichtigung tragen oder einen Ausdruck spöttischer Überraschung mit ständig hochgezogenen Brauen – die auf unserem Gesicht fest gefrorene Miene trägt zur Enthüllung unserer Einstellung und unseres Charakters bei. Eine liebevolle Gesichtsmassage befähigt uns, manche unserer Masken abzulegen, und kann daher zu einem Gefühl tiefer Entspannung und Selbstzufriedenheit führen. Falls nicht genügend Zeit für eine Ganzkörpermassage ist, können Sie auch nur das Gesicht massieren, da es – wie die Füße – andere Körperteile widerspiegelt (siehe Seite 177).

Ihre Position

Bleiben Sie während der gesamten Abfolge am Kopfende Ihres Partners sitzen oder stehen. Üben Sie den Druck ganz gleichmäßig aus, während Sie sich von der Stirn zum Kinn vorarbeiten.

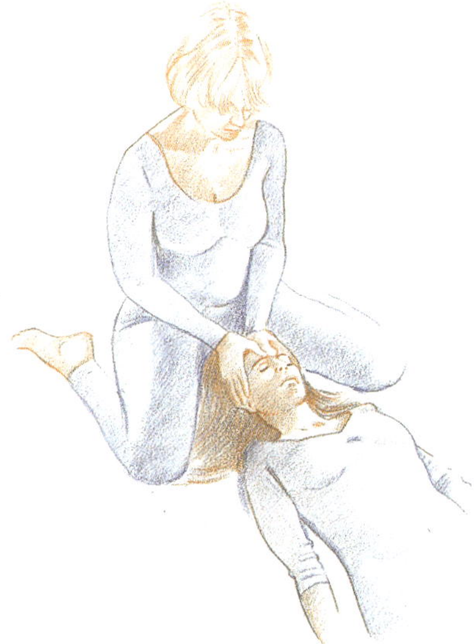

Das Gesicht

Für eine Gesichtsmassage brauchen Sie Ihre Hände nicht einzuölen. Das Öl an Ihren Fingern reicht wahrscheinlich für diesen relativ kleinen Bereich aus. Bevor Sie sich zum ersten Mal ans Gesicht wagen, sollten Sie an Ihrem eigenen üben, damit Sie merken, wie es sich anfühlt. Das Gesicht ist knochiger und weniger empfindlich als es aussieht; Sie werden überrascht feststellen, dass Sie verhältnismäßig tiefen Druck ausüben können. Die Schwelle dessen, was noch als angenehm empfunden wird, ist jedoch unterschiedlich; bitten Sie also Ihren Partner um eine Reaktion. Trägt er Kontaktlinsen, empfiehlt es sich, die Augenlider auszulassen. In dieser Sequenz arbeiten Sie sich allmählich am Gesicht herunter, und zwar von der Mitte aus zu den Seiten. Sie sollten die Bewegungen langsam und korrekt ausführen. Konzentrieren Sie Ihr Bewusstsein auf Ihre Finger. Da viele Griffe einer Gesichtsmassage relativ klein sind, müssen Sie aufpassen, dass Sie Ihre Schultern nicht zu stark anspannen. Selbst für die kleinsten Griffe wiegen Sie sich am besten aus den Hüften vor und zurück.

1. Stirn

Legen Sie die Daumen in die Mitte der Stirn, direkt über den Brauen; die Finger liegen seitlich am Kopf. Ziehen Sie die Daumen langsam auseinander bis zum seitlichen Haaransatz. Wandern Sie ein kleines Stück weiter nach oben und wiederholen sie das Ganze, bis der Haaransatz erreicht ist.

Augen, Nase und Wangen

Da Sie das Gesicht in Abwärtsrichtung bearbeiten, massieren Sie nun Augenbrauen, Augenlider und Nase, ehe Sie zum Kinn weitergehen. Zwölf Paar Nerven verbinden das Gehirn direkt mit dem Gesicht und den fünf Sinnen. Die Arbeit rund um die Augen, Augenbrauen und vor allem Schläfen ist oft eine große Hilfe bei der Linderung von Kopfschmerzen und Stress und zur Klärung der Nebenhöhlen.

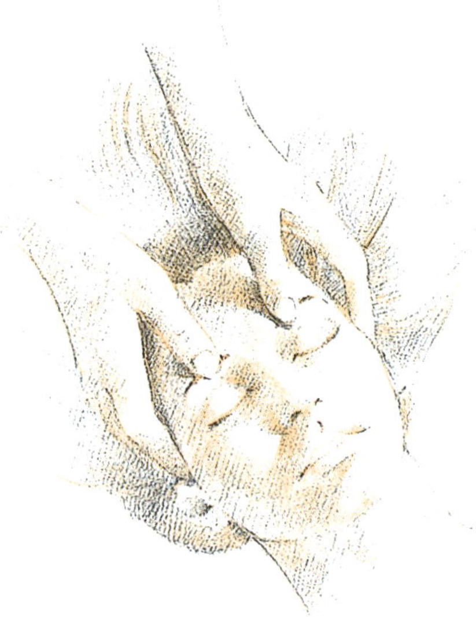

2. Augenbrauen

Beginnen Sie am inneren Ansatz der Augenbrauen und ziehen Sie die Daumen fest über die Brauen zur Seite bis zum Haaransatz an der Schläfe. Bearbeiten Sie so die gesamte Brauenpartie. Wiederholen.

3. Augen

Fahren Sie mit den Daumen weich und sanft über die Augenlider, und zwar von den inneren zu den äußeren Augenwinkeln und über die Schläfen bis zum Haaransatz. Wiederholen.

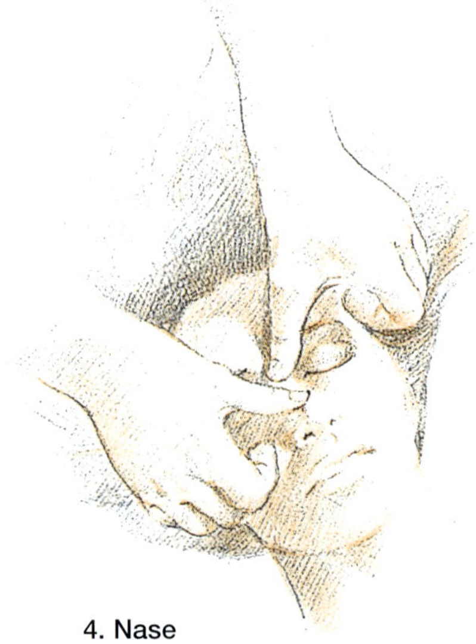

4. Nase

Fahren Sie mit Ihren Daumen abwechselnd von oben nach unten über den Nasenrücken. Dann drücken Sie die Nasenspitze zwischen Daumen und Zeigefingern leicht zusammen.

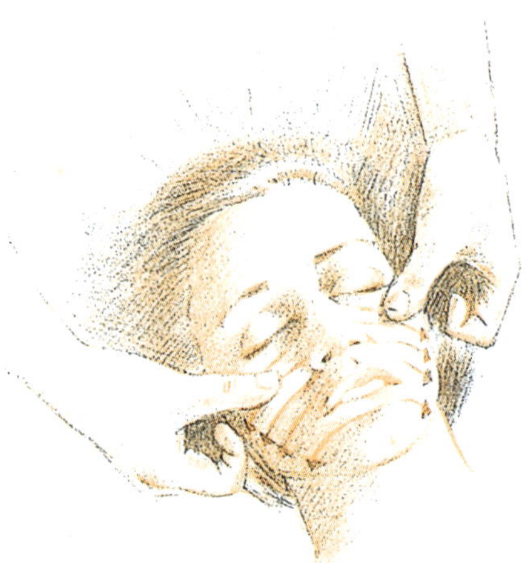

5. Wangen

Beginnen Sie direkt unter den inneren Augenwinkeln und ziehen Sie die Daumen über die Backenknochen zum Haaransatz hinter den Ohren. Wiederholen Sie diesen Griff streifenweise am Gesicht herunter – unter den Backenknochen, über der Oberlippe und unter der Unterlippe. Wenn Sie in die Nähe der Nase kommen: Achten Sie darauf, nicht die Atemwege zu versperren.

Kinn und Unterkiefer

Die Massage der unteren Gesichtshälfte besteht aus Kneten des Kinns, Bearbeitung des Unterkiefers und Kreisen über den Kaumuskeln. Wenn Sie Schwierigkeiten haben, diese Muskeln zu finden, legen Sie Ihrem Partner die Finger auf die Wangen und bitten ihn, die Zähne zusammenzubeißen. Sie spüren dann, wie sich die Muskeln dabei anheben und verhärten. Wie auf der »Gesichtskarte« von Seite 177 zu sehen, wird der Unterkiefer mit dem Becken in Verbindung gebracht, und Spannung hier bedeutet gewöhnlich auch Spannung dort. Wenn Ihr Partner in der Hüftregion sehr verspannt ist, kann es oft hilfreich sein, den Unterkiefer zu lockern, ehe Sie das Becken direkt bearbeiten.

6. Kinn

Halten Sie die Kinnspitze zwischen Daumen und Zeigefingern und kneten Sie sanft am ganzen Kinn entlang, und zwar mit einem rhythmischen, »melkenden« Griff.

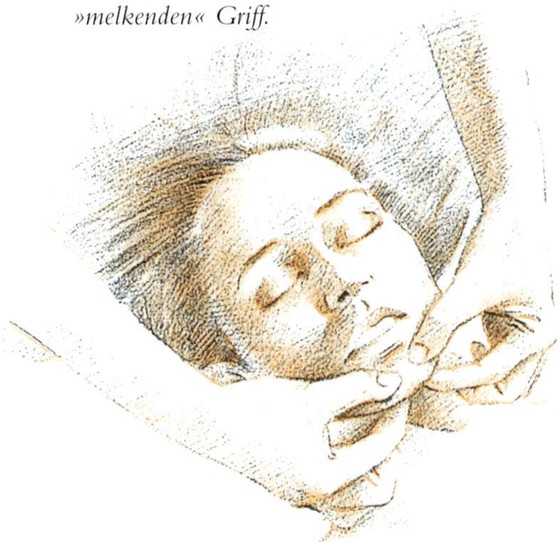

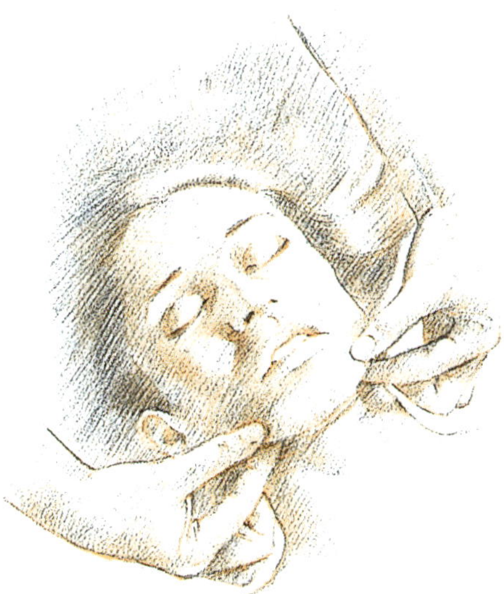

7. Unterkiefer

Halten Sie den Rand des Kieferknochens am Kinn und ziehen Sie dann die Hände langsam auseinander; führen Sie dabei bis zu den Ohrläppchen leichte Knetbewegungen aus.

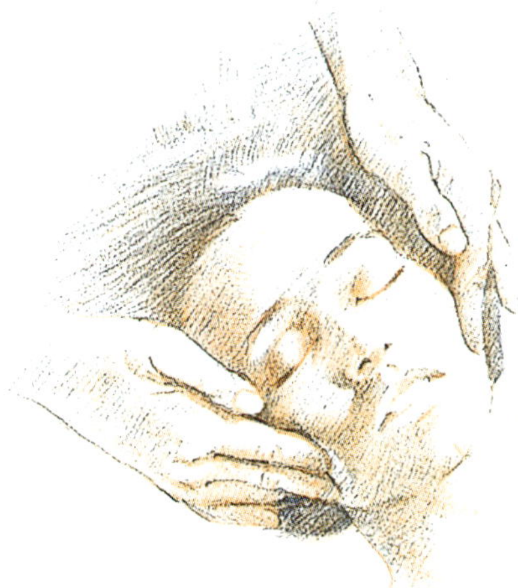

8. Kaumuskeln

Suchen Sie die Kaumuskeln auf beiden Gesichtsseiten. Streichen Sie mit flachen Fingern kreisförmig darüber.

Wangen und Ohren

Diese zweiteilige Abfolge beginnt mit einem breiten, streichenden Griff über die Wangen und endet mit dem Dehnen und Kneten der Ohren. Früher waren wir in der Lage, die Ohren zu bewegen – und einige Leute können das heute noch. Vielleicht erklärt das, warum sich eine Massage der Ohren so angenehm anfühlt – Erinnerung an eine schon lange verlorene Fähigkeit.

9. Wangen- und Ohrgriffe

A. *Legen Sie Ihre Handballen seitlich rechts und links neben die Nase, wie rechts gezeigt; die Finger zeigen dabei nach außen zu den Ohren. Nun ziehen Sie langsam die Hände auseinander und lassen Sie mit leichtem Druck über die Wangen bis zu den Ohren gleiten.*

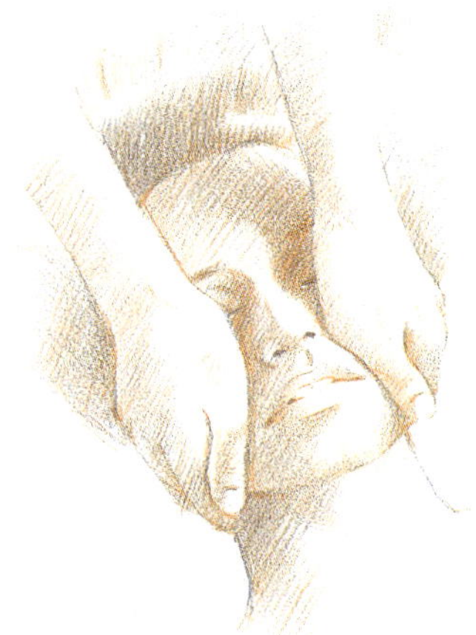

B. *Fassen Sie die Ohren zwischen Finger und Handballen und ziehen Sie sie sehr sanft vom Kopf weg. Kneten Sie sie dann rundherum zart zwischen Daumen und Fingern.*

»Verbinden« von Gesicht und Kopf

Dies ist ein langer, dreiteiliger Griff, der das Gesicht mit Hals und Kopf »verbindet«. Die beste Wirkung erzielen Sie, wenn Sie ihn als eine einzige glatte, fließende Bewegung ausführen und mit einer sanften Dehnung des Halses beenden. Sie können den Griff mehrere Male wiederholen und ihn beenden, indem Sie eine Hand sanft auf die Stirn legen, die andere auf den oberen Brustraum: So stellen Sie eine »Verbindung« her zwischen Kopf und Körper. Nach ein oder zwei Augenblicken brechen Sie dann vorsichtig die Berührung ab.

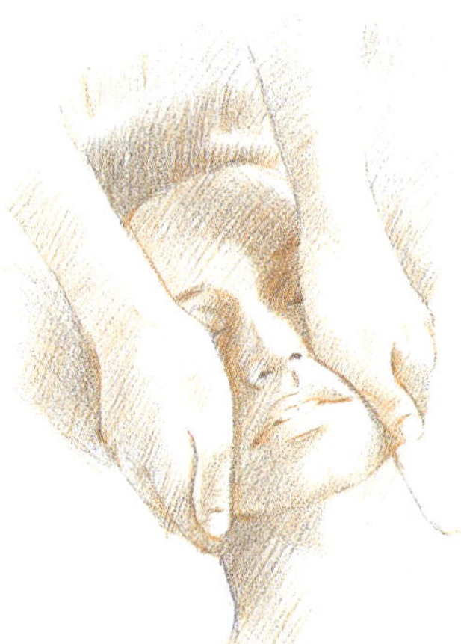

10. »Verbinden« von Gesicht und Kopf

A. *Legen Sie die Handflächen über die Augen; die Daumen liegen neben der Nase. Bleiben Sie kurz so, damit sich die Augen ausruhen können.*

B. *Mit den Fingern zuerst fangen Sie nun an, Ihre Hände leicht am Gesicht herunterzuschieben, und zwar über die Wangen, unter den Ohren vorbei in den Nacken.*

C. *Ziehen Sie nun, ohne die Bewegung zu unterbrechen, die Hände am Hals hoch, unter dem Hinterkopf vorbei bis zum Scheitel und dann durch das Haar.*

Arme und Hände

Als wir in unserer Entwicklungsgeschichte vom Laufen auf allen vieren zum aufrechten Gang kamen, waren damit unsere oberen Gliedmaßen frei für viele verschiedene Aufgaben – mit den Armen konnten wir jetzt zum Beispiel Nahrung und Brennstoff beschaffen und Gefahren abwehren. Wir setzten damit auch unseren weichen Bauch in erhöhtem Maß Gefährdungen aus, und unsere Beziehungen zueinander gewannen eine neue Sensibilität. Arme und Hände sind die wichtigsten Instrumente aktiver Kommunikation zwischen uns und der Außenwelt – sie lassen erkennen, wie wir in Beziehung zueinander und zur Umwelt stehen, wie wir geben und nehmen. Sie sind Instrumente von Tat und Ausdruck – Gefühle können frei aus ihnen herausströmen, wenn im Schulter- und Halsbereich keine chronischen Verspannungen bestehen (siehe Seite 175). Durch unsere Arme und Hände drücken wir unsere stärksten Gefühle aus. Wir zeigen Liebe durch Umarmen, Geben, Schützen oder Streicheln; Hass oder Wut durch Schlagen, Boxen oder Schütteln der Fäuste. Die Massage von Armen und Händen ist daher eine herrlich befreiende und entspannende Erfahrung, vor allem für diejenigen, die dazu neigen, ihre Gefühle »herunterzuschlucken«.

Langer, streichender Griff

A. *Legen Sie Ihre geölten Hände auf das Handgelenk Ihres Partners, die Finger zeigen am Arm hoch. Nun lassen Sie die Hände über den Arm gleiten, indem Sie den Konturen folgen, wie unten gezeigt.*

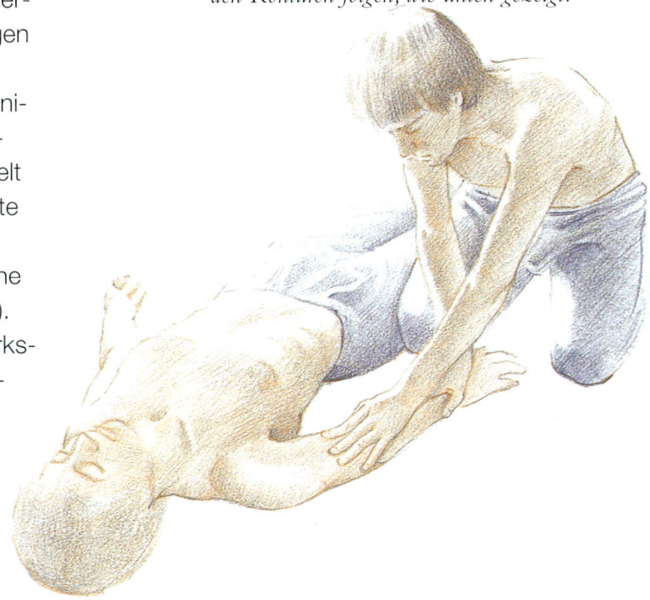

Ölen

Wollen Sie Arme und Hände massieren, knien oder stellen Sie sich an die Seite Ihres Partners, und zwar in Höhe der Hüften und mit dem Gesicht zu ihm. Wie gewöhnlich beginnen Sie mit dem langen, streichenden Griff, ölen einen Arm ein und erwärmen ihn so. Diese Anfangsgriffe sollten immer langsam sein. Helfen Sie Ihrem Partner, sich nach und nach jedes einzelnen Körperteils bewusst zu werden, damit er sich daran freuen kann, ohne sich überrollt zu fühlen. Damit Sie es besser erkennen können, ist der lange, streichende Griff rechts in zwei Schritte unterteilt, obwohl er mit einer einzigen, stetigen Bewegung durchgeführt wird. Als Variation können Sie die Arme auch mit leicht gewölbten Händen einölen, wie auf Seite 46 gezeigt.

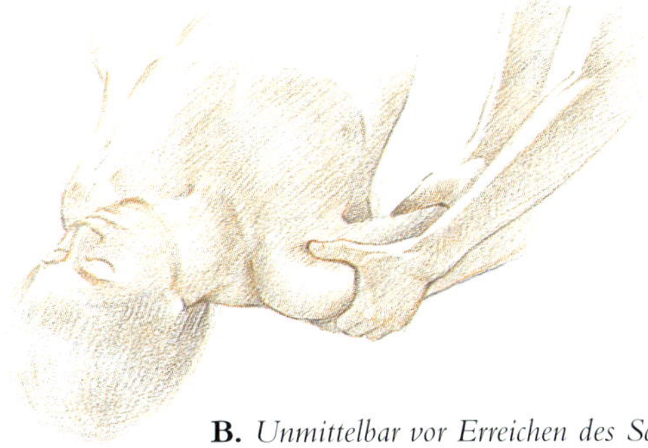

B. *Unmittelbar vor Erreichen des Schultergelenks lassen Sie Ihre führende oder »äußere« Hand über das Schultergelenk fahren, während die andere nach unten zur Innenseite des Arms bis unter die Achselhöhle gleitet. Umfassen Sie so viel wie möglich vom Arm, während Sie Ihre Hände wieder zum Handgelenk zurückführen. Entfalten Sie die Hand des Partners zwischen Ihren Handflächen, während Sie daran heruntergleiten und die Bewegung an den Fingerspitzen beenden. Wiederholen.*

Entwässern des Arms

Diese Sequenz arbeitet mit der Zirkulation von Blut und Lymphe in den Armen. Ihr Zweck besteht darin, den Lymphfluss und den Rückfluss des venösen Blutes zum Herzen zu unterstützen. Die Venen liegen näher an der Hautoberfläche als die Arterien, die das Blut vom Herzen wegführen. Sie reagieren daher leichter auf Druck von außen. Sie beginnen mit der Entwässerung des Unterarms und arbeiten sich dann systematisch am Oberarm entlang. Während Sie den Unterarm kneten, bemerken Sie vielleicht, dass sich die Finger Ihres Partners öffnen und schließen. Das liegt daran, dass die Muskeln, die die Finger kontrollieren, sich im Unterarm befinden.

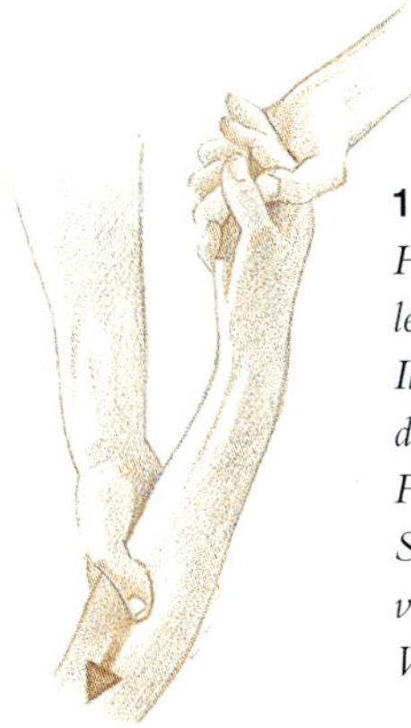

1. Entwässern des Unterarms

Heben Sie den Unterarm Ihres Partners leicht an und halten Sie seine Hand in Ihrer. Mit der anderen Hand nehmen Sie das Handgelenk zwischen Daumen und Finger; der Daumen liegt auf dem Puls. Schieben Sie nun die Hand mit Druck vom Handgelenk bis zum Ellbogen herauf. Wiederholen.

2. Entwässern des Oberarms

Heben Sie den Arm Ihres Partners an und knicken Sie ihn im Ellbogen ab, sodass die Hand seitlich neben dem Hals hängt und der Oberarm senkrecht steht. Nun nehmen Sie ihn direkt unter dem Ellbogen in beide Hände und fahren unter festem Druck bis zum Schultergelenk herunter. Wiederholen.

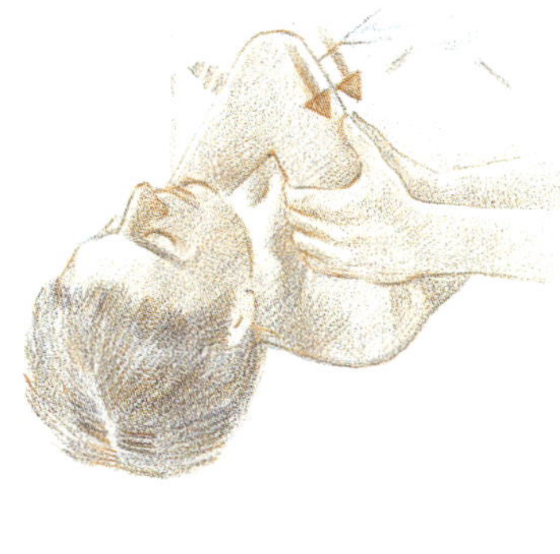

Dehnen

Diese »passiven« Übungen mit dem Schultergelenk dehnen und beleben das verbindende Gewebe – die Sehnen und Bänder, die die Knochen des Gelenks zusammenhalten; sie stimulieren die Erzeugung von »Gelenkschmiere« und erweitern den Bewegungsradius des Gelenks. Wie bei allen anderen »passiven« Übungen tun wieder Sie die Arbeit; Ihr Partner sollte sich der Bewegung einfach überlassen.

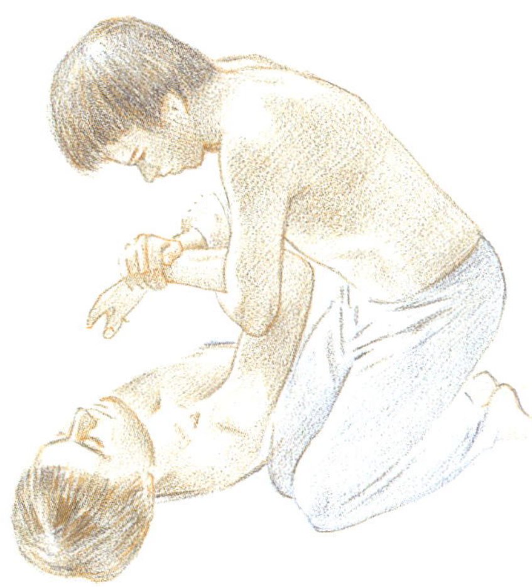

3. Anheben der Schulter *(links)*

Sie knien neben der Schulter des Partners und haken einen Arm unter sein Ellbogengelenk. Mit der Hand umfassen Sie jetzt Ihren freien Unterarm in Nähe des Ellbogens. Mit Ihrer freien Hand umfassen Sie das Handgelenk des Partners. Setzen Sie Ihren Körper ein, um den Arm anzuheben und die Schulter zu heben und zu dehnen. Langsam sinken lassen.

4. Dehnung des Arms über dem Kopf

Ergreifen Sie das Handgelenk Ihres Partners und heben Sie den Arm über seinen Kopf. Nun ziehen Sie leicht am Handgelenk, um den Arm zu dehnen, und schieben gleichzeitig Ihre andere Hand von der Achselhöhle aus fest an der Seite des Brustkorbs herunter, damit der Arm und die gesamte Seite gedehnt werden.

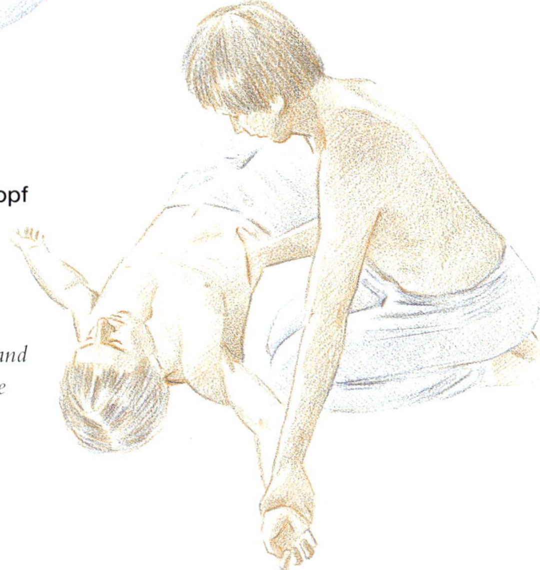

Schultergelenk und Arm

Nachdem Sie Arm und Schultergelenk gedehnt haben, legen Sie den Arm wieder seitlich neben Ihren Partner und arbeiten am Schultergürtel und am Arm abwärts. Sie beginnen mit einem pressenden Griff, der von der Mitte des oberen Brustraums bis zum Schultergelenk geht, und fahren dann mit mitteltiefem Druck am ganzen Arm über Ellbogen und Handgelenk herunter. An der Schulter haben wir es mit einem Kugelgelenk zu tun, das einen großen Bewegungsradius hat; daher kann der Arm einen weiten Kreis beschreiben. Der Ellbogen ist ein Scharniergelenk, das sich nur auf und ab bewegen kann. Die Knochen des Unterarms jedoch können sich übereinander drehen; das versetzt uns in die Lage, die Handflächen nach oben oder unten zu drehen.

5. Pressen des Schultergelenks

A. *Legen Sie eine Hand auf die Mitte der Brust, und zwar unter das Schlüsselbein, die andere unter den Rücken, direkt unter den Nacken. Sie halten so den Körper zwischen Ihren beiden Händen, die Sie zusammenpressen und langsam in Richtung auf das Schultergelenk ziehen, die Handballen voran, wie die Abbildung zeigt.*

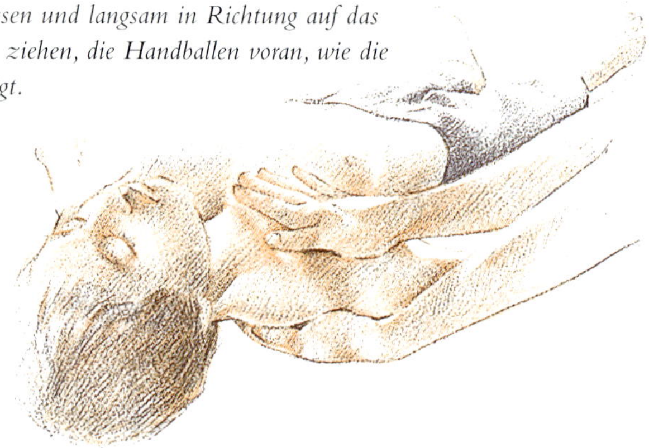

B. *Wenn beide Hände das Schultergelenk erreichen, ziehen Sie sie um den Oberam herum und bearbeiten mit tiefen Griffen ringsum das Schultergelenk. Ertasten Sie die inneren Strukturen von Knochen und Gelenk mit den Fingern. Wiederholen.*

6. Kneten des Arms

Massieren Sie am Arm abwärts, indem Sie das ganze Glied kneten und wringen, bis Sie das Handgelenk erreicht haben. Achten Sie besonders auf den Ellbogen, dessen Gelenkstruktur Sie mit Daumen und Fingerspitzen erforschen sollten.

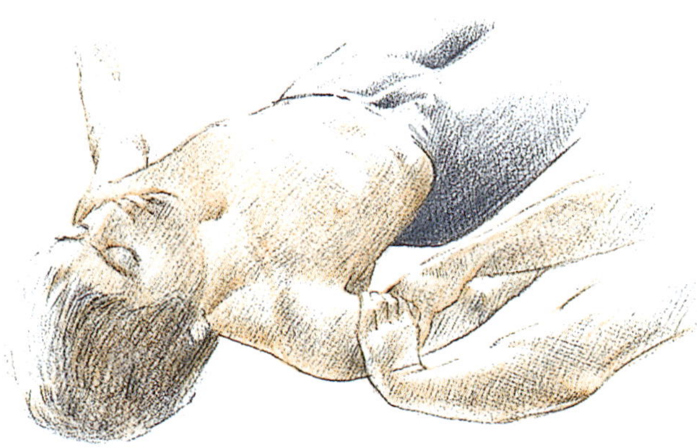

Handgelenk und Hand

Eine Handmassage wirkt besonders entspannend – erstens, weil unsere Hände daran gewöhnt sind, berührt zu werden, und zweitens, weil die Hände wie die Füße Reflexverbindungen mit dem übrigen Körper besitzen (siehe Seite 148). Der Bereich in den motorischen und sensorischen Partien des Gehirns, der mit den Händen verbunden ist, ist unverhältnismäßig groß; das zeigt ihre einzigartige Sensibilität und funktionelle Bedeutung. Achten Sie besonders auf die Gelenke, denn sie sind es, die der Hand ihre große Beweglichkeit geben.

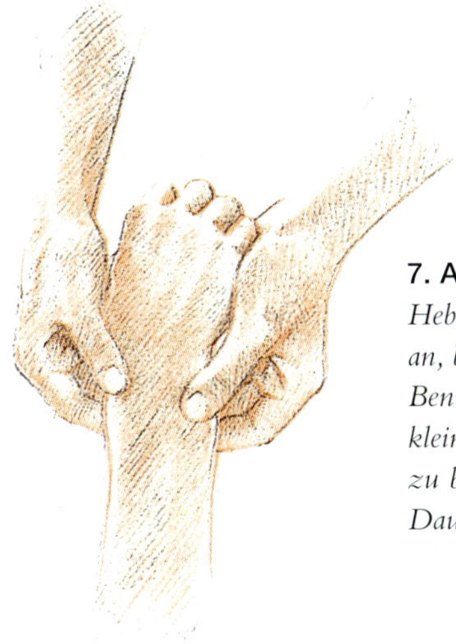

7. Arbeit um das Handgelenk herum
Heben Sie den Unterarm Ihres Partners an, bis der Arm auf dem Ellbogen ruht. Benutzen Sie nun Ihre Daumen, um in kleinen Kreisen das gesamte Handgelenk zu bearbeiten, während Sie es zwischen Daumen und Fingern halten.

8. »Öffnen« der Handfläche *(rechts)*
Ergreifen Sie die Hand, indem Sie Ihre Finger auf die Handfläche legen, Ihre Handballen auf den Handrücken. Nun drücken und dehnen Sie die Hand, indem Sie Ihre Finger auseinander ziehen, während Sie mit den Handballen Druck ausüben. Wiederholen.
Hinweis: *Zur besseren Anschaulichkeit ist der Griff von unten gesehen abgebildet.*

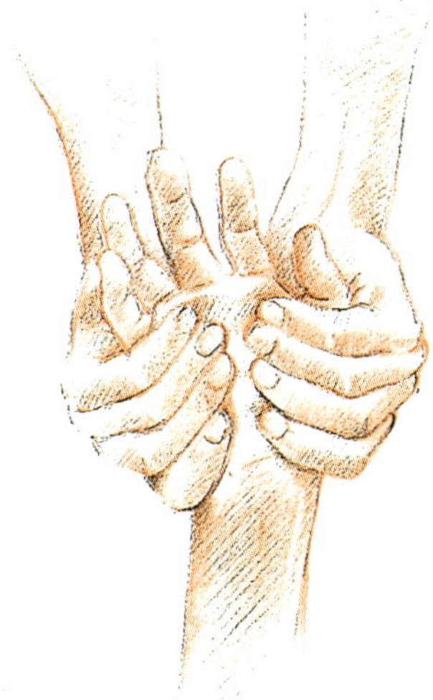

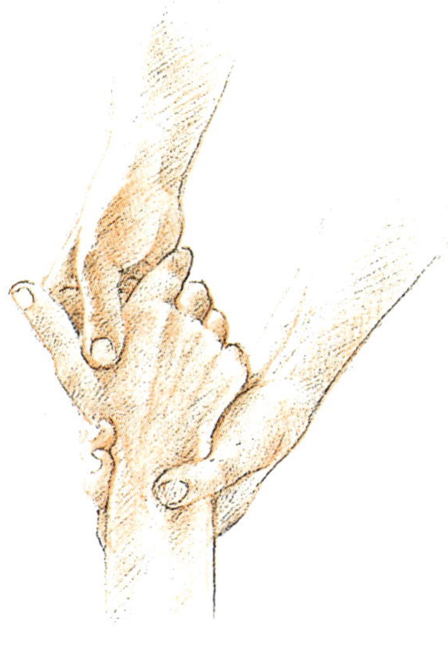

9. Ableiten zwischen den Knochen
Halten Sie das Handgelenk Ihres Partners, um die Hand zu stützen. Arbeiten Sie nun mit Daumen und Zeigefinger Ihrer freien Hand an jeder Vertiefung zwischen den Handknochen entlang, vom Handgelenk bis zu den Hautfalten zwischen den Fingern.

10. Die Finger
Nehmen Sie nacheinander den Daumen und sämtliche Finger in die Hand und ziehen, dehnen und massieren Sie sie, während Sie bis zu den Fingerspitzen hochfahren. Begeben Sie sich dann an die andere Seite Ihres Partners und wiederholen Sie die Abfolge.

Vorderseite des Rumpfs

Wir treten der Welt frontal entgegen und setzen ihr dabei den Körperteil aus, der am wenigsten geschützt ist, den Bauch. Der Rumpf besteht vorn aus zwei Hauptbereichen – dem harten, schützenden Brustkorb, der das Herz, die Lunge und andere Organe beherbergt, und der weichen, ungeschützten Muskelwand des Bauches, der den Darm enthält – und unsere tiefsten Gefühle. Wenn Sie die Vorderseite des Rumpfs massieren, sollten Sie daran denken, dass es sich hier um einen verwundbaren Bereich handelt. Ehe Sie anfangen, nehmen Sie sich ein paar Augenblicke Zeit, um das Atemmuster Ihres Partners zu studieren und zu beobachten, welche Teile seines Rumpfs sich beim Atmen bewegen, da Sie einige Ihrer Griffe mit dem Atem koordinieren werden. Unser Atemmuster ist eng verbunden mit unserer Vitalität und emotionalen Gesundheit. Wenn Ihr Partner Ihnen vertraut, kann eine Massage dieses Bereichs eine tief gehende Erfahrung für Sie beide sein, die einen engen Kontakt zwischen Ihnen herstellt.

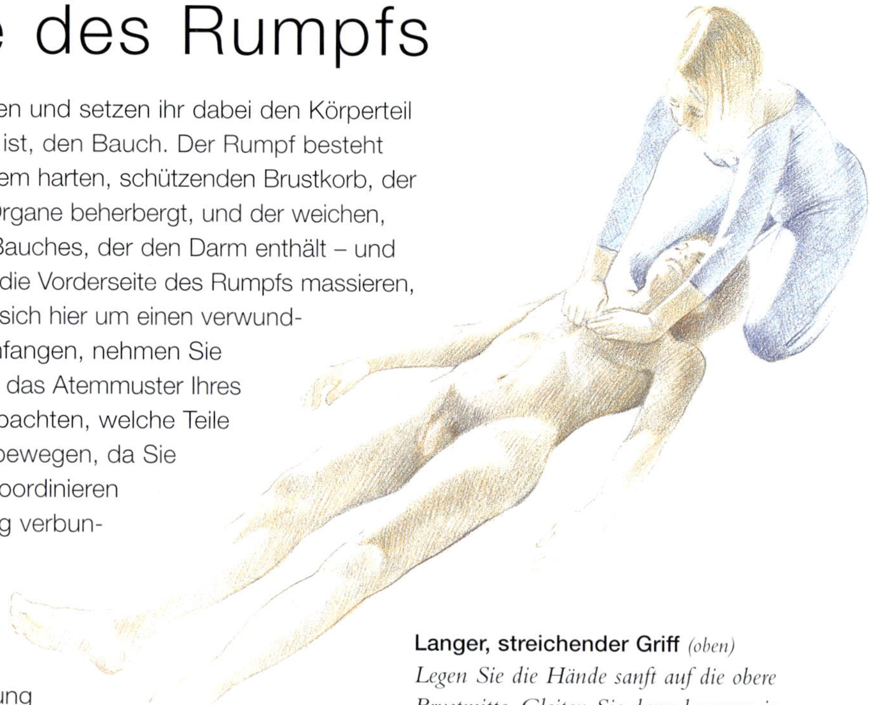

Langer, streichender Griff *(oben)*
Legen Sie die Hände sanft auf die obere Brustmitte. Gleiten Sie dann langsam in der Rumpfmitte nach unten und fahren Sie den Konturen des Körpers nach; lassen Sie die Brust dabei aus. Direkt unter dem Nabel nehmen Sie die Hände auseinander und fahren bogenförmig zu den Seiten. Dann lehnen Sie sich zurück und ziehen dabei die Hände an den Körperseiten wieder hoch. Wiederholen.

Ölen

Zum Einölen der Rumpfvorderseite mit dem langen, streichenden Griff sitzen oder stehen Sie am Kopfende des Partners. Berühren Sie Solarplexus und Bauch immer sehr vorsichtig: Manche Menschen sind an Rippen und Bauch kitzlig. Wenn Ihr Partner dazu gehört, sollten Sie feste, kleine Griffe vermeiden und sich stattdessen auf langsame, breite, fest streichende Bewegungen konzentrieren.
Hinweis: Wenn Sie Handtücher benutzen, entblößen Sie die Vorderseite des Rumpfs, wie auf Seite 39 gezeigt.

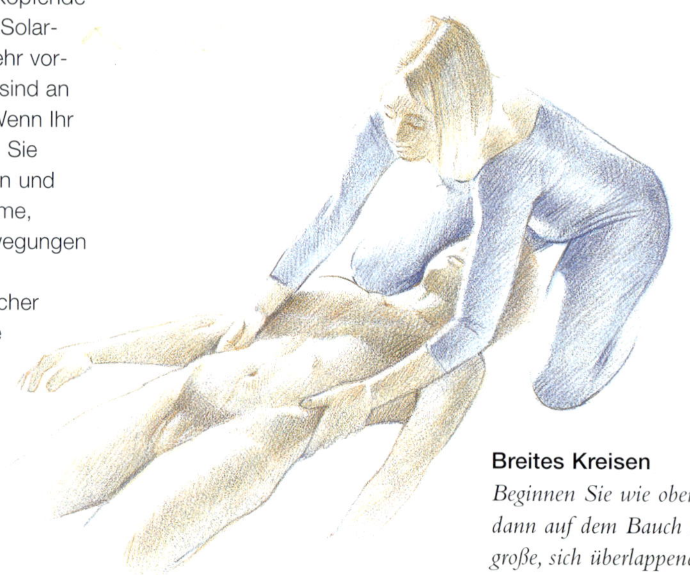

Breites Kreisen
Beginnen Sie wie oben. Wenn Ihre Hände sich dann auf dem Bauch teilen, beschreiben Sie große, sich überlappende Kreise, während Sie langsam an den Seiten hochfahren.

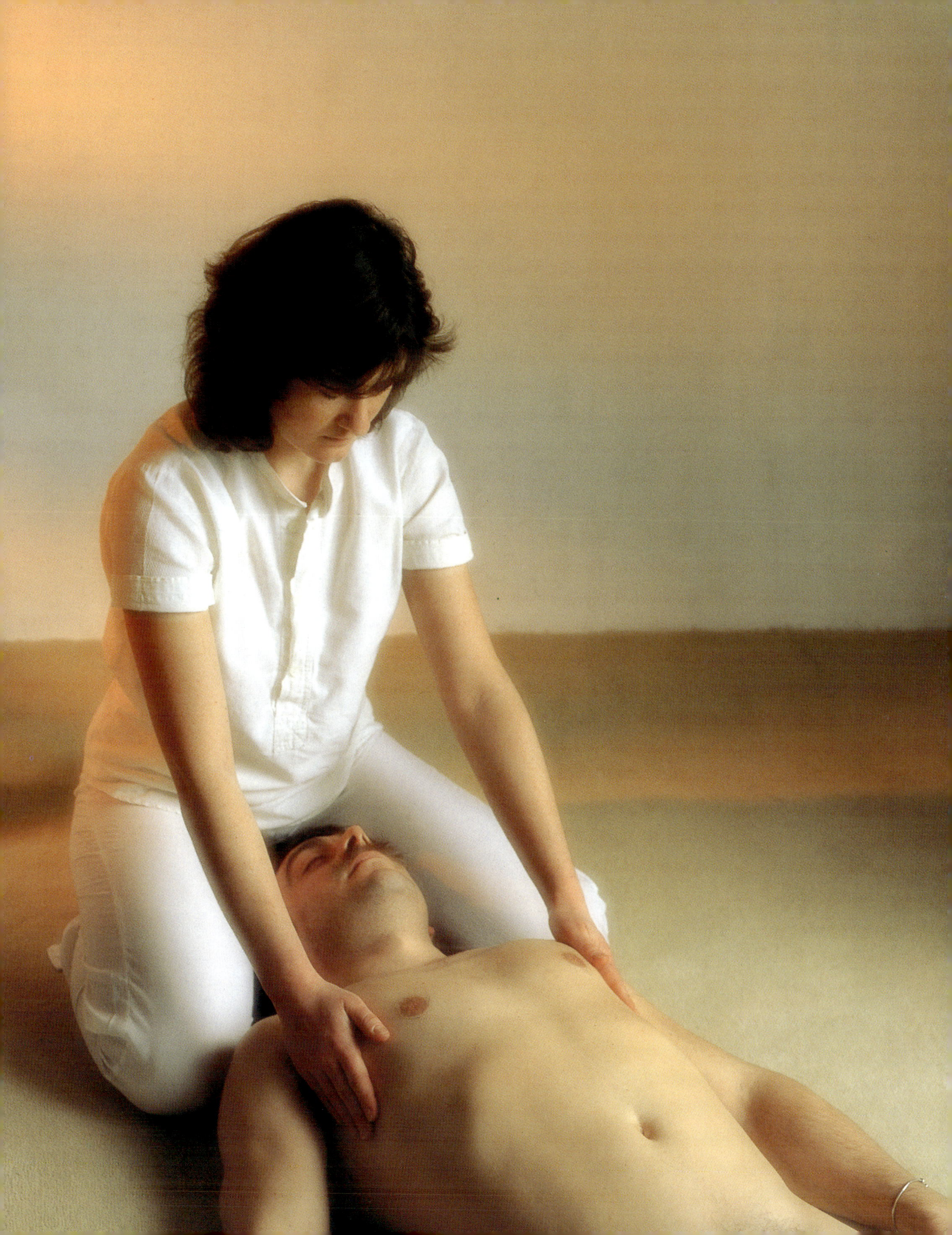

Brustkorb und Brust

Der Brustkorb schützt nicht nur die lebenswichtigen Organe im oberen Brustraum, sondern spielt auch eine wichtige Rolle beim Atmungsvorgang. Wir neigen dazu, uns den Brustkorb als starr und statisch vorzustellen. In Wirklichkeit aber heben sich die Rippen, wenn wir richtig atmen, das Brustbein wird nach vorn geschoben und die Brusthöhle öffnet sich, sodass Luft in die Lungen gesogen wird. Die Muskeln, die beim Atmen benutzt werden, sind der große Zwerchfellmuskel, der direkt unter dem Brustkorb waagerecht durch den Körper verläuft, und jene, die die Rippen verbinden. Für eine richtige Atmung muss das Zwerchfell entspannt sein, der Brustkorb flexibel. Eine Massage dieses Bereichs lockert die Muskulatur und erhöht die Beweglichkeit der Rippen. So helfen Sie Ihrem Partner, tiefer zu atmen.

1. Arbeit zwischen den Rippen

Sie befinden sich am Kopfende Ihres Partners und legen Zeige- und Mittelfinger beider Hände auf die Brustmitte, und zwar in die Vertiefungen zu beiden Seiten der obersten Rippen. Mit festem Druck schieben Sie nun Ihre Finger seitlich nach außen. Wiederholen Sie die Bewegung bei den nächsten Rippen. Arbeiten Sie sich so über den ganzen Brustkorb, als würden Sie die Sprossen einer Leiter nachziehen. Erreichen Sie den unteren Rand des Brustbeins, müssen Sie die Hände wölben, um die Rippen zu bearbeiten, wie die Abbildung unten zeigt. Die Rippen, die direkt unter der Brust liegen, sollten Sie am besten nicht massieren. Drücken Sie auch nicht in das weiche Gewebe der Brüste selbst. Haben Sie die Brustlinie überschritten, können Sie den Griff wieder vollständig ausführen.

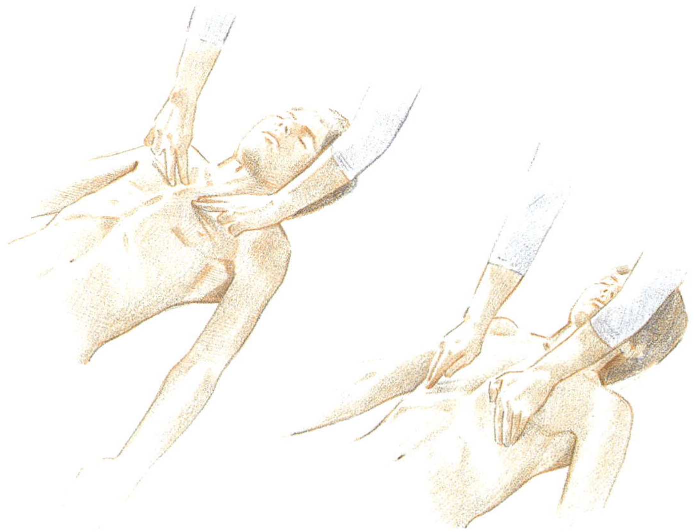

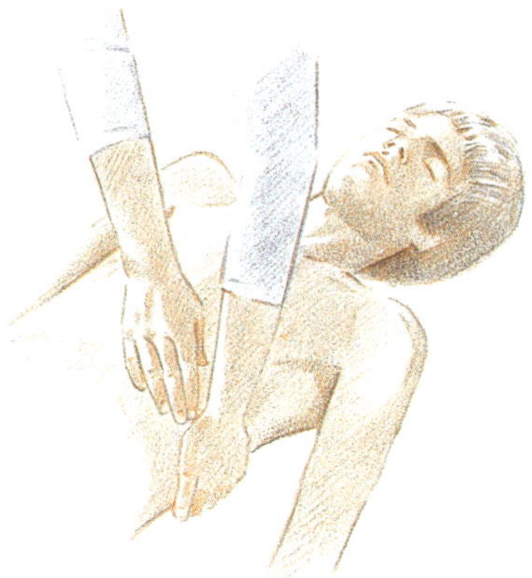

2. Hochziehen an den Seiten

Lehnen Sie sich über Ihren Partner und streichen Sie mit beiden Händen abwechselnd seitlich am Brustkorb nach oben, und zwar von der Taille bis zur Achselhöhle. Fahren Sie um die Brust herum, nicht direkt darüber.

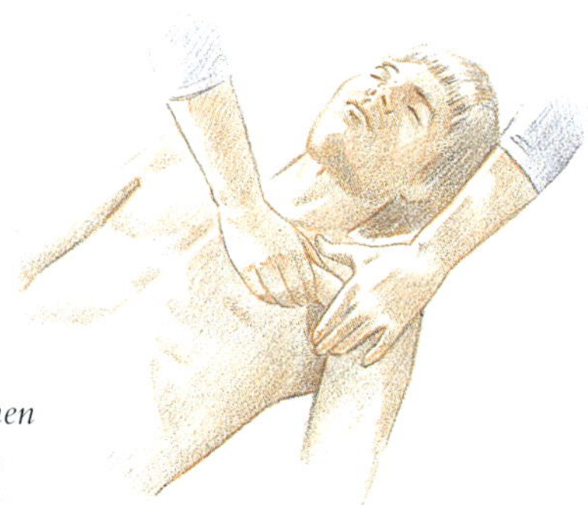

3. Kneten der Brustmuskeln

Sie arbeiten noch immer auf der gleichen Körperseite und kneten nun gründlich den Brustmuskel durch – den Muskel, der die Achselhöhle bildet und die Brust trägt. Lassen Sie jetzt Ihre Hände über den Körper gleiten und beginnen Sie mit den hochziehenden und knetenden Griffen an der anderen Körperseite.

Der Bauch

Zur Bearbeitung des Bauchs setzen oder stellen Sie sich an eine Seite Ihres Partners, und zwar auf die Höhe des Bauchs. Er ist überaus empfindlich; Sie sollten Ihre Hände also sehr sanft auflegen und einen Augenblick innehalten, ehe Sie anfangen. Zuerst bewegen Sie die Hände im Uhrzeigersinn kreisend über den Bauch. Es ist wichtig, dass Sie im Uhrzeigersinn arbeiten, denn so verläuft auch der Darm. Nachdem Ihre Hände einen großen Kreis beschrieben haben, verstärken Sie allmählich den Druck und verkleinern die Kreise. Sie beenden die Massage der Rumpfvorderseite, indem Sie im Atemrhythmus Ihres Partners arbeiten. Während er langsam und tief atmet, gleiten Ihre Hände in einer langen, kreisenden Bewegung über den Rumpf – beim Einatmen vom Bauch hinauf zur Brust, beim Ausatmen an den Seiten wieder herunter. Sie sind es, der dem Atemrhythmus Ihres Partners folgen muss – nicht umgekehrt.

4. Breites Kreisen auf dem Bauch

Beschreiben Sie mit beiden Händen Kreise im Uhrzeigersinn und folgen Sie dabei den Körperkonturen. Eine Hand kann jeweils einen ganzen Kreis beschreiben; die andere muss die Berührung kurz unterbrechen, wenn die Hände sich kreuzen.

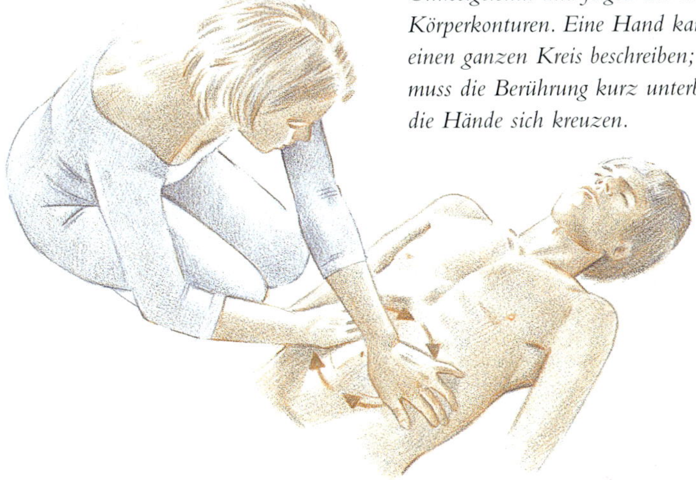

5. Spiralen

Noch immer im Uhrzeigersinn kreisend, werden Ihre großen Kreise zu kleineren, und Ihre Hände wandern spiralförmig über den Bauch.

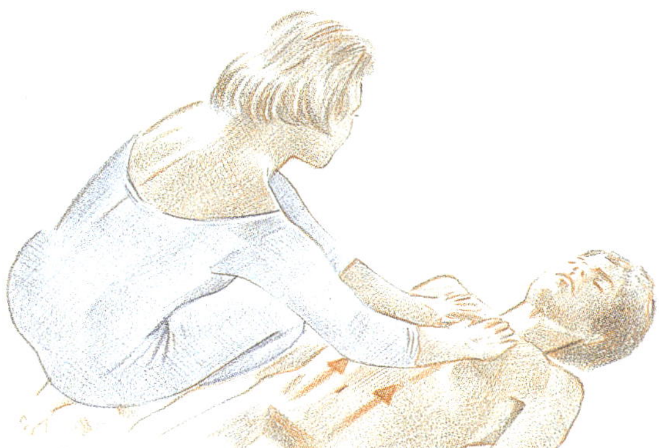

6. Langer, streichender Griff im Atemrhythmus

A. *Drehen Sie sich dem Gesicht Ihres Partners zu und legen Sie Ihre Hände auf seinen Bauch; die Finger zeigen nach oben. Wenn er einatmet und seine Brust sich hebt, lassen Sie die Hände in der Rumpfmitte nach oben gleiten (siehe oben).*

B. *Wenn Ihr Partner ausatmet und der Brustkorb sich zusammenzieht, beschreiben Sie mit den Händen einen Halbkreis auf den Schultern und ziehen sie an den Körperseiten wieder herunter. Führen Sie die Hände wieder auf den Bauch und wiederholen Sie die ganze Bewegung zwei- oder dreimal. Zum Schluss ziehen Sie die Hände über die Körperseiten, Hüften, Beine und Füße.*

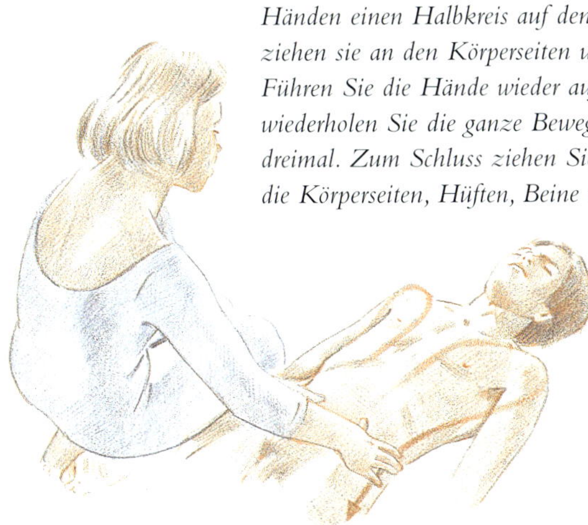

Vorderseite der Beine

In der westlichen Gesellschaft von heute haben viele von uns den Kontakt zu ihrem Körper und zu dem Boden, auf dem sie stehen, verloren. Wir verbrauchen einen viel zu großen Teil unserer Zeit und Energie weit über dem Boden, weil wir hauptsächlich in unseren Köpfen leben. Eine Ganzkörpermassage endet an den Füßen, damit man das Bewusstsein des Empfängers wirklich hinunter in die Füße und Zehen bringt und er die Sitzung mit dem Gefühl des »Geerdetseins« verlässt. Die Sequenz, der Sie folgen, verläuft ähnlich wie bei der Rückseite. Hier jedoch ist das Terrain etwas anders – Sie arbeiten nicht nur mit den weichen Muskelpartien der Schenkel, sondern auch mit den knochigen Bereichen von Schienbein und Knie. Ständig angespannte oder durchgedrückte Knie deuten auf eine etwas unsichere Persönlichkeit hin. Massage kann helfen, die Energie freizusetzen, die in den Beinen gestaut ist, und es dem Menschen ermöglichen, freier durchs Leben zu gehen.

Langer, streichender Griff an einem Bein

Legen Sie Ihre Hände auf den Knöchel. Die Finger zeigen nach oben. Gleiten Sie dann mit den Händen langsam am Bein hoch, während Sie Ihren Körper nach vorn bewegen. Oben angekommen, lassen Sie die innere Hand an der Innenseite des Schenkels herunterfahren, während die andere über das Hüftgelenk kreist. Jetzt bewegen Sie sich wieder zurück und ziehen dabei beide Hände an Innen- und Außenseite des Beins sanft wieder herunter zum Fuß. Wiederholen.

Ölen

Setzen oder stellen Sie sich zwischen die Füße des Partners und ölen Sie seine Beine ein. Legen Sie je eine Hand auf einen Fußknöchel und gleiten Sie damit an der Vorderseite der Beine hoch, um das Hüftgelenk herum und wieder nach unten zu den Füßen. Wiederholen Sie das mehrere Male und beginnen Sie dann mit einem Bein. Knien Sie sich so hin, dass Sie den Fuß zwischen Ihren Beinen haben. Verteilen Sie das Öl in beiden Händen und wärmen Sie das Bein an – entweder mit beinaufwärts zeigenden Fingern, wie oben gezeigt, oder so, dass Sie die Hände quer über das Bein legen, wie unten gezeigt. Umgehen Sie den Intimbereich Ihres Partners, wenn Sie an der Innenseite des Oberschenkels arbeiten.

Hinweis: Wenn Sie Handtücher benutzen, entblößen Sie erst das eine Bein und ölen es ein, dann das andere (siehe Seite 39).

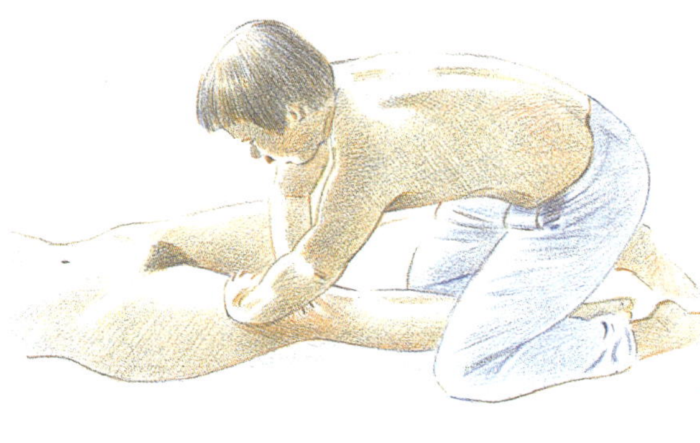

Dehnen des Beins

Wenn man massiert wird, tut es unerwartet gut, passive Übungen der Gliedmaßen kennen zu lernen – als machte jemand für uns Yoga, ohne dass wir irgendeine Anstrengung auf uns nehmen müssen. Bei der Beindehnung werden drei Gelenke trainiert – das Kugelgelenk der Hüfte und die Scharniergelenke von Knie und Fußknöchel. Als Masseur werden Sie feststellen, dass es weniger ermüdend und gleichzeitig wirksamer ist, die Dehnung mit dem ganzen Körper auszuführen und nicht nur mit den Armen. Achten Sie aber darauf, dass Ihr Griff am Fuß dem Partner nicht wehtut.

1. Dehnen des Beins
Legen Sie eine Hand um die Ferse, die andere quer über den Spann. Lehnen Sie sich zurück, bis Ihre Arme gestreckt sind. Heben Sie den Fuß um einige Zentimeter an und lehnen Sie sich selbst vom Becken aus zurück, während Sie das Bein, an dem Sie ziehen, leicht schütteln. Lassen Sie langsam wieder locker, legen Sie das Bein ab und wiederholen Sie das Ganze.

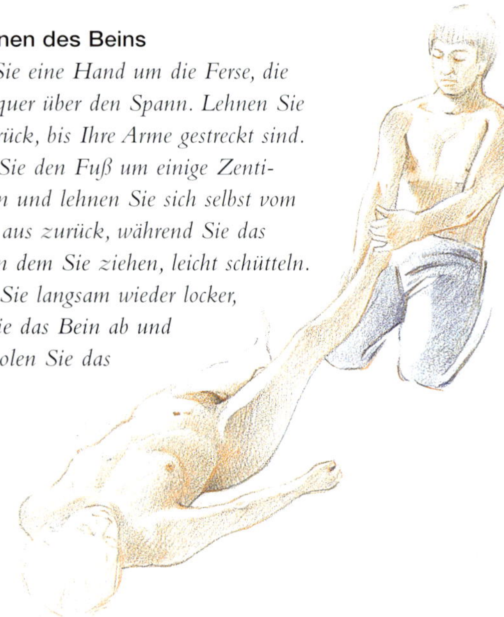

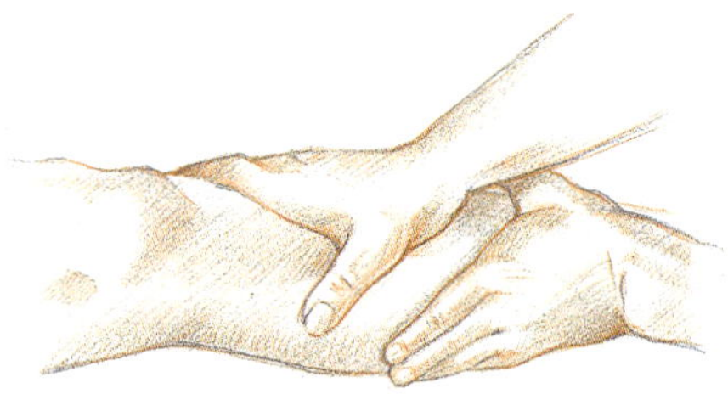

2. Entwässern des Unterschenkels
Mit dem »V« zwischen Daumen und Fingern (siehe links) pressen Sie fest an den Muskeln zu beiden Seiten des Schienbeins entlang. Bewegen Sie die Hände abwechselnd, sodass eine Hand der anderen rhythmisch vom Fußgelenk zum Knie folgt.

Arbeit an der Vorderseite aufwärts

Diese Sequenz besteht im Wesentlichen aus Entwässerungsgriffen, die die Zirkulation fördern; sie ist durchsetzt mit etwas gezielterer Arbeit um die Kniescheibe herum. Beim Unterschenkel müssen Sie darauf achten, dass die Muskelpartien zu beiden Seiten des Schienbeins bearbeitet werden – direkter Druck kann schmerzhaft sein. Beim Oberschenkel führen Sie breite, ziemlich tiefe Griffe nach oben aus, um so den venösen Fluss und den Fluss der Lymphe zu fördern. Wenn Ihr Partner lange Beine hat, müssen Sie vielleicht während der Arbeit Ihre Position verändern, da Sie sonst den Oberschenkel nicht ganz erreichen.

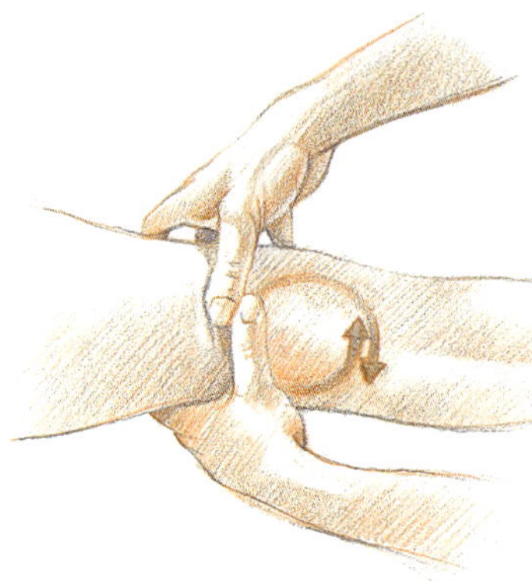

3. Umkreisen der Kniescheibe *(links)*
Legen Sie Ihre Daumen überlappend oberhalb der Kniescheibe auf das Bein; stützen Sie die Finger zu beiden Seiten des Knies ab. Ziehen Sie nun gleichzeitig Ihre Daumen auseinander und führen Sie sie in entgegengesetzter Richtung kreisförmig um die Kniescheibe, bis sie sich unter ihr wieder kreuzen. Wiederholen Sie das mehrere Male.

4. Entwässern des Oberschenkels *(rechts)*
Schieben Sie beide Hände abwechselnd vom Knie aus am Oberschenkel hoch. Ihre Daumen sollten Kreise nach oben und außen beschreiben, während Sie sich allmählich am Oberschenkel hocharbeiten.

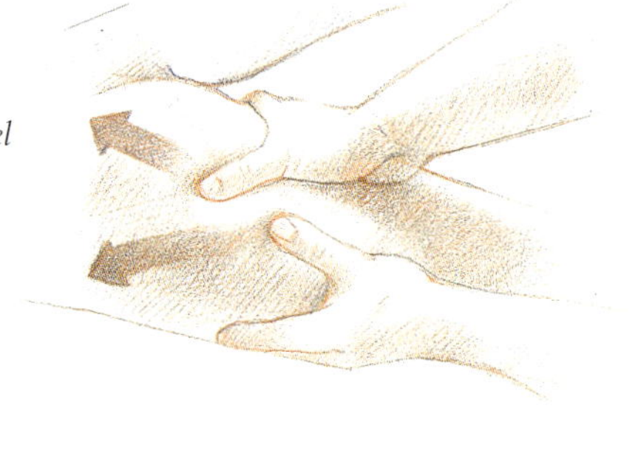

Arbeit am Hüftgelenk und an der Vorderseite des Beins

Das Hüftgelenk, das Bein und Becken verbindet, ist ein großes Kugelgelenk und ermöglicht einen breiten Radius von Bewegungen. Es ist fest in die umgebenden Muskeln verpackt und wird zunächst schwer zu finden sein. Wenn Sie an der Außenseite des Oberschenkels unterhalb des Beckenknochenrands drücken, fühlen Sie einen knochigen Vorsprung. Wenn Sie um diesen Knochen herum tiefer drücken, stoßen Sie auf den Bereich des Hüftgelenks. Nachdem Sie diese Region bearbeitet und das Gelenk rundum gründlich massiert haben, arbeiten Sie am Bein abwärts, und zwar mit breiten, streichenden Griffen am Oberschenkel und präziseren Fingergriffen um die Kniescheibe herum; zuletzt werden die Muskeln rechts und links neben dem Schienbein bis zum Knöchel herunter massiert. Während Sie sich am Bein entlangarbeiten, müssen Sie wahrscheinlich Ihre Position verändern. Benutzen Sie einen Massagetisch, ist es einfach, diese Veränderung ohne Unterbrechung der Arbeit vorzunehmen. Arbeiten Sie auf dem Fußboden, werden Sie wahrscheinlich die Berührung sanft unterbrechen müssen, um Ihre Stellung zu verändern, und können dann fortfahren.

Die Vorderseite des Fußes

Die Massagesitzung wird abgerundet mit einer abschließenden Behandlung der Füße. Sie sitzen, knien oder stehen vor dem Fuß, mit dem Sie arbeiten. Da Sie die Füße bereits gründlich massiert haben, als Ihr Partner auf dem Bauch lag, sind diese Griffe nur dazu bestimmt, ihn zu »erden« und die Energie dorthin zu ziehen. Nachdem Sie den Fuß zuerst »geöffnet« und gedehnt haben, nehmen Sie ihn in beide Hände und ziehen diese sanft über die Zehen vom Fuß weg. Nun kommt das andere Bein dran.

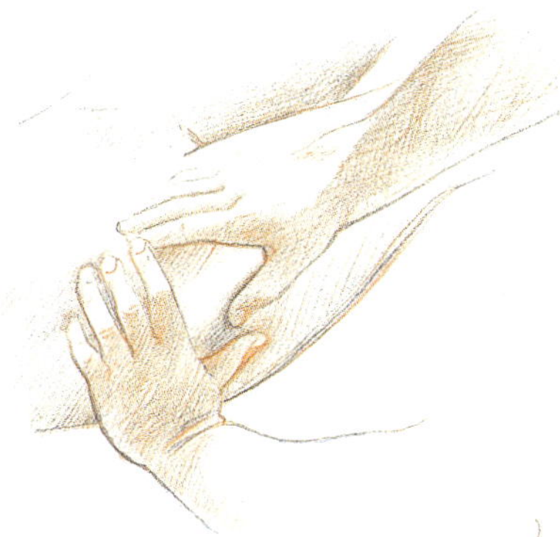

5. Arbeit am Hüftgelenk *(links)*
Legen Sie beide Daumen zur Pobacke hin auf die Hüfte, und zwar 5 – 10 cm unterhalb des Beckenknochenrands. Nun kneten Sie um das Gelenk herum, indem Sie abwechselnd mit den Daumen festen Druck ausüben. Der übrige Teil der Hände stützt sich ab.

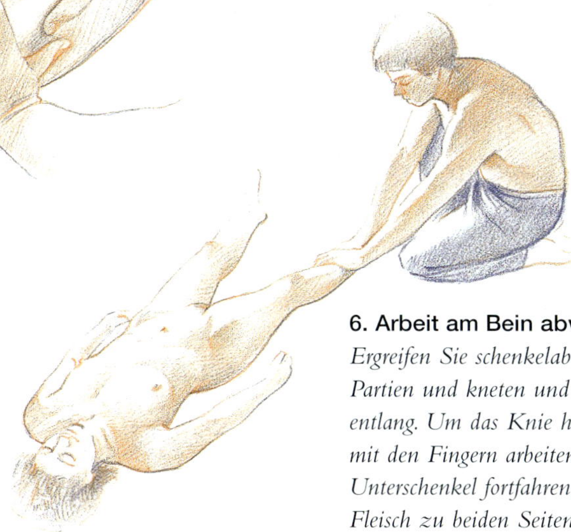

6. Arbeit am Bein abwärts
Ergreifen Sie schenkelabwärts größere Partien und kneten und ziehen Sie daran entlang. Um das Knie herum sollten Sie mit den Fingern arbeiten und dann am Unterschenkel fortfahren, indem Sie das Fleisch zu beiden Seiten des Schienbeins bis zum Knöchel durchkneten.

7. »Öffnen« des Fußes *(rechts)*
Ergreifen Sie den Fuß, indem Sie die Finger unter die Fußsohle legen und die Daumen nebeneinander oben auf den Fuß. Drücken Sie ihn kräftig, während Sie Ihre Daumen seitlich auseinander ziehen; Sie »öffnen« so den Fuß und dehnen die Knochen auseinander.

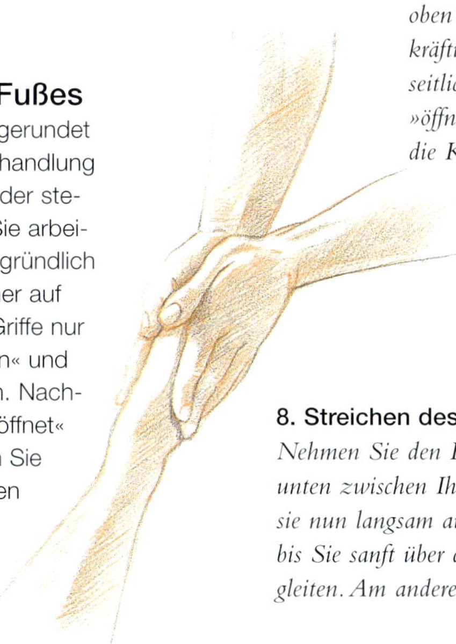

8. Streichen des Fußes
Nehmen Sie den Fuß von oben und unten zwischen Ihre Hände; ziehen Sie sie nun langsam auf Ihren Körper zu, bis Sie sanft über die Zehen hinweggleiten. Am anderen Bein wiederholen.

»Verbinden«

Nachdem Sie nun nacheinander sämtliche Körperpartien bearbeitet haben, müssen Sie die verschiedenen Teile »verbinden«, um dem Partner ein Gefühl für seine eigene Ganzheit zu geben. Man kann das auf zwei Arten tun: durch lange, streichende Griffe, die von einem Ende zum anderen über den ganzen Körper fließen; oder durch kurzes Auflegen beider Hände auf verschiedene Körperteile. Mit diesen verbindenden Griffen können Sie auch die Bearbeitung verschiedener Körperteile »überbrücken«. Der »ausgehaltene« Griff kann alle von Ihnen gewählten Körperteile verbinden – beispielsweise Stirn und Bauch, wie nebenstehend gezeigt, oder Bauch beziehungsweise Wirbelsäulenende mit den Füßen. Nach den verbindenden Griffen decken Sie Ihren Partner mit einem angewärmten Handtuch zu und lassen ihn eine Weile ruhen. Wenn Sie während der Massage Handtücher benutzt haben, decken Sie den Körper ab und führen zum Abschluss leichte verbindende Griffe über den Handtüchern aus.

Lange, verbindende Griffe

Für diese abschließenden, verbindenden Griffe sollten Sie sich an die Seite Ihres Partners stellen, knien oder setzen, und zwar in Hüfthöhe, damit Sie gleichzeitig beide Körperenden erreichen. Sie können entweder nur einen der unten und rechts gezeigten Griffe anwenden oder alle drei nacheinander. Doch mit welchem Sie auch die Massage beenden, lassen Sie Ihre Hände einen Augenblick liegen, ehe Sie die Berührung unterbrechen, und heben Sie dann beide gleichzeitig sanft ab.

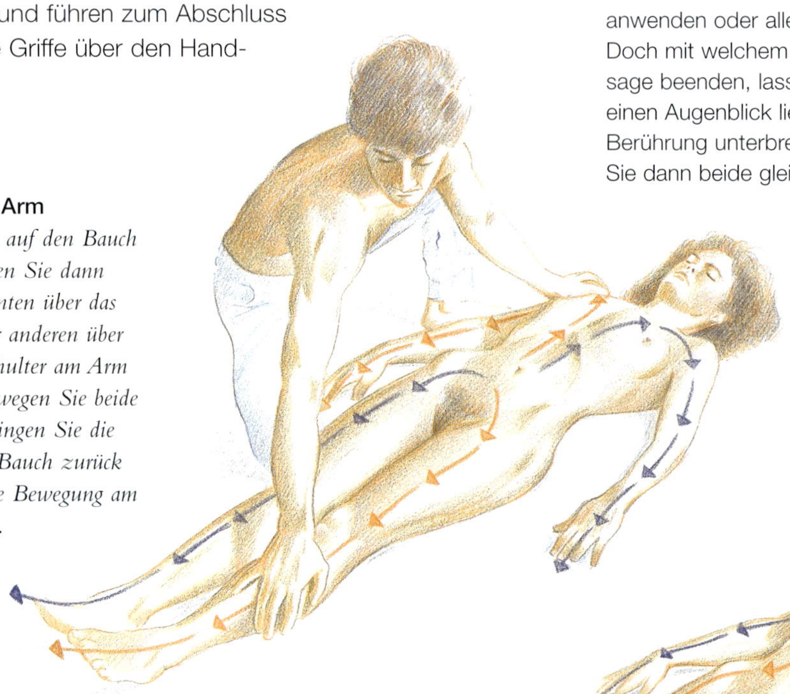

Bauch mit Bein und Arm

Legen Sie beide Hände auf den Bauch Ihres Partners und fahren Sie dann mit einer Hand nach unten über das Bein zum Fuß, mit der anderen über die entgegengesetzte Schulter am Arm hinunter zur Hand (bewegen Sie beide Hände gleichzeitig). Bringen Sie die Hände wieder auf den Bauch zurück und wiederholen Sie die Bewegung am anderen Bein und Arm.

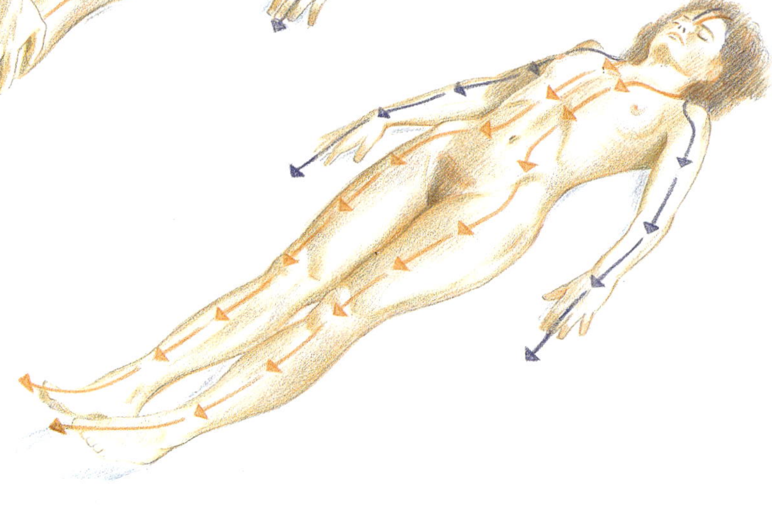

Kopf mit Händen und Füßen

Legen Sie die Fingerspitzen auf die Stirn und fahren Sie leicht bis zum Scheitel hinauf, an der Halsrückseite herunter, über die Arme weiter abwärts, bis die Berührung an den Spitzen der Finger endet. Wiederholen Sie die Bewegung, diesmal aber am seitlichen Halsansatz vorbei nach vorn und über den Rumpf abwärts; am Nabel teilen Sie die Hände, fahren an den Beinen herunter und beenden die Berührung an den großen Zehen.

Massage-Checkliste

Diese Liste soll Ihnen noch einmal die Griffe der Massageabfolge vergegenwärtigen; Sie sehen auch, an welchen Stellen Sie Ihre eigene Position oder die des Partners verändern. Die vollständige Sequenz dauert etwa eine bis anderthalb Stunden. Sie müssen sich aber nicht immer streng daran halten. Manchmal verweilen Sie vielleicht lieber bei einem Bereich, der besonders verspannt ist oder dessen Berührung dem Partner besonders wohl tut. Ein anderes Mal haben Sie nicht genug Zeit für eine lange Massage und brauchen eine kürzere Version; dann entscheiden Sie sich eventuell dafür, nur einige Partien gründlich zu bearbeiten – etwa Rücken, Arme, Hände und Füße. Befragen Sie Ihren Partner, was er bevorzugt. Berühren Sie aber die nicht massierten Teile wenigstens mit einigen streichenden Griffen – Ihr Partner könnte sonst die »Verbindung« zu diesen Körperteilen missen.

Anmerkung

Auf den folgenden Abbildungen bezeichnet der Pfeil die Position des Masseurs, und der schattierte Bereich markiert den Körperteil, an dem gearbeitet wird.

RÜCKSEITE DES KÖRPERS

Der Rücken *(S. 40–45)*

Ölen und langer, streichender Griff

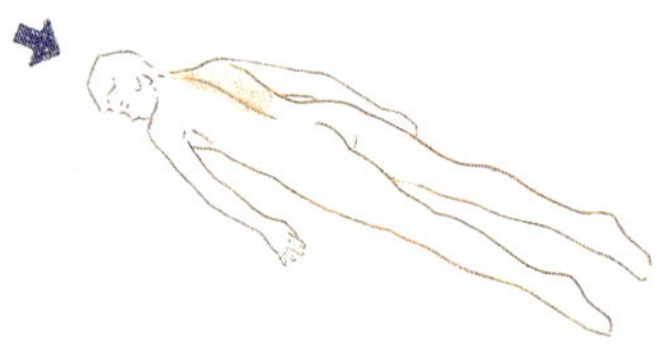

1. Kneten der Schulter
2. Daumenrollen am Halsansatz
3. Daumengriffe entlang der Wirbelsäule

4. Arbeit am Rand des Schulterblatts
5. Pressen der Schulterblattfläche
6. Kneifen der Schulterblatterhebung
7. Kneten des Nackens

Wiederholen Sie 1–7 auf der anderen Seite

8. Umkreisen von Kreuzbein und Lendenwirbel

9. Kneten der Pobacken
10. Kneifen der Pobacken
11. Hochziehen der Seiten

9–11 auf der anderen Seite

Jetzt das andere Bein

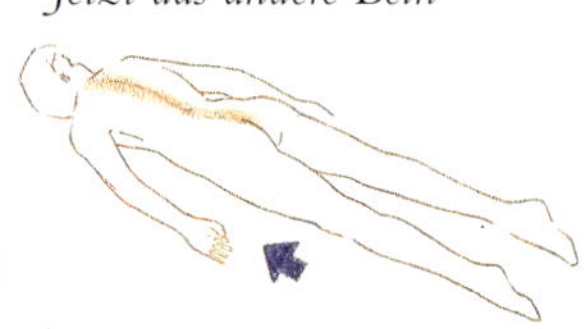

12. »Schaukelpferd«
13. Reiben entlang der Wirbelsäule
14. Unterarmdruck

Rückseite der Beine *(S. 46–51)*

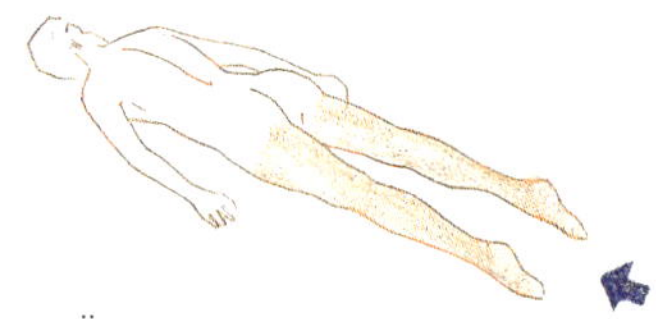

Ölen und langer, streichender Griff an beiden Beinen

Ölen und derselbe Griff an einem Bein

1. Heben des Beins
2. Entwässern mit den Daumen
3. Entwässern mit den Handballen

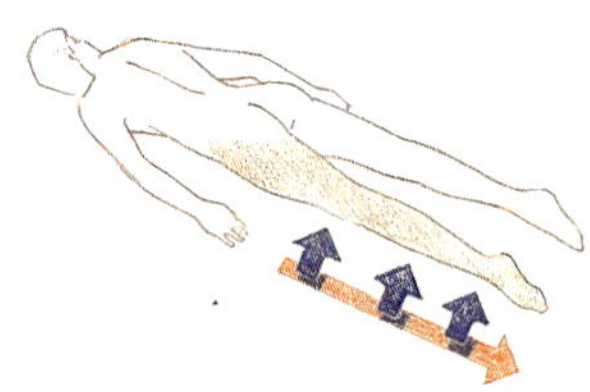

4. Kneten des Beins
5. Wringen am Bein entlang

6. Arbeit um den Fußknöchel
7. Knöchel drehen
8. Nieder- und Hochdrücken des Fußes
9. Ableiten zwischen den Sehnen
10. Daumenkreisen auf der Fußsohle
11. Zehen dehnen
12. Zehen wringen

VORDERSEITE DES KÖRPERS

Schultern, Hals und Kopfhaut *(S. 52–57)*

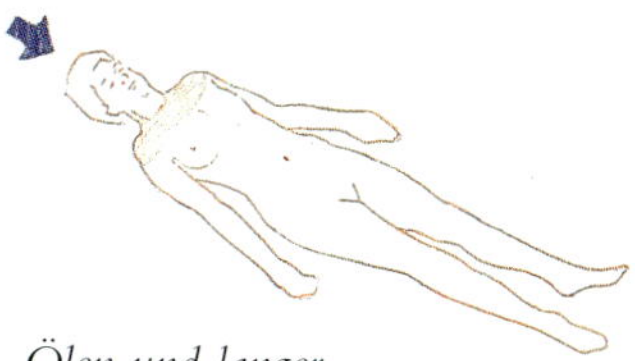

Ölen und langer, streichender Griff

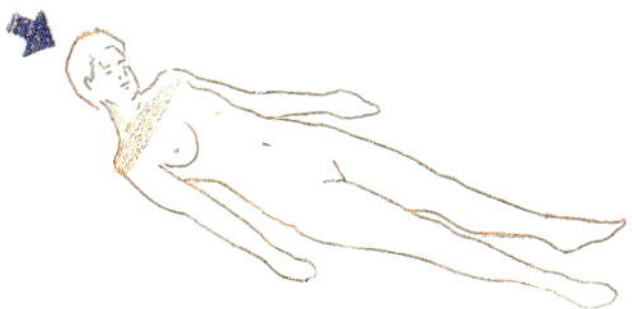

1. Dehnen des Halses
2. Vor- und Rückwärtsdehnung
3. Seitliche Dehnung des Halses

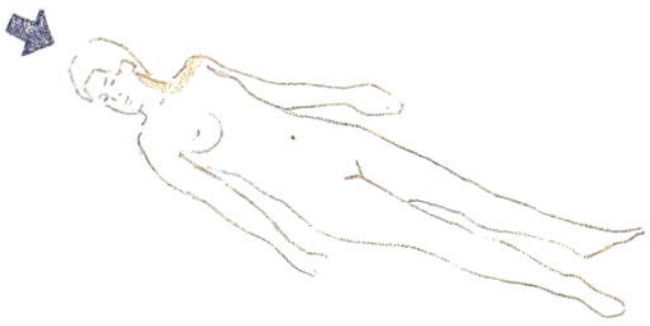

4. Abfolge der Vorder- und Hintergriffe

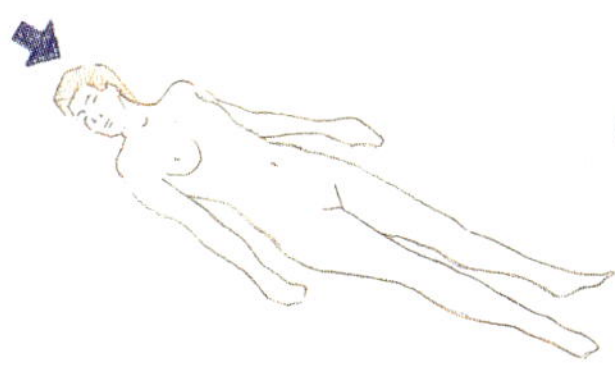

5. Kopfhaut drehen
6. »Shampoonieren«
7. Haare ziehen

Wiederholen Sie 4–7 auf der anderen Seite

8. Dehnen der Wirbelsäule

Das Gesicht *(S. 58–62)*

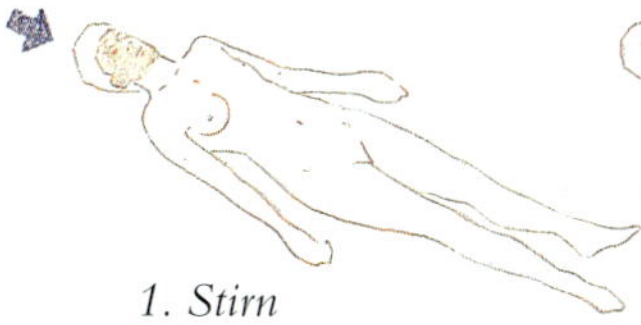

1. Stirn
2. Augenbrauen
3. Augen
4. Nase
5. Wangen
6. Kinn
7. Unterkiefer
8. Kaumuskel
9. Wangen/Ohren
10. »Verbinden« von Gesicht und Kopf

Arme und Hände *(S. 63–67)*

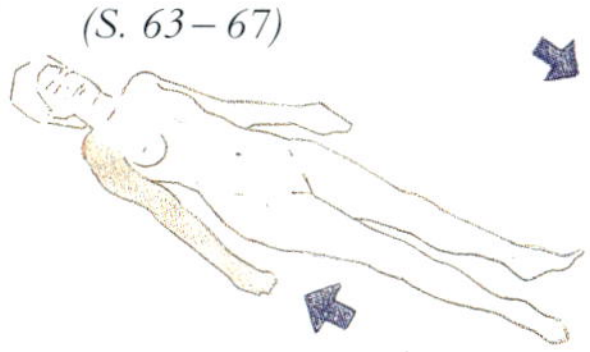

Ölen und langer, streichender Griff

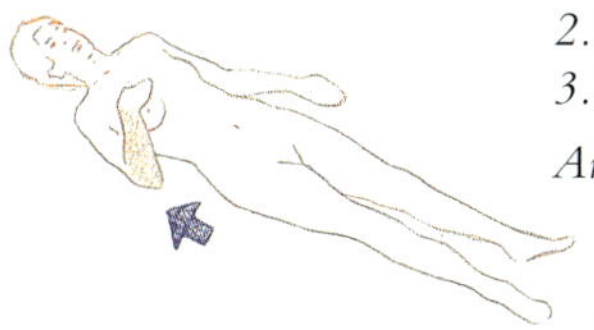

1. Entwässern des Unterarms

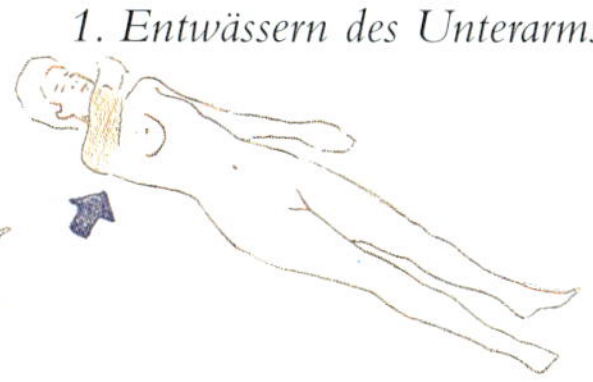

2. Entwässern des Oberarms
3. Anheben der Schulter

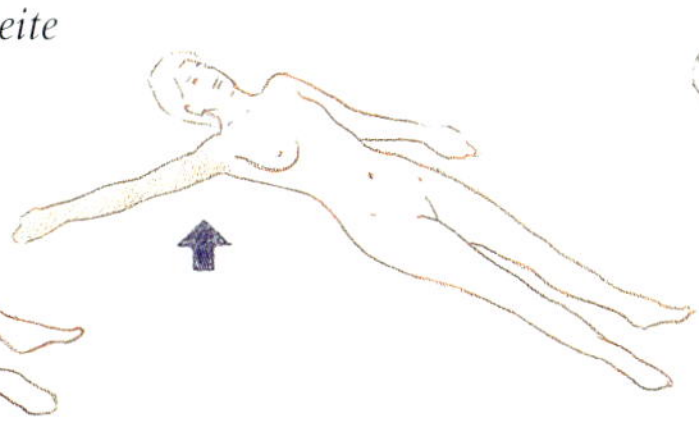

4. Dehnung des Arms über dem Kopf

5. Pressen des Schultergelenks
6. Kneten des Arms
7. Arbeit um das Handgelenk
8. »Öffnen« der Handflächen
9. Ableiten zwischen den Knochen
10. Die Finger

Wiederholen Sie die Abfolge am anderen Arm

Vorderseite des Rumpfs *(S. 68–73)*

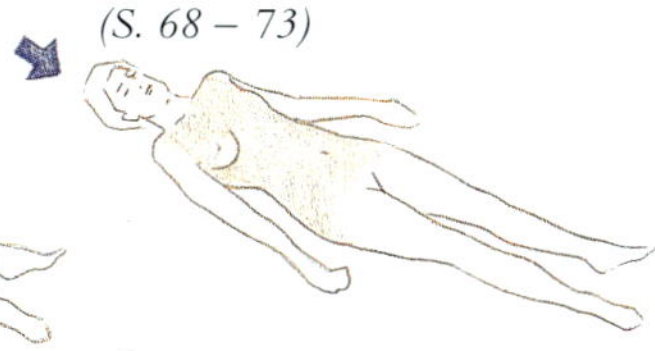

Ölen und langer, streichender Griff

1. Arbeit zwischen den Rippen
2. Hochziehen an den Seiten
3. Kneten der Brustmuskeln

Andere Seite (2 u. 3)

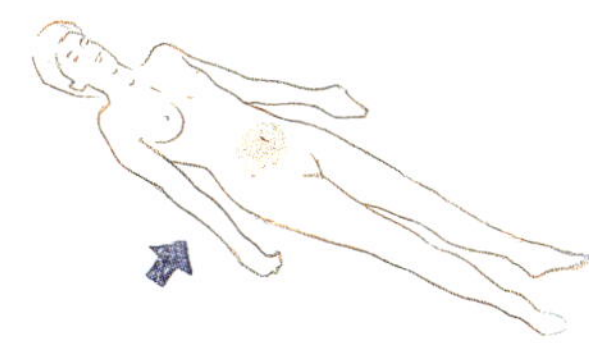

4. Breites Kreisen auf dem Bauch
5. Spiralen

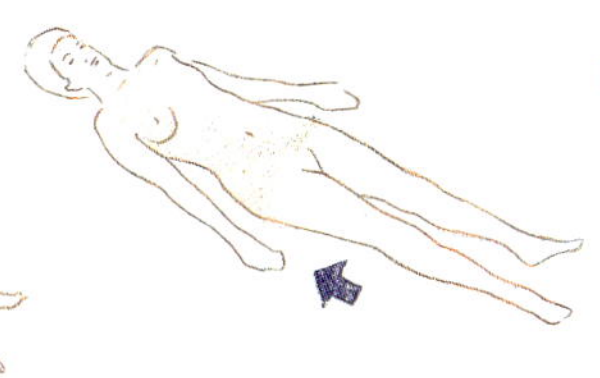

6. Langer, streichender Griff im Atemrhythmus

Vorderseite der Beine *(S. 72–75)*

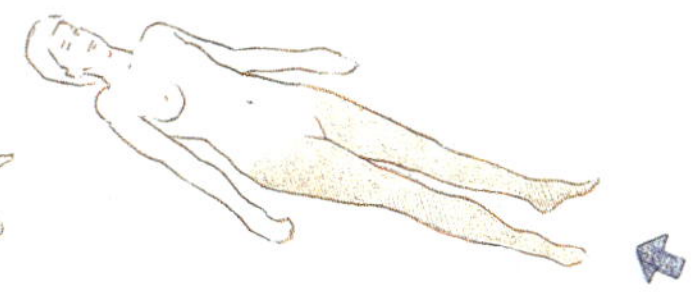

Ölen und langer, streichender Griff an beiden Beinen

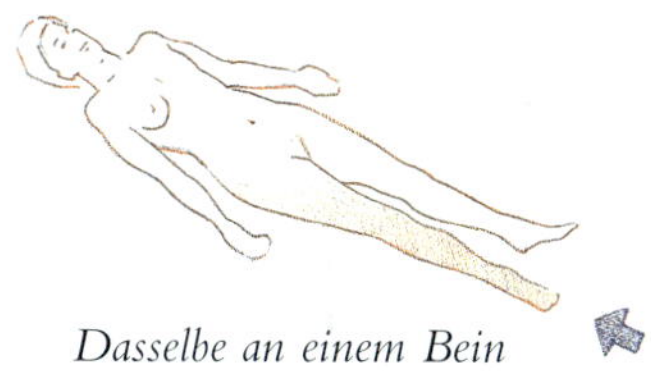

Dasselbe an einem Bein
1. Dehnen des Beins
2. Entwässern des Unterschenkels
3. Umkreisen der Kniescheibe
4. Entwässern des Oberschenkels

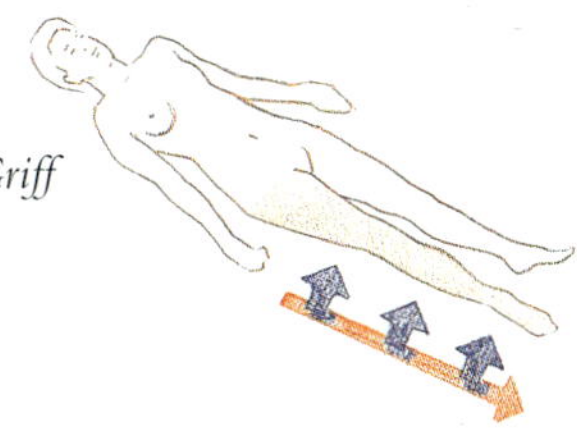

5. Arbeit am Hüftgelenk
6. Arbeit am Bein abwärts
7. »Öffnen« des Fußes
8. Streichen des Fußes

Wiederholen Sie die Abfolge am anderen Bein

»Verbinden« *(S. 76–77)*

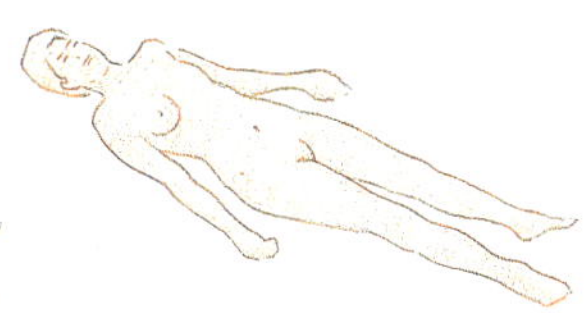

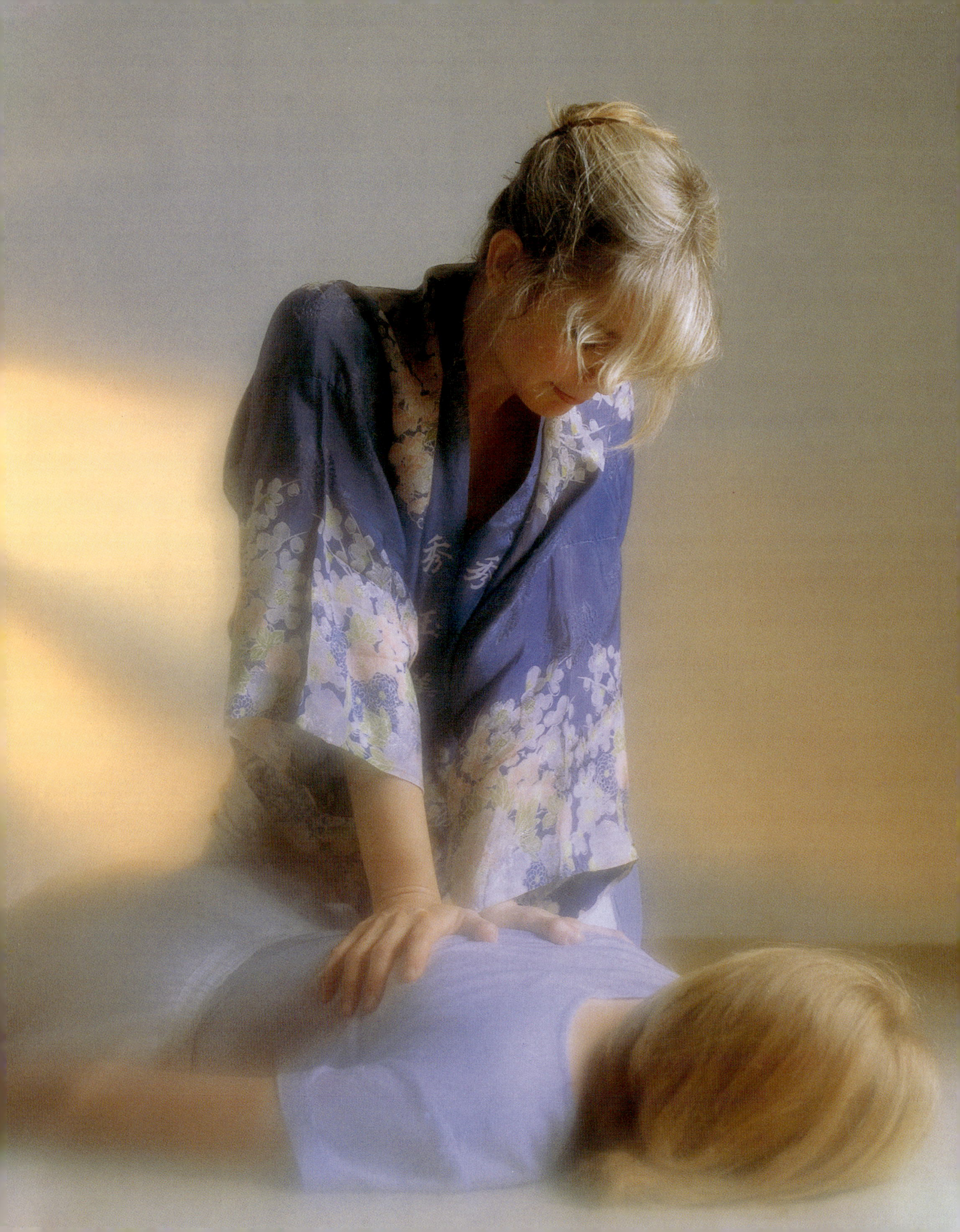

Shiatsu

Shiatsu kommt aus Japan. Es handelt sich um eine Form der physikalischen Therapie, die mit Druck auf die Akupunkturpunkte arbeitet, um die Körperenergie ins Gleichgewicht zu bringen und die Gesundheit zu fördern. Obwohl der Name schlicht »Fingerdruck« bedeutet, wird Shiatsu auch mit anderen Teilen der Hände sowie mit Ellbogen und Knien ausgeführt.

Diese Kunst erhielt ihren Namen um die Jahrhundertwende; ihre Ursprünge allerdings sind sehr alt. Sie stellt eine einzigartige Kombination dar aus der klassischen östlichen Medizintheorie, deren Geschichte bis zu den Anfängen der Akupunktur vor 4000 Jahren zurückgeht, und einer reichen, lebendigen Tradition der Volksmedizin.

Shiatsu ist der Gattungsname für ein breites Spektrum von Techniken; gemeinsam ist allen Anwendern jedoch ein Prinzip, nämlich der Glaube an eine als *Ki* bekannte Lebenskraft, die durch verbundene Kanäle oder *Meridiane* fließt, und zwar im ganzen Körper. Jeder Meridian hängt mit einem Organ oder einer psychophysischen Funktion zusammen, und man kann an verschiedenen Punkten seines Wegs damit in Berührung kommen: Das sind die Akupunkturpunkte, im Japanischen als *Tsubos* bekannt. Im gesunden Zustand herrscht Ausgewogenheit, und *Ki* fließt glatt durch die Meridiane; es versorgt und bewahrt alle Teile des Körpers. Wenn der Körper aber durch unmäßigen Lebensstil (siehe Seite 86 ff.), Stress oder Verletzung geschwächt ist, dann fließt *Ki* nicht mehr gleichmäßig, sondern in einigen Partien nur mangelhaft, in anderen überreichlich, und es kommt zu Gesundheitsstörungen.

Die meisten von uns fallen in die Kategorie der »halb gesunden« Menschen – mit anderen Worten, unser Zustand ist nicht vollkommen ausgewogen. Vielleicht neigen wir zu Erkältungen oder Mangelerscheinungen, sind melancholisch oder depressiv. Für solche »halb Gesunden« ist Shiatsu das ideale Hausmittel, auch zur Vorbeugung.

Es bedeutet keine drastischen Eingriffe in Körpervorgänge, sondern bringt das *Ki* wieder ins Gleichgewicht, sodass der Körper sich selbst heilen kann.

Bei Shiatsu sollte es Ihr Ziel sein, nicht nur Symptome zu behandeln, sondern auch deren Ursache. Wenn man im Fall von Kopfschmerzen nur den Kopf behandelt, ignoriert man nicht nur das gesamte Stützsystem untereinander verbundener Meridiane, das Shiatsu so wirksam macht, sondern auch eines der fundamentalen Prinzipien östlicher Medizin, wonach Körper und Geist ein unteilbares, organisches Ganzes sind. Die Diagnose der genauen Ursache von Krankheitssymptomen erfordert sowohl gründliches Begreifen der östlichen medizinischen Theorie als auch ein Verständnis für den emotionalen und psychischen Zustand des zu Behandelnden. Bis man diese Fähigkeit erworben hat, ist es sicherer und wirksamer, den ganzen Körper zu behandeln.

Wie oben schon erwähnt, werden alle Krankheiten durch einen Mangel oder Überschuss an *Ki* verursacht. Mit der Zeit werden Sie lernen, durch Berührung zu spüren, welche Bereiche einen Überschuss an *Ki* aufweisen, *Jitsu* genannt, und welche einen Mangel, *Kyo* genannt (siehe Seite 85). Gewöhnlich ist *Jitsu* oder der schmerzende Bereich das Symptom und der *Kyo*-Bereich die Ursache; daher sollten Sie sich bei Ihrer Behandlung auf *Kyo*-Partien konzentrieren.

Shiatsu ist leicht zu erlernen. Man benötigt keine besondere Ausstattung und kein Öl. Alles, was man braucht, ist ein warmer, gut gelüfteter Raum, lockere, bequeme Kleidung für Geber und Empfänger und einen Teppichboden, auf dem man arbeitet. Man kann Shiatsu gefahrlos überall und bis zu einmal täglich verabreichen. Etwas Hintergrundwissen, die Zeit für eine Ganzkörperbehandlung, Aufmerksamkeit, Sensibilität und Eingehen auf die Bedürfnisse des Partners – das ist alles, was nötig ist, um den Weg in Richtung auf ein wirkliches Verständnis von Shiatsu einzuschlagen.

Ki

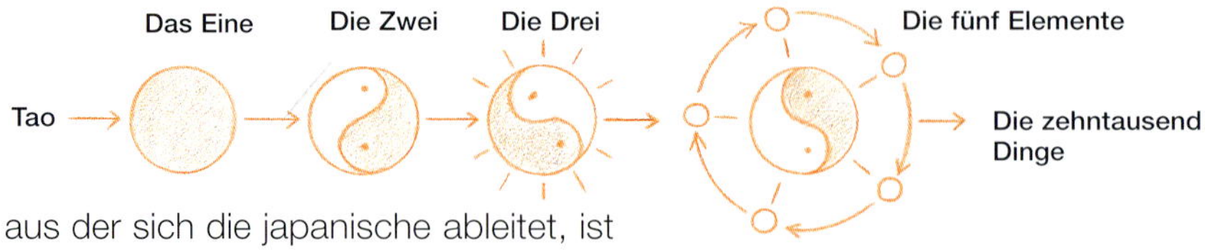

In der chinesischen Kosmologie, aus der sich die japanische ableitet, ist die Quelle aller Dinge *Tao*, das Gesetz des Universums. Aus *Tao* leitet sich die All-Einheit oder das Sein ab. Darin polarisieren sich zwei Kräfte, *Yin* und *Yang*, die sowohl entgegengesetzt als auch komplementär sind. Es ist das Spiel zwischen *Yin* und *Yang*, die Ebbe und Flut zwischen den beiden Prinzipien, das *Ki*-Energie erzeugt (oder *Chi*, wie die Chinesen es nennen), und so werden aus den zweien drei. *Ki* ist der »immaterielle Atem«, von dem Lao-tse schreibt. Es existiert in vielen Formen, von der reinsten, wie etwa dem Licht, bis zur gröbsten, etwa dem Granit, denn selbst unbelebter Stoff besteht aus *Ki* in seiner dichtesten Form. Wie können »die drei die zehntausend Dinge erzeugen«? Der alten Philosophie zufolge manifestiert sich *Ki* selbst in den fünf verschiedenen Aspekten von Energie, bekannt als die fünf Elemente – Feuer, Erde, Metall, Wasser und Holz. Jedes Element hat seine eigene, besondere Eigenschaft oder Atmosphäre und teilt diese einem Aspekt der Schöpfung mit, einem der »zehntausend Dinge«. Pflanzliches Leben beispielsweise gehört hauptsächlich zum Element Holz, Felsen und Mineralien zum Element Metall. Der Mensch ist eine Kombination aus allen fünf Elementen. Alles in der Natur, jedes der »zehntausend Dinge«, besteht aus einer besonderen Mischung von *Yin* und *Yang*, zusammen mit einer speziellen Kombination der fünf Elemente, die einzigartig ist und das »wahre *Ki*« dieses Objekts oder Wesens bildet.

»Das Tao erzeugt das Eine,
Das Eine erzeugt die Zwei,
Die Zwei erzeugen die Drei und
Die Drei erzeugen die zehntausend Dinge.
Im Rücken aller Dinge ist der Schatten,
Im Angesicht aller Dinge das Licht,
Und alle erhalten Harmonie
durch den immateriellen Atem.«
Lao-tse: *Tao-te-ching*

Yin- und Yang-Meridiane

Die Yin- *und* Yang-*Meridiane des Körpers sollen sich gebildet haben, als wir noch auf allen vieren liefen. Die Erde ist* Yin *im Verhältnis zum Himmel. So verlaufen die* Yin-*Meridiane auf der Vorderseite des Körpers aufwärts und innerhalb von Körperoberflächen, die der Erde am nächsten gewesen sind. Der Himmel ist im Verhältnis zur Erde* Yang, *daher verlaufen die* Yang-*Meridiane am Rücken abwärts und an Körperoberflächen, die dem Sonnenlicht ausgesetzt waren.*

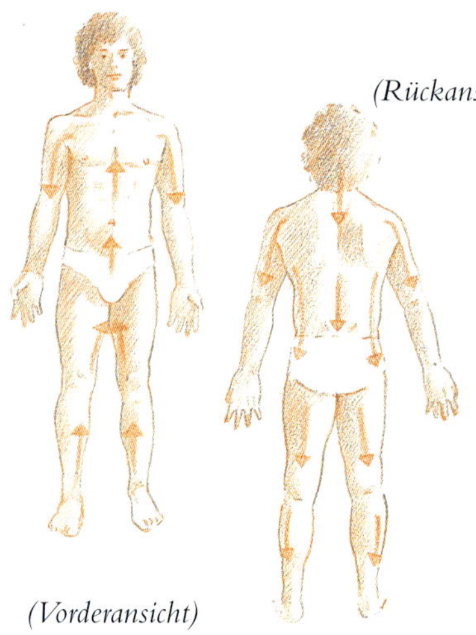

(Rückansicht)

(Vorderansicht)

Yin und *Yang*

Yin und *Yang* sind die beiden entgegengesetzten, aber dennoch komplementären Aspekte des Seins – der Schatten und das Licht. *Yin* entspricht dem, was dunkel, kühl, feucht, weich, empfänglich, weiblich und absteigend ist; *Yang* dem, was hell, heiß, trocken, hart, aktiv, männlich und aufsteigend ist. *Yin* und *Yang* sind jedoch nur relative, keine absoluten Zustände; so kann ein Ding für ein anderes *Yin* sein, für wieder ein anderes *Yang*. Eine Kerze beispielsweise ist *Yang* im Vergleich zu einem Eiswürfel, aber *Yin* im Vergleich zur Sonne. In der östlichen Medizin sind die nährenden, kühlenden, befeuchtenden, entspannenden Funktionen *Yin*, die aktiven, Hitze erzeugenden, energetischen Aspekte des Funktionierens *Yang*. Die Substanz der Organe ist größtenteils *Yin*, die Energie, die sie versorgt, *Yang*. Wo zu viel *Yin* ist, besteht eine Tendenz zu Kälte, Feuchtigkeit und Kondensation in Substanz (das heißt Bildung von Tumoren). Wo zu viel *Yang* ist, bestehen Überaktivität und Hitze. Wenn es an *Yin* fehlt, auch wenn die *Yang*-Energie dabei normal ist, kommt es zu Symptomen des *Yang*-Typs wie Reizbarkeit, Schlaflosigkeit, Mundtrockenheit etc. Wenn es an *Yang* fehlt, entstehen Müdigkeit, Frösteln und schlechter Kreislauf. Das Schöne an Shiatsu liegt darin, dass es automatisch die Energie ins Gleichgewicht bringt.

Die fünf Elemente

Die fünf Elemente sind die verschiedenen Eigenschaften der *Ki*-Energie, die fünf verschiedenen Arten, wie sie sich im Universum manifestiert. Die Elemente manifestieren sich auch in uns Menschen, indem sie uns mit der Umgebung, dem Zyklus der Jahreszeiten und den Stunden verbinden. Die Art und Weise, wie wir körperlich und emotional auf äußere Einflüsse und die Kräfte der Natur reagieren, hängt von der Ausgewogenheit der Elemente in uns ab. Feuer ist das Element von Hitze, Sommer, Begeisterung und Wärme in menschlichen Beziehungen. Erde ist das Element der Erntezeit, der Fülle, Nahrung, Fruchtbarkeit und der Mutter-Kind-Beziehung. Metall schließt die westliche Idee des Luftelements ein, ist aber noch mehr. Es ist die Schwerkraft, die Mineralien in der Erde, der Einfluss der Himmelskörper, die Kräfte der elektrischen Leitfähigkeit und des Magnetismus. Bei den Menschen ist es Kummer und die Sehnsucht, ihn zu überwinden. Wasser ist die Quelle des Lebens, die Fähigkeit zu fließen, unendlich nachgiebig, doch auch gewaltig, sich immer wandelnd und oft gefährlich. Es ist von allen Elementen am stärksten *Yin*. In der menschlichen Psyche regiert Wasser das Gleichgewicht zwischen Angst und Dominanzverhalten. Holz ist das Element des Frühlings und der kreative Leistungsdrang, der in Wut umschlägt, wenn er frustriert wird. Im Menschen ist es die Fähigkeit, vorwärts zu schauen, zu planen und Entscheidungen zu treffen.

Jedes Element regiert einen Meridian oder eine Organfunktion im menschlichen Körper (wie oben gezeigt) und auch einen Aspekt der Persönlichkeit oder der Emotion, sodass jede Störung der Elemente Geist und Körper auf eine bestimmte Weise beeinflusst. Für einen Arzt der östlichen Medizin besteht der Wert dieses Verständnisses darin, dass ihm das Netz der Elementverbindungen Hinweise liefert, auf denen er eine Diagnose begründen kann.

Jedes Element ist mit einer Farbe, einem Geschmack, einer Jahreszeit, einem Geruch, einem Gefühl und einem Ton verbunden (siehe oben). So interessiert sich der Arzt nicht nur für die Symptome des Patienten, sondern hat auch gelernt, subtile Farbschattierungen im Gesicht zu erkennen, Stimmtönungen zu hören und den emotionalen Zustand des Patienten genau zu beurteilen. Dann kann er seine Diagnose durch Fragen bestätigen. Nach welcher Art von Geschmack verspürt der Patient einen Heißhunger? Welches Wetter verschlimmert seinen Zustand? Wenn die Diagnose auf das Element Wasser deutet, weiß der Arzt, dass er Nieren und Blase behandeln muss. Die gleichen Symptome bei einem anderen Patienten könnten aus dem Element Erde stammen; der Arzt wird dann Milz und Magen behandeln. Ein westlicher Arzt würde höchstwahrscheinlich beide Patienten als »arthritisch« beschreiben und entzündungshemmende Medikamente verschreiben.

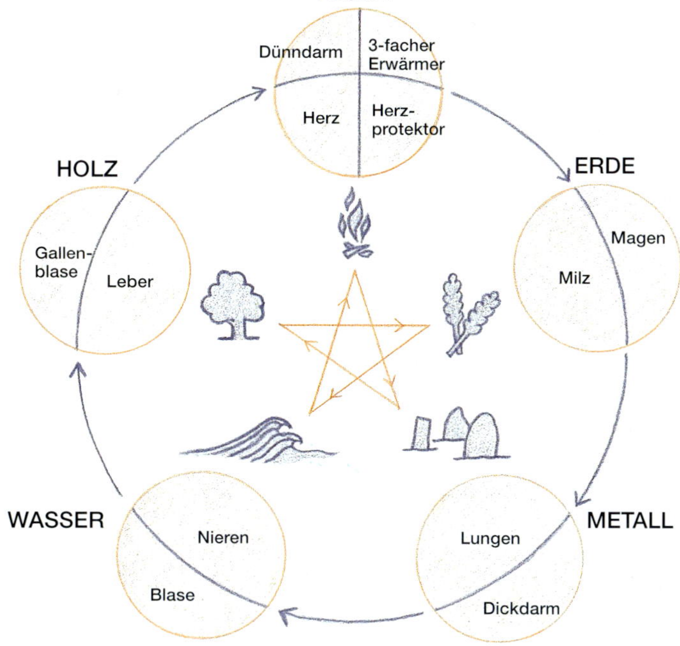

Die fünf Elemente und ihre Zyklen

Jedes Element ist durch den »kreativen Zyklus« (äußere Pfeile) und den »Kontrollzyklus« (innere Pfeile) mit allen anderen verbunden. Im kreativen Zyklus gibt jedes Element Energie an das nächste weiter. Der Kontrollzyklus ist das Gegengewicht dazu, sodass die Elemente in Schach gehalten werden.

Elemente	**Feuer**	**Erde**	**Metall**	**Wasser**	**Holz**
Farbe	*rot*	*gelb*	*weiß*	*blau / schwarz*	*grün*
Ton	*Lachen*	*Singen*	*Weinen*	*Stöhnen*	*Schreien*
Geruch	*versengt*	*duftend*	*verfault*	*verwest*	*ranzig*
Gefühl	*Freude*	*Sympathie*	*Kummer*	*Angst*	*Wut*
Jahreszeit	*Sommer*	*Spätsommer*	*Herbst*	*Winter*	*Frühling*
Geschmack	*bitter*	*süß*	*scharf*	*salzig*	*sauer*

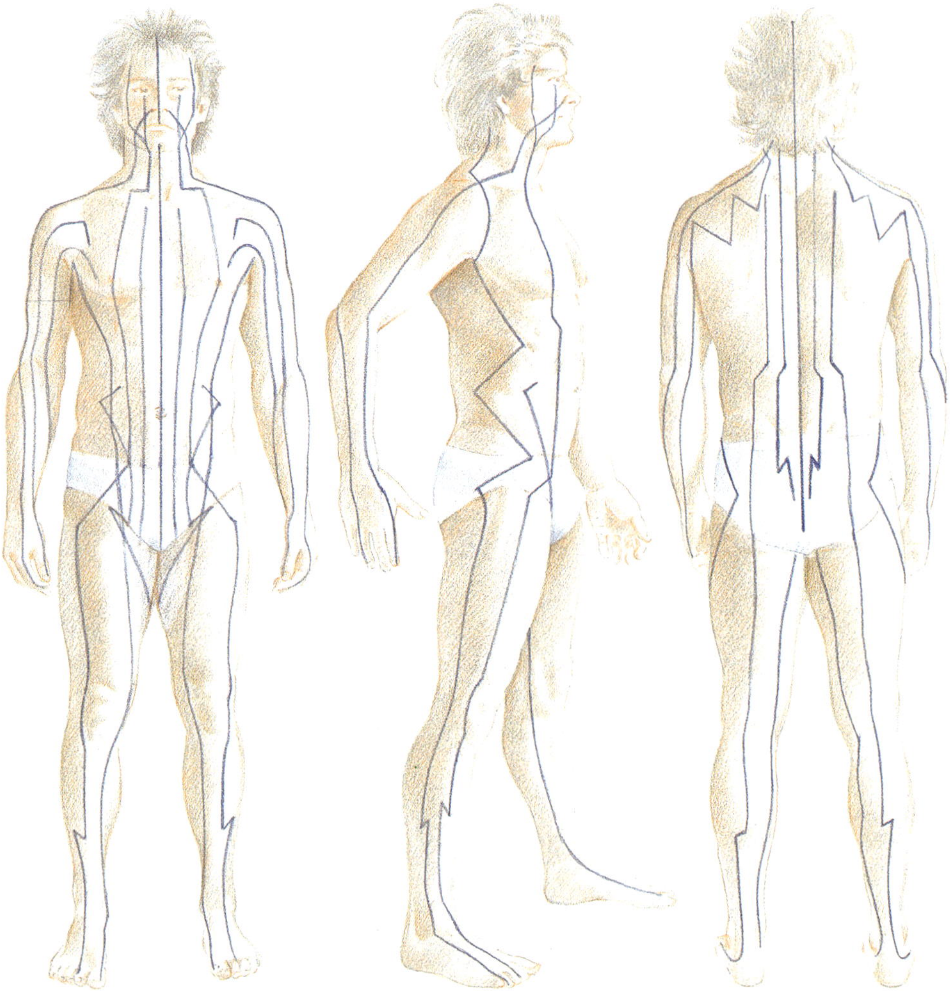

Die Meridiane

Die Meridiane sind Kanäle, in denen *Ki* durch den Körper fließt. Am bekanntesten sind die zwölf Meridiane der Akupunktur. Die fünf Elemente haben jeweils ein Meridianpaar, einer davon *Yin*, der andere *Yang*, außer dem Feuer, das zwei Paare hat. Alle zwölf Meridiane sind zweiseitig, machen also insgesamt vierundzwanzig aus. Die gepaarten Meridiane verlaufen nahe beieinander, und ihre Funktionen sind komplementär. Jeder Meridian ist verbunden mit einem bestimmten Organ oder einer psychophysischen Funktion, doch in seiner Auswirkung geht er weit über die Aktivität des Organs, wie die westliche Medizin sie versteht, hinaus. Der Lebermeridian beispielsweise ist verbunden mit den Nägeln, den Muskeln und Sehnen, dem Fortpflanzungsapparat, der Emotion Wut, den Augen, der Fähigkeit zu planen und so weiter. So muss nicht notwendigerweise das *Organ* Leber Schwierigkeiten haben, wenn beispielsweise der Lebermeridian schmerzt oder angespannt ist, sondern die Leber-Energie. Gewöhnlich kommen zu den zwölf Organmeridianen zwei »zusätzliche« Meridiane hinzu: das lenkende Gefäß, eine Art Reservoir für *Yang*-Energie, und das Empfangsgefäß, sein *Yin*-Gegenstück. Wenn Sie auf einen Punkt des Meridians drücken, stimulieren Sie nicht nur die lokalen Nerven und Gewebe, sondern beeinflussen auch den Fluss von *Ki* durch diesen Meridian und folglich auch durch andere. Schmerzt ein Bereich zu sehr, um berührt zu werden, arbeiten Sie an den Meridianen, die die Stelle kreuzen. Bei den zweiseitigen Meridianen können Sie auch den Zufluss von *Ki* zu einer schmerzenden Stelle beeinflussen, indem Sie die gleiche Stelle auf der anderen Seite behandeln. Über Punkte, die nahe am Ende eines Meridians liegen, lassen sich Schmerzen, die im Verlauf dieses Meridians bestehen, oft am wirkungsvollsten bekämpfen.

Die *Tsubos*

Die Akupunkturpunkte oder *Tsubos* sind Stellen auf dem Meridian, an denen *Ki* am leichtesten erreicht und manipuliert werden kann. Es hat sich herausgestellt, dass diese Punkte einen niedrigeren elektrischen Widerstand haben als die umliegenden Bereiche. *Tsubos* wirken ein bisschen wie Verstärker, indem sie *Ki* von einer Stelle zur anderen weitergeben. Viele *Tsubos* sind das, was man im Westen als »Auslöserpunkte« bezeichnet; sie stimulieren den Muskel zur Kontraktion oder Entspannung. Den Gesetzen von *Ki* entsprechend aber haben die *Tsubos* noch wesentlich subtilere Wirkungen. Einige hängen mit anderen Meridianen zusammen, andere beeinflussen das Gleichgewicht der Elemente, andere können den Geist beruhigen oder Fieber senken. In diesem Buch legen wir größere Betonung auf die Meridiane als auf die *Tsubos*. Wenn Sie lernen, was es mit den Meridianen auf sich hat, werden Sie vertraut mit dem »Gefühl« für die Pfade des *Ki* durch den Körper und lernen instinktiv, wo sich die *Tsubos* befinden. Auch wenn der Punkt, auf den Sie instinktiv drücken, auf den Akupunkturkarten nicht erscheint, ist er trotzdem wichtig: Hauptsache er hilft.

Das Symbol für *Tsubo*
Das alte chinesische Zeichen für Tsubo *stellt ein Gefäß mit engem Hals und Deckel dar.* Tsubo *ist wie der Hals des Gefäßes – unter dem Deckel liegt der »Eingang« in das Vorratslager des* Ki.

Dehnung der Meridiane
Werden die Meridiane gedehnt, kommen sie näher an die Oberfläche und werden so leichter zugänglich. Bei Shiatsu an gestreckten Gliedmaßen brauchen Sie also weniger Druck auszuüben.

Kyo und *Jitsu*

Bei einem Meridian, der aus dem Gleichgewicht ist, kann entweder zu wenig *Ki (Kyo)* oder zu viel vorhanden sein *(Jitsu)*; und manchmal, wenn der Fluss des *Ki* behindert ist, kommt es zu beidem gleichzeitig – einem Überschuss oberhalb der Blockierung und einem Zuwenig darunter. *Kyo*-Bereiche sehen oft leicht hohl aus und fühlen sich auch so an, und gewöhnlich sind sie bei Berührung nachgiebig. Wenn Sie einen *Kyo*-Meridian drücken, empfindet das Ihr Partner im Allgemeinen als angenehm, da Sie *Ki*-Energie an unzulänglich versorgte Stellen bringen. *Jitsu*-Bereiche sind viel leichter zu finden, da sie gewöhnlich hart oder angespannt sind. Sie können von selbst wehtun oder nur dann, wenn sie gedrückt werden. Der Schmerz ist im Allgemeinen scharf, während *Kyo*-Schmerz eher dumpf ist und schwächer wird, wenn man die Stelle drückt. Die Shiatsu-Behandlung ist wesentlich wirkungsvoller, wenn Sie sich auf die *Kyo*-Bereiche konzentrieren. Diese Technik, bekannt als »Tonisierung«, wendet langsamen und allmählichen Druck an, um den Mangel an Energie auszugleichen. Im Prinzip ist jedes Überschusssymptom durch einen Mangel verursacht; die Belebung, die Tonisierung, der *Kyo*-Meridiane hilft also bei der Entspannung der *Jitsu*-Meridiane.

Der östliche Weg zur Gesundheit

Für eine gute Shiatsu-Behandlung muss man selbst ein gutes *Ki* haben. Der alten Philosophie zufolge wird unsere grundlegende Konstitution bestimmt durch das »pränatale *Ki*«, das im Augenblick der Empfängnis zu uns kommt und abhängig ist von Alter und Gesundheit unserer Eltern, wenn es auch durch die Umstände unserer Geburt beeinflusst wird. Dieses pränatale *Ki*, das im Nierenbereich gespeichert wird, kann nie aufgefüllt werden, sondern nur durch einen unvernünftigen Lebensstil erschöpft oder bestenfalls durch einen vernünftigen Lebensstil konserviert werden. Es gibt nur einen Weg, dieses kostbare Reservoir zu bewahren, und das ist *Mäßigung*. Jeder offenkundige Missbrauch des Körpers wie Drogenkonsum, ständiger Schlafmangel oder lang andauernde Überarbeitung erschöpfen das Reservoir. Bei Frauen zehrt auch die Geburt von Kindern daran, bei Männern sexuelle Aktivität. Das »postnatale *Ki*« jedoch ist ein ständiger Zustrom von Energie. Es ist das *Ki*, das wir von der Erde bekommen, indem wir essen, vom Himmel, indem wir atmen, und so sollten wir beidem, dem Essen und dem Atmen, besondere Aufmerksamkeit schenken.

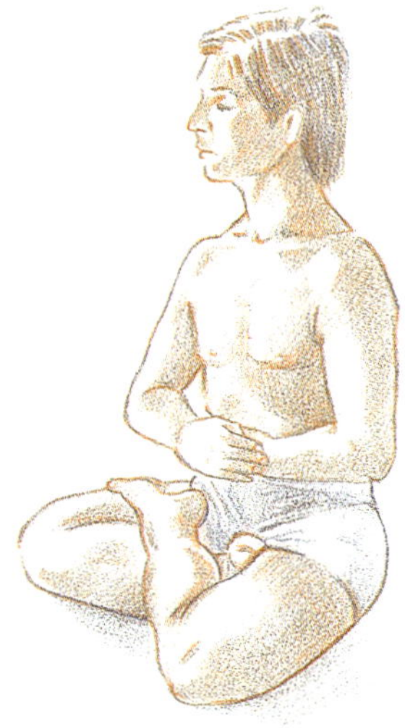

Ernährung

Wenn Sie Shiatsu praktizieren, sollten Sie sich ausgewogen und gesund ernähren. Das Schlüsselwort lautet Mäßigung. Halten Sie ein Gleichgewicht zwischen den fünf Geschmäckern – süß, salzig, bitter, sauer und scharf. Sie brauchen nicht makrobiotisch oder vegetarisch zu essen, aber Fleisch und Fisch sollten auf ein Minimum beschränkt und ergänzt werden durch Vollwertgetreide und Gemüse. Rohkost ist ausgezeichnet zur Entschlackung des Körpers, doch langfristig ist sie ungeeignet. Leben Sie nur von Salaten, bekommen Sie nicht genug *Yang*-Energie; also sollte nicht mehr als ein Drittel Ihrer Ernährung aus Rohkost bestehen, außer bei sehr heißem Wetter. Vermeiden Sie Eiscreme und alle Speisen und Getränke, die direkt aus dem Kühlschrank kommen, da Kälte die Milz- und Magenfunktion beeinträchtigt. Auch den Verzehr von Milchprodukten sollten Sie einschränken, vor allem wenn Sie an Katarrh, Blähungen oder Allergien leiden.

Atmung

Es ist gut, jeden Tag einige Atemübungen zu machen – entweder Yogaatmung oder Atmen in den unteren Bauchraum, das *Hara*, wie oben gezeigt. Setzen Sie sich dazu mit gekreuzten Beinen hin oder wie die Japaner, indem Sie auf den Unterschenkeln hocken. Legen Sie die linke Hand auf Ihr *Hara* und die rechte Hand auf die linke. Atmen Sie fünf Sekunden lang ins *Hara*. Halten Sie den Atem fünf Sekunden an, dann atmen Sie fünf Sekunden aus dem *Hara* aus. Wiederholen Sie die Übung und stellen Sie sich dabei das *Hara* als leuchtende Kugel vor, in der sich mit jedem Atemzug mehr *Ki* sammelt.

Stimulanzien und Drogen

Kaffee, Tee, Alkohol und Zigaretten – all das sind Drogen, die uns helfen sollen, mit dem Druck des Alltags fertig zu werden; auf verschiedene Weise aber verlangen Sie vom Körper ihren Preis. Alle sind schädlich für die Nierenenergie, besonders Kaffee, während Alkohol oft die Leber angreift und Zigaretten die Lungen. Sicher wäre es am besten, auf alle zusammen zu verzichten. Doch wir verlangen nichts Unmögliches! Da Mäßigung unser Ziel ist, versuchen wir es mit kleinen Schritten. Lernen Sie sich zu beherrschen und genießen Sie in geringen Mengen. Beschränken Sie den Kaffeekonsum auf eine Tasse morgens zum Aufwachen und rauchen Sie nicht mehr als drei Zigaretten am Tag. Versuchen Sie Bewusstsein für Ihren Körper zu entwickeln und seine Bedürfnisse zu pflegen, statt ihm strenge Vorschriften aufzuerlegen, die oft zu einer Überreaktion in der anderen Richtung führen können.

Bewegung

Bewegung, gleich welcher Form, ist immer gut, vor allem wenn Sie viel Shiatsu machen; dann nämlich müssen Sie zusätzlich etwas tun, um fit zu bleiben. Jede körperliche Bewegung ist wohltuend, doch wenn Sie Ihr *Ki* vermehren wollen, brauchen Sie ein östliches System, das mit »feinstofflicher Energie« arbeitet. Hatha Yoga ist eine ausgezeichnete Übung, die alle Meridiane dehnt und die Atmung reguliert. T'ai chi ist ebenfalls dazu bestimmt, *Ki* zu steigern, die Atmung zu verbessern und den Körper weich und geschmeidig zu machen.

Diese beiden verschiedenen Formen der *Ki* vermehrenden Übungen sind im Grunde eine Art Selbst-Shiatsu und vielleicht letztendlich angenehmer und wohltuender, als wenn Sie versuchen, Ihre eigenen Meridiane zu drücken.

Schützen Sie Ihren Körper

Denken Sie daran, sich gegen äußere Einflüsse zu schützen. Die Chinesen und Japaner betrachten Wind, Kälte, Feuchtigkeit und Hitze als krankheitserzeugende Faktoren und schützen sich entsprechend davor. Es ist besonders wichtig, Hals, Schultern und die Lendenregion warm zu halten; Hemd oder Bluse sollten beim Bücken nicht aus Rock oder Hose rutschen und die Taille länger entblößen; tragen Sie einen Schal, wenn Sie an kalten oder windigen Tagen ins Freie gehen. Wenn Sie Problemzonen haben wie schmerzende Knie oder Knöchel, empfiehlt es sich, diese warm zu halten. Die östliche Medizin hat schon lange erkannt, dass Menschen mit leichten Befindensstörungen sich nicht willkürlich solchen, durch die Elemente verursachten Problemen aussetzen sollen.

Emotionale Faktoren

Am anderen Ende des Spektrums stehen die emotionalen oder psychologischen Faktoren, die Ihre Gesundheit beeinträchtigen können. Im östlichen System können Sorge, Kummer, Angst, Wut, ja sogar ein Übermaß an Freude potenzielle Krankheiten verursachen. Da die Beseitigung dieser Störungen aber noch mehr Konflikte schafft, schreibt der östliche Weg vor, sie mit Bewusstsein zu beobachten und »anzunehmen«. So beruhigen und verringern sie sich auf natürliche Weise. Die Meditation ist der seit langem bewährte östliche Weg, dieses Ziel zu erreichen. Für den Shiatsu-Praktiker ist es sicherlich eine der schwierigsten, aber auch lohnendsten Aufgaben: die eigenen Schwierigkeiten und die eigene Angst zu verstehen und mit-zu-leiden, damit man auch Verständnis und Mitleid für die Probleme anderer Menschen bekommt.

Technik und »Handwerkszeug«

Shiatsu-Techniken unterscheiden sich grundlegend von solchen, die in westlichen Formen der Massage angewendet werden – es gibt keine glatten, fließenden Griffe, kein Kneten und kein Reiben. Tatsächlich finden nur zwei Haupttechniken Anwendung: Druck und Dehnung. Dennoch ist Shiatsu eine überaus dynamische und abwechslungsreiche Form der Massage. Was anders ist, rührt vom unterschiedlichen »Handwerkszeug« her, mit dem Druck ausgeübt wird (Hände, Ellbogen, Knie und Füße), von Dauer und Tiefe des Drucks und von der Stellung, in die die Gliedmaßen des Empfängers gebracht werden. Der Schlüssel zur guten Shiatsu-Technik liegt darin, beim Ausüben des Drucks so natürlich und entspannt wie möglich zu sein. Das bedeutet, dass man sein Körpergewicht kontrolliert, aber ohne Anstrengung einsetzen muss, statt einfach zu »drücken«, und immer darauf zu achten, dass beide Hände mit dem Körper des Partners in Berührung sind.

Richtige Shiatsu-Technik
Dies ist die richtige Stellung, Shiatsu zu verabreichen. Die Knie sind getrennt und geben eine feste Basis; die Arme sind gestreckt und liefern eine sichere Stütze; und der Druck kommt nicht aus den Schultern, die ganz entspannt sind, sondern aus der Vorwärtsbewegung der Hüften. Beide Hände des Gebers sind entspannt.

Druck aus dem *Hara*

Bei der korrekten Shiatsu-Technik kommt der Druck aus dem *Hara* (dem Energiezentrum im unteren Bauchraum, siehe Seite 122), ganz gleich, welches »Handwerkszeug« Sie benutzen, um ihn auszuüben. Druck aus dem *Hara* wird kontrolliert und umsichtig angewandt, weil Ihre Energie auf die des Partners reagiert. Bei Shiatsu wird mit dem ganzen Körpergewicht Druck auf den Partner ausgeübt, wie Sie rechts sehen. Daumen, Finger oder Handflächen sind eigentlich nur die Kontaktstellen für die Energieübertragung. In Wirklichkeit ist der ganze Körper beteiligt, indem man sein Gewicht in die Finger verlagert. Deshalb ist Ihre eigene Körperhaltung von entscheidender Bedeutung. Sie sollten entspannt und unerschütterlich wie ein Fels sein. So können Sie festen Druck ausüben, ohne zu ermüden.

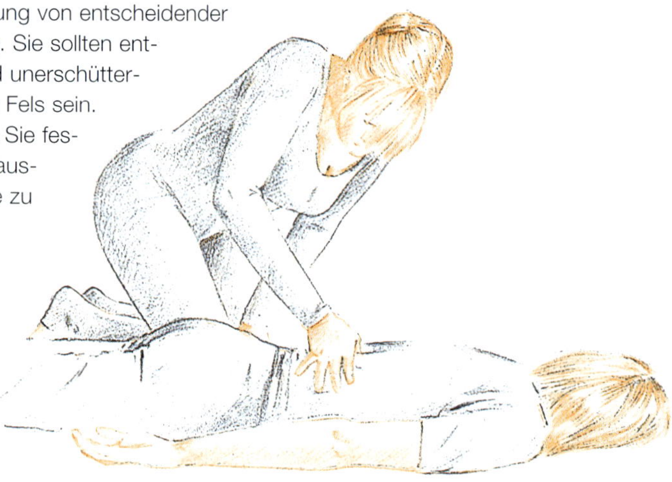

Falsche Shiatsu-Technik
So ist es falsch: Die Knie sind zusammen und geben keine Stabilität; nur eine Hand übt tiefen Druck aus, also fehlt die Sicherheit, die aus zweihändigem Kontakt kommt; der Arm ist gebeugt, was mehr Muskelanstrengung erfordert; und die Bewegung kommt offensichtlich aus der Schulter (die angespannt ist), nicht aus den Hüften. Der ganze Körper ist angestrengt und wird bald ermüden.

»Handwerkszeug«

Die Daumen sind die klassischen Shiatsu-Werkzeuge, weil die *Tsubos* oder Druckpunkte oft in daumengroßen Vertiefungen angesiedelt sind. Doch während einer ganzen Shiatsu-Sitzung nur die Daumen zu benutzen wäre ermüdend – und verschiedene Werkzeuge verschaffen Geber und Empfänger Abwechslung. Versuchen Sie, Ihre Daumen für solche Gelegenheiten aufzusparen, bei denen Sie präzisen Druck auf Schlüsselpunkte ausüben müssen; benutzen Sie Ihre Hände, Knie oder Ellbogen, um an den Meridianlinien entlangzudrücken.

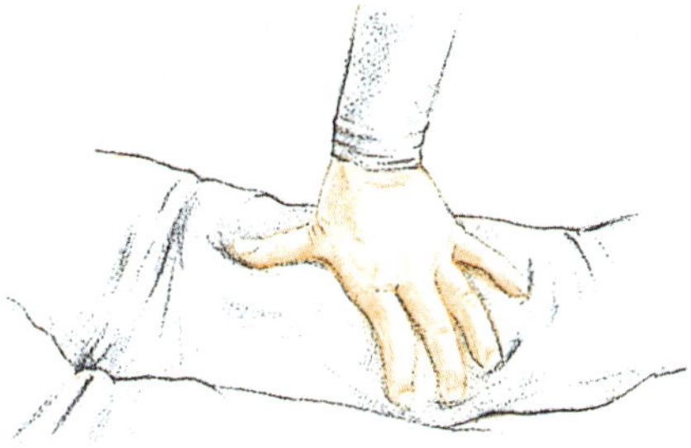

Daumen

Wenn Sie beim Shiatsu mit den Daumen arbeiten, dann lassen Sie den Ballen und nicht die Spitze Druck ausüben; die restliche Hand soll in Berührung mit dem Körper des Partners bleiben – sowohl um Ihr Gewicht mit abzustützen, als auch, um Ihrem Partner Sicherheit zu geben.

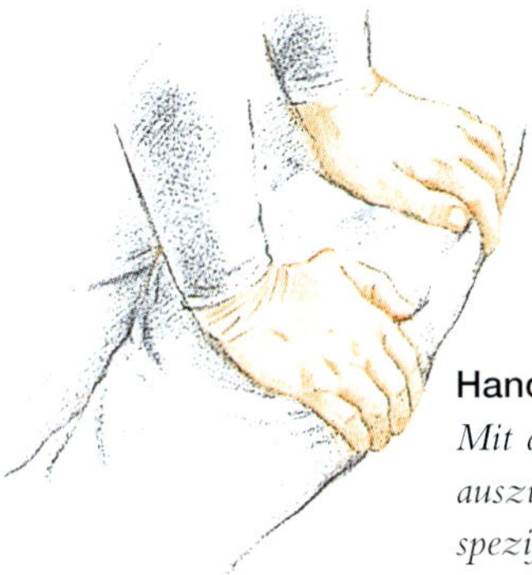

Handflächen

Mit der Handfläche ist gut Druck auszuüben, sie wirkt aber weniger spezifisch als die Daumen. Benutzen Sie für größere Präzision Ihre Handballen, aber halten Sie die restliche Hand in entspanntem Kontakt.

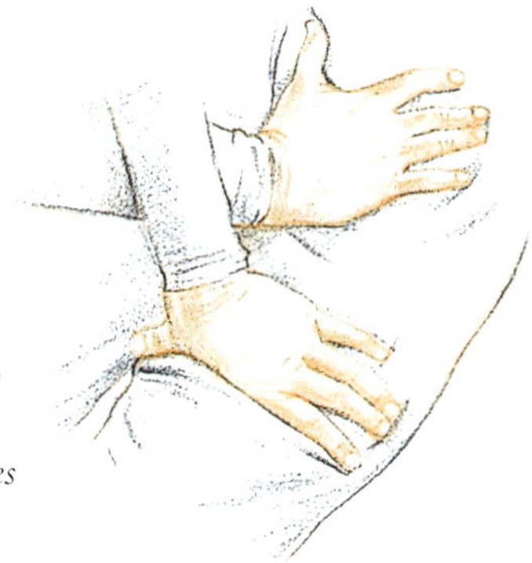

Innenseite des Zeigefingers und Daumen

Dies ist der »Drachenmaul«-Griff, nützlich für diejenigen, die geschmeidige Hände haben. Der Druck wird hauptsächlich vom tiefsten Gelenk des Zeigefingers ausgeübt.

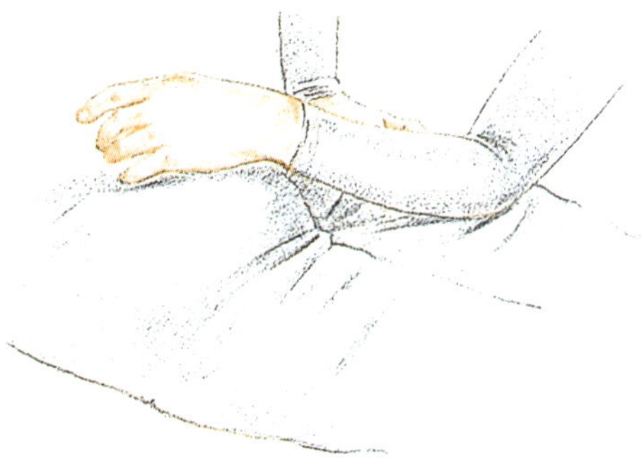

Ellbogen

Wenn Sie mit den Ellbogen Druck ausüben, sollten Sie die Knie auseinander und Ihren Körperschwerpunkt tief halten, um eine größere Kontrolle zu haben. Achten Sie auf »offene« Ellbogen – ein scharfer, spitzer Ellbogen tut weh; Hand und Unterarm sollen entspannt sein: ein angespanntes Handgelenk verrät, dass Sie bewusst »drücken«.

Knie

Kniedruck sollte stark, aber nicht schmerzhaft sein. Hocken Sie mit dem Po auf den Fersen und wippen Sie wiederholt leicht vor. Knien Sie sich nicht auf Ihren Partner!

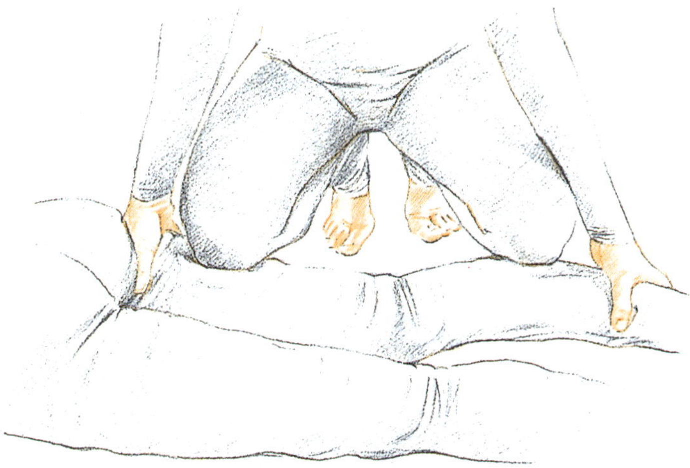

Grundabfolge des Shiatsu

Zu Beginn der Sequenz liegt der Partner auf dem Bauch, die Arme seitlich neben dem Körper. Sie arbeiten sich am Körper abwärts und behandeln zuerst den Rücken, dann die Hüften, dann die Rückseite von Beinen und Füßen, ehe Sie zum Oberkörper zurückkehren und die Rückseite der Schultern behandeln. Ihr Partner sollte den Kopf mehrmals von einer Seite auf die andere legen, damit er keinen steifen Hals bekommt. Auf der Vorderseite des Körpers behandeln Sie systematisch Schultern und Hals, Kopf und Gesicht, Arme und Hände und dann das *Hara*; zum Schluss kommt die Vorderseite der Beine dran. Menschen mit Problemen im unteren Rücken legen die Beine vielleicht gern hoch, wenn sie auf dem Rücken liegen, und lassen sie erst herunter, wenn die Beine dran sind.

Vorsicht: *Vermeiden Sie direkten Druck auf die Venen, wenn Ihr Partner Krampfadern hat. Führen Sie auch während einer Schwangerschaft kein Shiatsu auf dem Bauch durch. In den späteren Stadien der Schwangerschaft sollten Sie auch keinen festen Druck auf die Beine ausüben und den »Großen Eliminator« nicht anwenden (siehe Seite 121).*

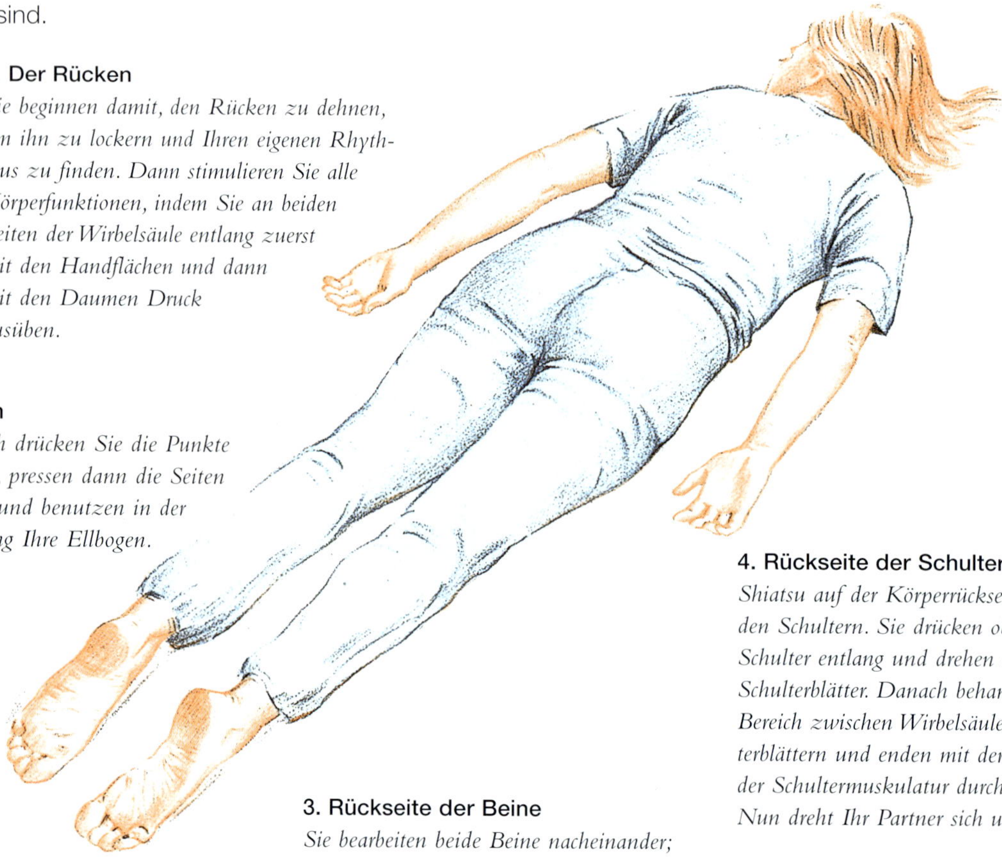

1. Der Rücken

Sie beginnen damit, den Rücken zu dehnen, um ihn zu lockern und Ihren eigenen Rhythmus zu finden. Dann stimulieren Sie alle Körperfunktionen, indem Sie an beiden Seiten der Wirbelsäule entlang zuerst mit den Handflächen und dann mit den Daumen Druck ausüben.

2. Die Hüften

Im Hüftbereich drücken Sie die Punkte im Kreuzbein, pressen dann die Seiten der Pohälften und benutzen in der oberen Wölbung Ihre Ellbogen.

3. Rückseite der Beine

Sie bearbeiten beide Beine nacheinander; zuerst drücken Sie mit Ihrer Handfläche die Mitte entlang, dann mit den Knien herunter. Nach dem Pressen der Fußgelenkpunkte strecken Sie das Bein in drei Richtungen und biegen es dann nach außen, um die Seite herunterzudrücken. Gehen Sie anschließend zu den Fußsohlen über.

4. Rückseite der Schultern

Shiatsu auf der Körperrückseite endet bei den Schultern. Sie drücken oben an jeder Schulter entlang und drehen dann die Schulterblätter. Danach behandeln Sie den Bereich zwischen Wirbelsäule und Schulterblättern und enden mit der Lockerung der Schultermuskulatur durch Ihre Füße. Nun dreht Ihr Partner sich um.

5. Vorderseite der Schultern

Zunächst »öffnen« Sie die Brust, indem Sie sich auf die Vorderseite der Schultern lehnen; dann drücken Sie an den Zwischenräumen der Rippen entlang, um Stauungen in der Brust zu lindern und runde Schultern zu korrigieren. Stützen Sie die Ellbogen auf Ihre Knie, um eine Hebelwirkung zu erreichen, und arbeiten Sie von unten an den Meridianen der Halsrückseite; umkreisen Sie dann die Halsseiten, um die Muskeln zu lockern. Die Dehnung des Halses vervollständigt diese Sequenz.

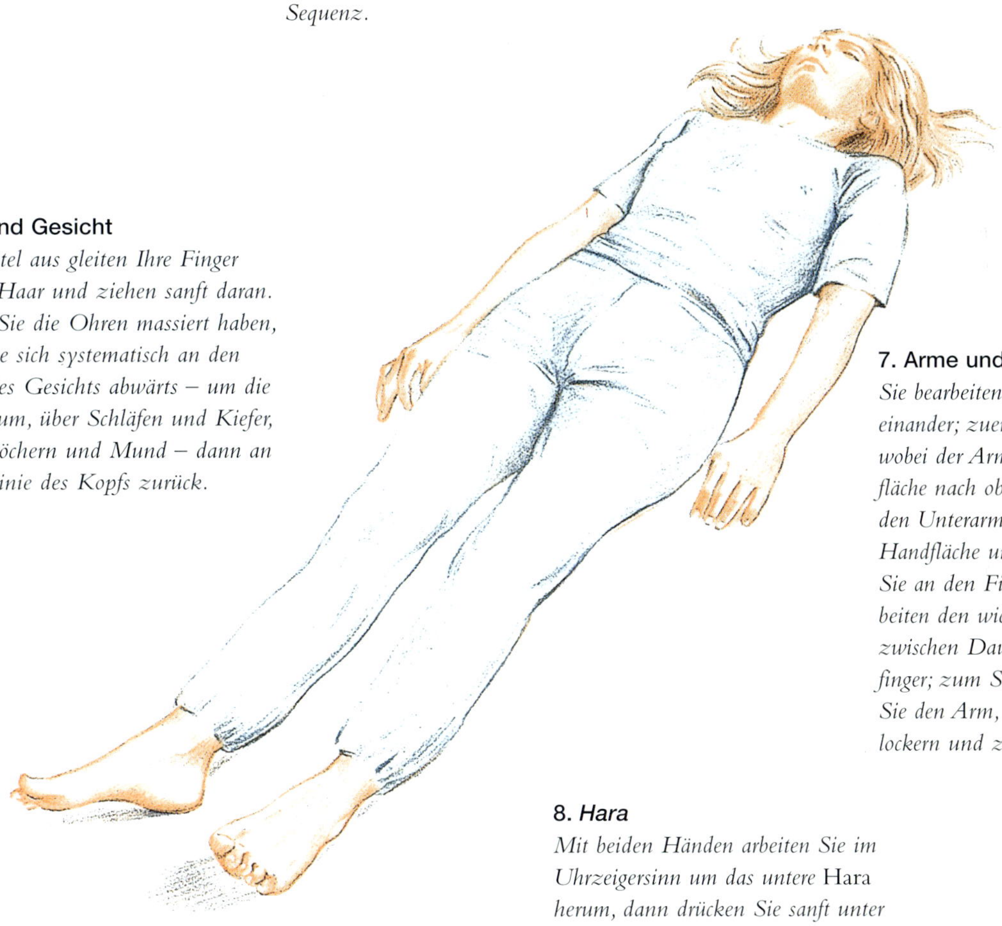

6. Kopf und Gesicht

Vom Scheitel aus gleiten Ihre Finger durch das Haar und ziehen sanft daran. Nachdem Sie die Ohren massiert haben, arbeiten Sie sich systematisch an den Punkten des Gesichts abwärts – um die Augen herum, über Schläfen und Kiefer, zu Nasenlöchern und Mund – dann an der Mittellinie des Kopfs zurück.

7. Arme und Hände

Sie bearbeiten die Arme nacheinander; zuerst die Innenseite, wobei der Arm mit der Handfläche nach oben liegt, dann den Unterarm – dabei liegt die Handfläche unten. Nun ziehen Sie an den Fingern und bearbeiten den wichtigen Punkt zwischen Daumen und Zeigefinger; zum Schluss schütteln Sie den Arm, um ihn zu lockern und zu entspannen.

8. *Hara*

Mit beiden Händen arbeiten Sie im Uhrzeigersinn um das untere Hara *herum, dann drücken Sie sanft unter beiden Rippenseiten und herunter an der Mittellinie zum Nabel. Entspannen Sie das* Hara, *indem Sie es wiegen.*

9. Vorderseite der Beine

Sie arbeiten jeweils abwärts in Richtung auf den Fuß und drücken an der Innenseite des Beins entlang, dann auf der Vorderseite des Oberschenkels. Nachdem Sie die Kniescheibe umkreist haben, benutzen Sie einen Daumen, um den Punkt unter dem Knie zu drücken, den anderen, um an der Innenseite des Schienbeins entlangzupressen. Dehnen Sie den Fuß vorwärts und rückwärts und wiederholen Sie die Sequenz am anderen Bein.

Der Rücken

Der Hauptmeridian auf dem Rücken ist der Blasenmeridian, der längste im Körper. Ihm obliegt mehr als die reine Blasenfunktion, da er der *Yang*-Aspekt des Wasser-Elements im Körper ist und damit auch alle verwandten Bereiche wie Fortpflanzung, Vitalität, Knochen, Zähne und Kopfhaar umfasst. Beim Rücken-Shiatsu werden vor allem die Rückenmarksnerven stimuliert, die alle inneren Organe versorgen. Fast jeder *Tsubo* auf dem Blasenmeridian beeinflusst direkt die Versorgung eines anderen Meridians mit *Ki*-Energie. Die oberen Punkte beeinflussen Lungen und Herz; die *Tsubos* in der Rückenmitte beeinflussen die Meridiane, die für die Verdauung zuständig sind – die linke Seite hauptsächlich mit dem Magen verbunden, die rechte mit Leber und Gallenblase; der Lendenbereich beeinflusst die Nieren sowie Dick- und Dünndarm, das Kreuzbein die Blase selbst. Mit einiger Übung kann man eine Menge über die inneren Funktionen herausfinden, einfach, indem man den Zustand der Wirbelsäule und der sie umgebenden Muskulatur ertastet. Am Anfang ist es noch nicht notwendig, dass Sie die Entsprechungen genau kennen. Wenn Sie gründlich an der Wirbelsäule abwärts arbeiten, wird das *Ki* ganz von selbst ausgewogen, solange Sie sensibel auf Ihren Partner reagieren.

Rückenkarte

Der Rücken spiegelt den Zustand der inneren Energien in seiner Struktur wider. Die Bereiche für Lungen, Herzprotektor (Emotionen und Zirkulation) und Herz liegen zwischen den Schulterblättern, für Magen und Dreifachen Erwärmer links in der Rückenmitte, für Leber und Gallenblase rechts. Ein kleiner Bereich um den zwölften Brustwirbel herum beeinflusst die Milz. Nieren und Darm dominieren den Lendenbereich, und das Kreuzbein reflektiert die Blase. Problemzonen im Rücken können auf Schwierigkeiten in der entsprechenden Organfunktion hindeuten.

Schlüssel zu den Meridianen

Bl	*Blase*	GB	*Gallenblase*
Nie	*Nieren*	Dü	*Dünndarm*
Le	*Leber*	Di	*Dickdarm*
Ma	*Magen*	DE	*Dreifacher Erwärmer*
Mi	*Milz*	HP	*Herzprotektor*
He	*Herz*	LG	*Lenkendes Gefäß*
Lu	*Lungen*	EG	*Empfangendes Gefäß*

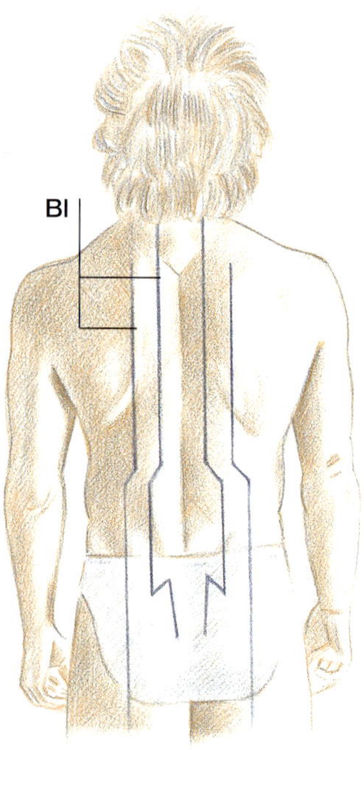

Rückenmeridiane

Der Hauptmeridian auf dem Rücken ist der Blasenmeridian, der größte im Körper. Er verläuft auf beiden Seiten der Wirbelsäule zum Kreuzbeinbereich abwärts, wo er zweimal seine Richtung ändert und dann am oberen Rücken wieder erscheint, um den »äußeren Blasenmeridian« zu bilden, der parallel zum ersten liegt. Der innere Meridian hat eine physische Wirkung, während der äußere hauptsächlich den Geist und die Emotionen beeinflusst.

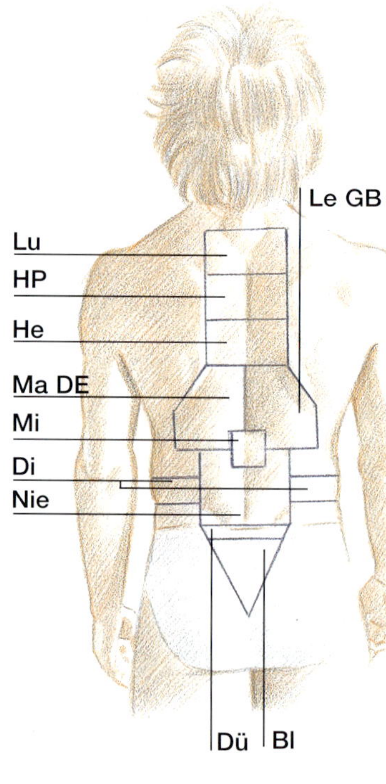

Diagonaldehnung

Sie beginnen eine Shiatsu-Behandlung am Rücken des Partners, der dabei auf dem Bauch liegt, die Arme an den Seiten, damit die Wirbelsäule maximale Unterstützung hat. Bei dieser Bewegungsabfolge setzen Sie Ihr Körpergewicht ein, um den Rücken zu dehnen. Mit leicht gespreizten Beinen knien Sie neben Ihrem Partner und legen Ihre Hände diagonal auf ein Schulterblatt und die entgegengesetzte Hüfte; die Hände zeigen dabei voneinander weg, die Finger sind gespreizt, um Ihnen einen besseren Zugriff zu ermöglichen. Hüfte und Schulterblatt dienen als natürliche »Griffe«, an denen Sie die Wirbelsäule dehnen können, wenn Sie Ihre eigenen Hüften anheben und nach vorn bringen. Zunächst wiederholen Sie diese Sequenz, bis Sie Ihren eigenen Arbeitsrhythmus gefunden haben; Ihre Bewegungen sollen langsam genug sein, um dem Partner Entspannung zu ermöglichen. Wenn Sie mehr Übung haben, sollten Sie versuchen, Ihren Druck mit dem Ausatmen Ihres Partners zu synchronisieren – entweder, indem Sie sagen »ausatmen«, wenn Sie Ihre Hüften vorschieben, oder, indem Sie die Atmung Ihres Partners beobachten und Ihre Bewegungen danach ausrichten. Es ist wichtig, mit dem Atem zu arbeiten – nicht nur für den Rhythmus Ihres Shiatsu, sondern auch, um der *Ki*-Energie bei ihrem Fluss dorthin zu verhelfen, wo sie gebraucht wird.

Anmerkung: Auf unseren Illustrationen trägt die Therapeutin nur deshalb ein eng sitzendes Trikot, damit Sie die Bewegungen gut sehen können. Für Shiatsu müssen Sie lockere Kleidung tragen.

1. Diagonaldehnung

A. *Legen Sie eine Hand auf das Schulterblatt, die andere auf die entgegengesetzte Hüfte. Ihre Arme sind gestreckt, die Finger zeigen in entgegengesetzte Richtung. Nun heben Sie Ihre Hüften an und schieben sie vorwärts, sodass Sie den Rücken des Partners dehnen. Wiederholen.*

B. *Wechseln Sie nun zum anderen Schulterblatt und zur anderen Hüfte und führen Sie die Diagonaldehnung auf dieser Seite durch. Möglicherweise fällt es Ihnen leichter, wenn Sie Ihre Arme dabei kreuzen. Wiederholen.*

Lendendehnung und Druck an der Wirbelsäule abwärts

Die Dehnung der Lende ist ausgezeichnet für Menschen mit Problemen im unteren Rücken, da sie den ganzen Lebensbereich streckt. Wenn Sie sie zwei- oder dreimal wiederholt haben, können Sie dazu übergehen, am Blasenmeridian neben der Wirbelsäule abwärts zu drücken. Sie sollten an der Stelle der Schulter beginnen, an der der Rücken waagerecht wird. Wenn Sie mit dem Druck weiter oben anfangen, dort wo die Schulter sich nach unten neigt, schieben Sie nur Gewebe vorwärts und erreichen gar nichts. Verfahren Sie nicht zu schnell – jeder Druck sollte etwa drei Sekunden dauern. Im Lendenbereich arbeiten Sie mit etwas weniger Druck; hat der Partner Probleme mit den Bandscheiben, sollten Sie direkten Druck auf die entsprechenden Stellen vermeiden; arbeiten Sie darüber oder darunter. Das Ganze muss als angenehm empfunden werden. Wenn Sie Ihre Hüften weniger stark vorschieben, verringert sich der Druck, den Sie ausüben. Im Allgemeinen empfiehlt es sich, schlaffe oder tiefer liegende Bereiche mehr zu bearbeiten, verspannte weniger. Achten Sie darauf, dass Ihr Partner nicht den Atem anhält. Wenn Sie seinen Rücken zusammendrücken, hat das synchron mit dem Ausatmen zu geschehen.

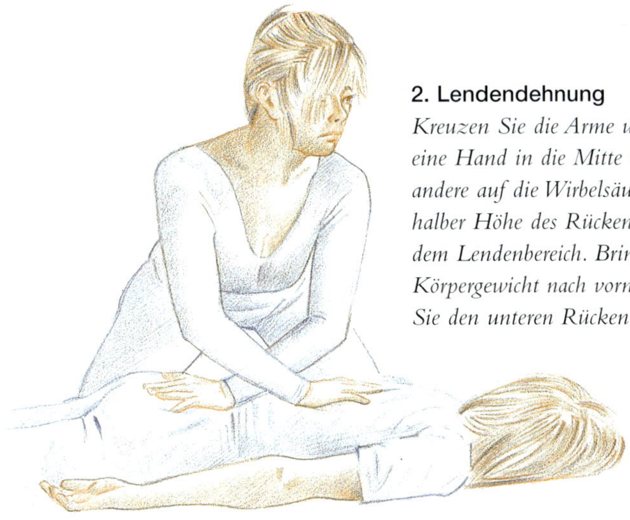

2. Lendendehnung

Kreuzen Sie die Arme und legen Sie eine Hand in die Mitte der Hüften, die andere auf die Wirbelsäule, und zwar in halber Höhe des Rückens, direkt über dem Lendenbereich. Bringen Sie Ihr Körpergewicht nach vorn und dehnen Sie den unteren Rücken. Wiederholen.

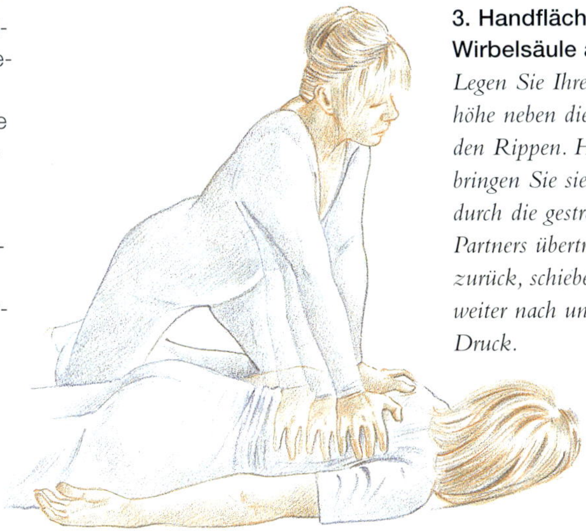

3. Handflächendruck an der Wirbelsäule abwärts

Legen Sie Ihre Handballen auf halber Schulterhöhe neben die Wirbelsäule, Handflächen auf den Rippen. Heben Sie Ihre Hüften an und bringen Sie sie nach vorn, sodass Ihr Gewicht durch die gestreckten Arme auf den Rücken des Partners übertragen wird. Setzen Sie sich wieder zurück, schieben Sie Ihre Hände etwa 2–3 cm weiter nach unten und wiederholen Sie den Druck.

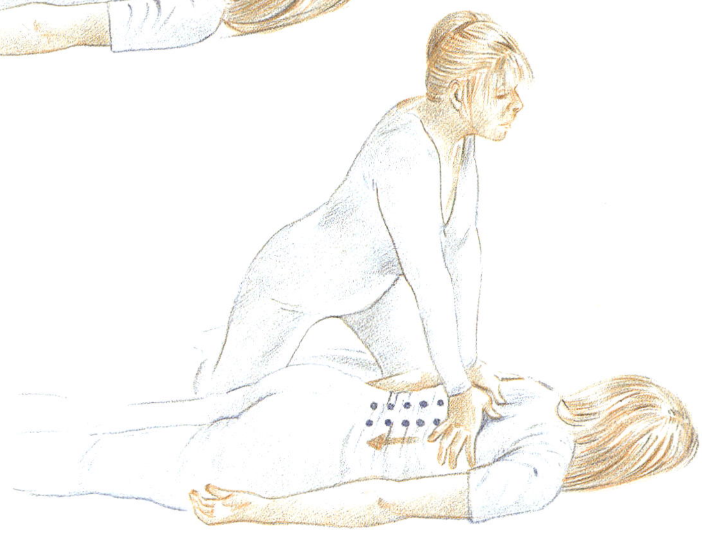

4. Daumendruck an der Wirbelsäule abwärts

Ihre Finger liegen auf den Rippen, Ihre Daumen auf halber Schulterhöhe zu beiden Seiten der Wirbelsäule; achten Sie darauf, keinen schmerzhaften Druck auf die Knochen auszuüben. Dann fahren Sie weiter wie oben, wobei Sie den größten Teil Ihres Körpergewichts auf die Daumen stützen, aber auch die Finger sollen etwas davon abbekommen. Bewegen Sie sich im Abstand von 2–3 cm abwärts und üben Sie Druck aus, indem Sie Ihre Hüften vorschieben; verringern Sie den Druck, indem Sie die Hüften zurücknehmen.

Die Hüften

Die Struktur der Hüften ist sehr komplex, sind sie doch der Verbindungspunkt zwischen der Hauptmasse des Körpers und seinem wesentlichen Stütz- und Fortbewegungsmittel, den Beinen.
Strukturelles Ungleichgewicht der Hüften resultiert oft aus mangelnder Koordination zwischen den Beinen und der Achse der Wirbelsäule – wenn etwa ein Bein kürzer ist als das andere oder die Wirbelsäule nach rechts oder links verschoben ist –, und das verursacht Schmerzen im unteren Rücken oder Beschwerden im Beckenbereich. Aus den Hüften kommt auch der Hauptantrieb von Wut und Sexualität, denn zur Wut gehört der Tret- und Stampfreflex, und Sexualität setzt die freie Beweglichkeit des Beckens voraus. Der untere Rücken und das Gesäß können verspannt sein und schmerzen, wenn einer dieser Instinkte langfristig unterdrückt wird. Aber auch eine unnatürliche, sitzende Lebensweise führt zu Problemen in diesem Bereich. Der Blasenmeridian ist der Hauptmeridian auf den Hüften – wie auch auf dem Rücken. Der Gallenblasenmeridian an der Seite der beiden Pohälften hat einen wichtigen Punkt leicht hinter und über der Stelle, an welcher sich der Hüftknochen nach außen wölbt. Hier kann Shiatsu sehr hilfreich sein; es vermag Schmerzen im unteren Rücken- oder Ischiasbereich zu lindern; drücken Sie aber nicht zu fest, sonst könnte sich der Ischiasnerv entzünden. Shiatsu auf den Hüften löst auch Verspannungen im Lendenbereich und lindert Menstruationsbeschwerden, Blasenkatarrh und alle Arten von Stauungen und Schmerzen im Becken. Es ist außerordentlich beruhigend und entspannend, besonders für Frauen, die häufiger als Männer an Blutandrang im Becken leiden.

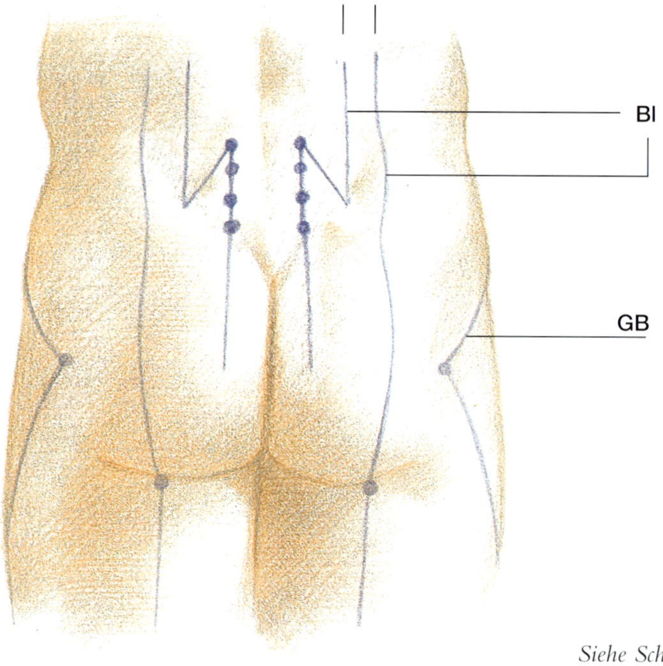

Hüftmeridiane
Die äußeren und inneren Blasenmeridiane überziehen den größten Teil des Kreuzbeins und die umgebende Muskulatur. Der Gallenblasenmeridian verläuft an der Außenseite der Hüfte über den Ischiasnerv in der Mitte der seitlichen Pohälfte.

Siehe Schlüssel zu den Meridianen auf Seite 92.

Hüften (II)

Die Behandlung der Hüften beginnt mit Druck auf die vier Paar »Löcher« im Kreuzbein (Abbildung rechts), durch die Sie die Rückenmarksnerven erreichen, die das Becken versorgen. Anfangs ist es oft schwierig, diese Löcher zu finden. Suchen Sie nach den weichen Stellen am knochigen Dreieck der Wirbelsäulenbasis und bitten Sie Ihren Partner um eine Reaktion, wenn er etwas als unangenehm empfindet. Die beiden oberen Paare wirken wie weichere Vertiefungen in der harten Umgebung; die beiden unteren sind mitunter auch nach jahrelanger Erfahrung noch schwer zu finden, aber geben Sie nicht auf. Auch eine Bearbeitung des Pos mit den Ellbogen verlangt etwas Übung, doch wenn Sie Ihren Körperschwerpunkt tief halten und Ihre Hände entspannt bleiben, werden Sie feststellen, dass die Ellbogen ein recht nützliches »Werkzeug« sind. Die Meridiane, die Sie behandeln, sind Ausdehnungen des Blasenmeridians: Einer verläuft jeweils 3–4 cm neben der Pospalte, der andere in der Mitte der jeweiligen Gesäßhälfte, dort wo die Wölbung am höchsten ist.

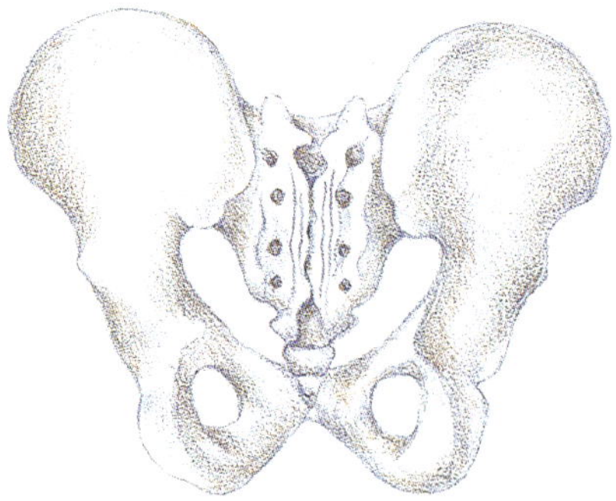

Lokalisieren Sie die Öffnungen im Kreuzbein

Das Kreuzbein ist das knochige Dreieck an der Basis der Wirbelsäule. Das Auffinden dieses Dreiecks hilft Ihnen, die vier Paar Öffnungen oder Löcher zu orten, durch die die Rückenmarksnerven passieren. Wenn Ihr Partner Grübchen auf den Hüften hat, liegt das oberste Paar Tsubos *gewöhnlich direkt in ihnen.*

1. Druck auf die Kreuzbeinlöcher

Knien Sie sich mit gespreizten Beinen über die Ihres Partners. Orten Sie das oberste Paar Löcher mit Ihren Daumen. Nun schieben Sie Ihre Hüften vor und »lehnen« sich auf diese Öffnungen. Bewegen Sie Ihr Gewicht wieder zurück und orten Sie das nächste Paar Löcher etwa 2–3 cm tiefer. Beugen Sie sich vor und lehnen Sie sich auf sie. Die beiden untersten Löcher sind schwer zu finden. Da brauchen Sie Intuition – »lehnen« Sie sich auf die Punkte, an denen Sie sie vermuten.

2. Zusammendrücken der Hüften

Knien Sie sich rittlings über die Knie Ihres Partners. Suchen Sie mit den Handballen die hohle Stelle seitlich in den Gesäßmuskeln, etwas über und hinter der Stelle, an der sich die Hüfte nach außen wölbt. Ihre Finger sind einwärts gekehrt und liegen entspannt über dem Körper. Nun beugen Sie sich vor und drücken die Handballen einwärts. Zwei- oder dreimal wiederholen.

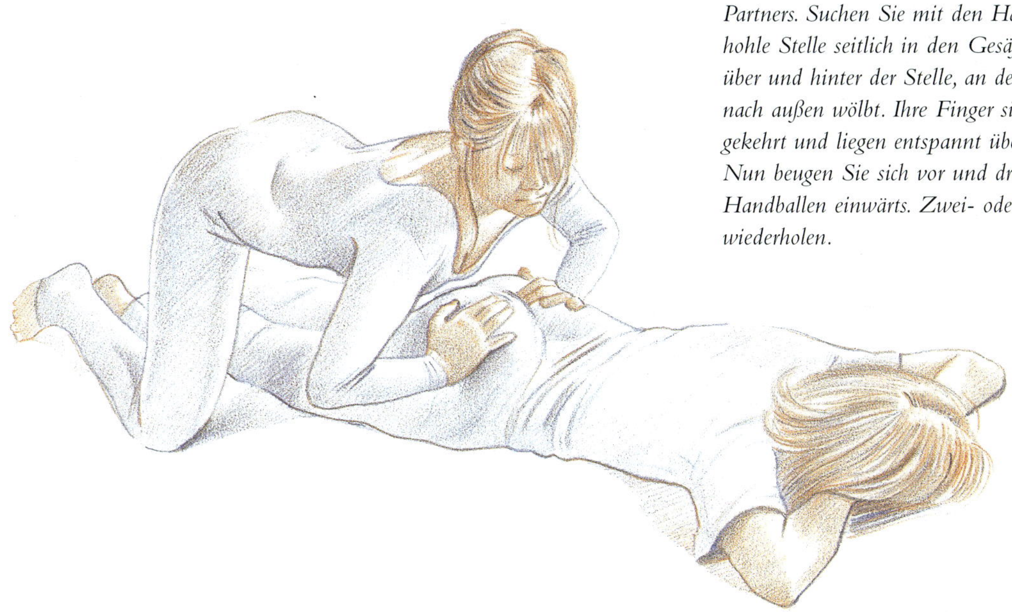

3. Ellbogendruck auf die Hüften

Sie knien mit weit gespreizten Knien neben dem Körper des Partners. Mit einer Hand stützen Sie sich in der Rückenmitte unterhalb der Taille ab. Während Sie die andere Hand ganz entspannt lassen, legen Sie den »freien« Ellbogen auf die Meridianlinie in der Nähe der Pospalte. Beugen Sie sich vor und lehnen Sie das Gewicht Ihres Oberkörpers auf den Ellbogen. So bearbeiten Sie beide Meridiane auf beiden Seiten. Achten Sie darauf, dass Sie Ihren Ellbogen nicht »schließen« und spitz machen und dass Ihre Hände während der Behandlung entspannt bleiben.

Rück- und Außenseite der Beine

Die Hauptmeridiane der Beinrückseite – Blasenmeridian und der damit gepaarte Nierenmeridian – gehören dem Element Wasser an. Der Blasenmeridian verläuft von Wirbelsäule und Nieren abwärts die Beine hinunter, und zwar durch wichtige Haltungsmuskeln, die mit dem Becken und unteren Rücken verbunden sind; deshalb wird die Rückseite des Beins so gern bei Beschwerden im unteren Rückenbereich behandelt. Blase, Nieren und ihre Meridiane repräsentieren jeweils den *Yang*- und *Yin*-Aspekt des Elements Wasser, das genetisches Erbe und Wachstum, Fortpflanzung, sexuelle Energie und die grundlegende Konstitution des Individuums regiert. Der Gallenblasenmeridian verläuft, wie wir schon gesehen haben, außen am Bein. Die Gallenblase ist der *Yang*-Aspekt des Holzes, der die Augen regiert, die Sehnen beherrscht, dafür sorgt, dass sich die Muskeln zusammenziehen, und der zum Verdauungsvorgang beiträgt. Emotionaler und geistiger Stress beeinflussen das Holz-Element ähnlich, wie Missbrauch des Körpers das Wasser-Element beeinflusst. Die Gallenblase reagiert eher auf geistige Belastung, etwa schwere Entscheidungen und berufliche Sorgen, während die Leber, die mit ihr gepaarte Funktion, eher von emotionalen Faktoren betroffen wird. Geistige Belastung, die auf den Meridian einwirkt, bringt wahrscheinlich Verspannungen in Hals und Schultern, Kopfschmerzen und sogar Migräne mit sich, da der Gallenblasenmeridian den Hals, die Schultern und die Kopfseiten durchläuft. Natürlich ist es wohltuend, wenn Sie die betroffenen Bereiche bearbeiten, aber in der Praxis können Sie diese Zustände auch behandeln, indem Sie an den Beinseiten arbeiten, damit *Ki*-Energie frei durch den ganzen Meridian fließen kann.

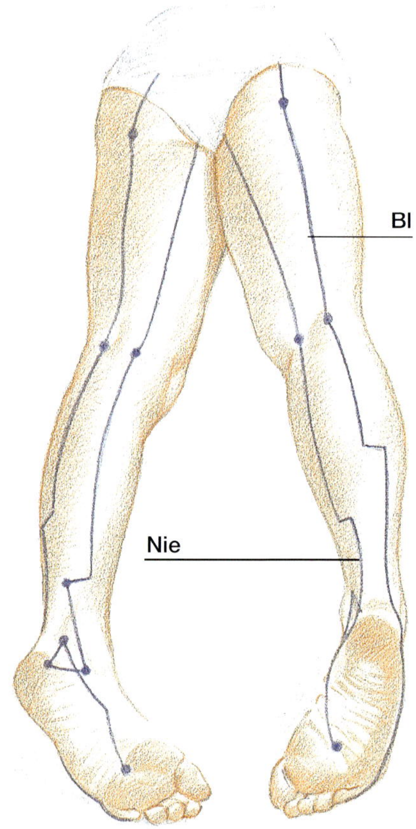

Meridiane an der Rückseite der Beine

Der Blasenmeridian verläuft in der Mitte der Beinrückseite abwärts, um die Außenseite des Knöchels herum und den Fuß entlang bis zum kleinen Zeh. Der Nierenmeridian beginnt an der Sohle, beschreibt einen Kreis an der inneren Ferse und läuft dann zwischen den Muskeln an der Innenseite der Wade und des Oberschenkels nach oben.

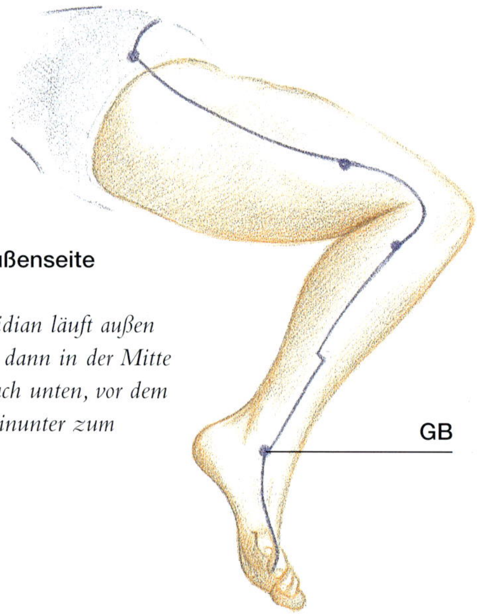

Meridian an der Außenseite der Beine

Der Gallenblasenmeridian läuft außen an der Hüfte entlang, dann in der Mitte der Beinaußenseite nach unten, vor dem Knöchel vorbei und hinunter zum vierten Zeh.

Siehe Schlüssel zu den Meridianen auf Seite 92.

Rück- und Außenseite der Beine (II)

Bei dieser Bewegungsserie bearbeiten Sie die Rück- und Außenseite des Beins in einem ununterbrochenen Ablauf. Verweilen Sie bei einem Bein, bis Sie beide Rücken- und Seitenmeridiane behandelt haben. Die Füße des Partners sollten flach und leicht einwärts gekehrt auf dem Boden liegen, sofern ihm dies nicht wehtut. Bei schmerzenden Knien oder steifen Fußgelenken können Sie ihm ein Kissen unter die Schienbeine legen, um den Druck zu verringern. Achten Sie darauf, dass Sie bei dieser Serie nicht die Kniekehlen drücken, und drücken Sie auch seitlich davon weniger fest. Bei Shiatsu bleiben beide Hände immer in Berührung mit dem Körper. Wenn Sie an einem Glied arbeiten, sollten Sie eine Hand auf dem Rumpf liegen lassen, um eine Verbindung zur Hauptenergiequelle aufrechtzuerhalten. Diese Hand, bekannt als »Mutter«-Hand, wirkt stützend und statisch, während die andere aktiv ist wie ein Kind, das herumläuft, aber dauernd zur Mutter zurückkommt, um von ihr versorgt zu werden. Die exakte Lage der »Mutter«-Hand ist nicht wichtig, da sie keinen Druck ausübt. Sie sollten sich ihrer jedoch bewusst bleiben und sie benutzen, um auf Reaktionen Ihres Partners zu »lauschen«.

1. Handflächendruck auf die Rückseite des Beins

Knien Sie parallel zum Bein des Partners und drücken Sie die Beinmitte mit Ihrer Handfläche oder dem »Drachenmaul«-Griff (Seite 87) herunter, indem Sie Ihr Körpergewicht einsetzen. Lassen Sie die »Mutter«-Hand auf der einen Pohälfte liegen und drücken Sie sehr sanft auf die Kniekehle und mäßig auf die Wade. In der Nähe des Knöchels sollten Sie nicht nur drücken, sondern auch leicht pressen. Wiederholen Sie das Ganze.

2. Kniedruck auf die Rückseite des Beins

Stützen Sie sich mit Ihren Händen auf dem Bein ab, und zwar unter der einen Hälfte des Pos und über dem Knöchel. Hocken Sie so auf den Zehenspitzen, dass Ihre Knie über der Mittellinie des Beins schweben. Nun »wippen« Sie mit Ihren Knien in der Beinmitte leicht auf und ab; meiden Sie dabei die Kniekehle.

3. Drücken der Knöchel-*Tsubos*

Heben Sie den Fuß desselben Beins an und drücken Sie beide Seiten der Vertiefung zwischen dem Fußknöchel und der Achillessehne etwa 3 – 5 Sekunden lang.

Dreiweg-Dehnung

Diese Sequenz arbeitet an den Meridianen der Vorderseite und der Seiten des Beins, obwohl Sie Shiatsu von hinten verabreichen. Dehnen Sie das Bein in alle Richtungen, so weit, wie es für Ihren Partner noch angenehm ist. Nachdem Sie die drei Bewegungen durchgeführt haben, bringen Sie Ihren Partner wieder in die Position, in der Sie weiter die Beinseite bearbeiten können.

4. Dreiweg-Dehnung

A. *Legen Sie eine Hand in die Rückenmitte unterhalb der Taille und führen Sie mit der anderen Hand den Fuß an das Gesäß; halten Sie ihn dabei unter den Zehen fest, damit er maximal gedehnt wird. Am Punkt der höchsten Spannung wippen Sie mit dem Fuß ein paarmal auf und ab.*

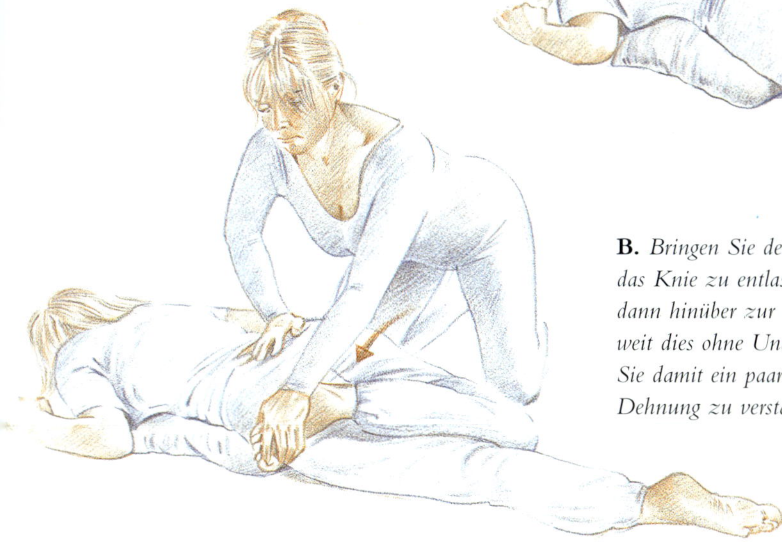

B. *Bringen Sie den Fuß halb zurück, um das Knie zu entlasten. Führen Sie ihn dann hinüber zur anderen Pobacke, so weit dies ohne Unbehagen geht. Wippen Sie damit ein paarmal auf und ab, um die Dehnung zu verstärken.*

C. *Bringen Sie den Fuß wieder halb zurück. Führen Sie ihn dann an Ihren Körper heran, so weit es geht. Wippen Sie wieder auf und ab. Nun bringen Sie ihn erneut halb zurück, greifen mit der anderen Hand an die Innenseite des Knies und beugen das Bein auswärts, bereit für den Handflächendruck auf die Beinseite (siehe Seite 104).*

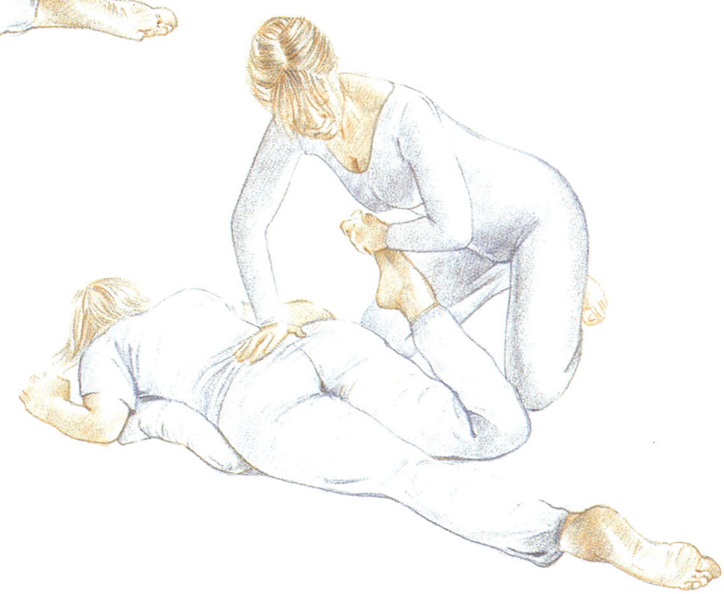

Rück- und Außenseite der Beine (III)

Das Herunterdrücken der Seite mit den Handflächen vervollständigt die Sequenz für das Bein. Haben Sie keine Angst davor, es nach außen zu biegen – das fühlt sich nicht so unangenehm an, wie es aussieht. Wenn Sie sich am Bein heruntergearbeitet haben, strecken Sie es wieder gerade und wiederholen den Ablauf bis hierher am anderen Bein, ehe Sie mit den Füßen weitermachen. Dabei führen Sie die ganze Bewegungsserie auch erst an einem Fuß durch und gehen dann zum anderen über. »Gehen« auf des Partners Sohlen empfindet nicht nur dieser als angenehm, es erlaubt auch Ihnen eine Ruhepause. Der größte Teil der hier beschriebenen Fußbehandlung stimuliert die Nieren- und Blasenmeridiane. Jeder Meridian endet in einem Zeh; also ist es wichtig, dass Sie gründlich an den Zehen Ihres Partners ziehen.

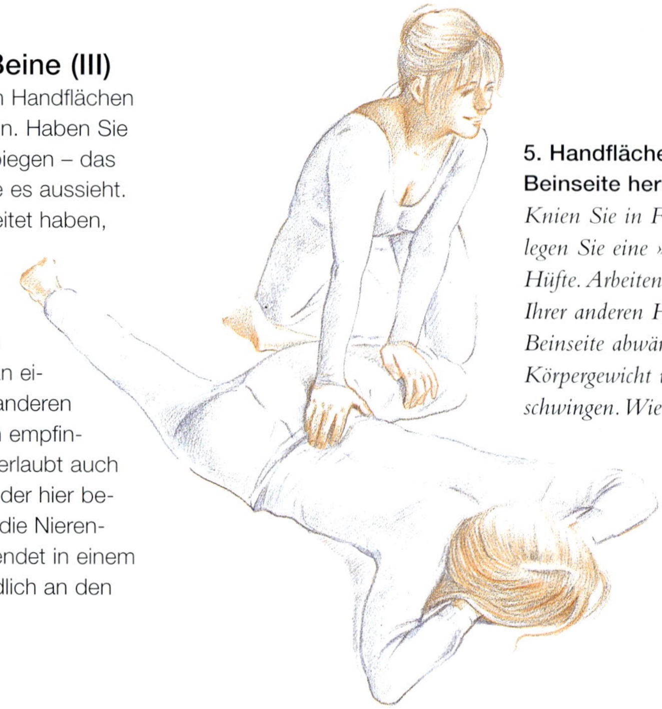

5. Handflächendruck an der Beinseite herunter

Knien Sie in Fußnähe des Partners und legen Sie eine »Mutter«-Hand auf die Hüfte. Arbeiten Sie sich mit der Fläche Ihrer anderen Hand in der Mitte der Beinseite abwärts, indem Sie Ihr Körpergewicht vor und zurück schwingen. Wiederholen.

6. Druck auf Knöchel-*Tsubo*

Drücken Sie mit dem Daumen in die empfindliche Vertiefung direkt unter und leicht vor der Mitte des äußeren Knöchels, und zwar 3–5 Sekunden lang.

Wiederholen Sie 1–6 am anderen Bein.

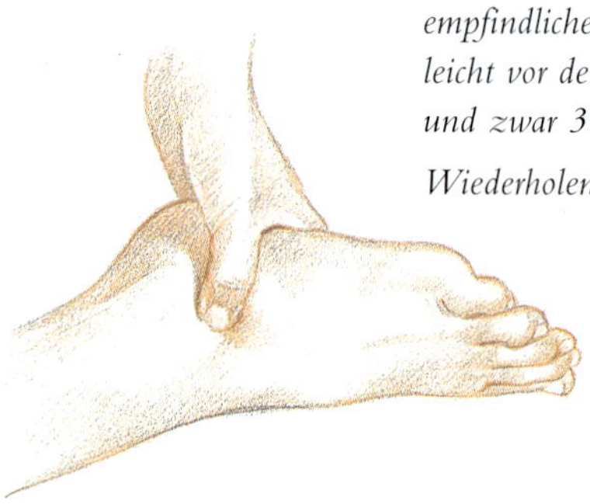

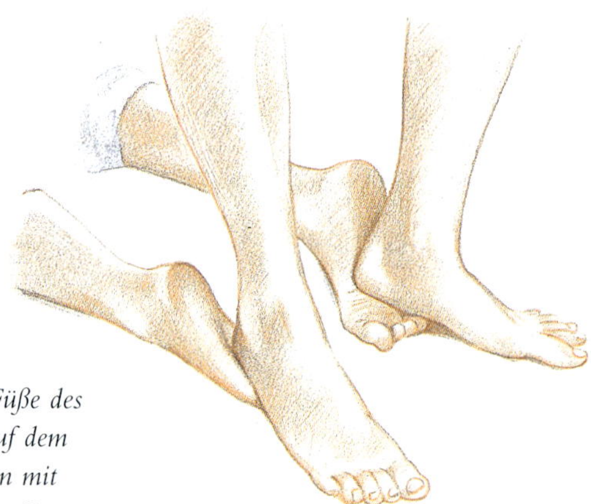

7. Gehen auf den Sohlen

Achten Sie darauf, dass beide Füße des Partners so flach wie möglich auf dem Boden liegen; »laufen« Sie dann mit Ihren Füßen auf den Sohlen des Partners auf und ab, und zwar 1–2 Minuten lang. Gehen Sie dabei nicht zu hoch den Spann hinauf.

8. Druck auf Sohlen-*Tsubo*

Benutzen Sie den Daumen, um auf den Nierenpunkt in der Mitte unter dem Fußballen zu drücken, und zwar 3–5 Sekunden lang.

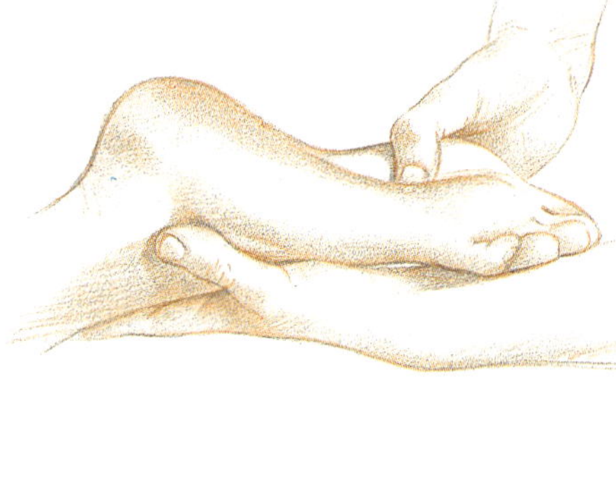

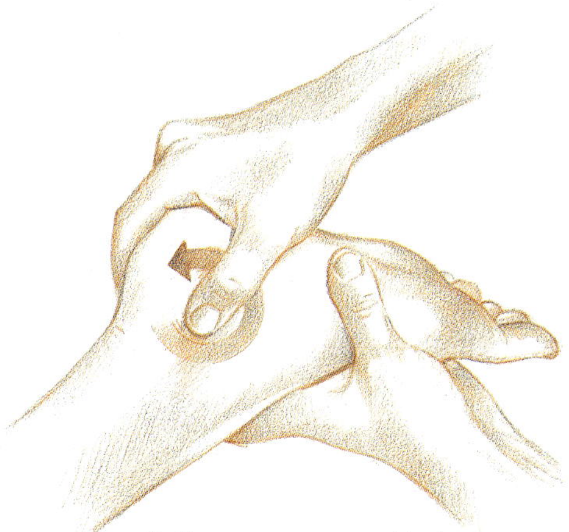

9. Fersenmassage *(oben)*
Massieren Sie 5 – 10 Sekunden lang mit kreisenden Bewegungen die Seiten der Ferse, den Daumen auf der einen, die Finger auf der anderen Seite.

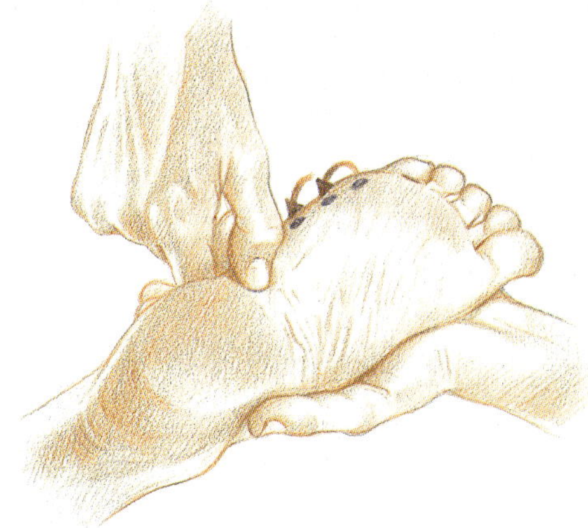

10. Kneifen der Außenseite des Fußes *(oben)*
Kneifen Sie am äußeren Rand der Fußsohle entlang; so stimulieren Sie den Blasenmeridian.

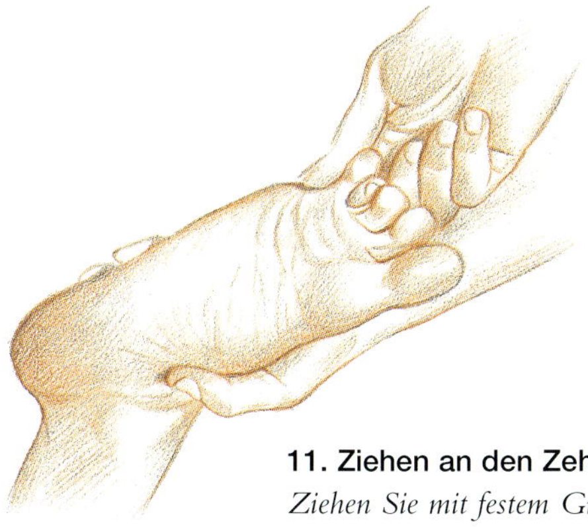

11. Ziehen an den Zehen
Ziehen Sie mit festem Griff nacheinander an allen Zehen. Halten Sie die Zehen dabei an den Seiten fest, denn da sitzen die Nerven. Einige Zehen knacken möglicherweise, wenn die Spannung gelöst wird.

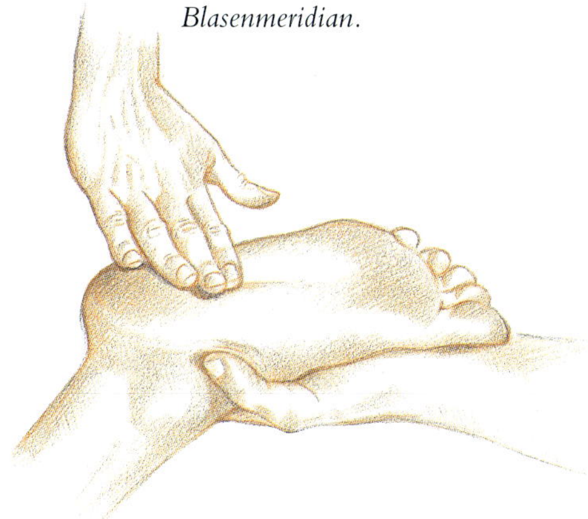

12. Klapse auf die Sohle
Lassen Sie Ihr Handgelenk locker, sodass Ihre Hand frei auf und ab schwenken kann, und geben Sie in schnellem, kräftigem Rhythmus wiederholt Klapse auf die Fußsohle.

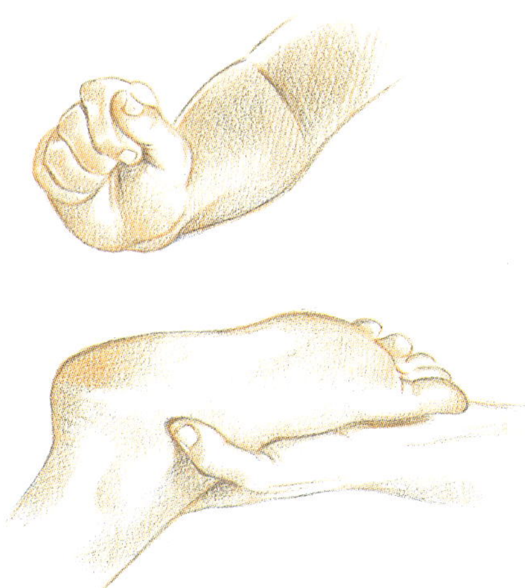

13. Klopfen auf die Sohle
Klopfen Sie mit der gleichen Bewegung des Handgelenks einige Male mit locker geschlossener Faust auf die Fußsohle. Anschließend streichen Sie über den Fuß, um ihn zu beruhigen.
Wiederholen Sie 8 – 13 am anderen Fuß.

Rückseite der Schultern

Nun kommen die Schulterrückseiten dran, wo die meisten von uns Probleme mit Verspannungen haben. Diese Verspannungen können viele verschiedene Ursachen haben, sie können sogar von anderen Körperteilen herrühren. Deswegen sollten Sie Shiatsu nicht nur an den Schultern verabreichen. Die Beschwerden werden bald wiederkommen, wenn Sie nicht im Verlauf einer Ganzkörperbehandlung die Ursache finden und behandeln. Drei Hauptbereiche sind an der Schulterrückseite zu bearbeiten. Der erste ist die obere Schultergegend, sie ist mit dem Gallenblasenmeridian verbunden. Da die Gallenblase mit geistigem Stress in Zusammenhang steht, ist dieser Bereich fast immer empfindlich. Seine Behandlung mildert nicht nur Stress, sondern hilft auch bei Erkältungen und Kopfschmerzen. Der zweite Bereich ist der Mittelteil der Schultern zwischen den Schulterblättern. Hier liegt der Teil des Blasenmeridians, den Sie ausgelassen haben, als Sie vorhin den Rücken behandelten (siehe Seite 95). Eine Massage der obersten Punkte hilft bei Erkältungen, Husten und sämtlichen Lungenproblemen; die unteren hängen mit Herz und Kreislauf zusammen und beeinflussen auch Angst, Kummer und Schlaflosigkeit. Die Schulterblätter selbst bilden den dritten Bereich, der gekreuzt wird vom Dünndarmmeridian; dieser hat mit der Verdauung, mit der Eierstockfunktion bei Frauen und mit der geistigen Funktion intuitiver Klarheit zu tun. Den Hals behandeln Sie erst später, nachdem Ihr Partner sich umgedreht hat, doch wenn die Muskulatur dort steif wird, massieren Sie ihn gelegentlich.

Anatomie der Schulterrückseite
Die Tsubos des Blasenmeridians liegen zwischen den Wirbeln auf beiden Seiten des Rückgrats und an den Rändern der Schulterblätter. Der Dünndarmmeridian läuft durch die dicke Muskelschicht über dem Schulterblatt, während der Gallenblasenmeridian am oberen Muskelrand entlang verläuft.

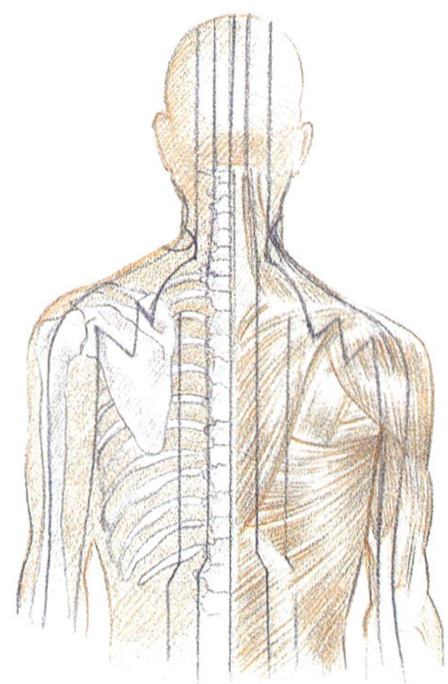

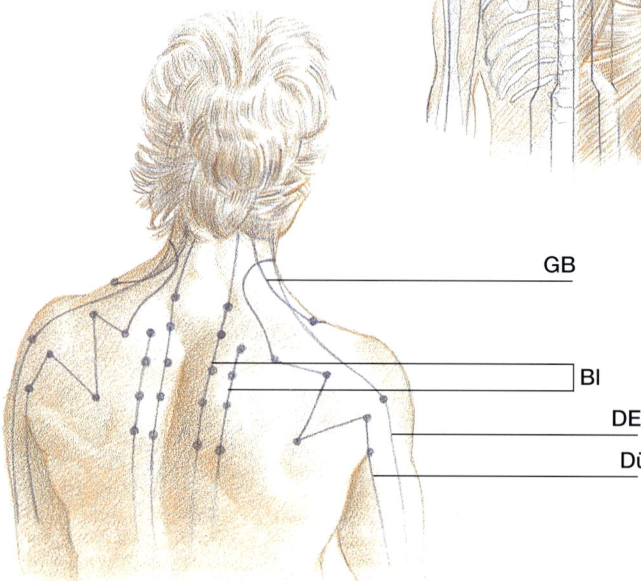

Meridiane der Schulterrückseite
Der Blasenmeridian verläuft an den Seiten des Rückgrats herunter und der Gallenblasenmeridian über die Oberseite der Schulter. Der Dünndarmmeridian läuft im Zickzack über das Schulterblatt und an der Rückseite des Arms am Dreifachen Erwärmer entlang.

Siehe Schlüssel zu den Meridianen auf Seite 92.

Rückseite der Schultern (II)

Sie knien mit leicht gespreizten Beinen am Kopf des Partners. Bei dieser Sequenz werden die Hüften nicht gehoben und vorgeschoben, da dies einen zu starken Druck ausüben würde. Dennoch sollte der Druck aus den Hüften kommen, da Sie sich vorbeugen und den Oberkörper auf den Partner stützen. Beginnen Sie mit der Behandlung des Muskelrands oben auf den Schultern, der aufgrund von Verspannung oft empfindlich ist. Dann benutzen Sie Ihren Ellbogen, um zwischen den Schulterblättern nach unten zu arbeiten und Lungen und Herz zu beeinflussen. Dieser zentrale Bereich ist eng mit Emotionen und Bewusstsein verbunden; Sie sollten ihn sanft, aber tief bearbeiten. Der Dünndarmmeridian, der im Zickzack über beide Schulterblätter verläuft, ist schwer genau zu orten; behandeln Sie ihn also durch Drehen der Schulterblätter, um die Muskeln zu lockern und die in ihnen angestaute Energie freizusetzen. Oft verdecken gespannte, harte Muskeln eine geringe Grundenergie. Seien Sie sanft und gleichen Sie den Mangel an Kraft durch die Dauer des Drucks aus; dann werden die Muskeln sich entspannen.

1. Daumendruck auf Schulteroberseite

Legen Sie Ihre »Mutter«-Hand auf ein Schulterblatt und den Daumen der anderen Hand längs auf den oberen Rand einer Schulter. Stützen Sie Ihren Ellbogen auf Ihren Schenkel. Nun beugen Sie sich vor und drücken vom Hals bis zur Kerbe im Schultergelenk sanft nach außen, wie rechts gezeigt, und zwar dreimal auf jeder Seite.

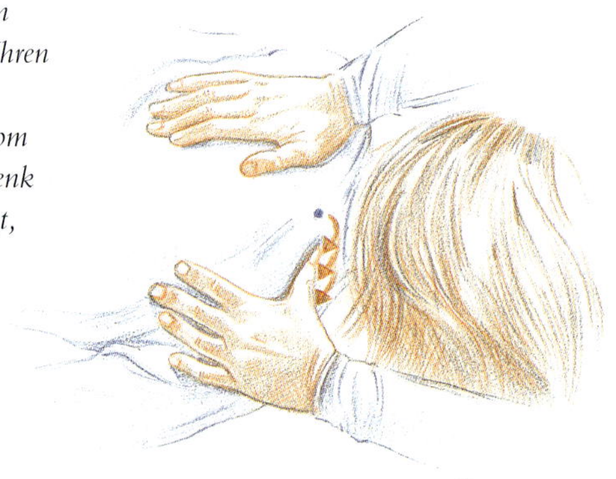

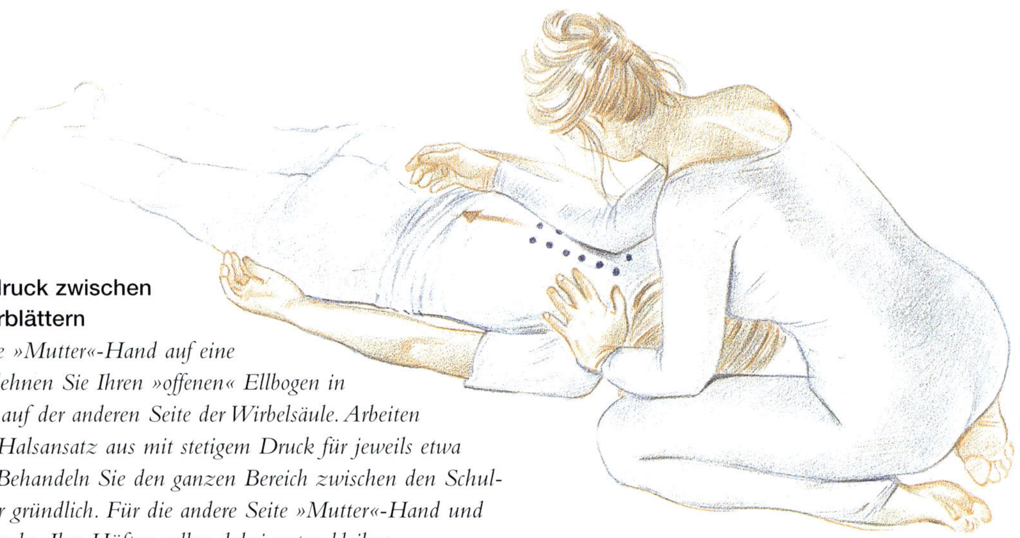

2. Ellbogendruck zwischen den Schulterblättern

Legen Sie Ihre »Mutter«-Hand auf eine Schulter und lehnen Sie Ihren »offenen« Ellbogen in die Vertiefung auf der anderen Seite der Wirbelsäule. Arbeiten Sie nun vom Halsansatz aus mit stetigem Druck für jeweils etwa 5 Sekunden. Behandeln Sie den ganzen Bereich zwischen den Schulterblättern sehr gründlich. Für die andere Seite »Mutter«-Hand und Ellbogen wechseln. Ihre Hüften sollen dabei unten bleiben.

3. Drehen der Schulterblätter

Legen Sie beide Hände flach auf die Schultern Ihres Partners, die Finger gespreizt, damit Sie einen besseren Griff haben. Nun biegen Sie Ihre Finger unter die Außenseiten der Schulterblätter und drehen diese kräftig. Bewegen Sie dabei die Schulterblätter selbst und auch die Muskeln darüber und darunter.

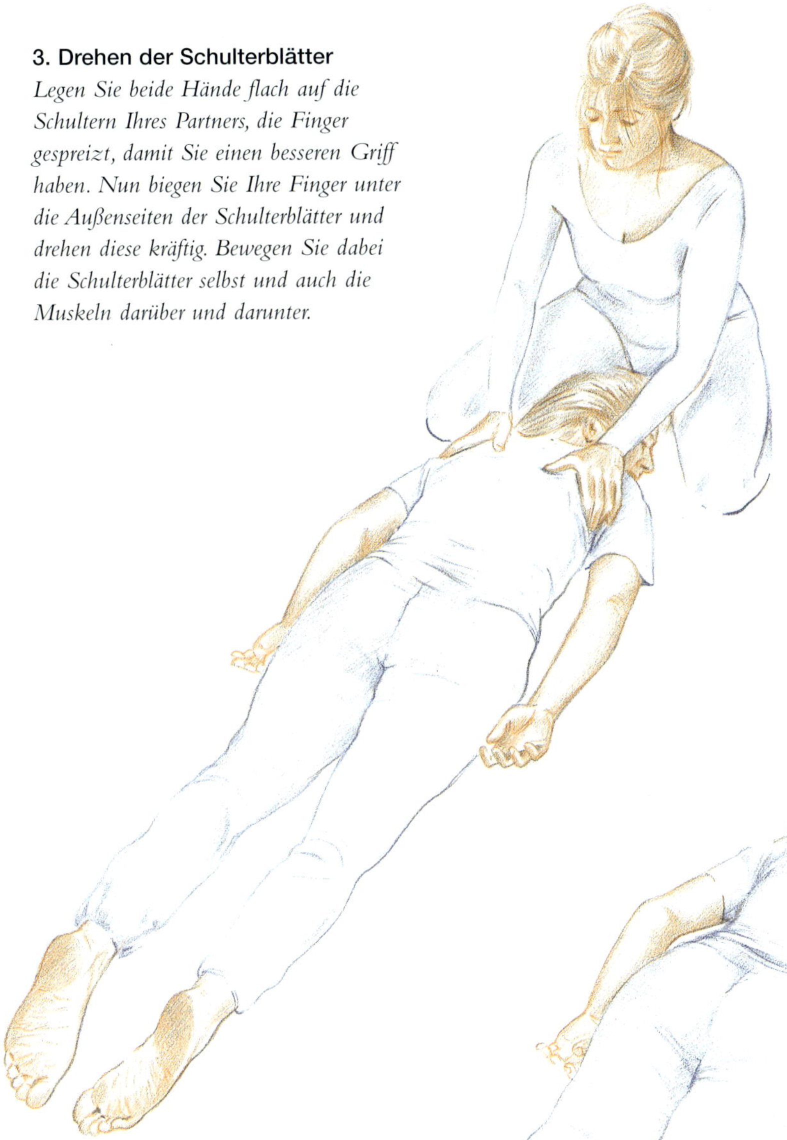

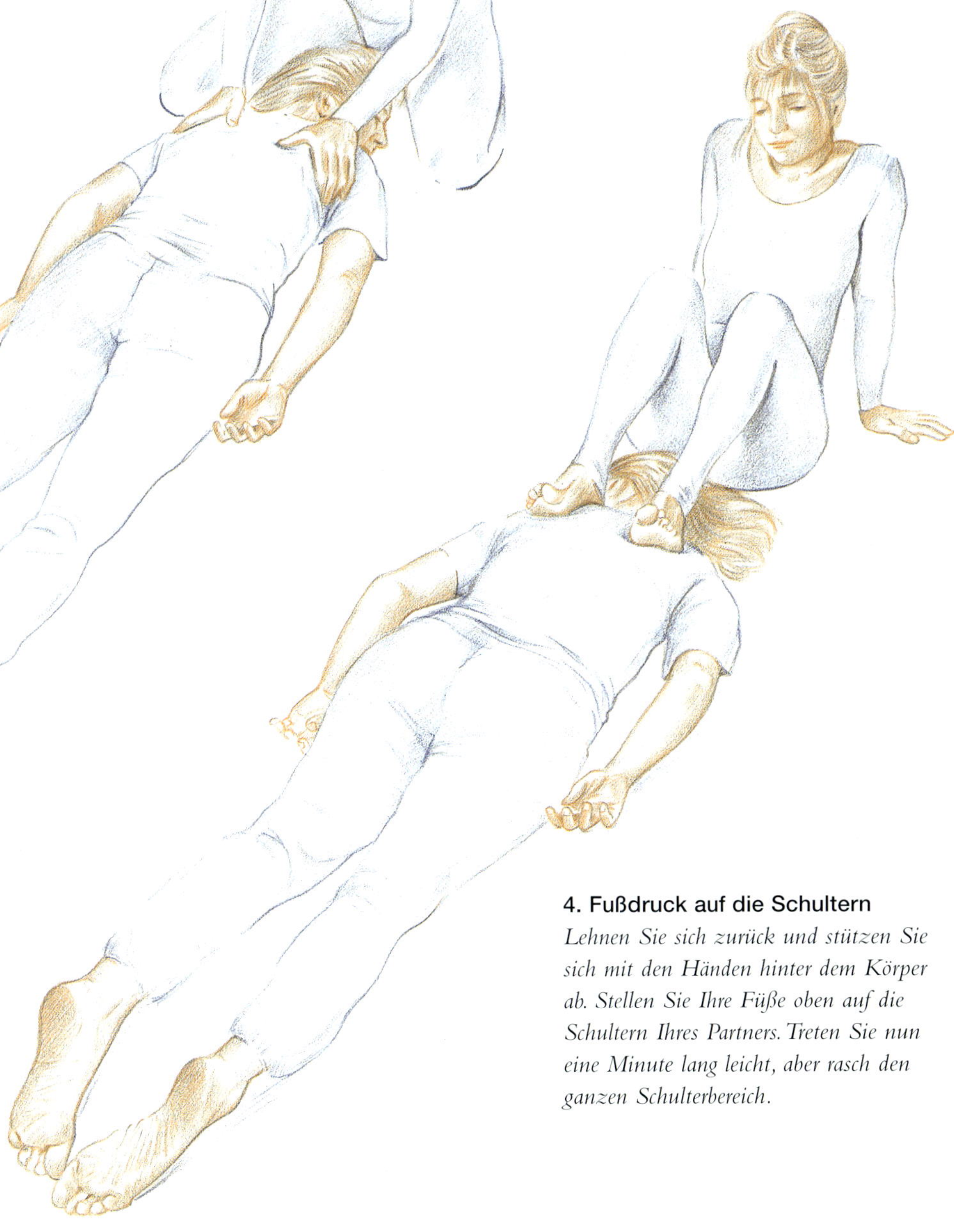

4. Fußdruck auf die Schultern

Lehnen Sie sich zurück und stützen Sie sich mit den Händen hinter dem Körper ab. Stellen Sie Ihre Füße oben auf die Schultern Ihres Partners. Treten Sie nun eine Minute lang leicht, aber rasch den ganzen Schulterbereich.

Vorderseite von Hals und Schultern

Shiatsu auf der Vorderseite des Körpers beginnt bei Schultern und Hals. Eine Schwäche der vorderen Schulterseite führt oft zu starrer oder verspannter Muskulatur im Rücken – ein klassisches Beispiel für einen Mangelzustand oder *Kyo*, der zu Überschuss oder *Jitsu* führt. Um eine schwache Brust oder auch ein überempfindliches »Herz«-Zentrum zu schützen, duckt sich mancher instinktiv zusammen; so kommt es zu hängenden oder runden Schultern. Das wird am wirksamsten von vorn behandelt. Beginnen Sie die Behandlung, indem Sie sich auf die Schultern des Partners lehnen, wo der Druck hauptsächlich die Lungenpunkte trifft; dann arbeiten Sie zwischen den Rippen weiter nach außen. Anschließend kommt der Hals dran; zunächst arbeiten Sie am Blasenmeridian, dann an dem der Gallenblase, dann am Lenkenden Gefäß, und schließlich drücken Sie wichtige Punkte auf allen Halsmeridianen entlang der Schädelbasis. Die Meridiane von Dreifachem Erwärmer, Dünndarm, Dickdarm und Magen bedecken die Vorder- und Seitenteile des Halses – einen Bereich also, der eng mit der Verdauungsfunktion verbunden ist. Da Meridiane neben der physischen auch eine psychische Funktion haben, sind sie ebenso mit dem »Verdauen« von Ereignissen und Informationen verbunden. Wenn das Leben uns vor eine Situation stellt, die wir nicht »schlucken« können, entsteht Spannung in den Muskeln von Hals und Kehle, und auch die Verdauung wird beeinflusst. Shiatsu in diesem Bereich beschränkt sich eher auf ein sanftes Drehen der Muskeln als direkten Druck, der Luftröhre oder Arterien beschädigen könnte.

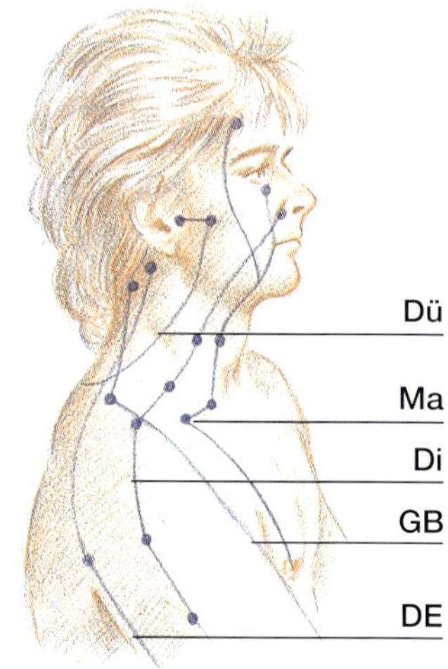

Meridiane der Halsseite

Der Magenmeridian verläuft zu beiden Seiten der Luftröhre, während der Dickdarmmeridian das Zentrum des Muskels an der Halsseite kreuzt und in den Nervenplexus über dem Schlüsselbein hinunterläuft. Der Dünndarmmeridian geht vom Ohr nach unten, der Dreifache Erwärmer liegt dicht dahinter.

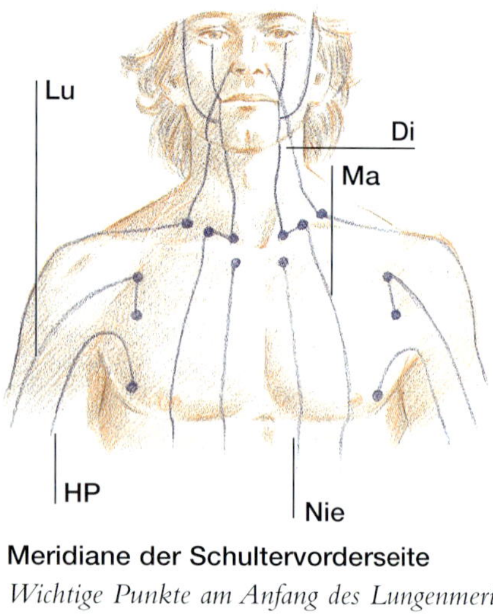

Meridiane der Schultervorderseite

Wichtige Punkte am Anfang des Lungenmeridians liegen in der Vertiefung unter dem äußeren Teil des Schlüsselbeins. Der Herzprotektor verläuft am Brustmuskel entlang, Magen- und Nierenmeridian laufen auf der Brustmitte abwärts.

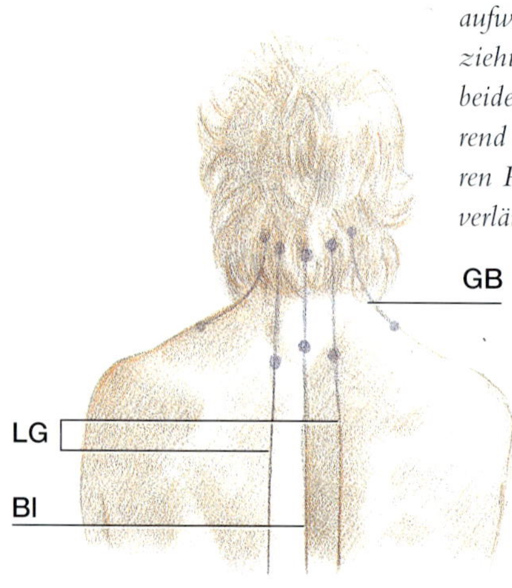

Meridiane der Halsrückseite

Der mittlere Meridian ist das Lenkende Gefäß, das in der Mitte der Wirbelsäule aufwärts verläuft. Der Blasenmeridian zieht sich in der Mitte der Muskeln zu beiden Seiten des Halses abwärts, während der Gallenblasenmeridian am äußeren Rand derselben Muskeln abwärts verläuft.

Siehe Schlüssel zu den Meridianen auf Seite 92.

Hals- und Schultervorderseite

Ihr Partner dreht sich nun um, und Sie nehmen die kniende Stellung zu beiden Seiten seines Kopfes wieder ein, um sich auf die Vorderseite der Schultern zu lehnen und zwischen den Rippen Druck auszuüben. Wenn Sie sich auf die Vorderseite der Schultern lehnen, trifft Ihr Druck die Lungenpunkte in den Vertiefungen zwischen Brust und Schultergelenken. Massieren Sie an den Rippen entlang, dehnen Sie nicht nur die Zwischenrippenmuskeln, die die Atmung unterstützen, sondern aktivieren auch den Nieren- und den Magenmeridian, die die *Ki*-Energie in der Brust erhöhen und Schleim beseitigen. Shiatsu in diesem Bereich ist sehr hilfreich für Asthmatiker. Setzen Sie Ihr Körpergewicht ein, wenn Sie sich auf die Schultern lehnen und die Brust »öffnen«; üben Sie aber weniger Druck aus in den empfindlichen Zwischenräumen der Rippen.

1. Auf die Schultern lehnen

Legen Sie Ihre Handballen in die Vertiefung zwischen Brust und Schultergelenken; die Finger sind nach außen gewandt und umschließen die Rundung der Schultern. Nun heben Sie die Hüften an und schieben Sie vor, während Sie sich auf die Schultern lehnen, wie oben rechts gezeigt.

2. Druck an den Rippen entlang

Ihre Handflächen zeigen auf die Körperseiten, die Daumen liegen quer auf der Vorderseite der Brust zwischen zwei Rippen. Bewegen Sie sich leicht vor und drücken Sie sanft mit der ganzen Daumenlänge vom Brustbein aus auswärts. Nun gehen Sie zum nächsten Rippenzwischenraum über und bearbeiten so den ganzen Brustkorb. Sparen Sie die Brüste aus, wenn Ihr Partner eine Frau ist.

Der Hals

Den Hals von unten zu bearbeiten ist wesentlich bequemer als von oben. Das einzige Problem besteht darin, festen Druck auszuüben, ohne den Kopf des Partners von der Unterlage abzuheben. Am besten ist es, Sie nehmen die rechts abgebildete Stellung ein, sodass Ihr Druck aus dem *Hara* kommt. Der erste Meridian, den Sie bearbeiten, ist der Blasenmeridian, der zu beiden Seiten der Wirbelsäule im Nacken verläuft. Der zweite ist der Gallenblasenmeridian, der am Saum zwischen den Muskeln zu beiden Seiten des Halses liegt; er hilft bei der Linderung von steifem Nacken, Spannungskopfschmerzen und Augenproblemen. Ein wichtiger Punkt auf diesem Meridian liegt in der Vertiefung zu beiden Seiten der Schädelbasis; er klärt den Kopf und mildert Erkältungssymptome. Dann bearbeiten Sie das Lenkende Gefäß in der Mitte, das dazu beiträgt, die Wirbelsäule zu begradigen: Drücken Sie sanft in die mittlere Vertiefung an der Schädelbasis, um das Mittelhirn zu stimulieren. Schließlich gehen Sie an der Schädelbasis nach außen und drücken wichtige Punkte auf allen Meridianen.

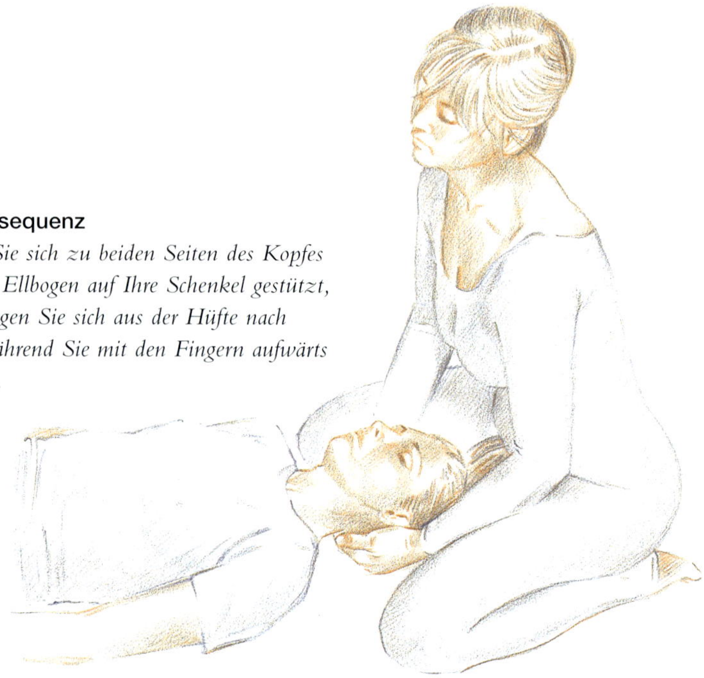

3. Halssequenz
Knien Sie sich zu beiden Seiten des Kopfes hin, die Ellbogen auf Ihre Schenkel gestützt, und beugen Sie sich aus der Hüfte nach vorn, während Sie mit den Fingern aufwärts drücken.

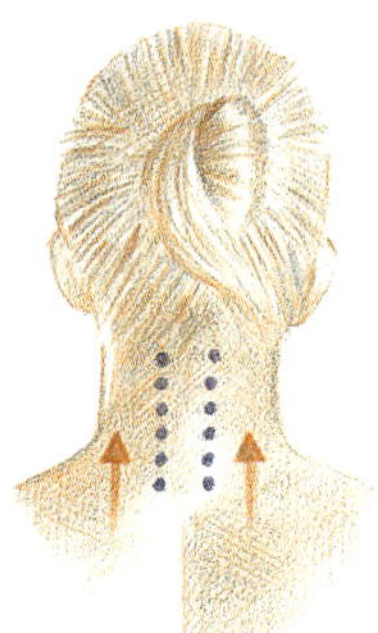

A. *Drücken Sie mit den Mittelfingern im Abstand von etwa 1 cm zu beiden Seiten der Wirbelsäule entlang, und zwar vom Halsansatz aufwärts zur Schädelbasis.*

B. *Bewegen Sie Ihre Finger nach außen an den äußeren Rand der großen Muskeln auf der Halsrückseite. Drücken Sie in Abständen von etwa 1 cm vom Halsansatz an nach oben und üben Sie in den Vertiefungen an der Schädelbasis etwas mehr Druck aus. Wiederholen.*

C. *Gehen Sie zurück in die Halsmitte, Ihre Mittelfinger übereinander, und drücken Sie in die empfindlichen Vertiefungen zwischen den Wirbeln. Hören Sie in der letzten Vertiefung unter der Schädelbasis auf.*

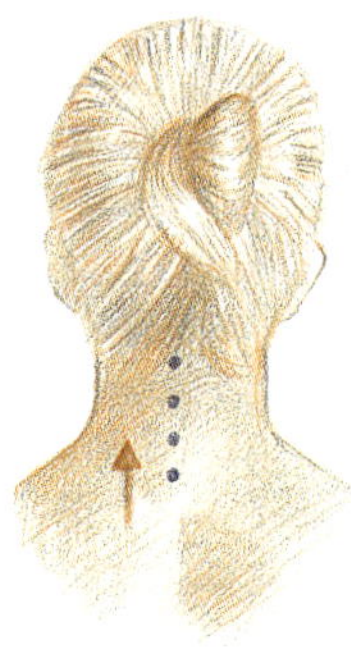

D. *Nun nehmen Sie die Finger wieder auseinander und drücken fest unten an der Schädelbasis entlang nach außen zu den Ohren, und zwar in Abständen von etwa 1 cm.*

Halsseiten

Mehrere Meridiane verlaufen an den Halsseiten, und Unausgewogenheiten in diesem Bereich sind oft eine Quelle von Verspannungen des Halses. Da hier aber Nerven liegen, die die Luftröhre und eine Hauptarterie beeinflussen, ist es besser, diesen Bereich mit einer sanften, kreisenden Bewegung zu stimulieren als mit direktem Druck. Das Dehnen des Halses ist sehr wohltuend und lockert Spannungen in den Wirbeln. Achten Sie aber darauf, dass Sie den Kopf Ihres Partners gut halten, und setzen Sie Ihr Körpergewicht ein, um den Hals nach hinten, nicht nach oben zu dehnen.

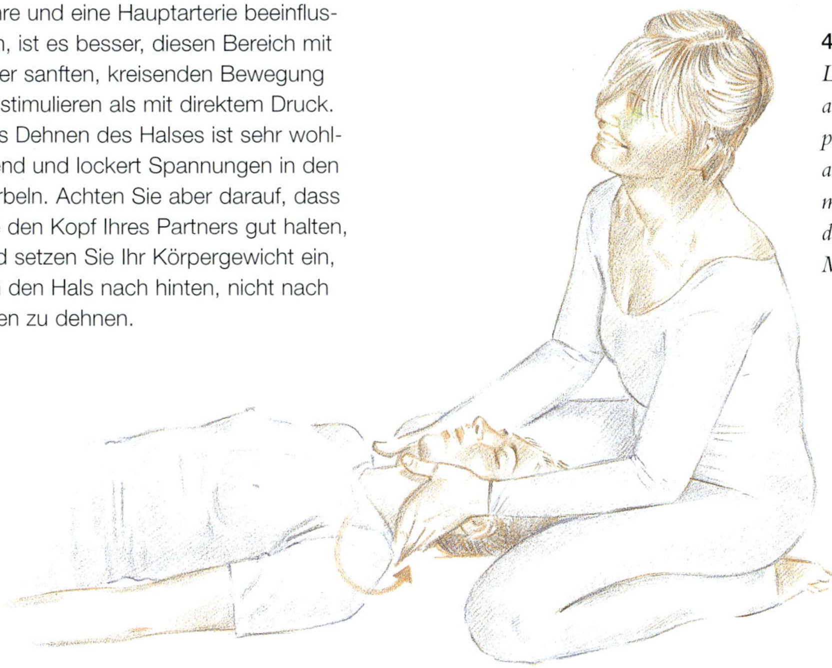

4. Kreisen auf den Halsseiten

Legen Sie Ihre Finger dicht nebeneinander auf die Halsseiten Ihres Partners und passen Sie sie der Wölbung des Halses an. Nun kreisen Sie mit den Fingern mehrmals und langsam und bewegen so das Fleisch über den darunter liegenden Muskeln.

5. Dehnen des Halses

Hocken Sie sich auf die Fersen und legen Sie Ihre Hände unter den Hals Ihres Partners, die Daumen zeigen dabei zu den Schlüsselbeinen, die Handballen liegen unter den Kinnbacken, die Innenseiten der Unterarme an den Wangen. Ihre Arme sollten sich zwischen den Knien befinden und von diesen gehalten werden. Nun lehnen Sie sich mit gestreckten Armen zurück, um den Hals zu dehnen.

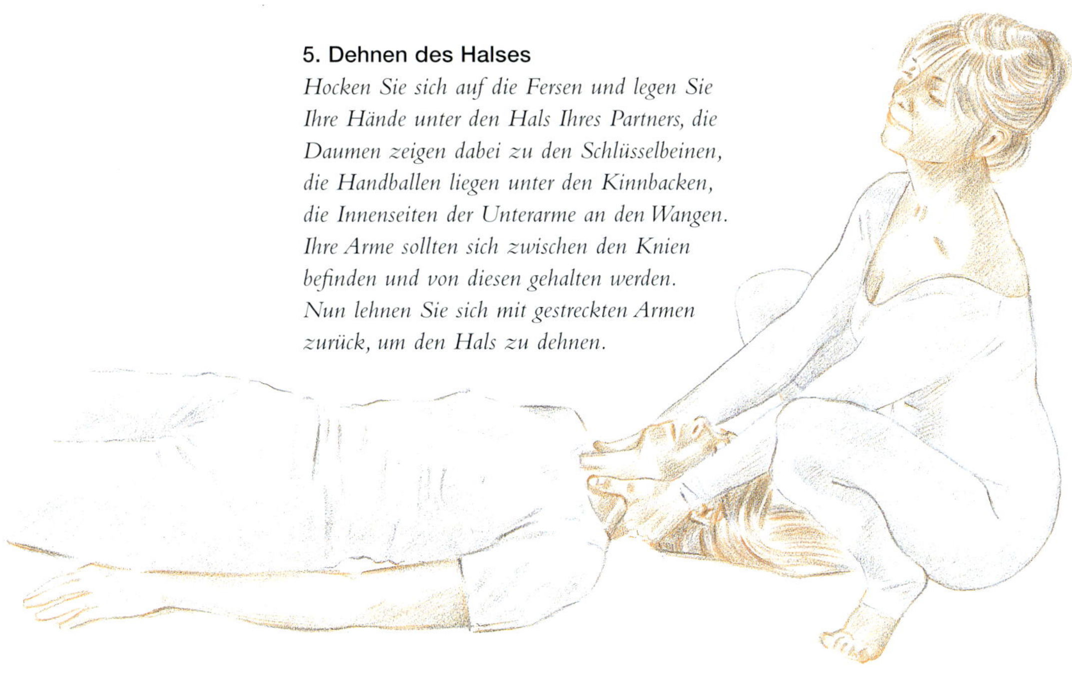

Kopf und Gesicht

Für viele Menschen ist dies der beruhigendste und entspannendste Teil der Behandlung. Wir alle haben eine Tendenz, »im Kopf zu leben«, und bauen daher in diesem Bereich zu viel Energie und Spannung auf. Im Gesicht beginnen und enden so viele Meridiane, dass Blockierungen leicht vorkommen können; das führt zu Falten, Hautflecken oder schlaffem Gewebe. Shiatsu in diesem Bereich beseitigt alle Stauungen und erhöht die Zufuhr von *Ki*, lockert so Spannungen und, was ein angenehmer Nebeneffekt ist, macht schöner.

Die Meridiane, die an Kopf und Gesicht beginnen, sind der Blasenmeridian, der Gallenblasenmeridian und der Magenmeridian. Ihr Ende haben hier das Lenkende Gefäß, das Empfangende Gefäß, der Dickdarmmeridian, der Dünndarmmeridian und der Dreifache Erwärmer. Wenn Ihr Partner unter Migräne leidet, sollten Sie sich besonders mit den Kopfseiten befassen – der Gallenblasenmeridian beschreibt mehrere Kehrtwendungen und verläuft dort. Unsere Shiatsu-Sequenz für Kopf und Gesicht besteht im Wesentlichen aus Druck- oder Schlüsselpunkten und weniger aus Meridianen. Gesichtspunkte werden meist benutzt, um lokale Spannungen, Schmerzen oder Stauungen zu lindern. Ihre Wirkung auf den Rest des Meridians spielt sich mehr auf der Ebene »feinstofflicher Energie« als auf physischer Ebene ab. So beeinflusst ein Blasenpunkt in der Nähe des Auges nicht die Blase, hat jedoch einen subtilen Einfluss auf das *Ki* des Wasser-Elements.

Punkte auf der Vorderseite des Gesichts

Im Augenbereich: Blase 1 liegt in der inneren Ecke der Augenhöhle über dem inneren Augenwinkel. Blase 2 befindet sich am inneren Ende der Augenbraue. Gallenblase 1 (siehe Abbildung ganz links) liegt in der Vertiefung außerhalb der Augenhöhle in Höhe des äußeren Augenwinkels. Um den Mund herum: Dickdarm 20 liegt direkt unter der breitesten Stelle der Nasenlöcher. Magen 3 liegt auf halber Höhe der »Lachfalte«. Empfangendes Gefäß 24 befindet sich in der Mitte der Vertiefung zwischen Mund und Kinn; Lenkendes Gefäß 26 liegt in der Mitte der Oberlippe.

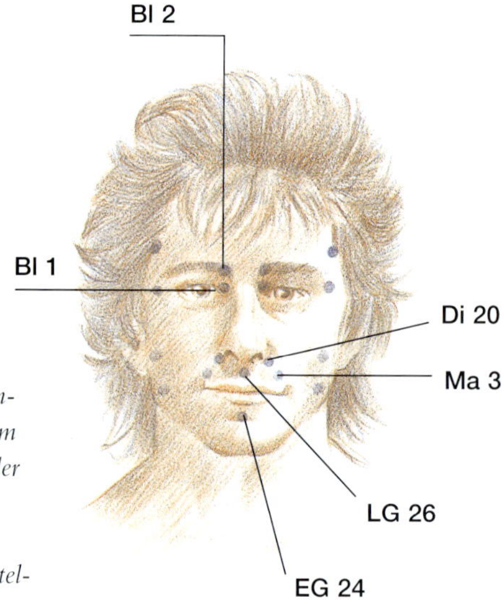

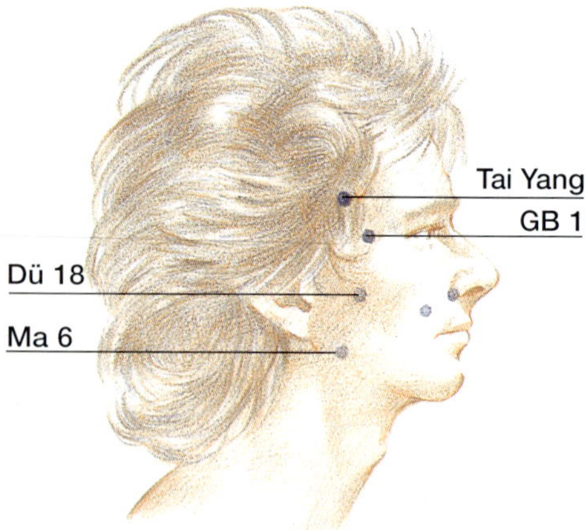

Punkte auf den Gesichtsseiten

Tai Yang *liegt auf der Schläfe, »Dünndarm 18« in der Vertiefung unter dem Wangenknochen und »Magen 6« im Muskelknoten in der Ecke des Unterkiefers.*

Punkte auf dem Scheitel

Sie liegen alle auf dem Meridian Lenkendes Gefäß, und Sie bearbeiten sie auf dem Scheitel des Kopfes. Am wichtigsten ist der Punkt »Lenkendes Gefäß 20«, der auf dem Schnittpunkt einer gedachten Linie vom höchsten Punkt des Ohrs zum Mittelscheitel liegt.

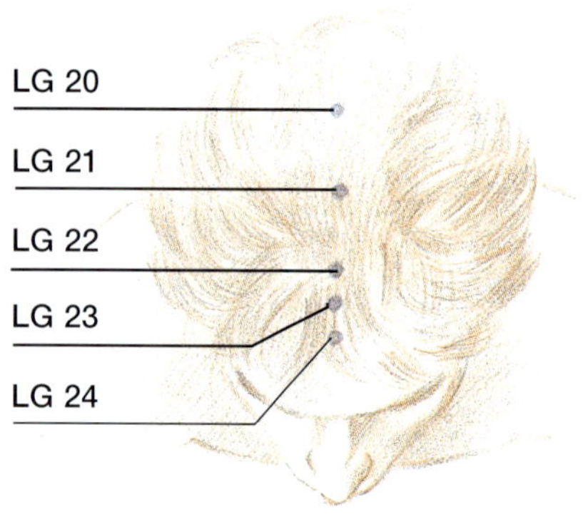

Siehe Schlüssel zu den Meridianen auf Seite 92.

Kopf und Gesicht (II)

Shiatsu für diese Bereiche sollte sanft genug sein, um zu entspannen, aber kräftig genug, um Energieblockierungen zu lösen. Ihr Druck sollte sich fest, aber liebevoll anfühlen. Biegen Sie die Finger oder Daumen, wenn Sie Punkte drücken, die in Vertiefungen oder Höhlen liegen. Eine Massage der Ohren ist rundum wohltuend, da sich hier Akupunkturpunkte für alle Körperteile befinden. Die Punkte auf dem Scheitel sind gut zur Linderung von Kopfschmerzen und verstopfter Nase. Die Augensequenz gegenüber tut nicht nur den Augen gut, sondern hilft ebenfalls bei Kopfschmerzen und Nebenhöhlenbeschwerden; die Schläfensequenz dient der allgemeinen Entspannung; die Nasen- und Mundsequenz hilft gegen Verstopfung der Nase und der Nebenhöhlen. Sie löst auch emotionale Spannung, die sich um den Mund herum zeigt, und kann eine überaus beruhigende Wirkung haben.

1. Hände durch das Haar ziehen

Ziehen Sie Ihre Hände mehrmals durch das Haar des Partners, sodass Ihre Finger die gesamte Kopfhaut leicht bürsten. Arbeiten Sie vom Haaransatz an der Stirn nach hinten.

2. An den Haaren ziehen

Nehmen Sie jeweils ein Haarbüschel in die Hände und ziehen Sie sanft daran. Verfahren Sie so mit dem ganzen Schopf.

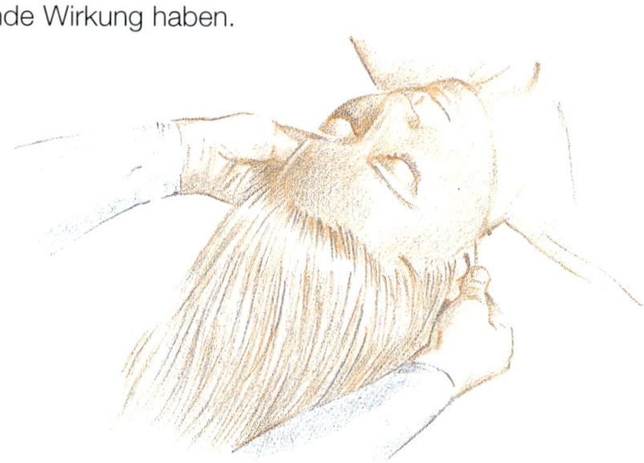

3. Ohrenmassage

Massieren Sie die Ohren zwischen Daumen und Zeigefinger, und zwar von den Ohrläppchen an aufwärts bis zu den oberen Rändern. Einmal wiederholen.

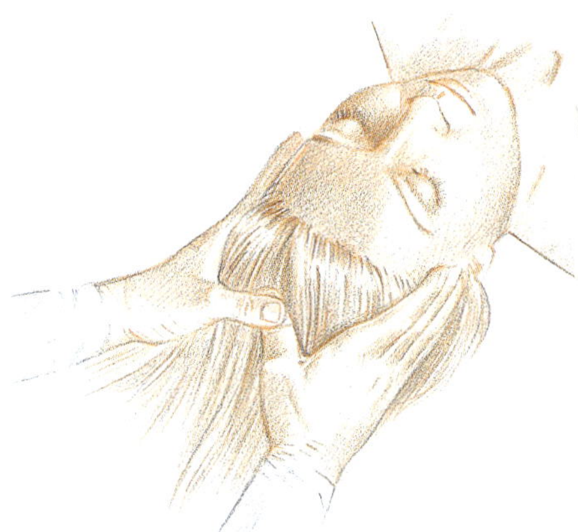

4. Druck auf die Scheitelpunkte

Halten Sie den Kopf an den Schläfen und legen Sie Ihre Daumen übereinander auf den Scheitel. Drücken Sie sie jeweils im Abstand von etwa 1 cm von vorn nach hinten.

5. Augensequenz

A. *Drücken Sie 3–5 Sekunden lang die Punkte in den inneren Winkeln der Augenhöhlen.*

B. *Kneifen Sie leicht an den Augenbrauen entlang.*

C. *Drücken Sie die Punkte direkt außerhalb des knöchernen Rands am äußeren Ende beider Augenbrauen.*

A

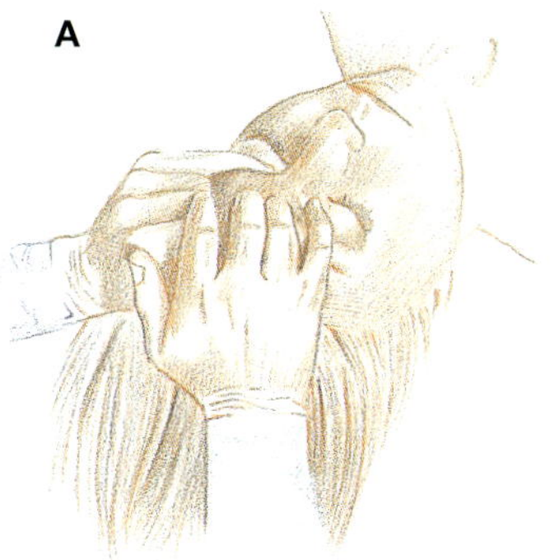

B

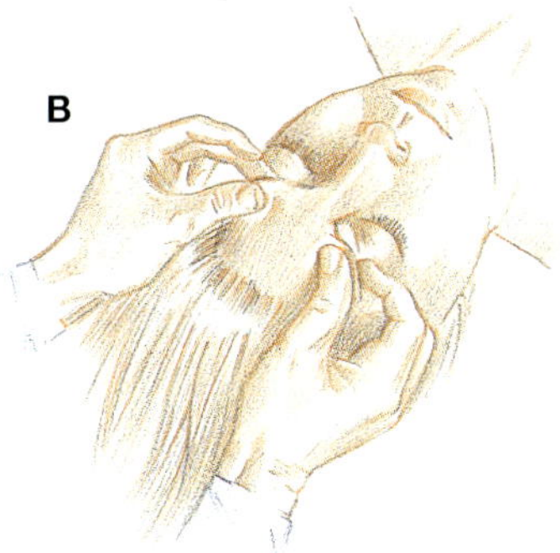

C

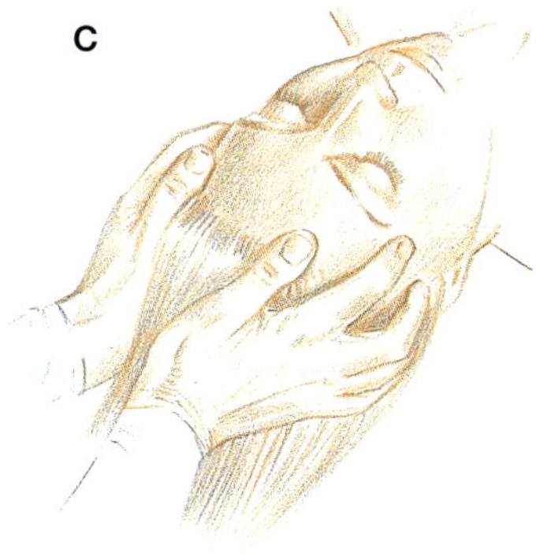

6. Schläfensequenz

A. *Gehen Sie von den Augenbrauen nach außen aufwärts zu den Schläfenpunkten. Lassen Sie dabei die Finger leicht kreisen.*

B. *Bewegen Sie sich gerade nach unten zu den Punkten direkt unter den Wangenknochen.*

C. *Fahren Sie weiter nach unten zu den kleinen Muskelknoten in der Ecke der Kinnbacken und tasten Sie nach dem Punkt in der Mitte jedes Knotens. Wenn Sie ihn finden, tut das ähnlich weh wie Zahnschmerzen.*

A

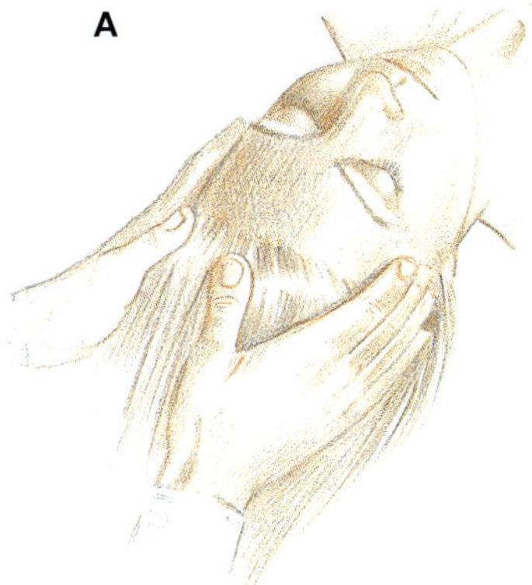

B

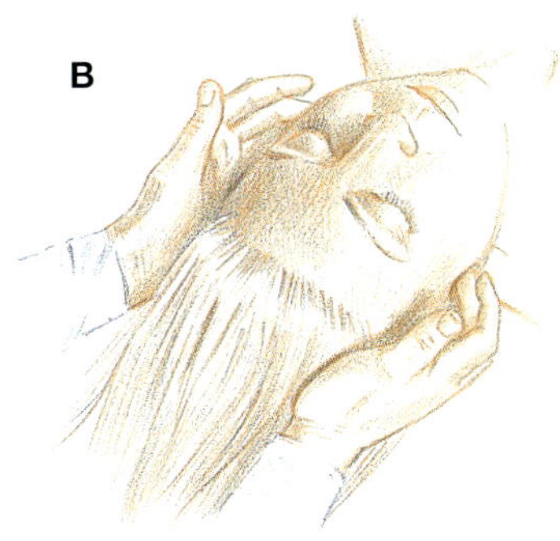

C

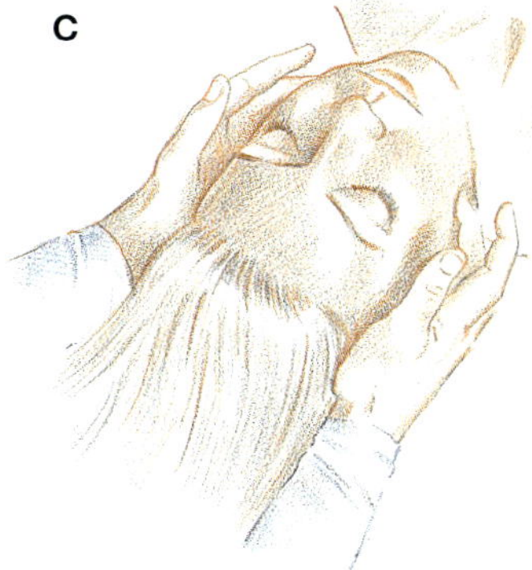

7. Nasen- und Mundsequenz

A. *Drücken Sie mit dem Rand der Daumen in die Vertiefungen neben dem unteren Rand der Nasenlöcher.*

B. *Drücken Sie die Punkte entlang der »Lachfalte« und lenken Sie den Druck unter dem Knochen nach oben.*

C. *Legen Sie die Handfläche um das Kinn und drücken Sie die Punkte in den Vertiefungen zwischen Mund, Kinn und in der Mitte der Oberlippe.*

A

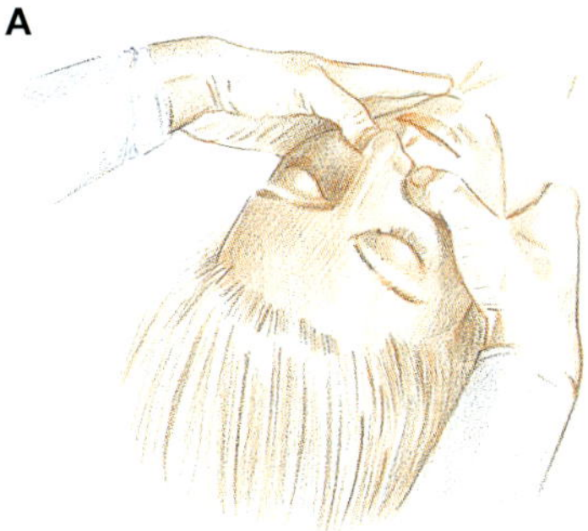

B

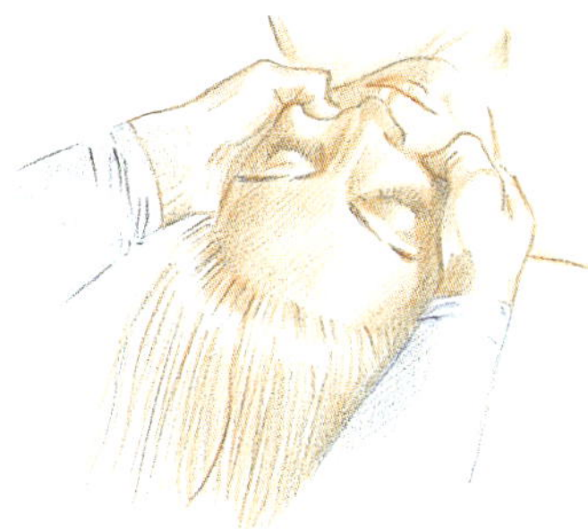

C

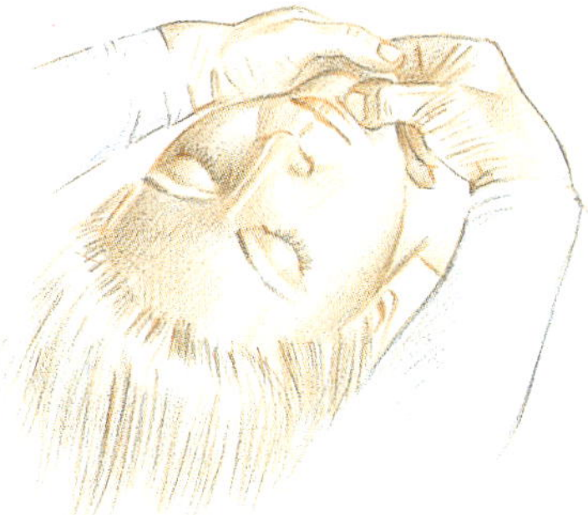

Arme und Hände

Die sechs Meridiane in Armen und Händen sind die der Elemente Feuer und Metall. Herz- und Dünndarmmeridian, Herz-Protektor und Dreifacher Erwärmer gehören zum Feuer, während Lungen- und Dünndarmmeridian dem Element Metall zugeordnet sind. Das östliche System betrachtet das Herz auch als Behausung des Geistig-Seelischen. So sind etwa seelische Störungen, Vergesslichkeit oder Schlaflosigkeit ebenfalls mit dem Herzen verbunden. Rein physische Probleme können entweder den Herzmeridian umfassen oder, was häufiger der Fall ist, den Herz-Protektor. Seine Funktion ist eine Art Pufferwirkung, ein Abschirmen des Herzens vor emotionalem Stress: Wo er schwach ist, ist das Herz durch Angriffe verwundbar. Der Dünndarmmeridian ist nicht nur mit der körperlichen Funktion der Verdauung verbunden, sondern auch mit den psychischen Funktionen von Unterscheidungsfähigkeit und Bewusstsein. Der Dreifache Erwärmer koordiniert den Stoffwechsel und gleicht ihn aus, indem er auf die »drei brennenden Räume« einwirkt – den oberen, mittleren und unteren Bereich des Rumpfs, verbunden mit Kreislauf und Atmung, mit Verdauung und Ausscheidung – und deren verschiedene Aktivitätszonen harmonisiert. Feuer ist das einzige Element mit vier Funktionen. Metall hat wieder zwei – ihm entsprechen Lunge und Dünndarm. Der Lungenmeridian empfängt *Ki* durch die Luft und ist so mit dem allgemeinen Niveau an *Ki*-Energie sowie mit Lungen- und Halsproblemen verbunden. Der Dünndarmmeridian hat nicht nur mit dem Darm zu tun; sein Gebiet ist Ausscheidung im Allgemeinen, insbesondere durch die Haut und die Lungen, sodass Akne oder Asthma Probleme des Dünndarmmeridians sein können. Da er zur Nase führt, kann er auch bei Nasen- und Nebenhöhlenverstopfung hilfreich sein.

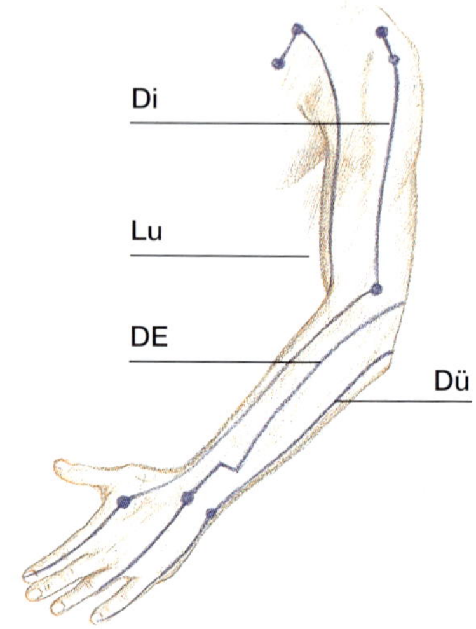

Meridiane auf der Außenseite des Unterarms
Der Dünndarmmeridian verläuft am äußeren Rand des Unterarms zum kleinen Finger. Der Dreifache Erwärmer läuft durch die Mitte zum Ringfinger und der Dickdarmmeridian von der Ellbogenfalte zum Zeigefinger.

Meridiane auf der Außenseite des Oberarms
Der Dünndarmmeridian verläuft hinten am Arm, der Dreifache Erwärmer von der Schulterrückseite zum »Musikantenknochen«, der Dickdarmmeridian von der Schulteroberseite zur Ellbogenfalte.

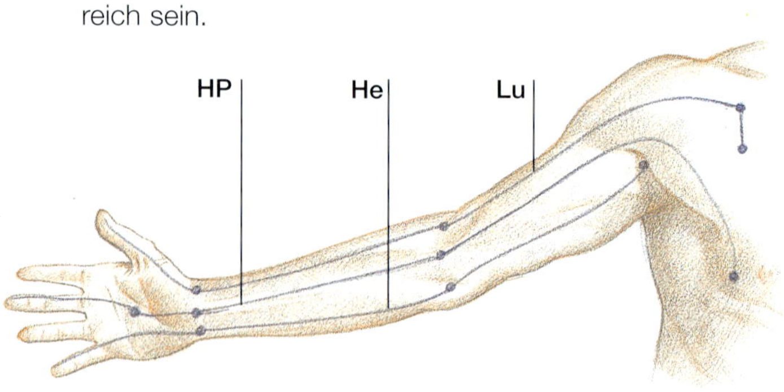

Meridiane auf der Innenseite des Arms
Der Lungenmeridian verläuft unterhalb des Schlüsselbeins seitlich herunter zum Daumen, der Herz-Protektor vom Brustmuskel den Arm hinunter zum Mittelfinger, der Herzmeridian von der Achselhöhle zum kleinen Finger.

Siehe Schlüssel zu den Meridianen auf Seite 92.

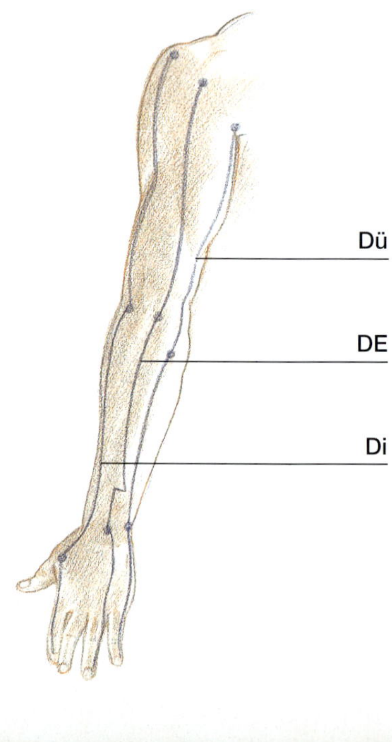

Arme und Hände (II)

Da es etwas kompliziert ist, alle sechs Armmeridiane einzeln zu behandeln, lernen Sie in dieser Sequenz, den Arm in drei Abschnitten zu behandeln – innere Meridiane, äußere Meridiane und Hände. Einfacher Druck am ganzen Arm entlang ist gut für die inneren Meridiane. Wegen einer Wendung im Ellbogengelenk liegen aber die äußeren über dem Ellbogen auf der hinteren Seite des Arms, unter dem Ellbogen auf der vorderen; Sie müssen sie also in zwei Etappen bearbeiten, wie unten gezeigt. Das Herunterdrücken des Unterarms verursacht mitunter Schmerzen im Bereich direkt unter dem Ellbogen, weil darunter die Nerven verlaufen. Achten Sie darauf, dass Sie gerade zum Handgelenk hinuntergehen, und drücken Sie auf das Handgelenk – dort befinden sich mehrere Schlüsselpunkte. Behandeln Sie einen Arm nach dem anderen.

1. Handflächendruck auf die Arminnenseite

Knien Sie in Hüfthöhe Ihres Partners und lagern Sie seinen Arm waagerecht, Handfläche nach oben. Legen Sie Ihre »Mutter«-Hand auf den Brustmuskel und üben Sie mit der Handfläche Druck auf die Arminnenseite aus, und zwar von der Schulter zum Handgelenk. Passen Sie Ihre Hand jeweils den Konturen seines Arms an.

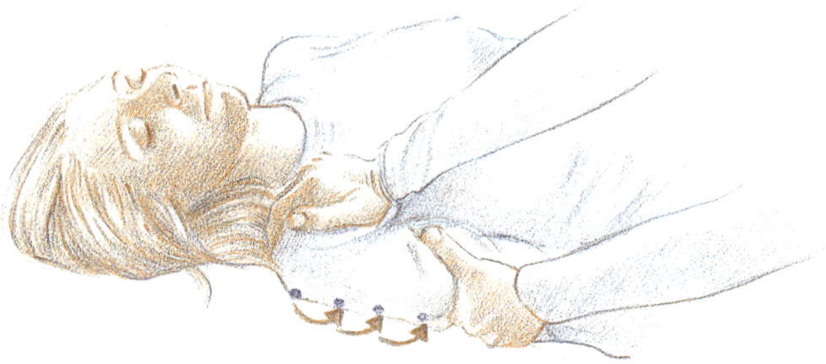

2. Umgreifen des Oberarms *(links)*

Führen Sie den Arm wieder zurück an die Seite, Handfläche nach unten. Legen Sie nun Ihre »Mutter«-Hand auf die Schulter, umgreifen Sie mit der anderen Hand den Oberarm. Üben Sie mit den Fingerspitzen auf der Rückseite des Oberarms Druck aus, und zwar von der Schulter bis zum Ellbogen.

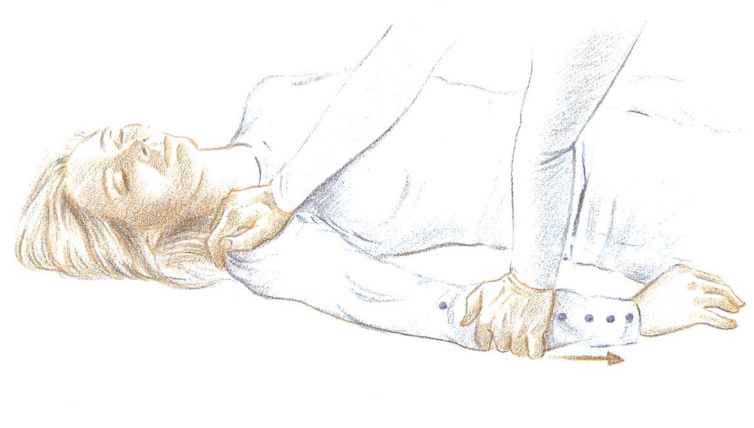

3. Handflächendruck auf den Unterarm

Üben Sie vom Ellbogen bis zum Handgelenk direkten Druck auf den Unterarm aus.

4. An den Fingern ziehen

Lehnen Sie sich zurück und nehmen Sie das Handgelenk Ihres Partners in eine Hand. Mit der anderen Hand ziehen und schütteln Sie alle Finger nacheinander, von der Basis bis zur Spitze; fassen Sie sie dabei an den Seiten an.

5. Druck auf den »Großen Eliminator«

Pressen Sie den Punkt in der Mitte der Fleischfalte zwischen Daumen und Zeigefinger 5 Sekunden lang. In alten Zeiten war dieser Tsubo *auf dem Dickdarmmeridian, einer der wichtigsten Punkte, als »Großer Eliminator« bekannt. Er hilft besonders bei Kopfschmerzen, Zahnschmerzen und Erkältungen.*

6. Schütteln des Arms

Halten Sie die Hand Ihres Partners mit beiden Händen fest. Lehnen Sie sich zurück, bis der Arm leicht gestreckt ist, und schütteln Sie ihn auf und ab, schnell, aber nicht zu kraftvoll.
Wiederholen Sie 1–6 am anderen Arm.

Das *Hara*

Für die Japaner bedeutet *Hara* oder der Bauch wesentlich mehr als nur eine Körperzone. Sie sind der Ansicht, dass der Lebensgeist im *Hara* wohnt, genauer in einem Punkt, eine Handbreit unter dem Nabel, als *»Tan-Den«* bekannt. In Japan beschreibt *Hara* die Qualität der Energie in einer Person – man kann ein »gutes *Hara*« oder ein »schlechtes *Hara*« haben, und wenn man sich selbst tötet, tötet man das *Hara* – *»Hara-Kiri«*. Shiatsu für das *Hara, Ampuku* genannt, ist eine sehr alte Heilkunst. Sie ist weit älter als Shiatsu selbst und erfordert jahrelange Übung. Ein geübter Praktiker von *Ampuku* kann ernste Krankheiten behandeln und heilen, indem er nur am *Hara* arbeitet. In ihm finden alle lebenswichtigen Prozesse innerhalb unseres Versorgungssystems statt, und sämtliche Meridianfunktionen können hier berührt werden. Das *Hara* nämlich kann, wie der Fuß in der Reflexologie, in Reflexzonen unterteilt werden (siehe unten rechts), die den Zustand sämtlicher Körperfunktionen widerspiegeln. Im Idealfall soll das *Hara* über dem Nabel weich und entspannt, darunter voll und fest sein, doch in der Praxis ist es bei uns im Westen genau umgekehrt. Sitzende Lebensweise, schlechte Ess- und Trinkgewohnheiten sowie mangelnde Aufmerksamkeit für Atmung und Haltung tragen dazu bei, dass der Zustand im unteren *Hara* und *Tan-Den* durchweg schwach ist, während geistiger und emotionaler Stress zu Spannung im Zwerchfell und damit zu einem harten oberen *Hara* führen. Zwar sind Sie vielleicht noch nicht in der Lage, diesen Zustand durch Berührung zu diagnostizieren, doch Sie können davon ausgehen, dass das untere *Hara* schwach ist. Sie sollten es mit tiefem, allmählichem, belebendem Druck stärken, ehe Sie zum oberen *Hara* übergehen. Es sollte sich, während Sie den Mangelzustand im unteren Bereich behandelt haben, zwischenzeitlich entspannt haben, und daher können Sie festeren Druck anwenden. Wenn *Ampuku* gut und sorgfältig durchgeführt wird, ist es die entspannendste und beruhigendste Erfahrung, die man sich vorstellen kann, die allen körperlichen Funktionen wohl tut und sie ins Gleichgewicht bringt. Besonders gut ist es für Bauchprobleme und vor allem für den Rücken.

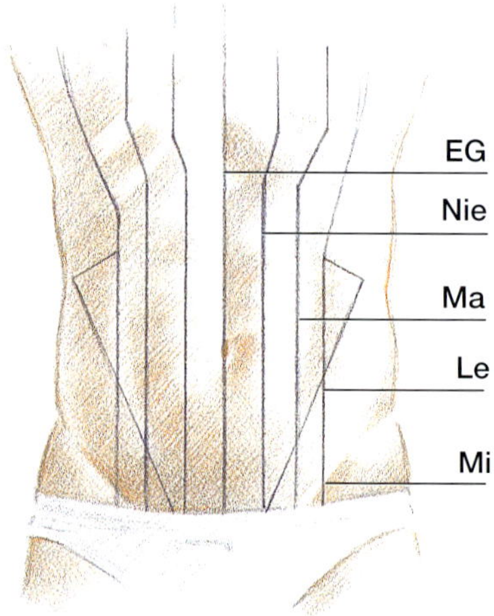

Hara-Meridiane
Obwohl Sie über das Hara *die Funktionen aller Meridiane erreichen können, führen nicht alle Meridianlinien durch das* Hara. *Bei Shiatsu ist es wichtiger, die Reflexzonen des* Hara *zu kennen, als die Meridiane dieses Bereichs.*

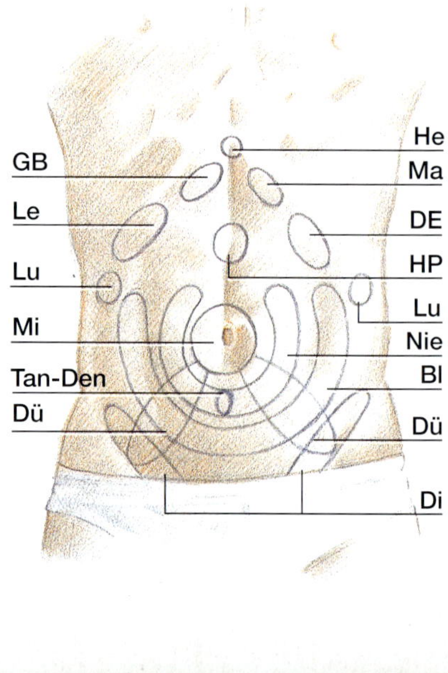

Reflexzonen des *Hara*
Rippen und Beckenknochen sind die natürliche Begrenzung des Hara. *Innerhalb dieser Grenzen folgen die Reflexbereiche der Meridiane in etwa dem Sitz der Organe. Die wichtigsten Ausnahmen sind die beiden »Hufeisen« der Blasen- und Nierenzonen. Die Nierenzone kreuzt die Quelle der Lebensenergie,* Tan-Den*; die Blasenzone ist angeschlossen an die Muskeln, die die Wirbelsäule aufrecht erhalten, und verbindet sie mit dem Blasenmeridian.*

Siehe Schlüssel zu den Meridianen auf Seite 92.

Hara (II)

Als Sitz der Körperenergien verdient das *Hara* besondere Aufmerksamkeit. Ihr Druck sollte anfangs sehr sanft sein und sich allmählich steigern, obwohl er recht tief sein darf. Arbeiten Sie immer im Uhrzeigersinn um das *Hara* herum; stärken Sie die schwächeren Bereiche mit tiefem, belebendem Druck, ehe Sie die angespannten, harten Zonen behandeln. In den meisten Fällen bedeutet das, dass Sie mit dem unteren *Hara* beginnen (siehe Seite 122). Ihre »Mutter«-Hand soll ständig mit ihm in Berührung bleiben, während Sie arbeiten; bewegen Sie sie, wann immer Sie es für nötig halten, und halten Sie inne, um mit ihr auf Zeichen der Veränderung zu »lauschen«. Ein Gurgeln bedeutet, dass Sie einen schwachen Bereich mit Energie versorgt haben, ein Puls, dass Ihr Druck eine Stauung erzeugt – außer an der Mittellinie zwischen Rippen und Nabel, wo eine Hauptarterie verläuft und immer ein Puls spürbar ist.

Position zur Bearbeitung des *Hara*

Wenn Sie Ampuku *oder Shiatsu des* Hara *verabreichen, setzen Sie sich so neben Ihren Partner, dass Ihr Schenkel den seinen leicht berührt.*

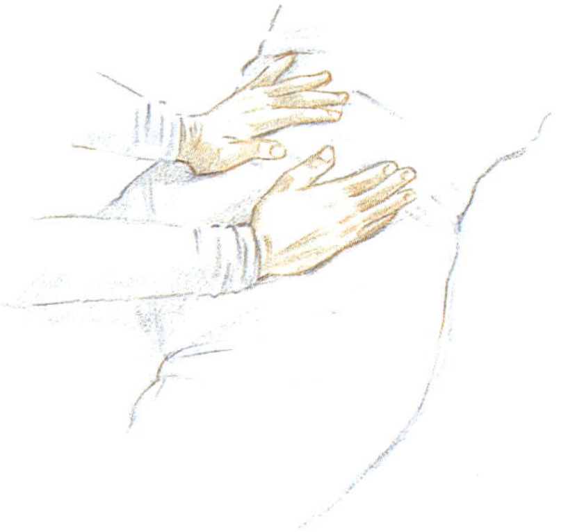

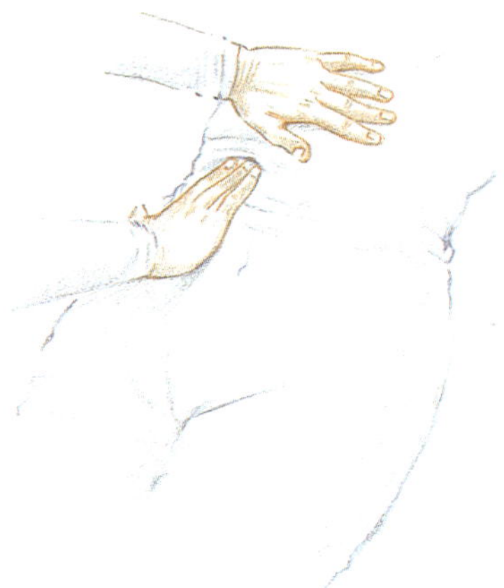

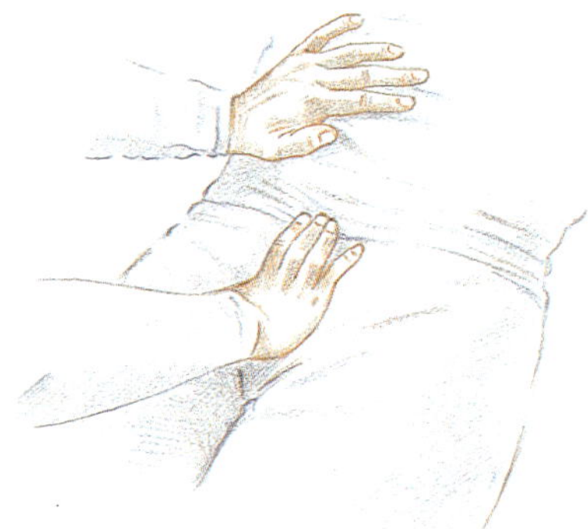

1. Unteres *Hara*

A. *Benutzen Sie Ihre Handkanten, um die Dickdarmzone neben den Hüftknochen zu bearbeiten.*

B. *Drücken Sie mit drei flach liegenden Fingern im Abstand von etwa 2 cm um das äußere Hufeisen des unteren* Hara *herum, und zwar im Uhrzeigersinn; so behandeln Sie die Blasenzone.*

C. *Arbeiten Sie in derselben Weise am inneren Hufeisen entlang, wobei Sie auf der Mittellinie länger Druck ausüben sollten. Sie behandeln hier die Nierenzone und* Tan-Den.

2. Oberes *Hara*

A. *Drücken Sie mit der vollen Länge Ihres Daumens sanft, aber tief unter die linke Seite der Rippen; arbeiten Sie von oben nach unten mit Handflächen und Fingern in entspanntem Kontakt.*

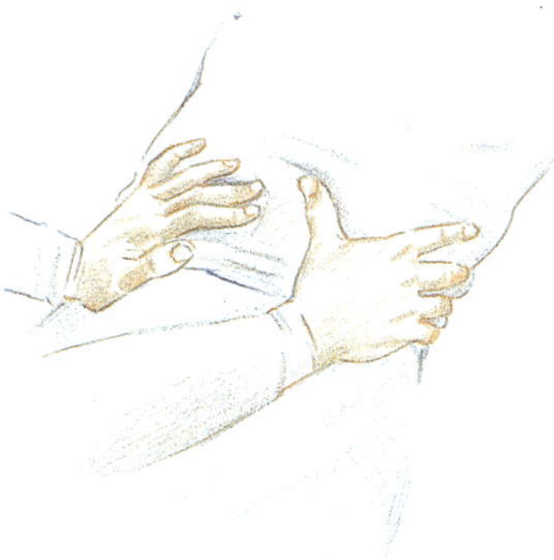

B. *Bearbeiten Sie die rechte Seite in derselben Weise und hören Sie auch hier mit dem Einwärtsdruck unter die Rippen auf.*

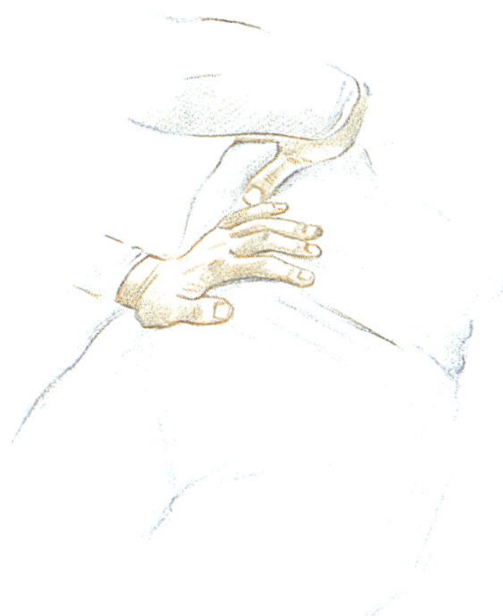

C. *Drücken Sie mit den Fingerspitzen in den Hohlraum unter der tiefsten Stelle der Rippen – die Lungenzone.*

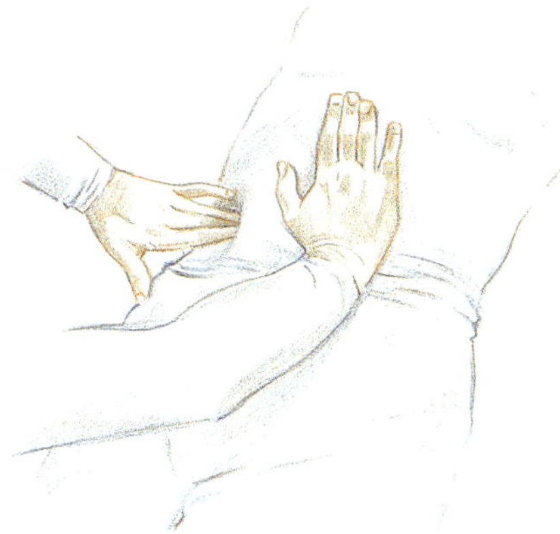

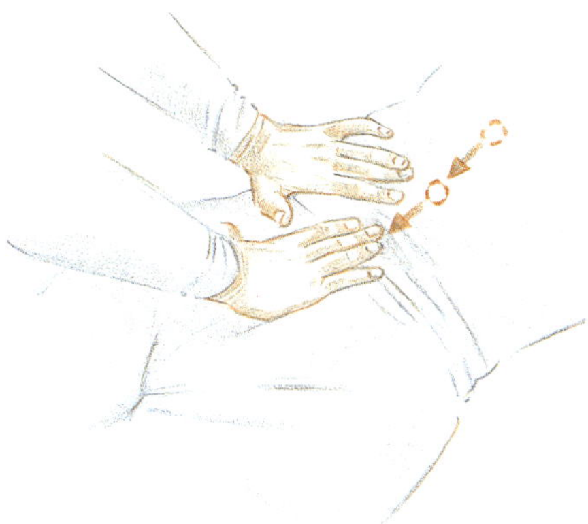

D. *Drücken Sie mit einem Finger leicht auf die Stelle in der Körpermitte, unter der sich die Rippen treffen, dann mit drei flachen Fingern auf den Solarplexus, zweimal etwas tiefer in Richtung auf den Nabel und dann auf den Nabelbereich selbst.*

3. Wiegen des *Hara*

Knien Sie sich vor das Hara *Ihres Partners. Wiegen Sie es mit einer wellenähnlichen Bewegung, wobei eine Hand auf der anderen liegt. Mit dem Handballen schieben Sie es von sich weg, mit den Fingerspitzen ziehen Sie es zu sich hin; das sollte in einer stetigen Bewegung ausgeführt werden.*

Vorder- und Innenseite der Beine

Es gibt drei Hauptmeridiane in diesem Bereich, Leber-, Milz- und Magenmeridian. Die Behandlung des Lebermeridians ist wichtig für alle Probleme des unteren Bauchraums. Sie kann daher so unterschiedliche Zustände wie Hämorrhoiden, Verstopfung und Menstruationsbeschwerden beeinflussen. Da die Leber zum Element Holz gehört (siehe Seite 100), sollten Sie bei Muskelschmerzen und Krämpfen ebenfalls den Lebermeridian behandeln. Emotionaler Stress und Verdrängung (insbesondere von Wut) greifen besonders die Leber an; sie ist daher an vielen Zuständen beteiligt, die man im Westen als »hysterisch« oder »psychosomatisch« bezeichnet. In der östlichen Denkweise werden solche Probleme genauso wichtig genommen wie alle anderen. Der Erdmeridian der Milz hat mit dem Verdauungsvorgang zu tun und arbeitet mit den Nieren zusammen, um die Flüssigkeitsbalance des Körpers aufrechtzuerhalten. Er beeinflusst auch den Menstruationszyklus. Der Magenmeridian ist ein weiterer Erdmeridian, hauptsächlich befasst mit der Umwandlung von Nahrung in *Ki*-Energie. Besonders ein Punkt auf ihm stärkt diese Funktion – der »Magen 36«, er ist der beste Punkt für Verdauungsprobleme und Energiemangel. Hier kann man auch die Widerstandsfähigkeit des Körpers gegen Krankheiten verstärken.

Meridiane auf der Vorderseite

Magen- und Milzmeridian liegen zu beiden Seiten der großen Muskeln vorn am Oberschenkel. Der Magenmeridian läuft am äußeren Rand des Schienbeins vorbei abwärts. Der Milzmeridian verläuft am inneren Rand des Oberschenkelmuskels und trifft an der Innenseite des Schienbeins mit dem Lebermeridian zusammen.

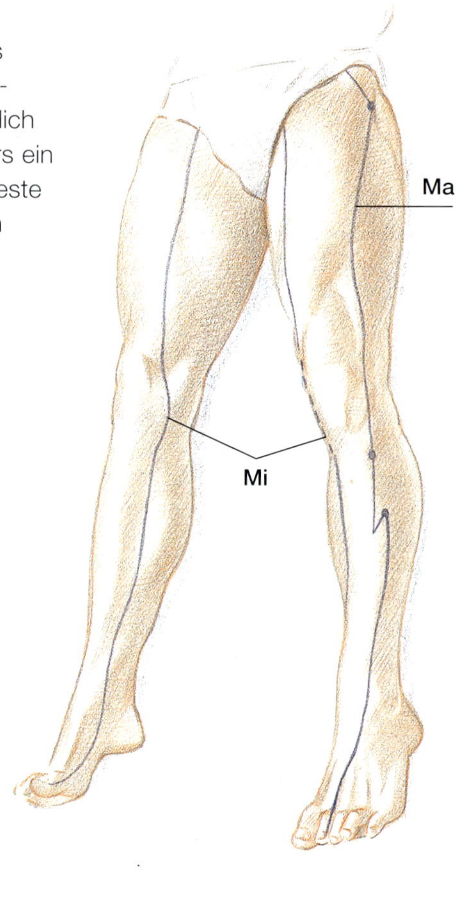

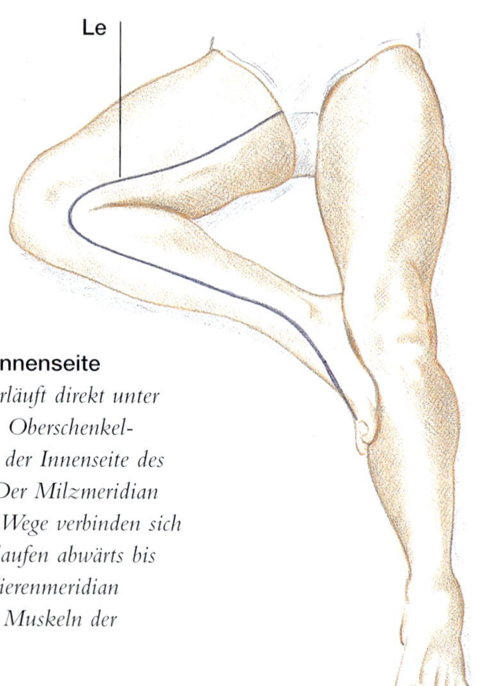

Meridiane auf der Innenseite

Der Lebermeridian verläuft direkt unter der Sehne des inneren Oberschenkelmuskels und dann an der Innenseite des Schienbeins abwärts. Der Milzmeridian liegt darüber, doch die Wege verbinden sich unter dem Knie und laufen abwärts bis zum Knöchel. Der Nierenmeridian verläuft zwischen den Muskeln der Wadeninnenseite.

Siehe Schlüssel zu den Meridianen auf Seite 92.

Vorder- und Innenseite der Beine (II)

An der Vorder- und Innenseite des Beins werden die Meridiane behandelt, die mit der Verdauung zu tun haben. Der natürliche Platz für Ihre »Mutter«-Hand ist also auf dem *Hara*. Sie werden häufig ein Rumpeln oder Gurgeln spüren, wenn Ihre andere Hand an den Meridianen abwärts arbeitet. Zur Behandlung des Lebermeridians müssen Sie das Bein Ihres Partners auswärts beugen. Ist der Meridian gespannt – das ist er fast bei jedem –, müssen Sie das Bein Ihres Partners an seinem äußersten Dehnungspunkt abstützen, damit das Hüftgelenk nicht belastet wird. Am besten, Sie lehnen deshalb das Knie gegen Ihre eigenen Schenkel, wie rechts gezeigt. Die Punkte an der Innenseite des Schienbeins, direkt über dem Knöchel, sind oft sehr empfindlich; versuchen Sie also, in diesem Bereich zarter zu arbeiten.

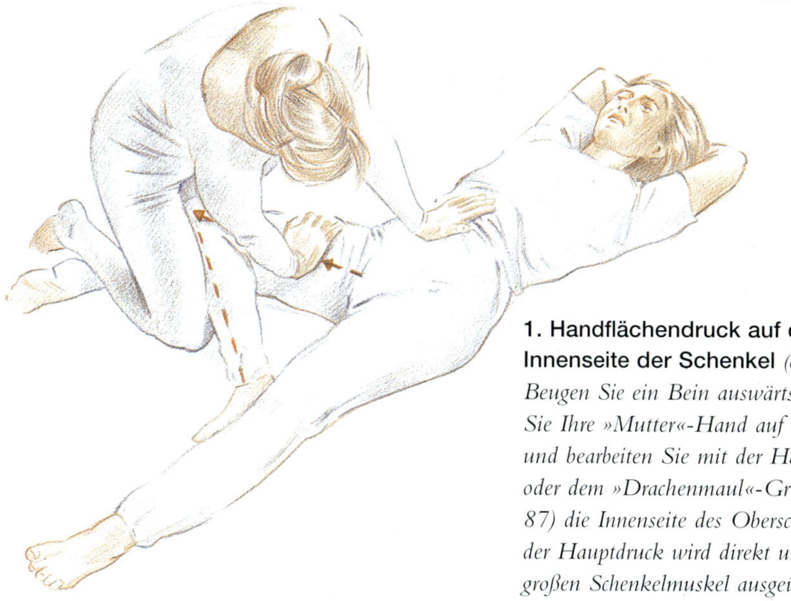

1. Handflächendruck auf die Innenseite der Schenkel *(oben)*
Beugen Sie ein Bein auswärts. Legen Sie Ihre »Mutter«-Hand auf das Hara *und bearbeiten Sie mit der Handfläche oder dem »Drachenmaul«-Griff (Seite 87) die Innenseite des Oberschenkels; der Hauptdruck wird direkt unter dem großen Schenkelmuskel ausgeübt.*

2. Handballendruck auf die Innenseite des Schienbeins
Wenn Sie am Knie vorbei sind, drehen Sie Ihre Hand und drücken mit dem Handballen innen neben dem Schienbein nach unten – die Meridiane verlaufen in dieser Vertiefung. Nun strecken Sie das Bein wieder.

3. Handflächendruck auf die Vorderseite des Schenkels
Drücken Sie an beiden Seiten des großen Schenkelmuskels auf dem vorderen Oberschenkel entlang, indem Sie den Muskel umgreifen, wie rechts gezeigt. Wiederholen.

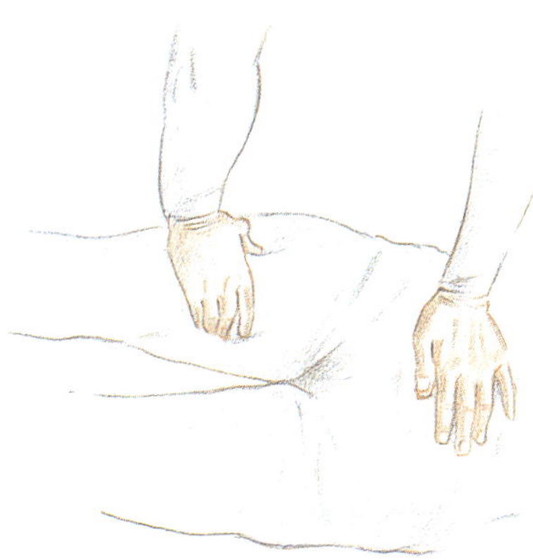

Vorder- und Innenseite der Beine (III)

Auf der Vorderseite des Beins behandeln Sie den Magen- und den Milzmeridian. »Magen 36«, der »Wunderpunkt« oben am Knie, dominiert diese Sequenz, da er einer der wichtigsten Punkte für das allgemeine Wohlbefinden ist. Er mag zuerst etwas schwer zu finden sein, aber versuchen Sie es an Ihrem eigenen Bein, dann bekommen Sie bald ein Gefühl dafür, wo er sich bei anderen befindet. Dieser Punkt ist so wichtig, dass Sie einmal die »Mutter«-Hand vom *Hara* nehmen und stattdessen auf »Magen 36« drücken können. Wenn die Beine Ihres Partners leicht seitwärts nach außen fallen, sollten Sie das Bein, an dem Sie arbeiten, vielleicht mit Ihren eigenen Knien stützen, damit Sie mit direktem Druck nach unten arbeiten können. Mit dieser Sequenz an beiden Beinen ist die Shiatsu-Behandlung beendet. Decken Sie Ihren Partner mit einer Decke zu und lassen Sie ihn einige Minuten ruhen.

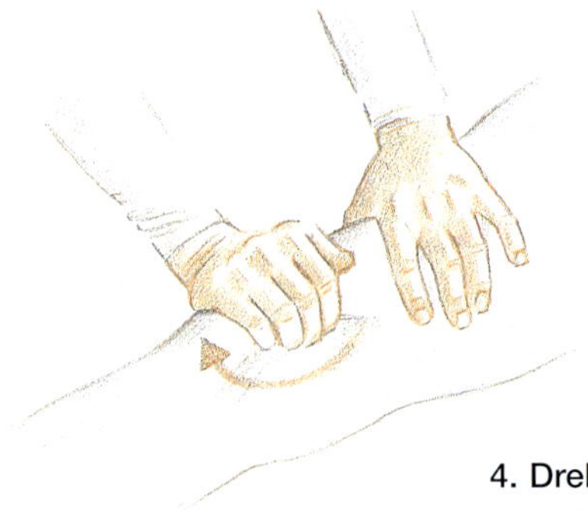

4. Drehen der Kniescheibe *(oben)*
Sie arbeiten noch immer am selben Bein. Halten Sie es mit einer Hand in der Nähe des Knies, umgreifen Sie mit der anderen fest die Kniescheibe und drehen Sie sie zwei- bis dreimal in jede Richtung.

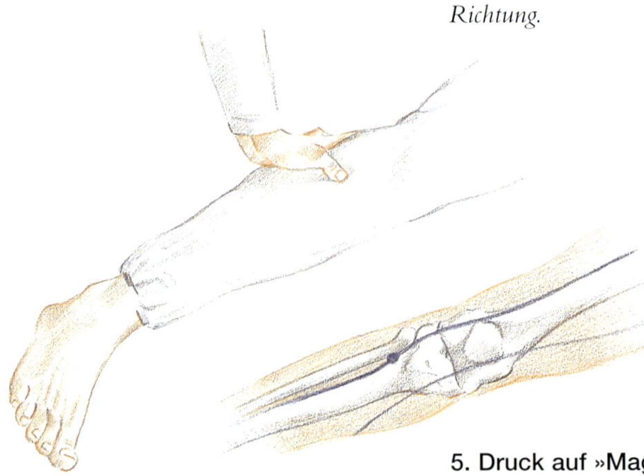

5. Druck auf »Magen 36«
Der Punkt liegt am oberen Ende des Schienbeinknochens in der Kurve, in der sich der Knochen zum Knie hin verbreitert, wie oben gezeigt. Um ihn zu finden, fahren Sie mit dem Daumen an der Außenseite des Knochens hoch, bis Sie die Kurve fühlen. Dann drücken Sie recht tief und bitten Ihren Partner um eine Reaktion. Haben Sie den Punkt getroffen, sollte er das spüren, und zwar am Meridian hinunter bis zum Fußknöchel.
Nachdem Sie »Magen 36« gefunden haben, nehmen Sie Ihre »Mutter«-Hand vom Hara *und halten den Daumen auf den Punkt.*

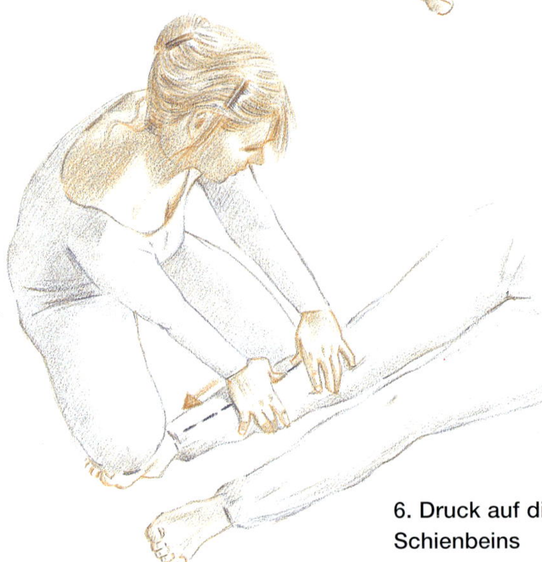

6. Druck auf die Außenseite des Schienbeins
Benutzen Sie den anderen Daumen, um an der Außenseite des Schienbeins entlang zu drücken. Wiederholen.

7. Fußdehnung vorwärts

Nehmen Sie eine Stellung ein wie beim Start zu einem Rennen. Nun halten Sie den Fuß gut fest, heben ihn vom Boden ab und beugen sich vor, um das Bein zu dehnen.

8. Fußdehnung rückwärts

Halten Sie den Fuß weiter fest und bringen Sie Ihr Körpergewicht nach hinten. Ziehen Sie dabei den Fuß zu sich hin. Wiederholen Sie beide Bewegungen. Dann gehen Sie an die andere Seite Ihres Partners.
Wiederholen Sie die Sequenz am anderen Bein.

Shiatsu-Checkliste

Die folgende Aufstellung soll Ihnen dabei helfen, die korrekte Abfolge einer Ganzkörperbehandlung rascher zu lernen und zu behalten. Eine Shiatsu-Behandlung wird sinnvollerweise immer am ganzen Körper durchgeführt, um die Energie in allen Meridianen ins Gleichgewicht zu bringen. Die Sequenz, die wir in diesem Kapitel vorstellen, ist eine Grundabfolge zur Linderung von Spannung und zur Förderung der Gesundheit.

Rückseite des Körpers

Der Rücken *(S. 92–95)*

1. *Diagonaldehnung*
2. *Lendendehnung*
3. *Handflächendruck an der Wirbelsäule abwärts*
4. *Daumendruck an der Wirbelsäule abwärts*

Die Hüften *(S. 96–99)*

1. *Druck auf die Kreuzbeinlöcher*
2. *Zusammendrücken der Hüften*
3. *Ellbogendruck auf die Hüften*

Rück- und Außenseite der Beine *(S. 100–105)*

1. *Handflächendruck auf die Rückseite des Beins*
2. *Kniedruck auf die Rückseite des Beins*
3. *Drücken der Knöchel-*Tsubos *(Achillessehne)*
4. *Dreiweg-Dehnung*
5. *Handflächendruck an der Beinseite herunter*
6. *Druck auf Knöchel-*Tsubo

1–6 am anderen Bein wiederholen

7. *Gehen auf den Sohlen*
8. *Druck auf Sohlen-*Tsubo
9. *Fersenmassage*
10. *Kneifen der Außenseite des Fußes*
11. *Ziehen an den Zehen*
12. *Klapse auf die Sohle*
13. *Klopfen auf die Sohle*

8–13 am anderen Fuß wiederholen

Rückseite der Schultern *(S. 106–109)*

1. *Daumendruck auf Schulteroberseite*
2. *Ellbogen zwischen den Schulterblättern*
3. *Drehen der Schulterblätter*
4. *Fußdruck auf die Schultern*

Vorderseite des Körpers

Vorderseite von Hals und Schultern *(S. 110–113)*

1. *Auf die Schultern lehnen*
2. *Druck an den Rippen entlang*
3. *Halssequenz*
4. *Kreisen auf den Halsseiten*
5. *Dehnen des Halses*

Kopf und Gesicht *(S. 114–117)*

1. *Hände durch das Haar ziehen*
2. *An den Haaren ziehen*
3. *Ohrenmassage*
4. *Druck auf die Scheitelpunkte*
5. *Augensequenz*
6. *Schläfensequenz*
7. *Nasen- und Mundsequenz*

Arme und Hände *(S. 118–121)*

1. *Handflächendruck auf die Arminnenseite*
2. *Umgreifen des Oberarms*
3. *Handflächendruck auf den Unterarm*
4. *An den Fingern ziehen*
5. *Druck auf den »Großen Eliminator«*
6. *Schütteln des Arms*

1–6 am anderen Arm wiederholen

Hara *(S. 122–125)*

1. *Unteres* Hara
2. *Oberes* Hara
3. *Wiegen des* Hara

Vorder- und Innenseite der Beine *(S. 126–129)*

1. *Handflächendruck auf die Innenseite des Schenkels*
2. *Handballendruck auf die Innenseite des Schienbeins*
3. *Handflächendruck auf die Vorderseite des Schenkels*
4. *Drehen der Kniescheibe*
5. *Druck auf »Magen 36«*
6. *Druck auf die Außenseite des Schienbeins*
7. *Fußdehnung vorwärts*
8. *Fußdehnung rückwärts*

Druckpunkte für Massage

Wenn Ihnen der Grundgedanke des Shiatsu gefällt, Sie aber eine Ölmassage bevorzugen, möchten Sie vielleicht einige der Druckpunkte oder *Tsubos* in die Grundmassage einbeziehen. Ihre Abfolge steht auf den Seiten 36 bis 37. Wenn die Punkte innerhalb einer Massage behandelt werden, haben sie keine so starke organische Wirkung wie bei einer Shiatsu-Behandlung, doch sie alle stimulieren auf spezifische Weise das Nervensystem und geben den Muskeln starke Impulse zur Entspannung.

Anmerkung: Die meisten dieser Punkte erreicht man ohne Schwierigkeiten mit dem Daumen; Sie können die Punkte auf dem Rücken aber auch mit dem Ellbogen behandeln. Drücken Sie jeden Punkt zwei- oder dreimal, jeweils 3–5 Sekunden lang.

Rückseite des Körpers

Der Rücken

●● *Zu beiden Seiten der Wirbelsäule zwischen den Wirbeln.*
→ *Sorgt für Ausgeglichenheit aller inneren Funktionen.*

Die Hüften

●● *Seiten der Pohälften (mit Handballen zusammendrücken).* → *Entspannt das Becken; lässt* Ki *in die Beine fließen; lindert Menstruationsprobleme.*

●● *Kreuzbeinlöcher.*
→ *Lindert Blutandrang im Becken.*

●● *Mitte der Pofalte.*
→ *Entspannt die Muskulatur von unterem Rücken und Hüften.*

Die Beine

●● *Kniekehle (Knie abstützen und mit beiden Daumen recht tief drücken).*
→ *Lindert Ischias.*

Die Fußknöchel

● *Beide Seiten der Achillessehne gleichzeitig.*
→ *Stimuliert Wasser-Funktionen; lindert Schmerzen im unteren Rücken.*

Die Füße

● *Unter der Mitte des Fußballens.*
→ *Beruhigt und entspannt.*

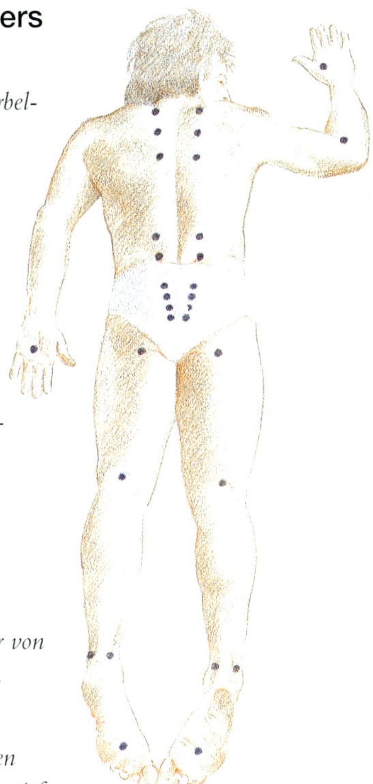

Anmerkung

● = *Sitz des Punktes*
→ = *Wirkung*

Vorderseite des Körpers

Hals und Gesicht

(siehe Halspunkte S. 112, Kopf- und Gesichtspunkte S. 114)

Die Füße

● *3–5 cm über der Verbindung zwischen großem und zweitem Zeh.*
→ *Harmonisiert Lebensenergie.*

● *In der Mitte der Fersen-innenseite.*
→ *Stimuliert die Nieren.*

Die Schultern

● *Etwa 4 cm unter der Vertiefung am äußeren Ende des Schlüsselbeins.*
→ *Stimuliert Lungenfunktion.*

Arme und Hände

● *»Großer Eliminator« (S. 121) (kneifen).* → *Beseitigt Erkältung, Kopf- und Zahnschmerzen.*

● *Handflächenmitte.*
→ *Beruhigt.*

● *Bei gebeugtem Arm am äußersten Ende der Falte, die zum Ellbogen verläuft.*
→ *Belebt Dickdarm, lindert Arm- und Schulterschmerzen.*

Das *Hara*

●● *Etwa 7–8 cm neben dem Nabel einwärts drücken.*
→ *Stimuliert den Darm, lockert Spannung im Magenbereich.*

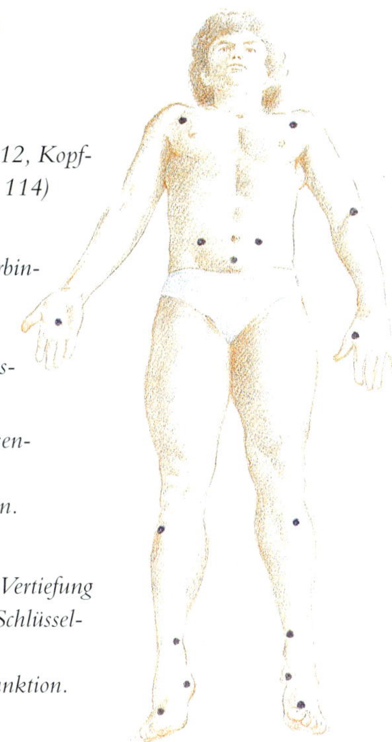

● Tan-Den *(S. 122).*
→ *Stimuliert allgemein.*

Die Beine

● *»Magen 36« (S. 128).*
→ *Fördert allgemein die Energie.*

● *Vier Fingerbreit über innerem Fußknöchel.*
→ *Beruhigt, lindert Menstruationsbeschwerden.*

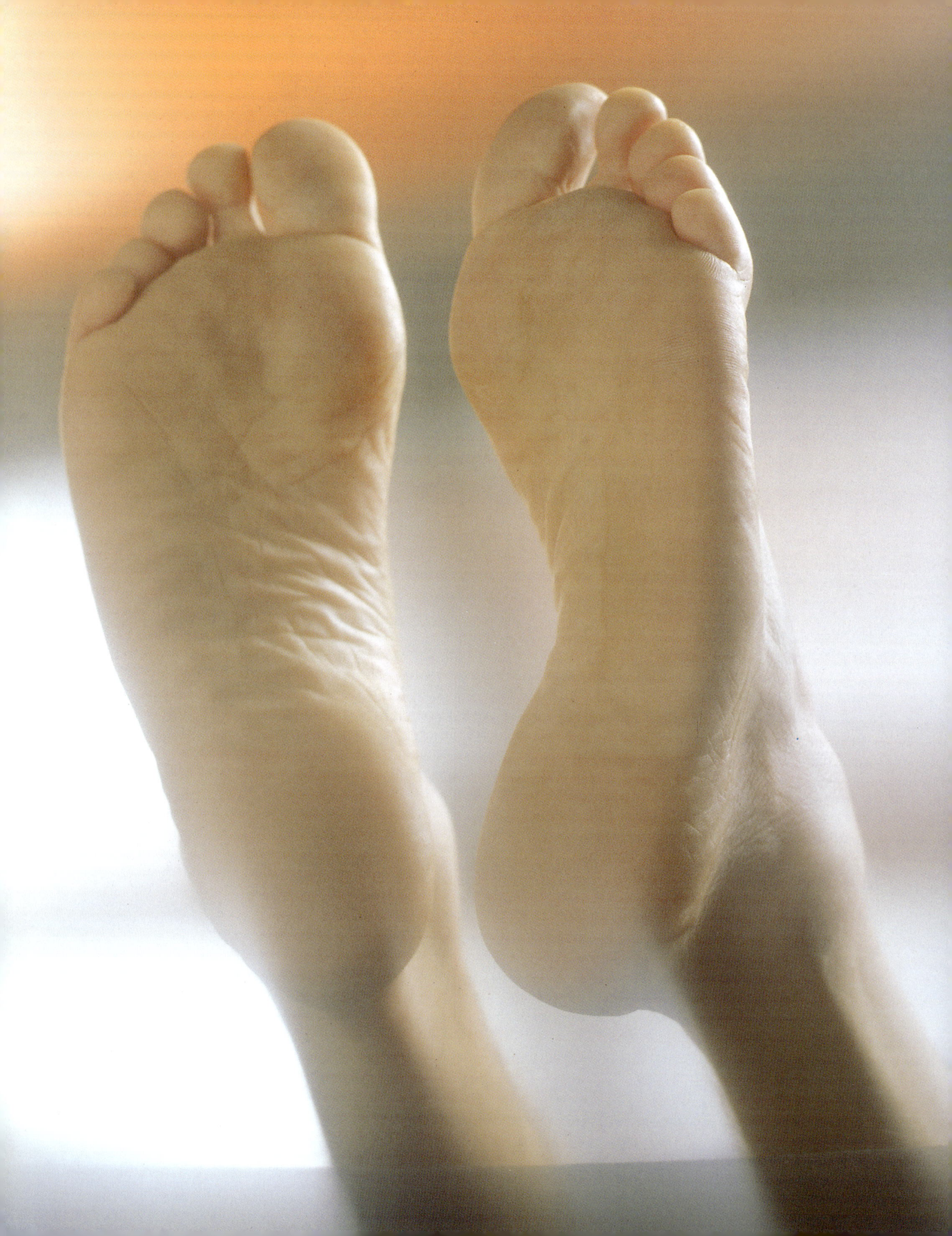

Reflexzonenmassage

Die Reflexzonenmassage basiert auf dem Prinzip, dass es Bereiche oder Reflexpunkte an Füßen und Händen gibt, die jedem Organ, jeder Drüse und Struktur des Körpers entsprechen. Indem er diese Reflexzonen bearbeitet, löst der Masseur Spannungen überall im Körper.

Die genauen Ursprünge der Reflexologie sind unbekannt, doch ist es durchaus möglich, dass sie um dieselbe Zeit entstanden ist wie die Akupunktur – etwa 4000 vor Christus –, da beide viele Prinzipien gemeinsam haben. Um 2300 vor Christus war sie mit Sicherheit in Ägypten gebräuchlich, wie Einzelheiten des Wandgemäldes auf Seite 12/13 beweisen. Die modernen Ursprünge der Reflexologie gehen auf den amerikanischen Arzt Dr. William H. Fitzgerald zurück. Er legte im Jahr 1917 mit seiner »Zonentherapie« die Grundlagen dieser Wissenschaft dar und entdeckte, dass er durch Druck auf bestimmte Teile der Finger Schmerzen in anderen Körperteilen lindern konnte. In ihrer heutigen Form jedoch wurde diese Wissenschaft hauptsächlich durch eine amerikanische Therapeutin namens Eunice Ingham etabliert. Sie entdeckte, dass die Füße auf Druck stärker reagieren als die Hände, und machte sie zum Hauptbereich der Behandlung.

Niemand weiß genau, wie die Reflexzonenmassage wirkt, obwohl es dafür mehrere Theorien gibt. Das »International Institute of Reflexology« vertritt die Ansicht, dass ständig Energie durch Kanäle oder Zonen des Körpers strömt, die in den Reflexpunkten auf den Füßen und Händen enden. Ist dieser Energiefluss ungehindert, bleiben wir gesund; wenn er jedoch durch Spannung oder Stauung behindert ist, treten Krankheiten auf. Durch die Behandlung der Reflexzonen werden die Blockierungen aufgelöst, und das ganze System ist wieder in Harmonie.

Eine typische Reflexzonenbehandlung dauert 30 bis 40 Minuten. Man nimmt die Füße nacheinander vor und bearbeitet die Reflexzonen an der Sohle, der Seite und auf dem Fuß, indem man die angemessene Daumen- und Fingertechnik anwendet. Die Fähigkeit eines Reflexzonentherapeuten ist weitgehend von Erfahrung abhängig – Zeit und Übung sind nötig, um die Reflexzonen zu finden, die empfindlich sind, und um die Feinfühligkeit der Finger für ihre Behandlung zu entwickeln. Nachdem man eine schmerzhafte Reflexzone mehrmals bearbeitet hat, geht man zur Behandlung einer anderen über; später konzentriert man sich erneut auf diese Stelle, bis der Schmerz nicht mehr akut ist. Es kann jedoch mehrere Sitzungen erfordern, bis die Empfindlichkeit ganz verschwindet. Sie sollten in Ihrem Eifer, den Schmerz loszuwerden, nicht übermäßig an einer Reflexzone arbeiten.

Der Hauptnutzen der Reflexzonenmassage ist Entspannung. Doch indem Sie die Spannung verringern, verbessern Sie auch die Blutversorgung, sorgen für ungehindertes Funktionieren der Nerven und stellen Harmonie oder Homöostase unter allen Körperfunktionen her. Da heute viele Krankheiten Folgen von Stress sind, kann die Reflexzonenbehandlung durch einen qualifizierten Praktiker für ein breites Spektrum von Befindensstörungen und gesundheitlichen Problemen von großem Nutzen sein.

Als Student der Reflexologie haben Sie jedoch nicht das Recht, medizinische Probleme zu diagnostizieren oder zu behandeln. Wenn Sie über einen medizinischen Zustand in Zweifel sind, konsultieren Sie einen Arzt. Und befolgen Sie unbedingt alle Gegenanzeigen, die in diesem Kapitel aufgeführt werden. Ihr Ziel sollte die Entspannung und Belebung des Partners sein. Die Reflexzonenlehre ist eine komplizierte Wissenschaft. Dieses Kapitel ist nur dazu bestimmt, Sie in einige grundlegende Techniken einzuführen. Wenn Sie ernsthaft und professionell Reflexzonenmassage betreiben wollen, dann sollten Sie spezielle Ausbildungsseminare besuchen.

Theorie und Prinzipien

Als Anfänger sollten Sie unbedingt die Prinzipien studieren, auf denen die Reflexologie beruht – vor allem die Zonentheorie und die Reflexkarten (Seiten 136–137 und 148–149). Sie bilden sozusagen die Grammatik dieser Wissenschaft und zeigen Ihnen, wie Sie durch die Behandlung spezieller Reflexe verschiedene Teile des Körpers entspannen können. Die Zonentheorie (unten) unterteilt den Körper in zehn Zonen, die jeweils durch die ganze Länge des Körpers laufen. Vielleicht werden Sie schneller mit dieser Theorie vertraut, wenn Sie geistig von jedem Zeh aus am Körper hochfahren und sich die betreffenden Zonen bildlich vorstellen. Die Fußleitlinien (Seite 133) zeigen Ihnen, wie Sie die Reflexkarten auf jede Fußgröße und Fußform anwenden können.

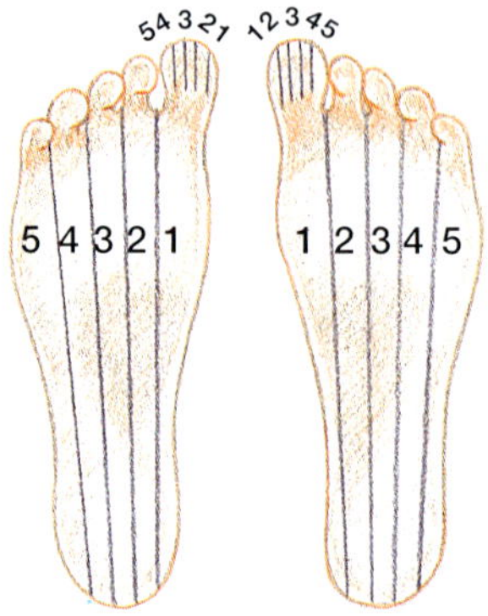

Die Fußzonen

Jeder Zeh repräsentiert eine Zone, die durch die ganze Länge des Körpers verläuft. Alle Zehen sind Reflexbereiche für den Kopf, doch dessen Hauptreflexe befinden sich in den großen Zehen. Jeder von ihnen entspricht einer Kopfhälfte und ist daher wiederum in fünf Zonen unterteilt.

Die Zonentheorie

Die Zonentheorie erklärt die Verbindung zwischen den Reflexzonen an den Füßen und den Körperteilen, denen sie entsprechen. Dieser Theorie zufolge gibt es zehn »Zonen« oder Energiekanäle, die längs von den Füßen zum Kopf durch den Körper laufen – fünf auf jeder Seite, eine für jeden Finger oder Zeh, wie rechts gezeigt. Jedes Organ, jede Drüse und jeder Körperteil, der innerhalb einer bestimmten Zone liegt, hat seinen Reflex in der entsprechenden Zone des Fußes (oder der Hand). So verläuft der Reflex für die Wirbelsäule an der Innenseite beider Füße (Zone 1), der für die Leber durch die äußeren vier Zonen des rechten Fußes (Zonen 2, 3, 4 und 5). Wenn man die Zonenlinien über eine anatomische Abbildung des Körpers legt, wie ganz rechts, kann man sich leichter vorstellen, wie die Behandlung eines Reflexpunktes am Fuß einen Körperteil beeinflusst, der in derselben Zone liegt. Wenn Sie bei der Behandlung des Fußes auf eine schmerzhafte Stelle treffen, bedeutet das häufig, dass eine Spannung oder Stauung in einem dieser Zone entsprechenden Körperteil besteht. Tatsächlich hat jeder Zustand, der den Energiefluss an irgendeinem Zonenpunkt stört, eine schädliche Auswirkung auf sämtliche Strukturen, die derselben Zone angehören.

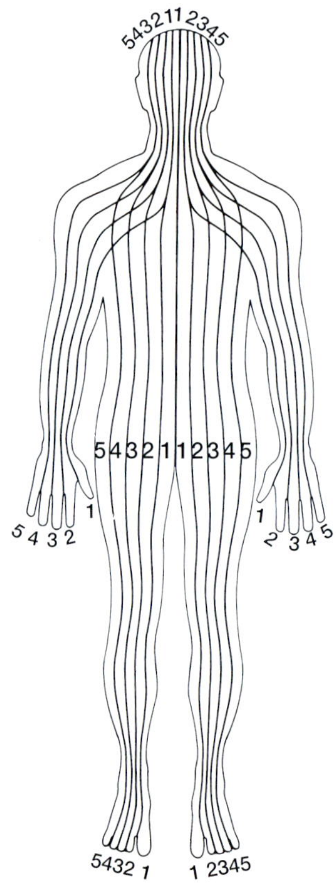

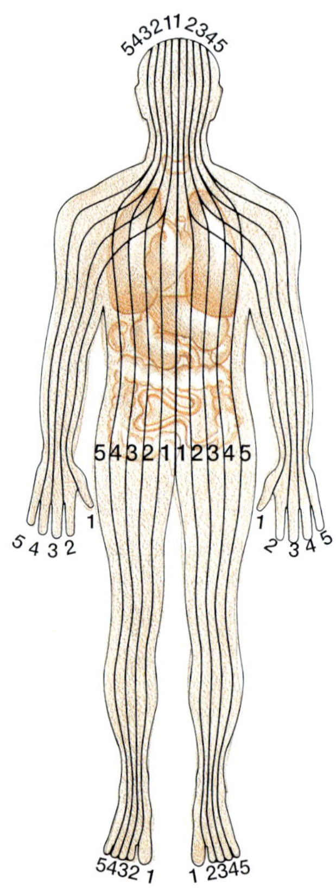

Die Knochen des Fußes

Für die Reflexzonenbehandlung sollten Sie sich mit den Knochen des Fußes vertraut machen – an ihnen nämlich müssen Sie sich teilweise orientieren, ehe Sie eine Massage beginnen. Jeder Fuß besteht aus 26 Knochen – 7 Fußwurzelknochen, 5 Mittelfußknochen (die langen Knochen in der Mitte) und 14 Zehenknochen. Erkunden Sie mit den Händen Ihre eigenen Füße und versuchen Sie die Anordnung der Knochen zu ertasten.

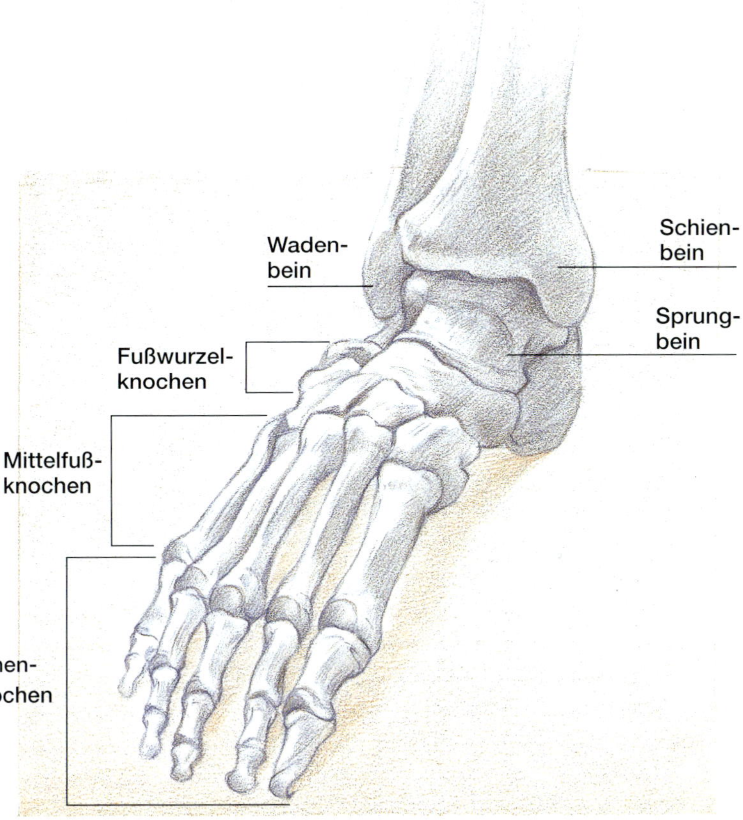

Leitlinien an den Füßen

Für eine Reflexzonenmassage muss man gut vorbereitet sein, es genügt nicht, sich einfach nur an die Fußreflexkarte zu halten. Füße gibt es in den verschiedensten Formen und Größen. Um sich mit einem Fuß vertraut zu machen, muss man zunächst bestimmte »Landmarken« oder Leitlinien finden. Drei Leitlinien verlaufen quer über die Füße – die Zwerchfell-Linie, die Taillen-Linie und die Fersen-Linie. An ihnen können Sie sich orientieren, um die Reflexe genau zu treffen. Die Zwerchfell-Linie verläuft direkt unter dem Fußballen über die Enden der Mittelfußknochen. Die Taillen-Linie denken Sie sich von der Ausbuchtung an der Außenseite des Fußes, vom fünften Mittelfußknochen aus quer über die Sohle gezogen. Die Fersen-Linie »ziehen« Sie dort, wo die hellere, weichere Haut in die dunklere, dickere Haut des Fersenballens übergeht. Wenn Sie diese drei Leitlinien erst einmal gefunden haben, können Sie den exakten Sitz der Reflexe bestimmen, die darüber oder darunter liegen.

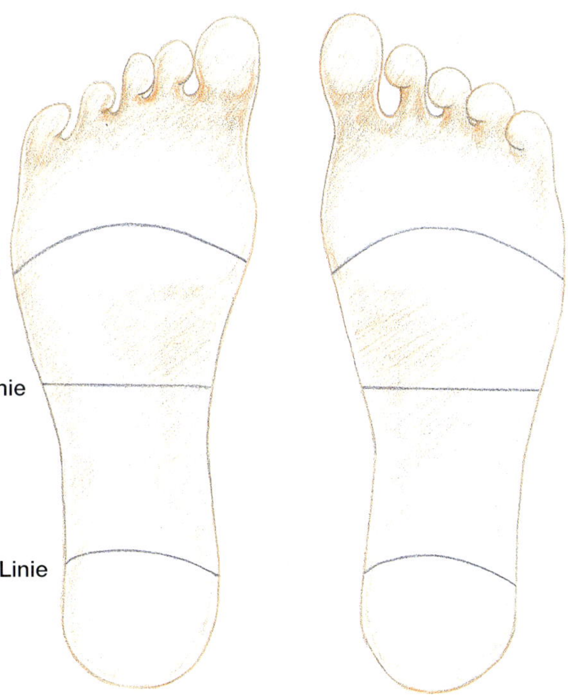

Fußreflexkarte

Diese Karte zeigt den exakten Sitz der den verschiedenen Körperteilen entsprechenden Reflexe an den Sohlen und Außenseiten der Füße. Wie Sie sehen, sind die Reflexe an beiden Füßen ziemlich ähnlich; einige jedoch erscheinen nur an einem Fuß, weil die Organe, denen sie entsprechen, nur auf einer Körperseite liegen – die Zone für das Herz beispielsweise liegt auf der linken Sohle, die für die Leber auf der rechten. Aus Gründen der Einfachheit sind hier nur einige der Reflexe abgebildet, obwohl tatsächlich jedes einzelne Organ, jede Drüse und jede Struktur ihren Reflex an den Füßen hat. Wir haben die Füße auf diesen Seiten genauso abgebildet, wie sie vor Ihnen liegen, wenn Sie jemanden behandeln – das heißt, die rechte Sohle liegt vor Ihrer linken, die linke vor Ihrer rechten Hand.

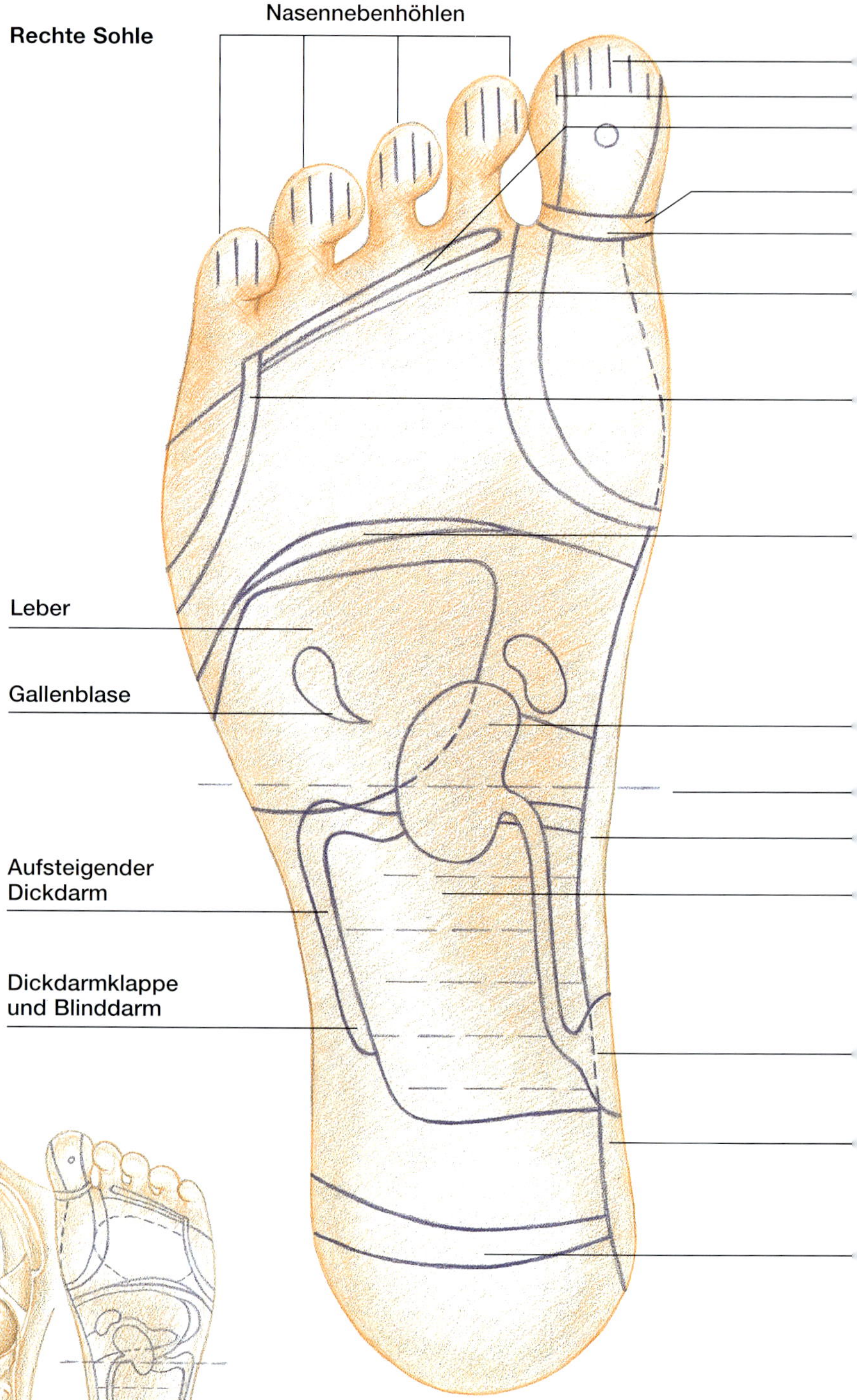

Die Beziehung Fuß – Körper

Die Fußreflexzonen repräsentieren eine bemerkenswert genaue Karte des Körpers; sie spiegeln die Anordnung der verschiedenen Bereiche wider, wie unten gezeigt. Beachten Sie beispielsweise, wie der Zwerchfellreflex dem Zwerchfell in der Anatomie entspricht. Wenn Sie die Abbildung der beiden Füße so zusammenrücken, dass Sie den Rumpf bedecken, sehen Sie, wieso die Wirbelsäulenreflexe am inneren Rand beider Füße liegen.

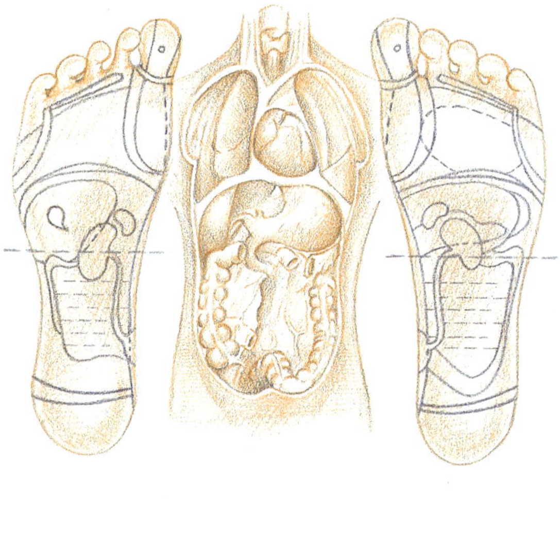

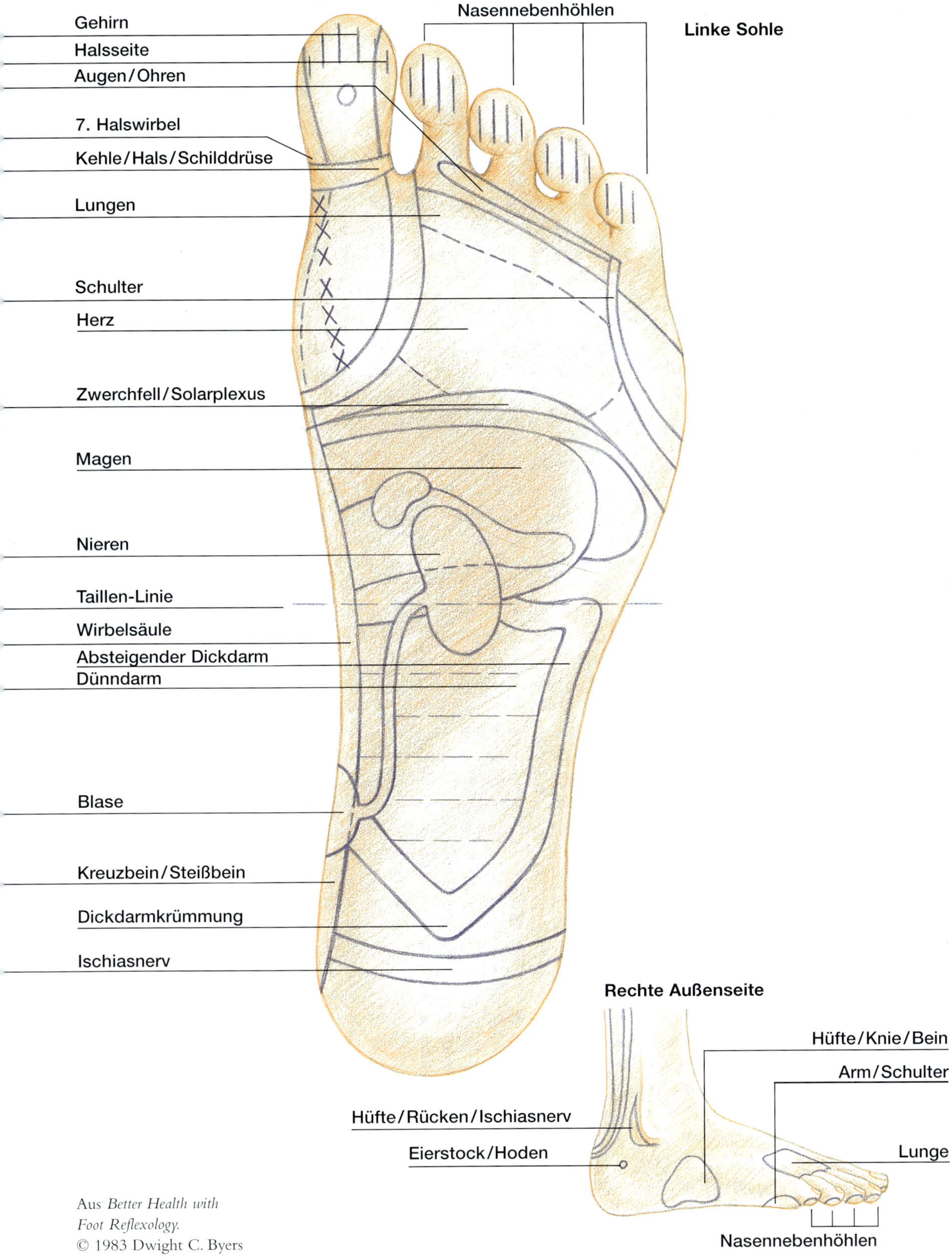
Linke Sohle
Nasennebenhöhlen
Gehirn
Halsseite
Augen/Ohren
7. Halswirbel
Kehle/Hals/Schilddrüse
Lungen
Schulter
Herz
Zwerchfell/Solarplexus
Magen
Nieren
Taillen-Linie
Wirbelsäule
Absteigender Dickdarm
Dünndarm
Blase
Kreuzbein/Steißbein
Dickdarmkrümmung
Ischiasnerv
Rechte Außenseite
Hüfte/Knie/Bein
Arm/Schulter
Hüfte/Rücken/Ischiasnerv
Eierstock/Hoden
Lunge
Nasennebenhöhlen

Grundtechniken

Die Finger- und Daumentechniken der Reflexzonenmassage unterscheiden sich grundsätzlich von Griffen oder Bewegungen anderer Naturheilweisen, und es erfordert einige Zeit, bis man sie beherrscht. Ideal wäre es, wenn Sie einen Kurs oder ein Seminar besuchen könnten; ist das nicht möglich, müssen Sie die hier gezeigten Grundtechniken genau studieren und einige Zeit üben, bevor Sie sich an eine Behandlungsabfolge machen. Zusätzlich zu den Entspannungstechniken gibt es vier grundlegende Arbeitstechniken – Daumentechnik, Zeigefingertechnik, Daumenhaken und Reflexrotation. Der größte Teil einer Reflexzonenmassage wird mit der Daumen- und Zeigefingertechnik durchgeführt. Daumenhaken und Reflexrotation sind spezialisiertere Techniken, die nur bei bestimmten Reflexen angewandt werden.

Vorsicht: *Menschen mit Krampfadern dürfen Sie nicht behandeln oder nur an den Entsprechungsbereichen (siehe Seite 163). Mit Ausnahme der sanften Entspannungstechniken sollten Sie die Reflexzonenmassage auch nicht an schwangeren Frauen durchführen, außer Sie sind ausreichend qualifiziert.*

Praktische Hinweise

Das Schöne an einer Reflexzonenbehandlung ist, dass Sie sie überall und jederzeit durchführen können – das Einzige, was Sie wirklich brauchen, sind Ihre Hände. Voraussetzung ist nur, dass sowohl Sie als auch Ihr Partner es so bequem wie möglich haben. Seine Füße sollten sich dabei ungefähr auf gleicher Höhe mit Ihrem Schoß befinden, damit Sie sich nicht zu weit vorbeugen müssen. Außer Stühlen und Sesseln brauchen Sie vielleicht einen Körperpuder oder Maismehl für den Fall, dass die Füße Ihres Partners feucht sind, und ein Handtuch, das Sie auf Ihren Schoß legen. Öle oder Cremes werden nicht verwendet. Achten Sie auf kurze Fingernägel.

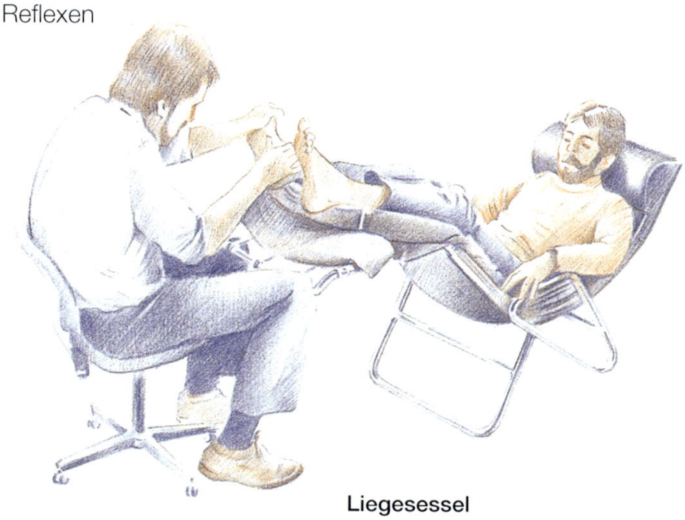

Liegesessel

Dies ist die ideale Stellung für jemanden, der eine Reflexzonenmassage erhält; der Liegesessel gibt Kopf und Knien guten Halt und ermöglicht völlige Entspannung.

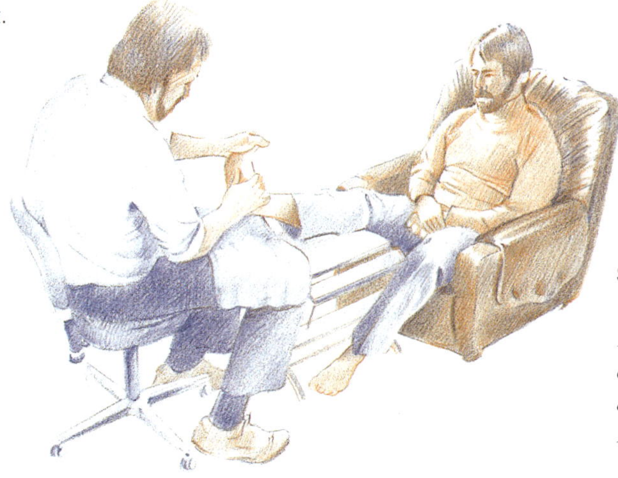

Sessel und Stuhl

Wenn Sie keinen Liegesessel haben, kann Ihr Partner sich in einen Sessel oder auf ein Sofa setzen und das Bein, an dem Sie arbeiten, auf einen Stuhl von ähnlicher Höhe legen.

Entspannungstechniken

Entspannung ist der Schlüssel zu wirksamer Reflexzonenmassage. Zu Beginn einer Behandlung wenden Sie die drei im Folgenden gezeigten Techniken an, zuerst an einem Fuß, dann am anderen; so gewöhnen Sie den Empfänger an Ihre Hände und lockern die Füße. Sie sollten auf sie zurückkommen, sofern Sie im Laufe der Behandlung an schmerzhaften Reflexen gearbeitet haben – das beruhigt den Partner – und wenn Sie am Ende einer Behandlungssequenz angekommen sind. Von den drei hier vorgestellten Techniken sollten Sie »Vor« und »Zurück« immer zuerst anwenden und dann eine der beiden anderen anschließen. Die Technik der Zwerchfell- und Solarplexus-Biegung ist besonders wohltuend für Menschen, die unter Verspannung leiden.

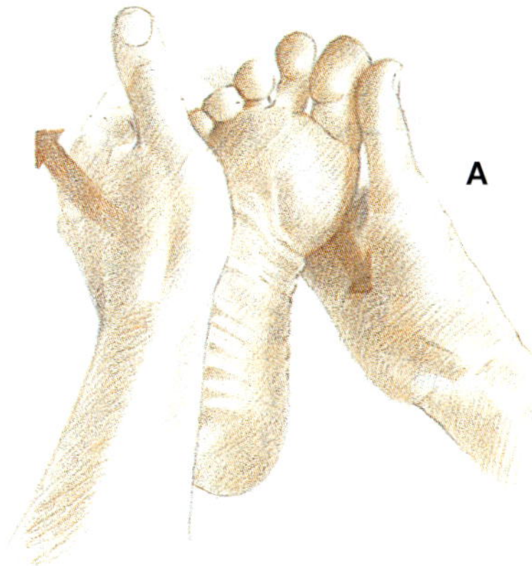

A

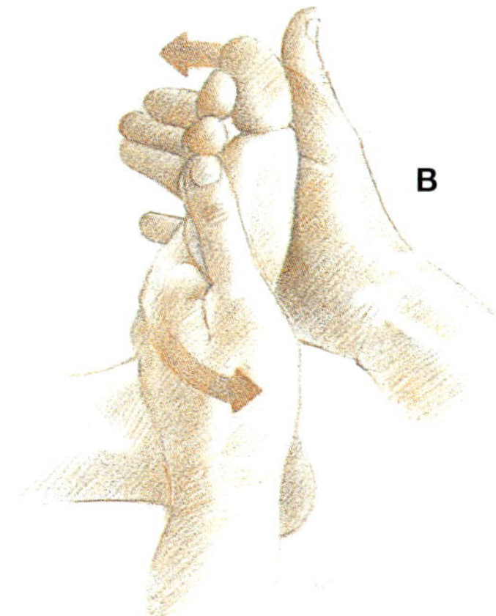

B

»Vor« und »Zurück«

Legen Sie Ihre Handflächen mit entspannten Fingern um den Fuß (A). Drücken Sie nun sanft eine Hand vor und ziehen Sie die andere zurück (B). Setzen Sie diese Bewegung, bei der der Fuß abwechselnd vor und zurück gedrückt wird, fort, und zwar in ziemlich schnellem Rhythmus. Ihre Hände sollen dabei ständig mit dem Fuß in Kontakt bleiben.

Zwerchfell- und Solarplexus-Biegung

A. *Drücken Sie Ihren Daumen fest in die Wölbung direkt unter dem Fußballen (Zwerchfell- und Solarplexusreflex), und zwar den rechten Daumen in den rechten Fuß, während die linke Hand den Fuß hält. Umfassen Sie mit der haltenden Hand die Zehenbasis.*

B. *Nun biegen Sie sanft die Zehen zu sich hin, indem Sie den Fuß gegen den Daumen ziehen. Beginnen Sie am Innenrand des Reflexes und arbeiten Sie sich mit dem Daumen langsam hinunter zum Außenrand.*

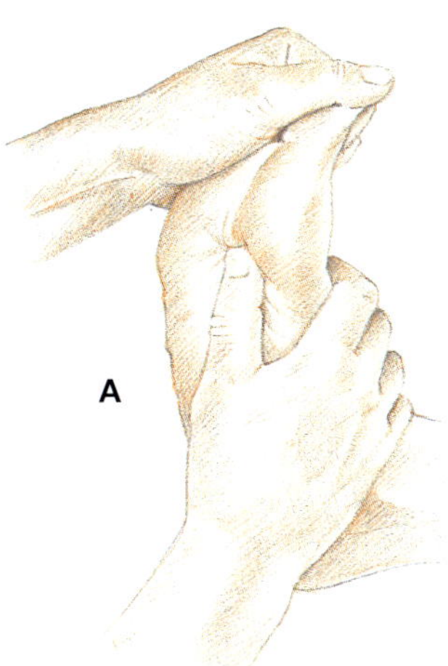

A

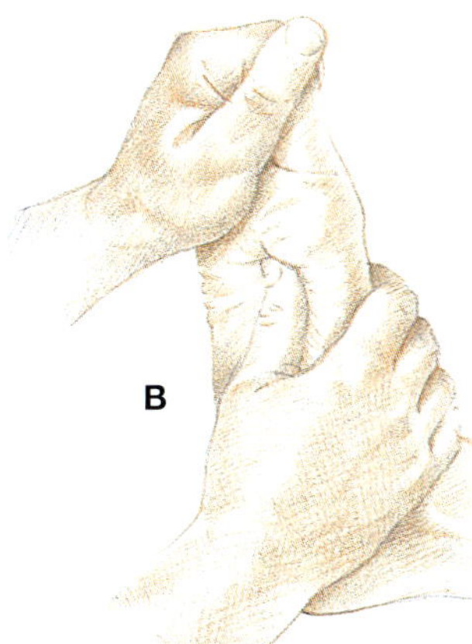

B

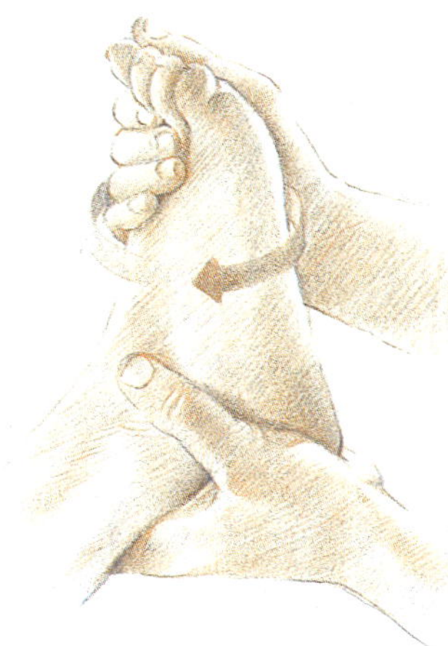

Knöcheldrehung

Nehmen Sie die Ferse in die entgegengesetzte Hand – rechte Ferse in die linke Hand und umgekehrt –, und zwar so, dass der Daumen direkt unter dem Knöchel liegt. Nun fassen Sie mit der anderen Hand die Fußspitze und drehen sie vorsichtig ein paar Mal in die eine Richtung, dann ein paar Mal in die andere.

Grundlegende Haltetechnik

Für eine gute Reflexzonenmassage müssen Sie eine Art Teamwork zwischen Ihren beiden Händen entwickeln – eine Hand hält den Fuß fest, während die andere die Reflexe bearbeitet. Zu jeder Arbeitstechnik gehört ein etwas anderer Haltegriff – eine Variation der grundlegenden Haltetechnik, die rechts gezeigt wird. Sie brauchen für jeden Fuß immer beide Hände; bitte üben Sie daher den grundlegenden Haltegriff auf beiden Seiten, bis er in Fleisch und Blut übergegangen ist.

Grundlegende Haltetechnik
Wenn Sie den rechten Fuß bearbeiten, legen Sie Ihre linke Hand um die Zehen; halten Sie die Zehen gerade, ohne sie nach vorn oder hinten zu biegen, und arbeiten Sie mit der rechten Hand. Nun wechseln Sie die Hände. Für den linken Fuß brauchen Sie die rechte Hand zum Halten und die linke zum Arbeiten.

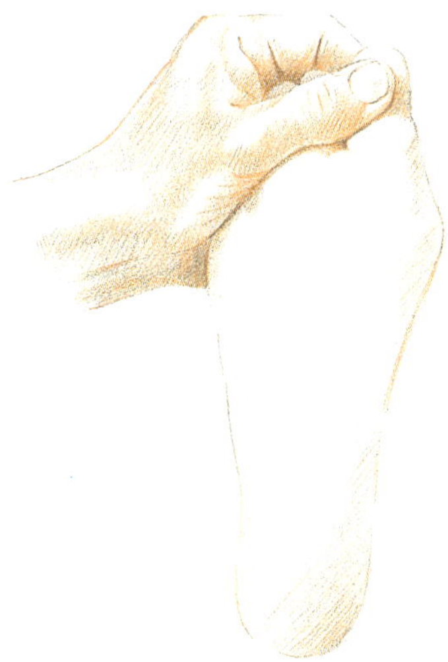

Grundlegende Daumentechnik

Bei der Reflexzonenmassage setzen Sie Ihre Daumen hauptsächlich zur Bearbeitung der Reflexe an den Sohlen und mitunter den Seiten der Füße ein. Sie arbeiten mit dem ersten Glied Ihres Daumens und »wandern« wie eine Raupe an dem Reflex entlang, indem Sie das Gelenk abwechselnd beugen und strecken. Es ist die Innenseite oder der mittlere Rand des Daumens, mit dem Sie massieren, nicht die Fingerspitze oder der Ballen (der Teil, der den Tisch berührt, wenn Sie Ihre Hand flach hinlegen).

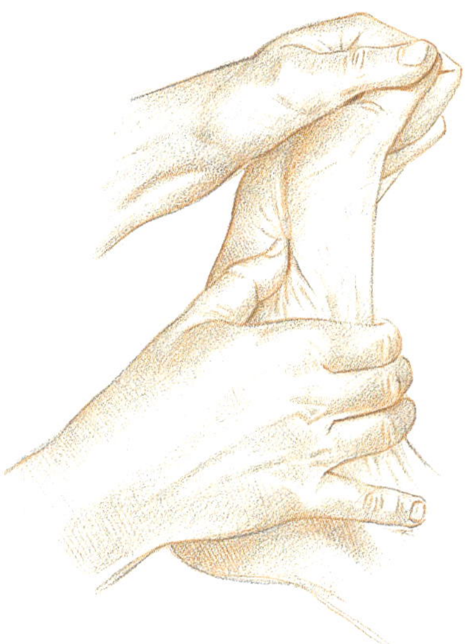

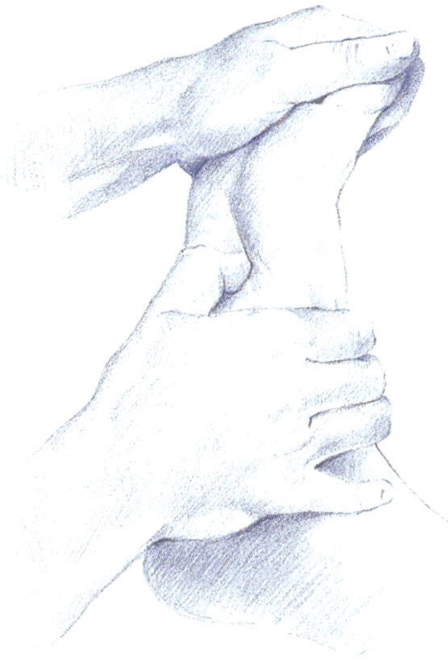

Grundlegende Daumentechnik
Nimmt der Daumen den richtigen Winkel ein, ist das Gelenk nicht allzu sehr gebeugt, was eine größere Genauigkeit und sanftere Technik ermöglicht, wie Sie oben sehen. Wenn Sie das Gelenk zu weit abknicken (wie rechts), ist das nicht nur anstrengend für den Daumen; es bedeutet auch, dass der Partner Ihren Nagel zu spüren bekommt. Die Finger der arbeitenden Hand legen sich um die Oberseite des Fußes, damit eine Hebelwirkung erreicht wird.

Zeigefingertechnik

Der Zeigefinger kommt ins Spiel, wenn Sie Oberseite und Seite des Fußes bearbeiten. Auch hier findet die Berührung mit der Innenseite oder dem mittleren Rand des Fingers statt, wobei das erste Fingerglied leicht abgeknickt wird, um vorwärts zu »wandern« oder zu kriechen. Diesmal sorgt der Daumen von der anderen Seite des Fußes aus für die Hebelwirkung und drückt den Kopf des Mittelfußknochens nach vorn – so lässt sich die Oberseite des Fußes leichter behandeln. Über einen schmerzhaften Reflex sollten Sie mit Ihrem linken Zeigefinger in eine Richtung »wandern« und dann mit dem rechten in die andere.

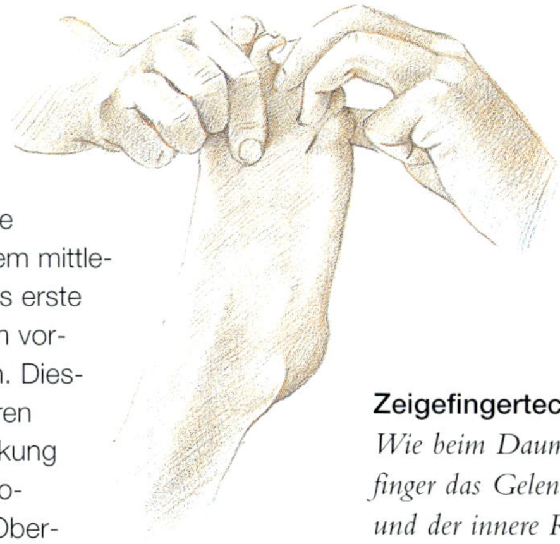

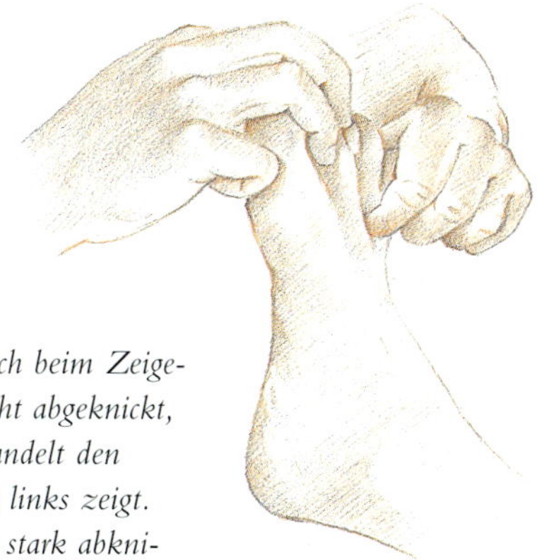

Zeigefingertechnik

Wie beim Daumen ist auch beim Zeigefinger das Gelenk nur leicht abgeknickt, und der innere Rand behandelt den Reflex, wie die Abbildung links zeigt. Wenn Sie das Gelenk zu stark abknicken und die Fingerspitze benutzen, wie rechts gezeigt, dann verlieren Sie einen großen Teil des Kontakts mit der Haut und riskieren, mit dem Fingernagel auf die betreffende Stelle zu drücken.

Daumen-Stechen

Mit dieser Technik kann man besonders kleine Reflexe sehr genau treffen und die Teile des Fußes bearbeiten, an denen die Haut dick ist, wie beispielsweise die Ferse. Drücken Sie Ihren Daumen wie eine Biene, die ihren Stachel einführt, in den Reflex und ziehen Sie ihn dann zurück. Dabei ist die Hebelwirkung der Finger wichtig, da die Technik große Präzision verlangt.

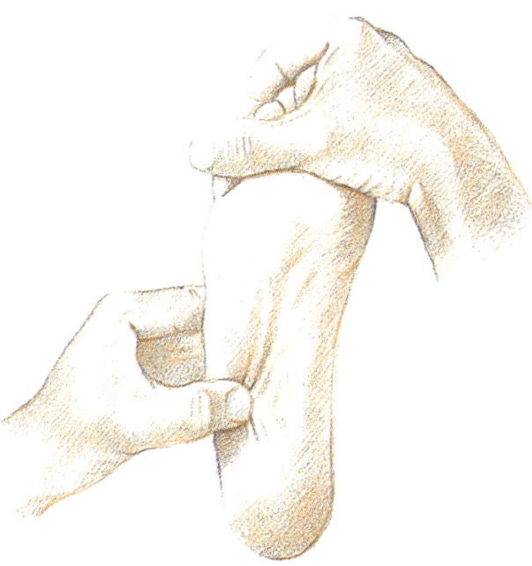

Daumen-Stechen

Stützen Sie den Fuß mit der »haltenden« Hand gut ab und legen Sie den Daumen der Arbeitshand auf eine Reflexzone. Nun »stechen« Sie mit dem Daumen kurz und scharf in seitlicher Richtung zu (in diesem Fall zur Außenseite) und ziehen ihn sofort wieder zurück.

Reflex-Rotation

Diese Technik ist speziell dazu bestimmt, einen schmerzhaften Reflex »auszuarbeiten«; man wendet sie für die Reflexe des oberen Bauchraums an beiden Füßen an (das heißt zwischen Taillen-Linie und Zwerchfell-Linie). Sie empfiehlt sich, wenn Sie an einen besonders empfindlichen Bereich kommen. Halten Sie Ihren Daumen in Position und drehen Sie den Fuß mit der anderen Hand darum herum, wie unten gezeigt. Nach einigen Minuten Reflex-Rotation werden Sie feststellen, dass der Schmerz beträchtlich geringer geworden ist. Gehen Sie sanft vor und achten Sie sorgfältig darauf, dass Sie nicht Ihren Fingernagel in die Stelle drücken.

Reflex-Rotation

Drücken Sie den Daumen, mit dem Sie arbeiten, leicht auf den Reflex. Nun drehen Sie mit der haltenden Hand den oberen Teil des Fußes um den Daumen herum, zuerst im Uhrzeigersinn, dann entgegengesetzt.

Abfolge der Fußbehandlung

Bevor Sie Ihren Partner zum ersten Mal behandeln, sollten Sie seine Füße auf Hornhaut, Schwielen, Hühneraugen etc. untersuchen – sie könnten den Energiefluss in diesem Bereich stören. Stellen Sie irgendwelche Probleme fest, raten Sie ihm, einen Fußpfleger aufzusuchen. Zunächst orientieren Sie sich an den Füßen, wie auf Seite 135 gezeigt. Nachdem Sie sich beide gründlich entspannt haben, beginnen Sie mit der Arbeit an den Reflexen; beenden Sie zuerst die ganze Abfolge an einem Fuß, dann am anderen. Eine Sequenz verläuft systematisch am Fuß abwärts, von den Zehen zur Ferse – vom Kopf zu den Reflexen des unteren Bauchraums – und dann an der Innenseite des Fußes wieder hinauf, wo die Wirbelsäulenreflexe behandelt werden. Die Abfolge merken Sie sich am schnellsten, wenn Sie anfangs noch die Karte mit den Fußreflexen (siehe Seite 136/137) studieren und sich die genaue Position der Reflexe immer dann einprägen, wenn Sie zu einer neuen Zone kommen. Achten Sie während der Behandlung besonders auf schmerzhafte Bereiche; kehren Sie, nachdem Sie beide Füße durchgearbeitet haben, noch einmal kurz zu diesen Stellen zurück. Erwarten Sie aber nicht, diese innerhalb einer Sitzung beseitigen zu können. Gehen Sie stets sanft vor – das übermäßige Bearbeiten empfindlicher Punkte bewirkt nämlich das Gegenteil: Es schafft Spannung statt Entspannung.

Die Reflexe von Kopf, Nebenhöhle, Auge und Ohr

Alle Zehen enthalten Reflexzonen für den Kopf; der rechte Fuß ist für die rechte Kopfseite zuständig und umgekehrt. Die Hauptreflexe befinden sich an den großen Zehen; die anderen Zehen bergen die »Fein-Einstellungs«-Reflexe für den Kopf sowie die der Nasennebenhöhlen. Die richtige Bearbeitung der Zehen erfordert viel Übung – sie sind nicht nur empfindlich, sondern, weil sie so klein sind, auch schwer zu halten und zu behandeln. Die Reflexe von Auge und Ohr massieren Sie am direktesten an der Basis der kleineren Zehen. Da Spannung die Wurzel vieler Augenprobleme ist und die richtige Durchblutung und Einstellung der Sehschärfe behindert, ist eine Reflexzonenbehandlung oft sehr wirksam, weil sie durch ihre entspannende Wirkung das normale Funktionieren fördert.

Reflexe von Kopf und Nebenhöhlen

Linker Fuß: Halten und schützen Sie die Zehen mit der rechten Hand und arbeiten Sie mit dem linken Daumen an den Reflexen, wobei die Finger der linken Hand über denen der rechten liegen. Beginnen Sie beim großen Zeh und »wandern« Sie mit dem Daumen an allen Zehen herunter bis zum Ansatz. Wechseln Sie die Hände und wandern Sie zurück zum großen Zeh. Seitenverkehrt für den rechten Fuß.

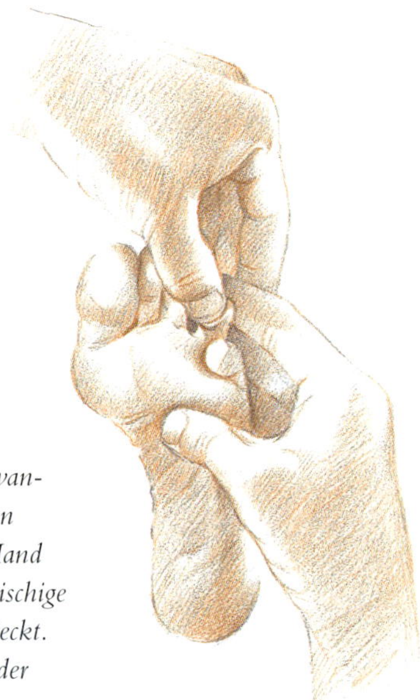

Reflexe von Auge und Ohr

Um diese Reflexzonen zu behandeln, »wandern« Sie am Ansatz der kleineren Zehen entlang. Halten Sie den Fuß mit einer Hand und ziehen Sie mit dem Daumen die fleischige Haut herunter, die die Zehenansätze bedeckt. »Wandern« Sie mit den Außenseiten beider Daumen an diesem Rand entlang, und zwar in beide Richtungen.

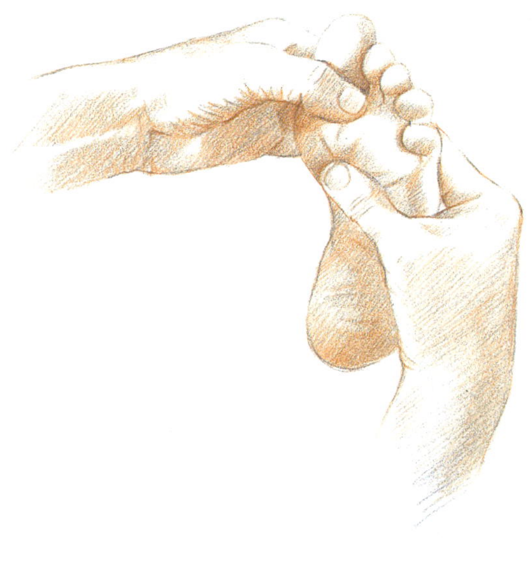

Der Hals- und Kehlenreflex

Die Reflexzone für Hals und Kehle liegt an der Basis des großen Zehs. Eine Bearbeitung dieses Bereichs beeinflusst nicht nur den Hals selbst, sondern auch das obere Ende der Wirbelsäule, die Mandeln, die Schilddrüse und die Nebenschilddrüse.

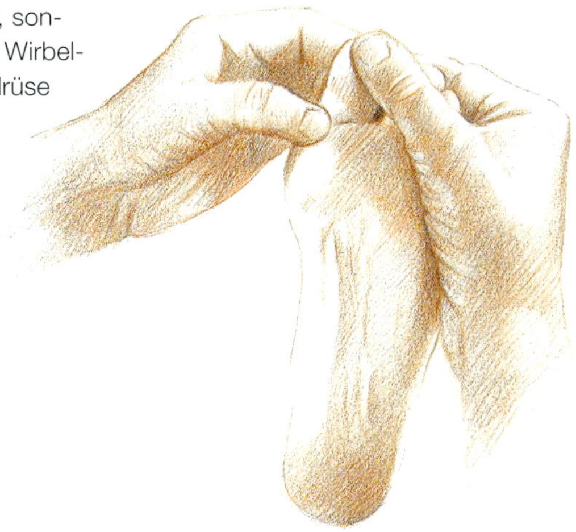

Hals- und Kehlenreflex

Halten Sie den Fuß mit einer Hand und arbeiten Sie mit dem Daumen der anderen Hand von der Seite aus um den Ansatz des großen Zehs herum. Dann wechseln Sie die Hände und arbeiten in der anderen Richtung wieder zurück, das heißt, Sie halten den Fuß jetzt mit der anderen Hand und arbeiten mit dem anderen Daumen.

Der Lungenreflex

Auf der Unterseite des Fußes liegt diese Reflexzone zwischen den Gelenken der Mittelfußknochen und der Basis der Zehen, auf der Oberseite zwischen den Mittelfußknochen. Zuerst bearbeiten Sie die Lungenreflexzone an der Unterseite des Fußes, wie rechts gezeigt, und dann die Oberseite. Der Bereich des Lungenreflexes beeinflusst alle Organe in der Brusthöhle, nicht nur die Lungen.

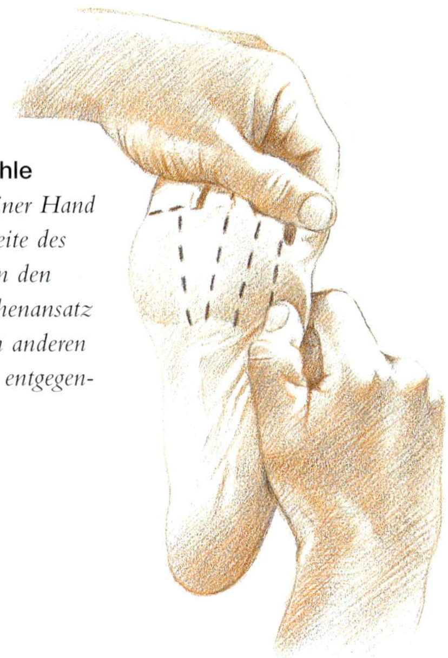

Lungenreflex an der Sohle

Halten Sie die Zehen in einer Hand und arbeiten Sie mit der Seite des anderen Daumens zwischen den Mittelfußknochen zum Zehenansatz hin. Nehmen Sie dann den anderen Daumen und gehen Sie in entgegengesetzter Richtung zurück.

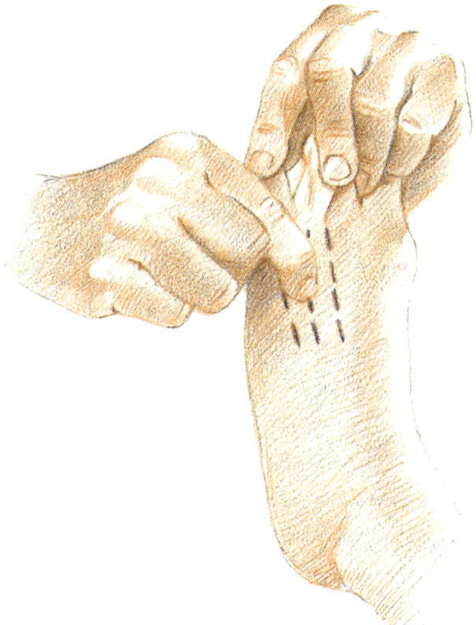

Lungenreflex an der Oberseite des Fußes

Halten Sie die Zehen in einer Hand und arbeiten Sie mit der inneren, oberen Seite des anderen Zeigefingers von der Basis jedes Zehs aus zwischen den Mittelfußknochen abwärts. Beginnen Sie beim großen Zeh und hören Sie beim kleinen auf. Wechseln Sie die Hände und gehen Sie in die entgegengesetzte Richtung zurück. Ihr Daumen sollte dabei jeweils den Kopf eines Mittelfußknochens nach vorn drücken, um die Oberseite des Fußes zu »öffnen«.

Der obere Bauchraum

Diese große Reflexzone liegt zwischen den Köpfen der Mittelfußknochen (Zwerchfell-Linie) und der Taillen-Linie. Da die Reflexe für Organe der rechten Körperseite am rechten Fuß liegen und umgekehrt, finden Sie den Leberreflex hauptsächlich am rechten Fuß, Magen- und Pankreasreflex hauptsächlich am linken. Die Nierenreflexe befinden sich an beiden Füßen. Die Abfolge unserer Fußbehandlung konzentriert sich nur auf die Leber. Wenn ein Fuß bei der Berührung des Bereichs für den oberen Bauchraum sehr schmerzt, sollten Sie zusätzlich zur grundlegenden Daumentechnik noch die Reflex-Rotation benutzen (siehe Seite 141).

Leberreflex *(rechts)*

Die »haltende« Hand liegt auf den Zehen. Arbeiten Sie nun mit dem Daumen der anderen Hand systematisch den ganzen Bereich durch. Achten Sie darauf, dass die Finger der arbeitenden Hand um die Fußoberseite liegen und dem Daumen Hebelwirkung geben. Setzen Sie auch hier wieder die Hände abwechselnd ein.

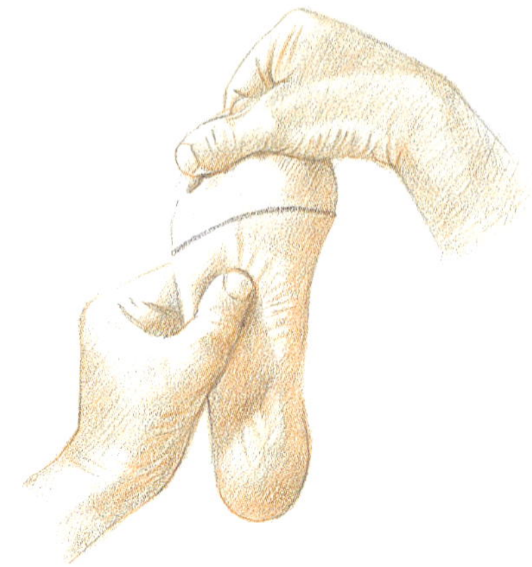

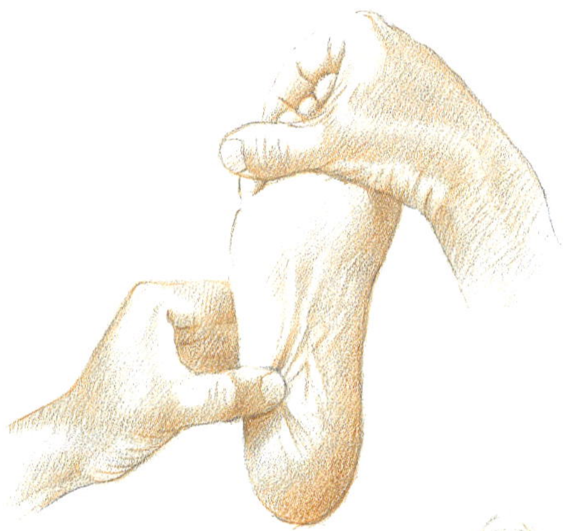

Reflexe von Dickdarmklappe, Blinddarm und aufsteigendem Dickdarm *(links)*

Legen Sie den linken Daumen auf den Dickdarmklappen- und Blinddarmreflex und »stechen« Sie in Richtung auf die Außenseite des Fußes (siehe Seite 137). Dann »wandern« Sie mit dem Daumen an der Außenseite hoch bis zur Taillen-Linie, um den ganzen aufsteigenden Dickdarm zu behandeln.

Der untere Bauchraum

Die Reflexe für den aufsteigenden Dickdarm und die Dickdarmklappe liegen am rechten Fuß. Um den Reflex von Dickdarmklappe und Blinddarm zu finden, »wandern« Sie mit Ihrem linken Daumen langsam am Innenrand des Fußes hoch, bis Sie einen empfindlichen Punkt direkt über dem Fersenknochen finden. Der Reflex für den aufsteigenden Dickdarm reicht von diesem Punkt aufwärts bis zur Taillen-Linie. Neben Verdauungsstörungen reagieren auch Patienten mit Bronchialproblemen, Asthma und allergischen Zuständen gut auf die Behandlung dieses Bereichs. Werden die Reflexe für die S-förmige Dickdarmkrümmung und den absteigenden Dickdarm bearbeitet, hilft das gegen Blähsucht, Verstopfung und andere mit Stress zusammenhängende Zustände. Beide Reflexe befinden sich am linken Fuß. Der Reflex für die S-förmige Dickdarmkrümmung auf dem Fersenknochen ist schwer zu bearbeiten, weil die Haut hier sehr hart ist. Der für den absteigenden Dickdarm verläuft am Außenrand des Fußes aufwärts bis zur Taillen-Linie.

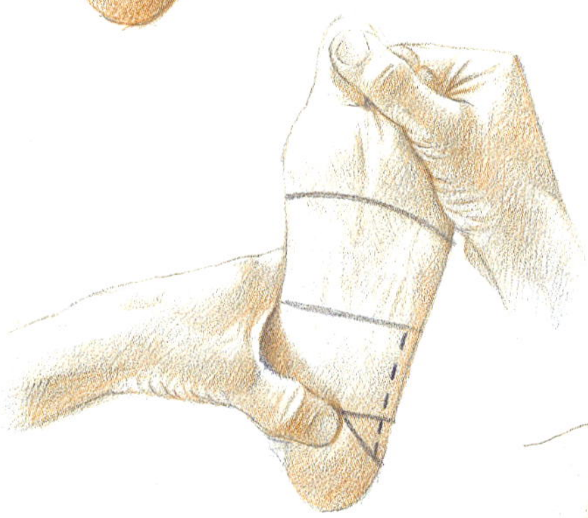

Reflexe von S-förmiger Dickdarmkrümmung und absteigendem Dickdarm

Um den Reflex der Dickdarmkrümmung zu finden, legen Sie Ihren linken Daumen über die Fersen-Linie an der Innenseite des linken Fußes und »wandern« in einem Winkel von 45 Grad abwärts bis zum rechts markierten Punkt. Dann »stechen« Sie einige Male in Richtung auf die Innenseite des Fußes. Wechseln Sie nun die Hände und »wandern« Sie mit dem rechten Daumen an der Außenseite des Fußes nach oben, um den Reflex für den absteigenden Dickdarm zu berühren.

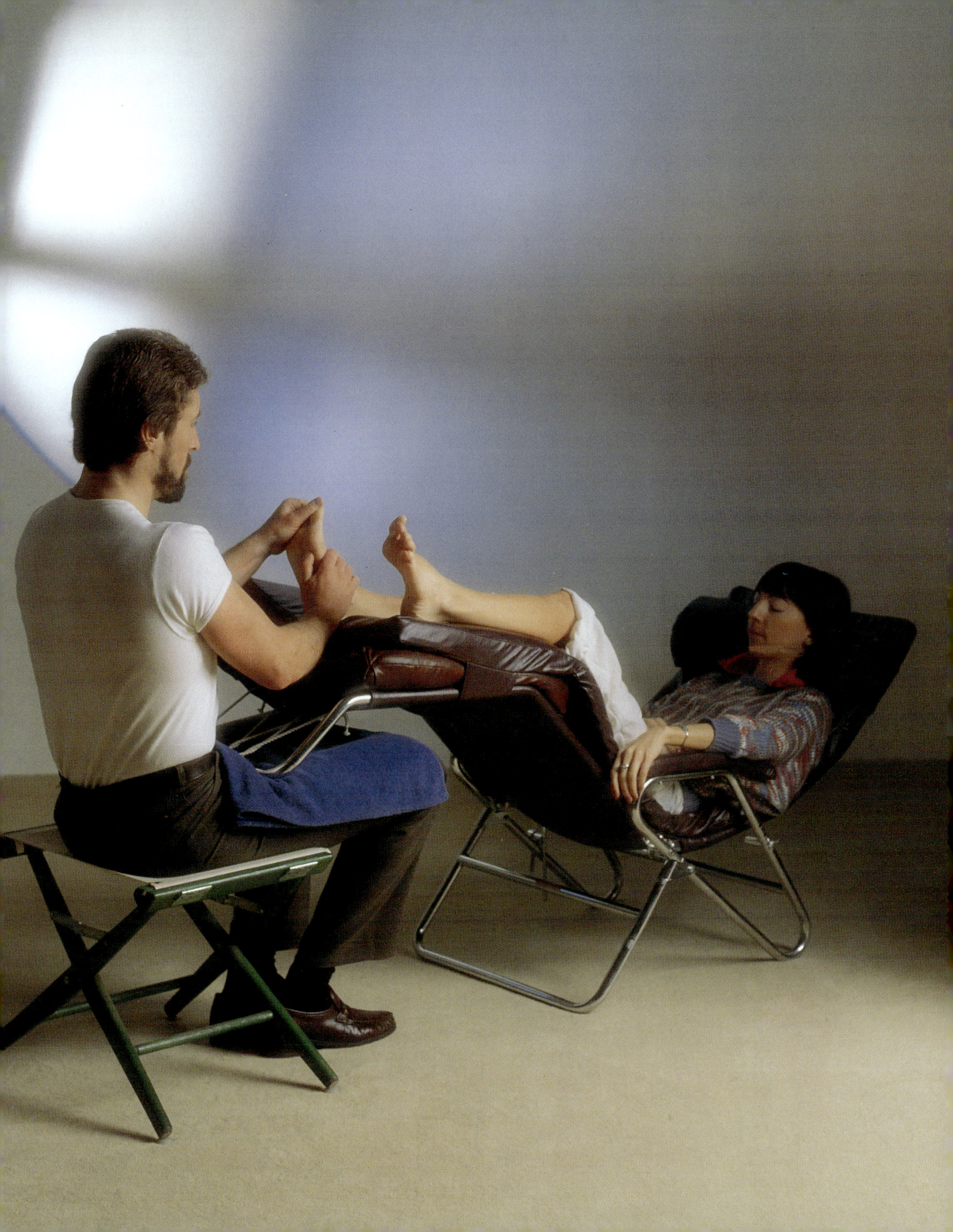

Die Wirbelsäulenreflexe

Die Wirbelsäulenreflexe werden in einer einzigen, stetigen Bewegung entlang der Innenseite beider Füße bearbeitet – Ausgangspunkt ist der Steiß- und Kreuzbeinbereich, der am inneren Rand der Fersen beginnt. Dies ist einer der wichtigsten von allen Reflexen, da die Gesundheit der Wirbelsäule von zentraler Bedeutung für das Wohlbefinden des ganzen Körpers ist. Stress, schlechte Haltung und Bewegungsmangel können im Muskelapparat, der die Wirbelsäule hält, Spannungen erzeugen, was nicht nur zu Rückenschmerzen führt, sondern auch die Funktion des Rückenmarks beeinträchtigt, das das Gehirn mit dem übrigen Körper verbindet. Da Entspannung die zentrale Wirkung einer Reflexzonenbehandlung ist, kann eine Massage der Wirbelsäulenreflexe außerordentlich wohltuend sein.

Die Beziehung Fuß – Wirbelsäule

Zwischen der Form der Wirbelsäule und der Form ihres Reflexes an der Innenseite des Fußes besteht eine bemerkenswerte Ähnlichkeit, wie rechts zu sehen ist. Beide haben 26 Knochen, und die vier Wölbungen des Fußes spiegeln die vier Kurven der Wirbelsäule wider – Hals, Brust, Lenden und Kreuzbein.

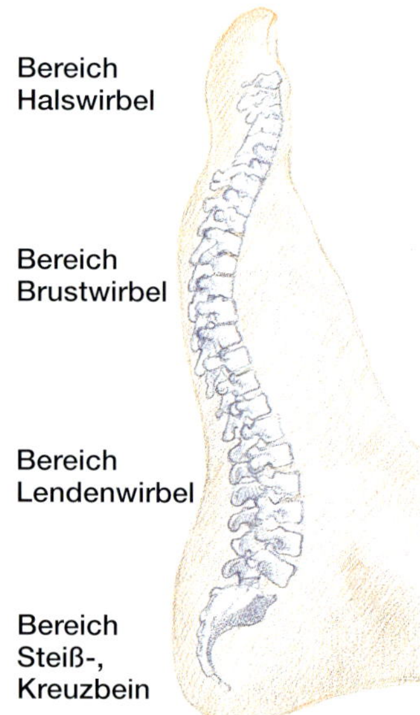

A

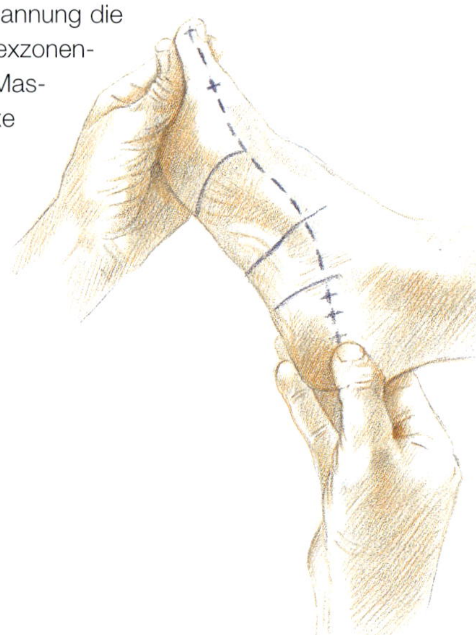

B

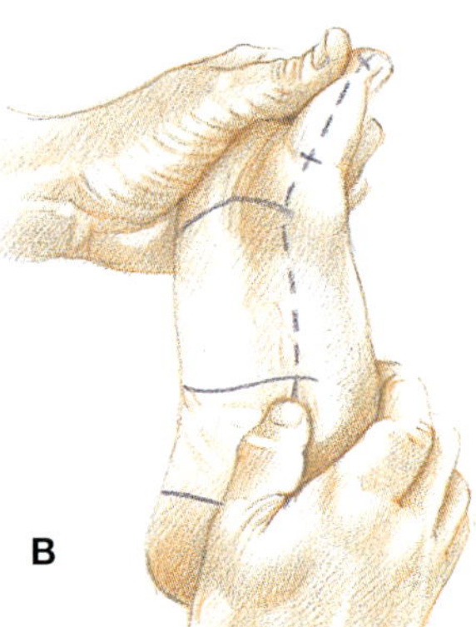

C

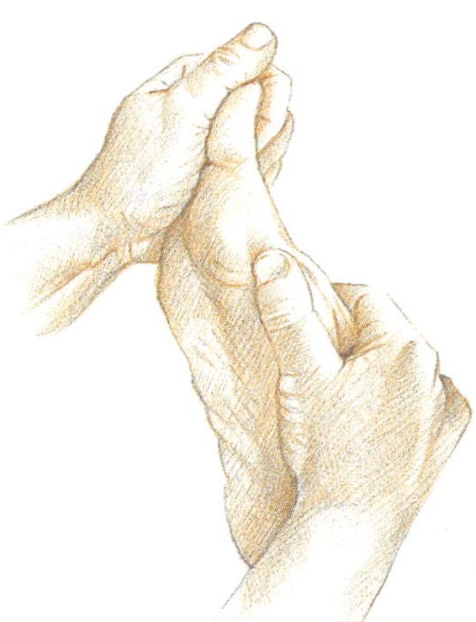

Die Wirbelsäulenreflexe

Um die Wirbelsäulenreflexe (A) zu bearbeiten, beginnen Sie am inneren Rand der Ferse und »wandern« mit dem Daumen allmählich aufwärts zum großen Zeh. Im Steiß- und Kreuzbeinbereich des Reflexes ist die Haut im Allgemeinen ziemlich hart, und Sie müssen mehr Druck als gewöhnlich ausüben. Das bedeutet, dass Sie die Finger der »arbeitenden« Hand um die Außenseite des Fersenknochens legen müssen, damit der »Arbeits«-Daumen eine Hebelwirkung hat. Arbeiten Sie nun an den Wirbelsäulenreflexen hoch, so weit Sie kommen, ohne Ihren Daumen zu überdehnen. Dann nehmen Sie die Finger der »Arbeits«-Hand von der Ferse und legen Sie so über den Spann, wie es die Abbildung zeigt (B). Aus dieser Position können Sie leicht am Lenden-, Brust- und Halsbereich des Reflexes arbeiten (C). Wenn Sie irgendwelche besonders empfindlichen Stellen entdecken, widmen Sie ihnen besondere Aufmerksamkeit, indem Sie mehrmals darüber »wandern«.

Die Hüft-, Knie-, Beinreflexe

Die Bearbeitung dieser beiden Reflexzonen ist wichtig für alle Fälle von Rückenschmerzen sowie für Hüft-, Knie- und Beinbeschwerden. Es sind so genannte helfende Bereiche – sie entspannen nicht nur jene Körperteile, denen sie direkt entsprechen, sondern helfen auch bei der Linderung von Stauungen oder Spannungen in anderen Gebieten. Der Hüft-, Knie-, Beinreflex ist ein ziemlich großer Bereich an der Außenseite des Fußes, der sich vom fünften Mittelfußknochen zur Ferse erstreckt. Wenn Ihr Partner Kniebeschwerden hat, ist der entsprechende Reflex an derselben Seite sehr empfindlich. Der Hüftreflex läuft um die Rückseite des Fußgelenks herum (siehe Seite 137). Schmerzen in diesem Reflex weisen häufig auf Ischias hin.

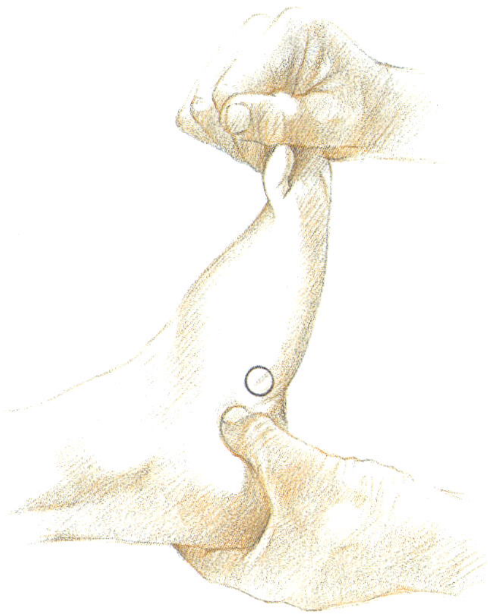

Hüft-, Knie-, Beinreflex

Bearbeiten Sie diesen Bereich entweder mit dem Zeigefinger, wie unten gezeigt, oder mit dem Daumen, wie links gezeigt. »Wandern« Sie in verschiedenen Richtungen darüber und erfühlen Sie dabei die Unterschiede zwischen beiden Füßen.

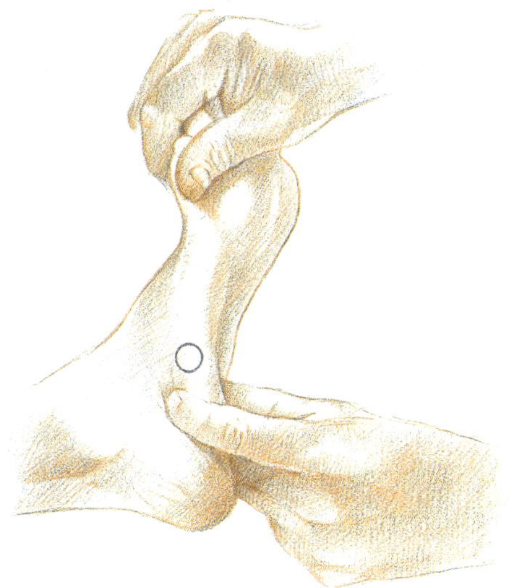

Hüftreflex

Halten Sie den Fuß mit der »haltenden« Hand aufrecht (wenn Sie ihn nach vorn sinken lassen, sind die Sehnen gespannt und Sie können den Reflex nicht angemessen bearbeiten). Arbeiten Sie nun mit dem Zeigefinger gründlich um das Fußgelenk herum.

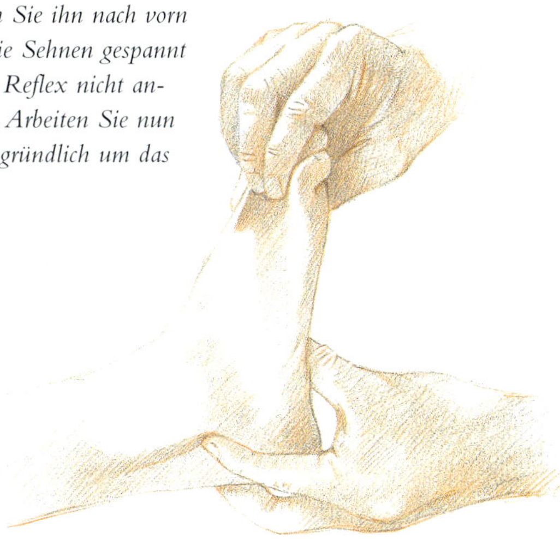

Handreflexkarte

Die Positionen der Handreflexe entsprechen denen an den Füßen. Doch so wie sich Hände und Füße in Form und Größe unterscheiden, tun das auch ihre Reflexe – die Wirbelsäulenreflexe an den Händen sind beispielsweise kürzer, die der Nebenhöhlen größer, weil die Finger länger sind als die Zehen. Die Handreflexe liegen wesentlich tiefer als die Reflexe an den Füßen. Sie sind viel schwerer zu behandeln, denn es ist nicht leicht, die empfindlichen Punkte zu finden.

Linke Handfläche

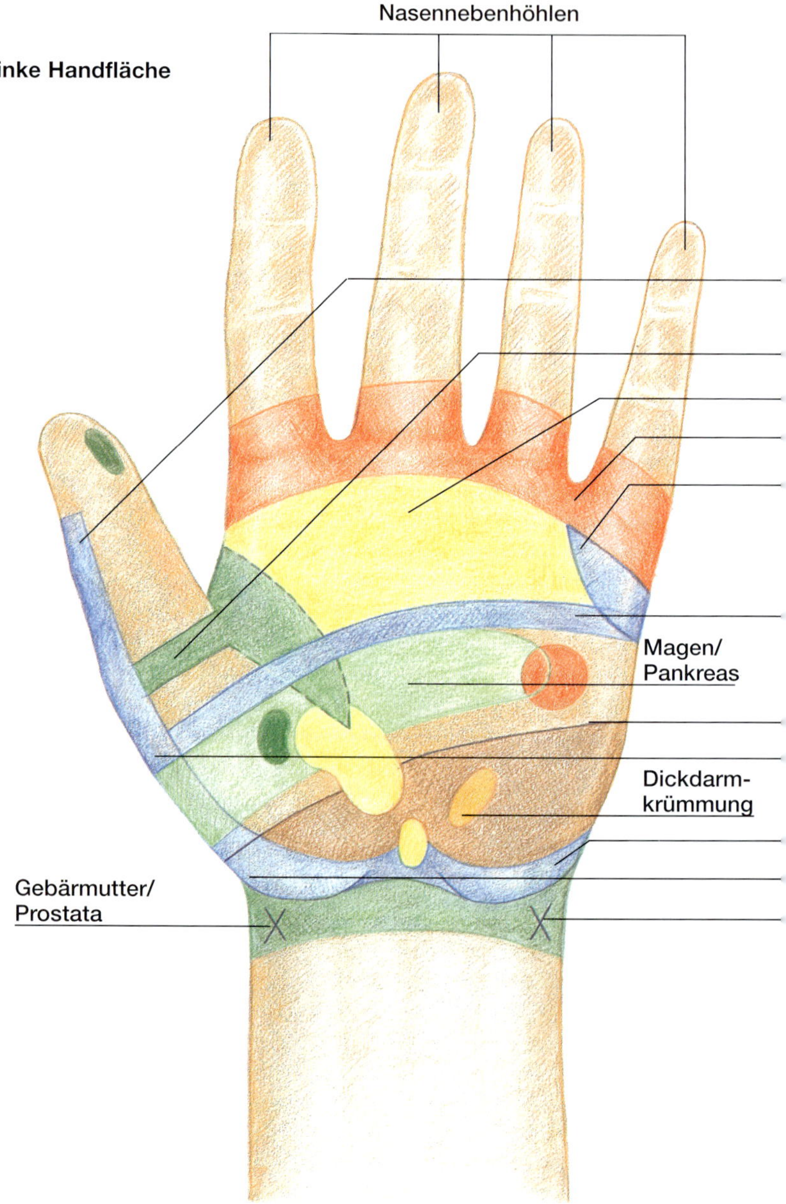

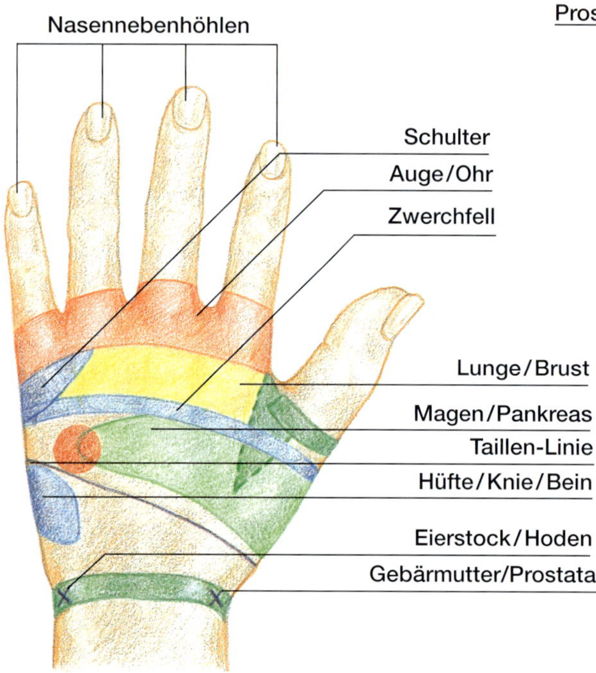

Linker Handrücken

Rechte Handfläche

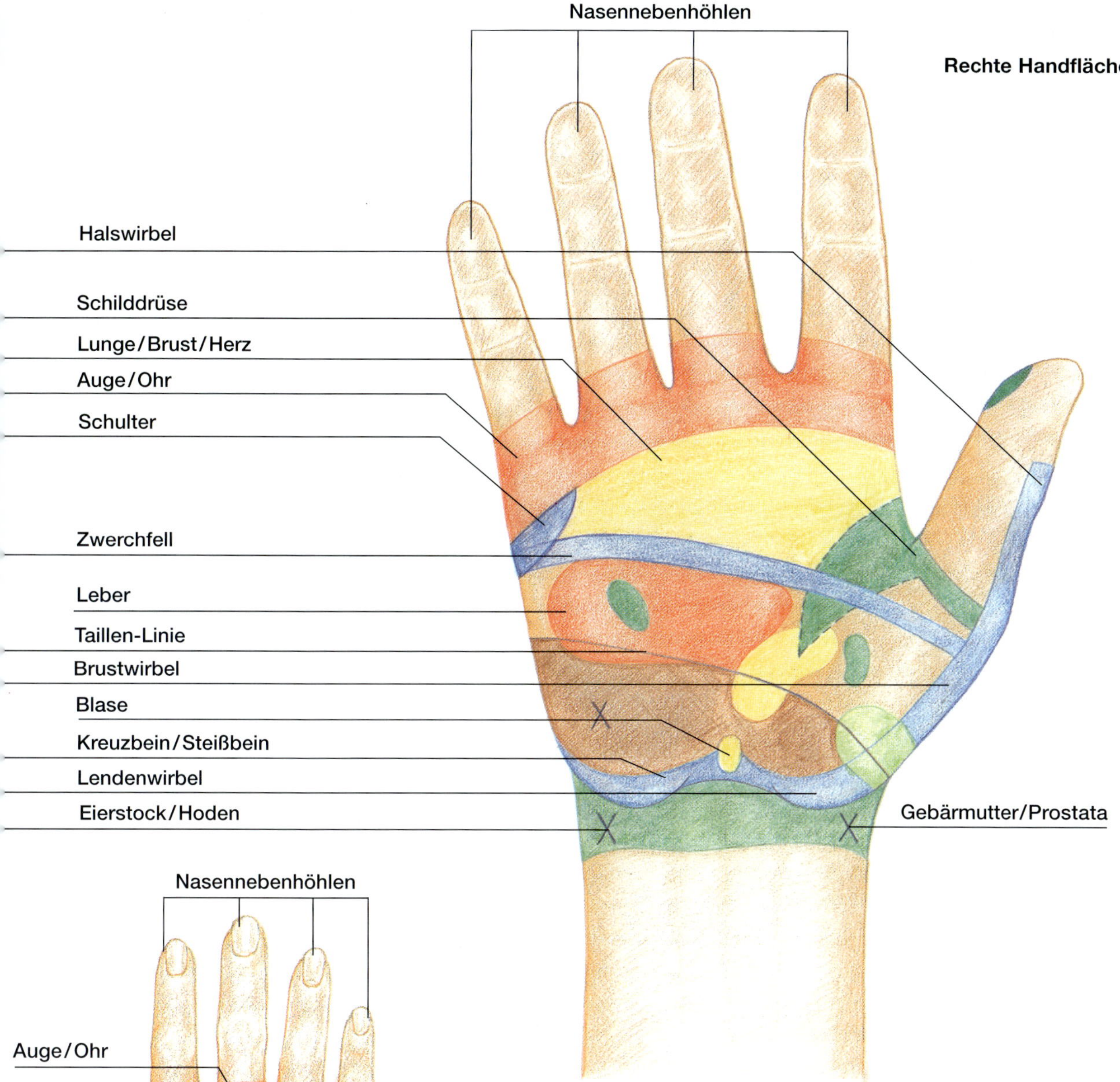

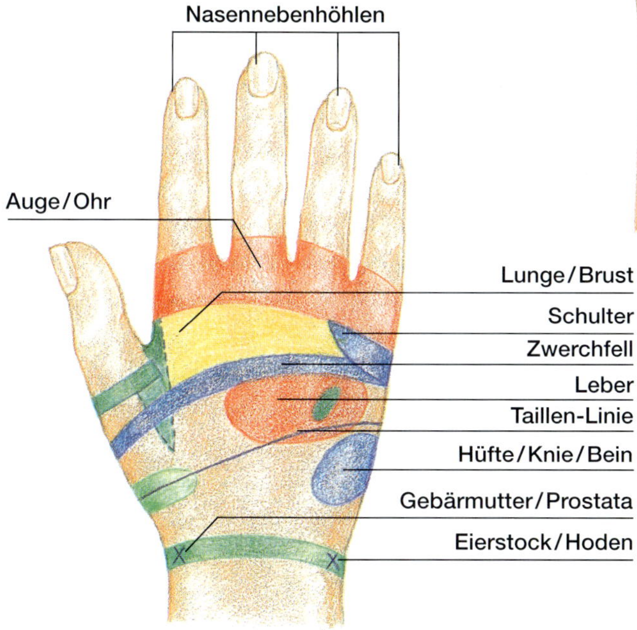

Rechter Handrücken

Aus *Better Health with Foot Reflexology.* ©1983 Dwight C. Byers

Abfolge der Handbehandlung

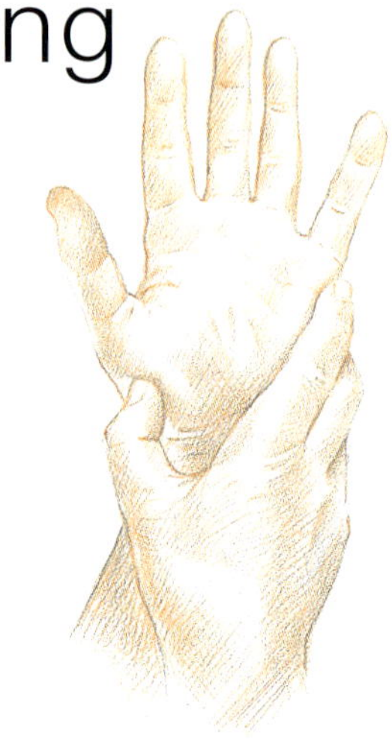

Die Hände lassen sich bequemer behandeln als die Füße – man kann es überall tun, ohne etwas ausziehen zu müssen. Im Allgemeinen jedoch ist diese Form der Massage weniger wirksam, weil die Reflexe tiefer liegen und schwerer zu berühren sind. Für die Handflächen benutzt man die Daumen und für die Vertiefungen auf den Handrücken die Zeigefinger. Die grundlegende Daumentechnik ist dieselbe wie bei den Füßen – der einzige Unterschied besteht darin, dass man die Hand ständig dehnen und zum Daumen hin biegen muss, während dieser vorwärts »wandert«.

Selbsthilfe für die Wirbelsäule *(oben)*
Rückenschmerzen können Sie lindern, wenn Sie mit dem Daumen die Wirbelsäulenreflexe bearbeiten; stützen Sie dabei die Finger der »Arbeits«-Hand auf, wie oben gezeigt. Bei Problemen im unteren Rücken schmerzt besonders der Reflexbereich der Lendenwirbel. Täglich einige Minuten massieren.

Zwerchfellentspannung

Um den Zwerchfellreflex zu finden, orten Sie zunächst die leichte Wölbung, die der Kopf des fünften Mittelhandknochens unter dem kleinen Finger bildet, sowie die Wölbung unter dem Daumenansatz. Der Reflex verläuft direkt unter diesen Wölbungen über beide Seiten der Hand. Das Zwerchfell ist nicht nur ein wichtiger Bestandteil unseres Atemsystems, sondern häufig auch Sitz von Spannung und Stress. Daher ist dieser Reflex ein Schlüsselbereich zur Entspannung des ganzen Körpers. Die angewandte Entspannungstechnik ist dieselbe wie bei der »Zwerchfell-Biegung« am Fuß (siehe Seite 139).

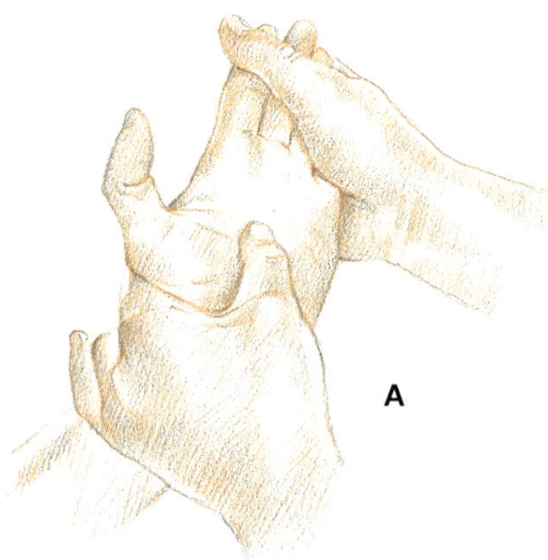

A

Entspannungstechnik für das Zwerchfell
Nehmen Sie eine Hand fest in die Ihre und legen Sie den freien Daumen in die Mitte des Zwerchfellreflexes (A). Während Sie mit ihm über den Reflex »wandern«, biegen Sie die Hand ständig zum Daumen hin (B). Dann andere Hand.

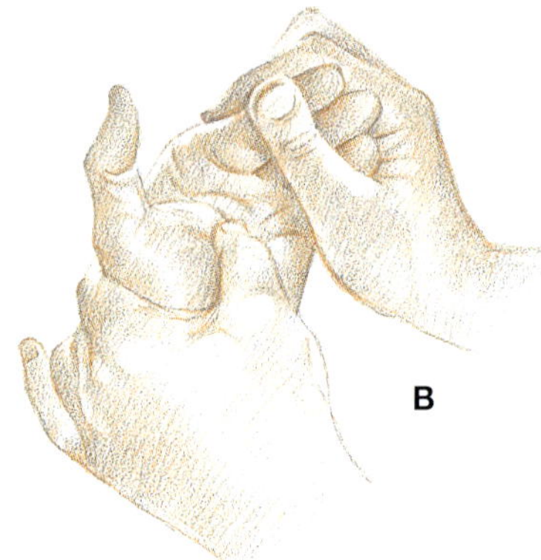

B

Der Lungenreflex

Er liegt direkt über der Zwerchfell-Linie auf Handrücken und Handflächen. Sie behandeln ihn auf der Handfläche mit dem Daumen, auf dem Handrücken mit dem Zeigefinger und wenden beide Male dieselbe Technik an.

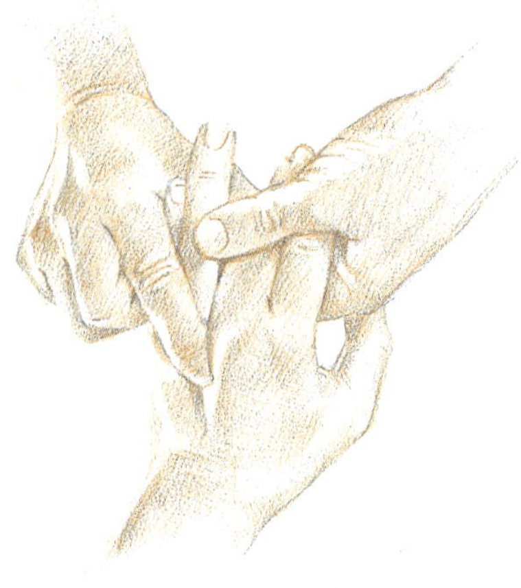

Lungenreflex
Halten Sie die Hand Ihres Partners wie abgebildet. Nun arbeiten Sie zwischen den Mittelhandknochen mit dem Daumen abwärts, während Sie die Finger mit der »haltenden« Hand leicht dehnen und biegen. Auf dem Handrücken arbeiten Sie mit dem Zeigefinger, wie die Abbildung zeigt.

Der Leberreflex

Unter der Zwerchfell-Linie an der rechten Hand finden Sie den Leberreflex. Obwohl er auf beiden Seiten der Hand wahrnehmbar ist, entdeckt man ihn manchmal leichter auf dem Handrücken.

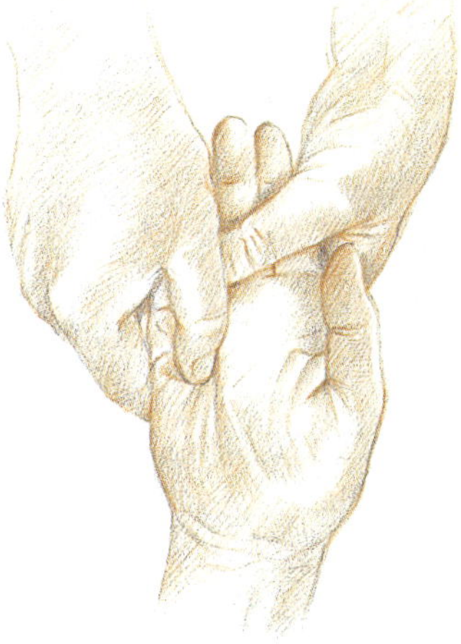

Leberreflex

»Wandern« Sie mit dem Daumen allmählich über den Reflex, während Sie die Hand leicht dagegen biegen und dehnen, wie links und rechts gezeigt.

Die Wirbelsäulenreflexe

Im Gegensatz zu den meisten Reflexen an der Hand sind die Wirbelsäulenreflexe relativ leicht zu finden; sie eignen sich hervorragend zur Selbsttherapie. Ehe Sie den Bereich bearbeiten, sollten Sie die Handreflexkarten auf den Seiten 148/149 studieren; beachten Sie den unterschiedlichen Sitz dieser Reflexe hier und an den Füßen.

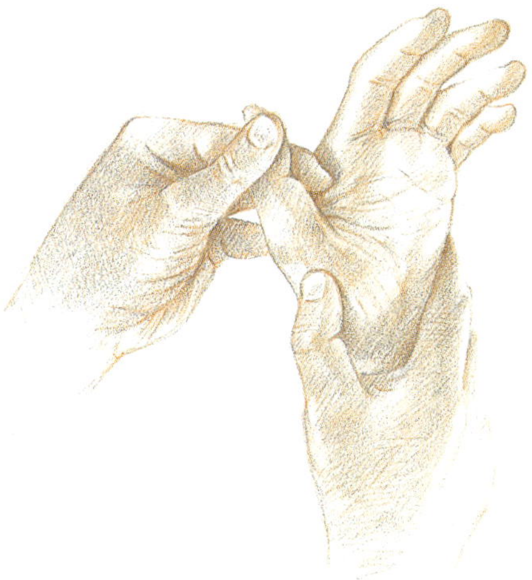

Wirbelsäulenreflexe

Beginnen Sie am Handballen und »wandern« Sie mit dem Daumen vom Reflexbereich des unteren Rückens zum Bereich der Halswirbel. Führen Sie dieselbe langsame »Raupen«-Bewegung aus wie an den Füßen. Da die Haut, die die Reflexe bedeckt, vergleichsweise dünn ist, ist es nicht nötig, die Hand zu biegen.

Der Hüft-, Knie-, Beinreflex

Wie bei den Füßen ist dieser Reflex ein »helfender« Bereich für die Wirbelsäule und kann bei allen Arten von Rückenschmerzen wirksam bearbeitet werden. Sie finden ihn auf beiden Handrücken nahe dem Außenrand unter der Taillen-Linie. Wenn er empfindlich ist, arbeiten Sie den Schmerz am besten im Laufe mehrerer Behandlungen heraus.

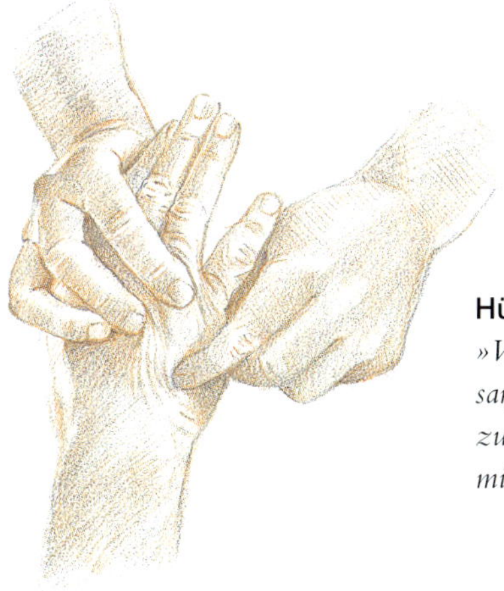

Hüft-, Knie-, Beinreflex

»Wandern« Sie mit dem Zeigefinger sanft über den ganzen Bereich – zuerst mit der »Arbeits«-Hand, dann mit der anderen.

Die menschliche Berührung

Wie alt wir auch immer sind und wo im Leben wir auch stehen, wir alle brauchen ein wenig menschliche Berührung, Zärtlichkeit und Fürsorge, die uns zeigen, dass wir nicht allein sind. Ohne ihre Wärme fehlt uns eine der wichtigsten Formen menschlicher Kommunikation.

Manche halten Massage für einen Luxus und nutzen sie nur, wenn sie therapeutisch dringend notwendig ist. In einer Zeit wie der unseren, in der Druck und Stress immer stärker werden, sollten die Berührungstherapien zu einem festen Bestandteil unseres Lebens werden und als solcher in der Gesundheitsvorsorge Anerkennung finden.

Der östlichen Medizin zufolge gibt es gewisse Zeiten im Leben – »Tore zur Veränderung« genannt –, in denen wir unsere grundlegende Konstitution verbessern können, sofern wir auf unsere Gesundheit achten, oder sie dauerhaft schädigen, wenn wir sie vernachlässigen.

Es sind dies die Zeiten der Pubertät, der Heirat (oder der Beginn sexueller Aktivität), der Schwangerschaft und der Wochen danach sowie der Menopause. Besonders dann können die Berührungstherapien von Nutzen sein und uns helfen, Spannungen abzubauen, damit wir mit hormonellen Veränderungen besser fertig werden. Tatsächlich ist in Stresszeiten unser Bedürfnis nach körperlichem Kontakt am intensivsten – wir sehnen uns nach der Spannungslösung, die er mit sich bringt.

Die drei Berührungstechniken, die in diesem Buch gelehrt werden, sind für jedermann geeignet; allerdings werden Sie Ihre Behandlungsweise für unterschiedliche Altersstufen, Lebensumstände und individuelle Bedürfnisse ein wenig abwandeln müssen. Im vorliegenden Kapitel befassen wir uns mit einigen davon. Dabei brauchen Sie nicht mehr als gesunden Menschenverstand – so sollten Sie beispielsweise ganz von selbst mit Babys und alten Menschen behutsamer arbeiten und sicherstellen, dass das Behandlungszimmer ordentlich warm ist. Wie Sie die Techniken anwenden, die Sie gelernt haben, hängt von Ihrer Lebensweise und den speziellen Bedürfnissen Ihrer Familie und Freunde ab. Wenn Sie zum Beispiel ein Baby erwarten, werden Sie feststellen, dass man mit Massage oder Shiatsu ein fabelhaftes Mittel in der Hand hat, um Bein- und Rückenschmerzen oder allgemeine Müdigkeit zu bekämpfen, die häufig die letzten Schwangerschaftsmonate begleiten. Und wenn das Baby einmal geboren ist, intensiviert Massage die Bindung zwischen Eltern und Kind. Mit ihr können Sie es besänftigen und beruhigen und können auch auf sie zurückgreifen, wenn Ihr Kind in den Wachstumsjahren einen schlechten Schultag hat oder vor einer Prüfung steht. Leichtere Beschwerden wie Kopfweh und Bauchweh lassen sich so lindern. Auch Kinder sollten ermutigt werden, massieren zu lernen, sofern sie ein Interesse daran zeigen und man es ihnen spielerisch beibringt – im Alter von fünf oder sechs Jahren besitzen sie genug Kraft und Geschicklichkeit in den Fingern und haben oft großen Spaß daran.

Viele der beruflichen Wechselfälle des erwachsenen Lebens werden durch Massage ebenfalls beträchtlich erleichtert – die Rücken- und Schulterschmerzen nach einem langen Bürotag, die Erschöpfung und Überanstrengung der Muskeln nach schwerer körperlicher Arbeit oder sportlicher Überbeanspruchung, die Kreislaufprobleme derer, die zu wenig Bewegung haben – Menschen mit sitzender Tätigkeit, Behinderte oder Bettlägerige. Zudem ist Massage eine unschätzbare Hilfe im Sport – vom Laufen und Radfahren bis zum Fußball –, da sie für optimale Leistung wesentlich ist.

Schwangerschaft

Massage ist ein wunderbares Mittel, eine Frau auf eine Geburt vorzubereiten. Sie wirkt nicht nur der Spannung und Anstrengung einer Schwangerschaft entgegen, sondern beruhigt und tröstet auch eine Frau in den Wehen. Während der Schwangerschaft können Sie die Grundabfolge der Massage (Seite 36 bis 37) anwenden, sollten aber in den ersten vier Monaten den Bauch äußerst sanft behandeln und keinen tiefen Druck um die Fußgelenke herum ausüben, wo Druckpunkte eine Verbindung zur Gebärmutter und zu den Eierstöcken haben. Wenn das Baby sich entwickelt und der Bauch größer wird, ist eine Einreibung mit Öl sehr beruhigend. Wenden Sie stets langsame, liebevolle Griffe an. Auch während der Wehen selbst kann Massage eine wertvolle Hilfe sein, doch probieren Sie die Griffe vorher aus, damit Sie beide gut mit ihnen vertraut sind, ehe es so weit ist. Auch Shiatsu ist während der Schwangerschaft zu empfehlen, solange man tiefen Druck auf den Bauch vermeidet und die Beinmeridiane zart behandelt. Im Frühstadium der Wehen ist es hilfreich, »Magen 36« (Seite 128), den »Großen Eliminator« (Seite 121) und »Milz 6« zu drücken, einen Punkt, der eine Handbreit über dem inneren Fußknöchel neben dem Schienbein liegt. Wenn die Gebärende zu pressen beginnt, drücken Sie »Gallenblase 21« oben an beiden Schultern. Diese Punkte beschleunigen die Austreibung und lindern Schmerzen. Eine ganze Reflexzonenbehandlung sollte werdenden Müttern nur von Fachleuten verabreicht werden – Anfänger konzentrieren sich besser auf die Entspannungstechniken (Seite 139).

Unterer Rücken und Po

Ihre Partnerin liegt auf der Seite. Knien Sie sich unten neben ihren Rücken, und zwar mit dem Gesicht zu ihr. Lassen Sie die Finger über den unteren Rücken und das Kreuzbein kreisen und kneten Sie dann gründlich die Pohälften durch, während sie sich darauf konzentriert, diese Muskeln zu entspannen.

Alternative Stellungen

In den späteren Monaten der Schwangerschaft und während der Wehen kann eine Frau nicht mehr bequem auf dem Bauch liegen, um massiert zu werden. Zur Massage des Rückens oder der Beinrückseiten sollte sie sich auf die Seite legen und das obere Bein mit einem Kissen abstützen. Auch während der Wehen können Sie ihr in dieser Stellung helfen, indem Sie den unteren Rücken und den Po bearbeiten (siehe Abbildung unten links); Verspannungen der Muskeln in diesem Bereich verzögern unter Umständen die Geburt. Für die Massage der Körpervorderseite bevorzugt die Schwangere eventuell eine sitzende Stellung mit gespreizten Beinen, wobei der Rücken durch Kissen abgestützt wird. In dieser Position können Sie auch den Druck im Bauch lindern, indem Sie leicht über den Bereich unter der Wölbung des Leibes streichen, und Beinzittern verringern durch lange, streichende Griffe an der Innenseite der Schenkel (siehe Abbildung unten).

Schenkel

Sollten die Beine Ihrer Partnerin am Ende des ersten Wehenstadiums zu zittern beginnen, knien Sie sich dazwischen und streichen mit den Händen an den Innenseiten der Schenkel entlang bis zum Knie und wieder zurück; die Finger dabei abwärts richten.

Babys

Sowohl für das körperliche als auch für das emotionale Wohlbefinden von Babys ist Berührung lebenswichtig. In vielen tropischen Ländern gehört Massage zur Säuglings- und Kinderpflege – Ölen schützt die Haut vor dem heißen Klima, während man vom Streicheln und Dehnen des Körpers allgemein annimmt, dass es Babys stärker werden lässt. Das kann durchaus stimmen, denn die pädiatrische Forschung hat gezeigt, dass Frühgeborene sich besser entwickeln, wenn sie regelmäßig massiert werden. Die Abfolge, die wir hier vorstellen, basiert auf der traditionellen indianischen Massagekunst. Sie stärkt die Bindung und die Kommunikation zwischen Eltern und Kind und hilft, das Baby zu beruhigen oder zu trösten. Eltern, die die Massage regelmäßig anwenden, haben festgestellt, dass ihre Babys so besser schlafen und trinken und dass sie die Bauchkoliken der ersten Monate lindern hilft. Ab der ersten Woche nach der Geburt können Sie damit beginnen, Ihr Baby sanft mit Öl einzureiben, im Alter von einem Monat verträgt es schon die volle Abfolge. Versuchen Sie, es täglich zu tun, und wählen Sie eine Zeit, in der das Baby zufrieden und nicht müde oder hungrig ist – etwa eine halbe Stunde nach dem Füttern. Im Idealfall sollte das Baby ein warmes, entspannendes Bad bekommen, sobald Sie fertig sind. Machen Sie sich keine Sorgen, wenn es eine Weile dauert, bis die Massage zu einer vertrauten Angelegenheit wird – Ihr Baby wird sich entspannen und Ihre Berührungen genießen, sobald Sie sicherer und vertrauter werden.

Beginn der Massage

Für eine Babymassage muss der Raum sehr warm sein. Am besten arbeiten Sie auf dem Fußboden sitzend mit ausgestreckten Beinen. Wenn Sie eine Stütze im Rücken brauchen, lehnen Sie sich an die Wand. Beginnen Sie die Massage, indem Sie das Baby auf Ihre Beine legen, Gesicht nach oben, die Füße zeigen zu Ihnen. Führen Sie die Massage mit nackten Beinen durch, damit das Baby mehr Hautkontakt erfährt, und legen Sie unter Ihre Beine ein Handtuch auf den Boden – für »alle Fälle«. Nehmen Sie ein gutes Pflanzenöl, das leicht absorbiert wird, wie Mandel- oder Traubenkernöl, und achten Sie darauf, dass es warm ist; am besten, Sie stellen die Flasche mit dem Öl in einen Topf heißes Wasser. Auch Ihre Hände sollten warm sein; legen Sie Ihre Ringe ab. Die Griffe der Massageabfolge gehen von der Körpermitte auswärts, da das einfacher ist und ein Ziehen an der Haut vermeidet. Versuchen Sie, jeden Griff mindestens dreimal zu wiederholen, und zwar in stetigem Rhythmus.

1. Einölen der Vorderseite

Reiben Sie das Baby langsam und sanft mit ein wenig Öl ein, und zwar von den Schultern abwärts bis zu den Füßen. Das Gesicht sparen Sie aus. Verteilen Sie das Öl mit den ganzen Händen oder Unterarmen.

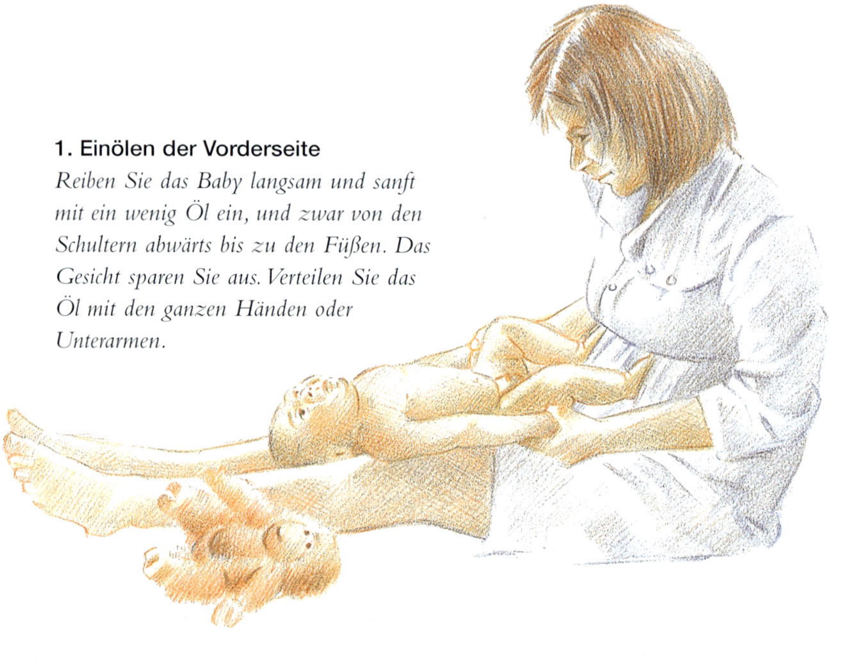

Vorderseite des Körpers

Die Massage beginnt von vorn, da das Baby entspannter ist, wenn es Ihr Gesicht sieht; Sie können an seinem Gesichtsausdruck ablesen, ob Ihr Druck zu stark oder zu schwach ist – zu leichte Berührungen verunsichern es eher. Arbeiten Sie von oben nach unten. Zuerst massieren Sie Brust, Arme und Hände und dann Bauch, Beine und Füße. Bei der Massage von Armen und Beinen beenden Sie die Abfolge zuerst an einem Arm bzw. Bein und gehen dann zum anderen über.

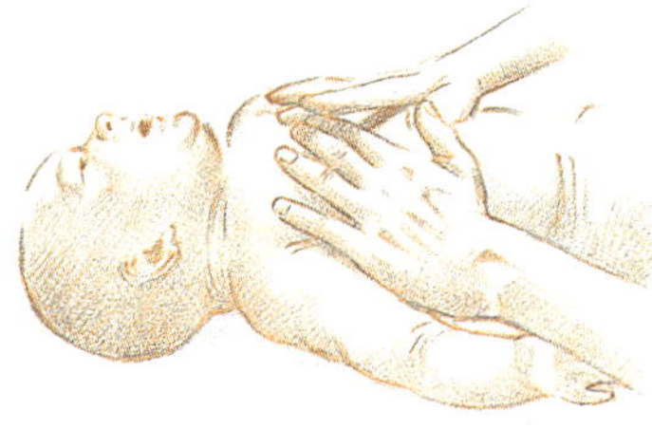

2. »Öffnen« der Brust

Legen Sie Ihre Hände sanft auf die Brustmitte und kreisen Sie aufwärts und auswärts in Richtung auf die Schultern zu, dann an den Seiten der Rippen herunter und wieder zur Mitte. Wiederholen.

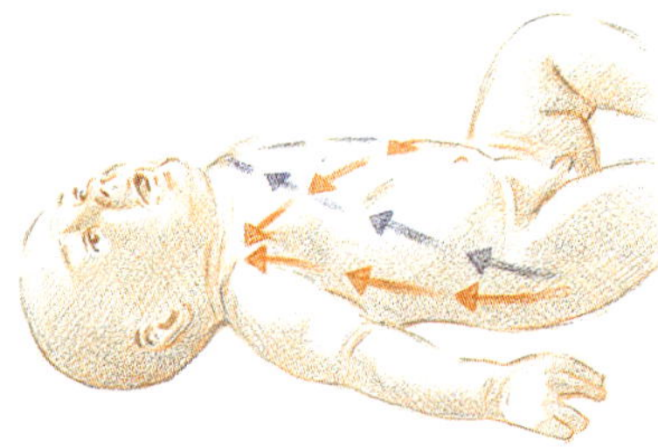

3. Striche über Hüften und Schultern

Beginnen Sie an den Hüftseiten. Streichen Sie mit beiden Händen aufwärts, bis sich die Hände auf der linken Schulter treffen, dann wieder abwärts zu den Seiten. Nun dasselbe zur rechten Schulter etc. Wiederholen.

4. Kneten und Wringen der Arme

Nehmen Sie die Hand des Babys in die Ihre und kneten Sie mit der anderen Hand den Arm zart von der Schulter abwärts bis zum Handgelenk, wie die Abbildung rechts zeigt. Danach umfassen Sie den Arm des Babys mit beiden Händen und wringen sanft von der Schulter bis zum Handgelenk.

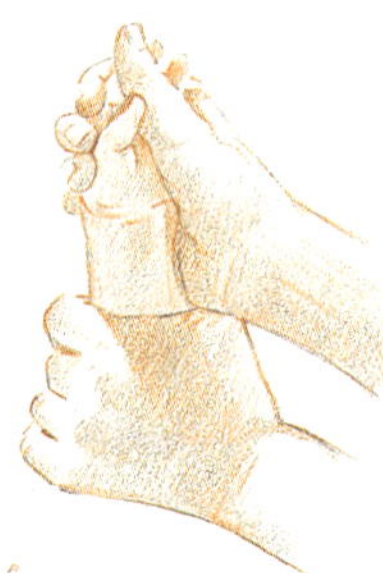

5. »Öffnen« und Spreizen der Hände *(rechts)*

Benutzen Sie beide Daumen, um die Handfläche seitlich zu öffnen, wie rechts gezeigt. Nun halten Sie mit einer Hand das Handgelenk des Babys und gleiten mit der freien Hand langsam über seine Handfläche und die Finger, wobei Sie diese entfalten. Wiederholen Sie 4 und 5 am anderen Arm.

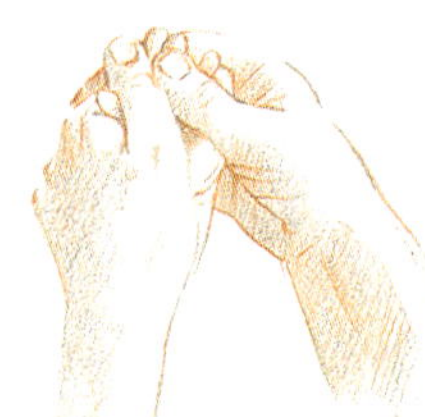

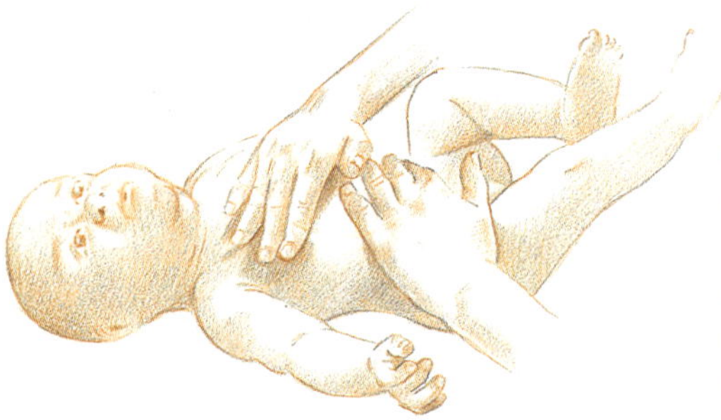

6. Bauchmassage *(links)*

Beginnen Sie auf der rechten Seite und ziehen Sie die Hände stetig streichend in Ihre Richtung. Bewegen Sie sich von rechts nach links über den ganzen Bauch und wieder zurück. Wiederholen.

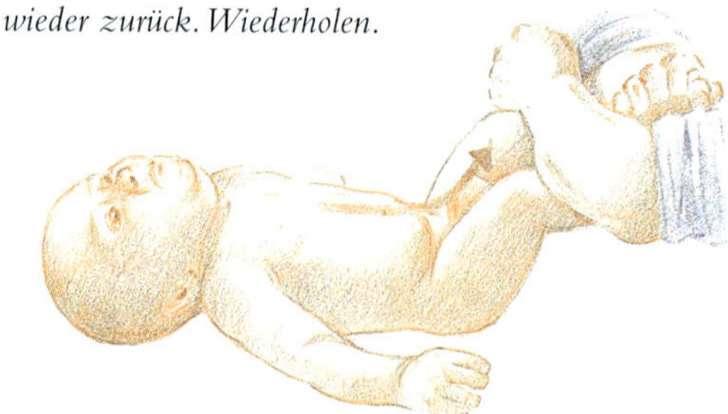

7. Streichen über Bauch und Beine

Halten Sie die Beine mit einer Hand an den Fußgelenken hoch. Schieben Sie nun den Unterarm dreimal vom Nabel zu den Knien und wieder zurück. Hände wechseln.

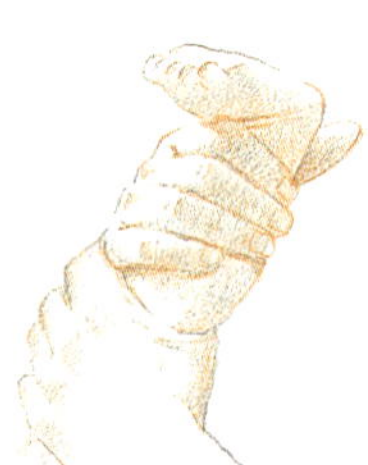

8. Kneten und Wringen der Beine

Halten Sie den Fuß in einer Hand, kneten Sie mit der anderen dreimal das Bein vom Schenkel bis zum Knöchel, Hände wechseln. Dann aufwärts wringen zum Fuß (siehe 4.).

9. »Öffnen« und Spreizen der Füße

*Benutzen Sie beide Daumen, um die Sohle seitlich zu öffnen. Nun halten Sie den Unterschenkel oder das Fußgelenk des Babys und lassen die Hand von der Ferse zu den Zehen über die Sohle gleiten, wobei Sie sanft über die Zehen drücken, um sie zu dehnen.
Wiederholen Sie 8 und 9 am anderen Bein.*

Rückseite des Körpers

Für diese Abfolge legen Sie das Baby bäuchlings quer über Ihre Beine. Eine Rückenmassage ist sehr entspannend, da sie die Nerven der Wirbelsäule beruhigt. Massieren Sie den Rücken auf- und abwärts. Am Schluss kommen einige lange, streichende Griffe von oben nach unten, um Rücken und Beine zu »verbinden«. Ihr Streichen soll glatt und fließend sein.

10. Ölen von Rücken und Beinen

Beginnen Sie an den Schultern und reiben Sie langsam ein wenig Öl in die Haut von Rücken, Po, Beinen und Füßen. Ihre Hände sollten die Konturen des Babykörpers umschließen, während Sie das Öl verteilen.

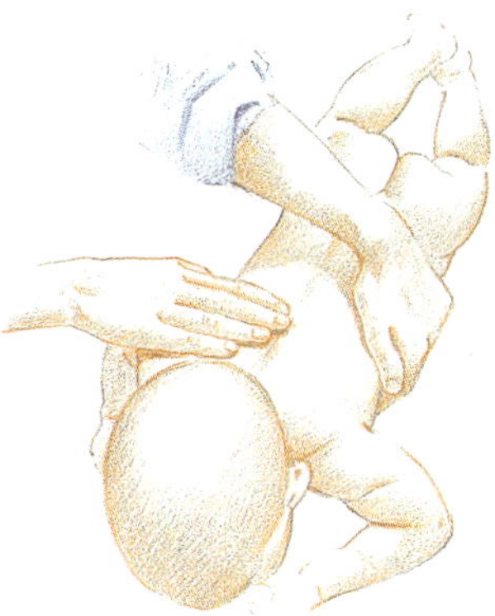

11. Wringen des Rückens

Beginnen Sie am Po, jede Hand auf einer Seite. Nun arbeiten Sie aufwärts zu den Schultern, dann wieder zurück, wobei Ihre Hände wiederholt von einer Seite zur anderen kreuzen.

12. Streichen über den Rücken

Umfassen Sie mit einer Hand den Po, die andere legen Sie oben auf den Rücken. Mit ihr gleiten Sie fest nach unten auf den Po zu und kneten ihn zart, ehe Sie die Hände abheben. Wiederholen.

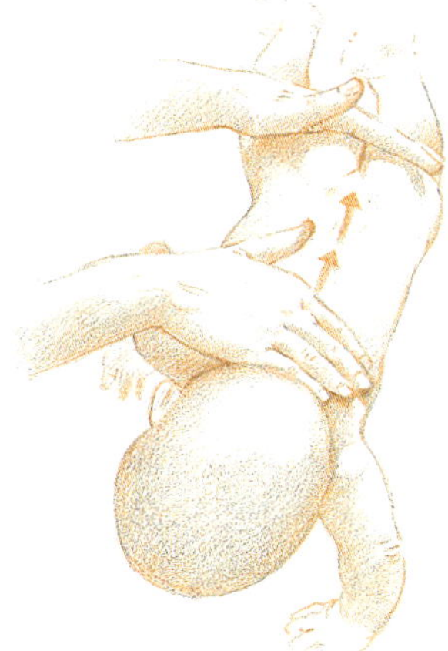

13. »Verbinden« von Rücken und Beinen

Nehmen Sie die Fußgelenke mit einer Hand hoch und dehnen Sie die Beine ein wenig. Streichen Sie mit der anderen Hand an Rücken und Beinen abwärts. Heben Sie die Hand ab und wiederholen Sie die Bewegung. Nun legen Sie Ihr Baby wieder in die Ausgangsposition.

Das Gesicht

Die Abfolge für das Gesicht hat drei Teile – zuerst streichen Sie über die Stirn, dann über die Wangen und zum Schluss kreisen Sie um den Mund, was gut ist für die Saugmuskulatur. Verwenden Sie im Gesicht kein Öl und verfahren Sie auch zarter. Vermeiden Sie die Berührung der Augen.

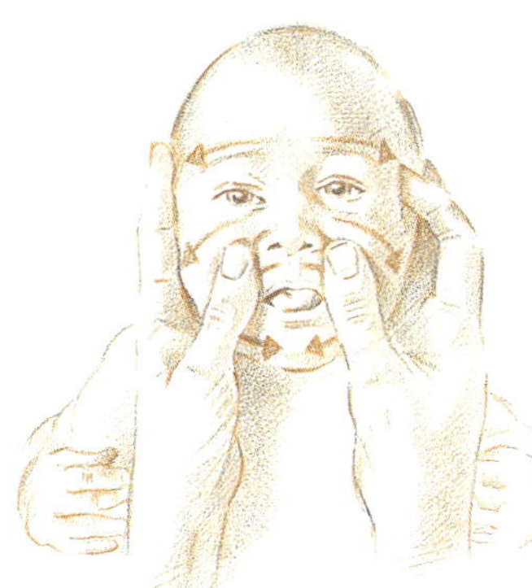

14. Gesicht

A. *Legen Sie Ihre Finger in die Stirnmitte und ziehen Sie sie langsam zu den Seiten. Wiederholen.*

B. *Legen Sie Ihre Finger rechts und links neben die Nase und ziehen Sie sie über die Wangen nach außen. Wiederholen.*

C. *Legen Sie Ihre Daumen über die Oberlippe und lassen Sie sie nach beiden Seiten um den Mund kreisen, bis sie sich am Kinn treffen. Wiederholen.*

Ältere Menschen

Berührung ist in jedem Lebensalter wichtig für unser Wohlbefinden, doch zu keiner Zeit werden wir weniger berührt als im Alter. Weil wir Angst haben, älter zu werden, beginnt die Berührung, die uns in der Kindheit genährt und getröstet hat, in späteren Jahren zu versiegen. Massage, Shiatsu und Reflexzonenmassage können eine gesunde und aktive Lebensweise nicht ersetzen, aber sie sind eine Ergänzung gesunder Ernährung und regelmäßiger Bewegung, die die Lebensqualität beträchtlich verbessern und mit denen man viele Probleme des Alterns bekämpfen kann. Alle drei Therapien wirken entspannend, beruhigend, sind gesellig und helfen, hohen Blutdruck zu senken, Depressionen und Einsamkeit zu lindern; alle drei, sanft verabreicht, unterstützen den Kreislauf und lindern Gelenkschmerzen und Muskelversteifung. Massage hält insbesondere die Haut gesund und elastisch; Sie sollten ein Öl von guter Qualität benutzen (z. B. Mandel- oder Traubenkernöl) und Ihren Druck mäßig halten, da die Haut mit dem Alter trockener und spröder wird.

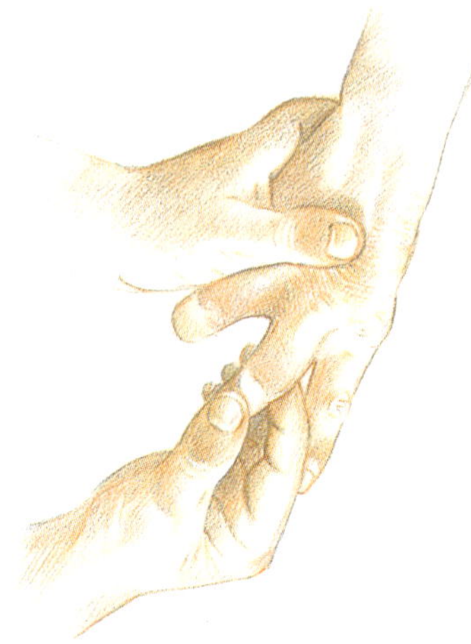

Arthritische Gelenke
Liegt keine Entzündung vor, können Sie die Steifheit arthritischer Gelenke lindern, indem Sie sie massieren und sanft bis an den Punkt dehnen, an dem Sie Widerstand spüren; bleiben Sie immer deutlich unter der Schmerzgrenze.

Vorsicht: *Massieren Sie niemanden mit kardiovaskulären Problemen; Arthritisfälle nur dann massieren, wenn die Entzündung vorüber ist.*

Praktische Ratschläge

In fortgeschrittenem Alter ist es vielleicht nicht mehr bequem, auf dem Fußboden massiert zu werden (oder zu massieren). Ein Massagetisch ist ideal, doch wenn Sie keinen haben, kann Ihr Partner sich auf einen Stuhl setzen, oder Sie massieren stehend oder auf einem Stuhl sitzend. Für eine Rückenmassage kann sich Ihr Partner rittlings auf einen Stuhl setzen und die Brust gegen ein Kissen vor der Rückenlehne stützen. Improvisieren Sie mit dem, was verfügbar ist, und sorgen Sie dafür, dass Sie sich frei um Ihren Partner herum bewegen können. Wenn Sie einen älteren Menschen massieren, sollte der Raum wärmer als gewöhnlich sein. Halten Sie eine Decke bereit, um die Körperteile zu bedecken, die Sie gerade nicht massieren. Wenn Ihr Partner lieber angezogen bleibt: Man kann die Kleidung eventuell hochrollen oder auch durch die Kleidung arbeiten, wenn sie nicht zu schwer ist.

Erhöhen der Elastizität
Viele ältere Menschen leiden unter Kältegefühl und Steifheit in den Extremitäten. Drehen und massieren der Hand- und Fußgelenke verbessert die Durchblutung und mobilisiert die Gelenke. Wenn Sie an den Füßen arbeiten, stützen Sie das Bein so ab, dass Knie und Fuß sich entspannen können.

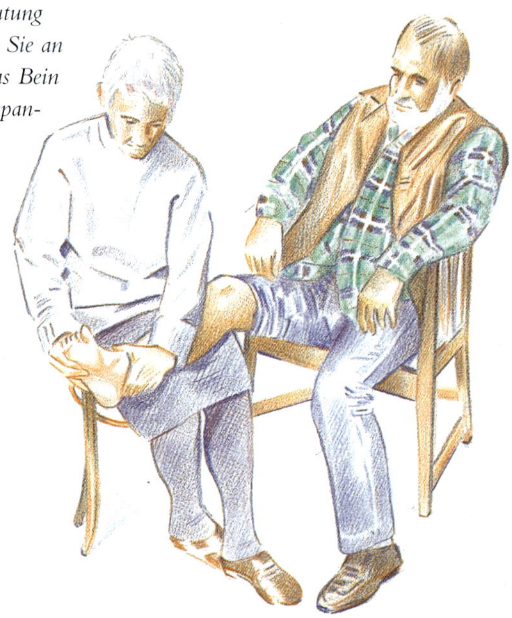

Massage und Bewegung

Für alle Formen körperlicher Betätigung, vom Sport bis zum Tanzen oder Radfahren, ist Massage von großem Wert: Sie verhilft zu Kondition, entspannt den Körper und heilt Verletzungen. Vor dem Training oder einem Wettkampf sollte das übliche Aufwärmen und Dehnen durch eine Massage ergänzt (nicht ersetzt) werden. Danach brauchen wir einige Augenblicke der Ruhe oder des Luftschnappens, um das Stoffwechselgleichgewicht in unseren Muskeln wiederherzustellen. Wenn wir aber nicht in Form sind oder uns zu sehr anstrengen, ist der Bedarf an Sauerstoff größer als die Zufuhr, und in den Muskeln sammeln sich Abfallstoffe, die Schmerzen und Erschöpfung verursachen; es kann lange dauern, bis sie wieder verschwinden. Massage hilft den Muskeln wesentlich schneller, ihre ursprünglichen Fähigkeiten wieder zu erlangen, da sie die Durchblutung verbessert und Abfallstoffe beseitigen hilft. Massage einzelner Partien lindert auch Krämpfe und Bindegewebsentzündungen und verkürzt die Genesungszeit für Bänderzerrungen, Verstauchungen und Verrenkungen. Auch Shiatsu und Reflexzonenmassage sind überaus wohltuend.

Klopfgriffe
Nachdem Sie die Beinmuskulatur recht kräftig durchgeknetet haben, wenden Sie einige Klopfgriffe wie Hacken und Trommeln an, um den Bereich besonders zu erwärmen und zu stimulieren.

Konditionsmassage vor dem Training

Eine stimulierende Massage, vorzugsweise am Tag vor anstrengender oder lang andauernder sportlicher Betätigung verabreicht, konditioniert den Körper und hilft mit, ihn auf die bevorstehende Leistung vorzubereiten. Wenn möglich, sollte Ihr Partner vor der Massagesitzung eine kalte Dusche nehmen. Sie können sich an die Grundabfolge der Massage (siehe Seite 36–37) halten, doch gleich nach den breiten, langen, streichenden Griffen sollten Ihr Rhythmus schneller als gewöhnlich und Ihre Griffe tiefer werden. Konzentrieren Sie sich besonders auf die Muskelgruppen, die stark beansprucht werden sollen, und wenden Sie einige Knet- und Klopfgriffe an sowie sämtliche Gelenkdehnungstechniken (siehe Seiten 48, 56, 65 und 74). Mit der Konditionierung des Körpers helfen Sie, Problemen wie Krämpfen und Steifheit vorzubeugen.

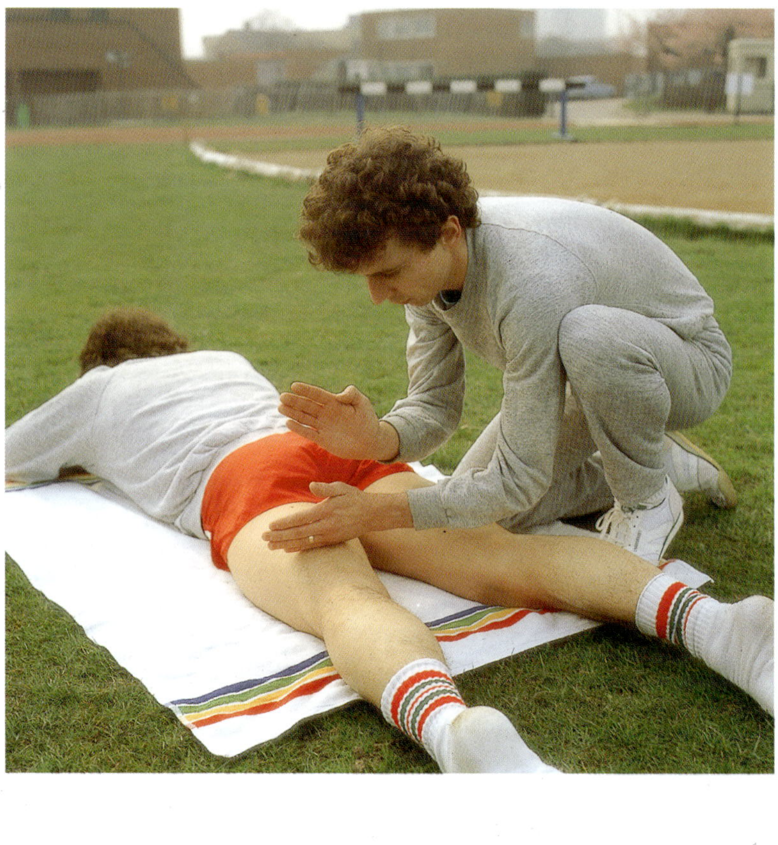

Entspannungsmassage nach dem Training

Zweck der Massage nach einer sportlichen Aktivität ist es, die Abfallstoffe in den Muskeln zu beseitigen, die sich in den Geweben angesammelt haben können, sowie ermüdete Muskeln zu entspannen und mit frischem Blut zu versorgen. Im Idealfall sollte Ihr Partner zuerst ein warmes Bad oder eine Dusche nehmen und dann seinen Körper für einige Minuten mit angewärmten Handtüchern bedecken. Der Massageraum darf nicht kalt sein, damit der Massierte nicht fröstelt. Wie bei der Massage vor dem Training sollten Sie den ganzen Körper bearbeiten und sich dann auf die Bereiche konzentrieren, die am meisten beansprucht wurden; diesmal aber sollten Ihre Griffe langsamer und entspannender sein. Beginnen Sie mit langen, leichten Streichgriffen und massieren Sie allmählich tiefer. Arbeiten Sie behutsam mit Muskeln, die schmerzen, weil diese sich sonst noch mehr verspannen könnten.

Entspannungsmassage nach dem Training

Ihr Ziel ist die Beruhigung ermüdeter Muskeln; wenden Sie also langsame, rhythmische Entwässerungsgriffe an und arbeiten Sie in Richtung auf das Herz, um den Kreislauf zu unterstützen.

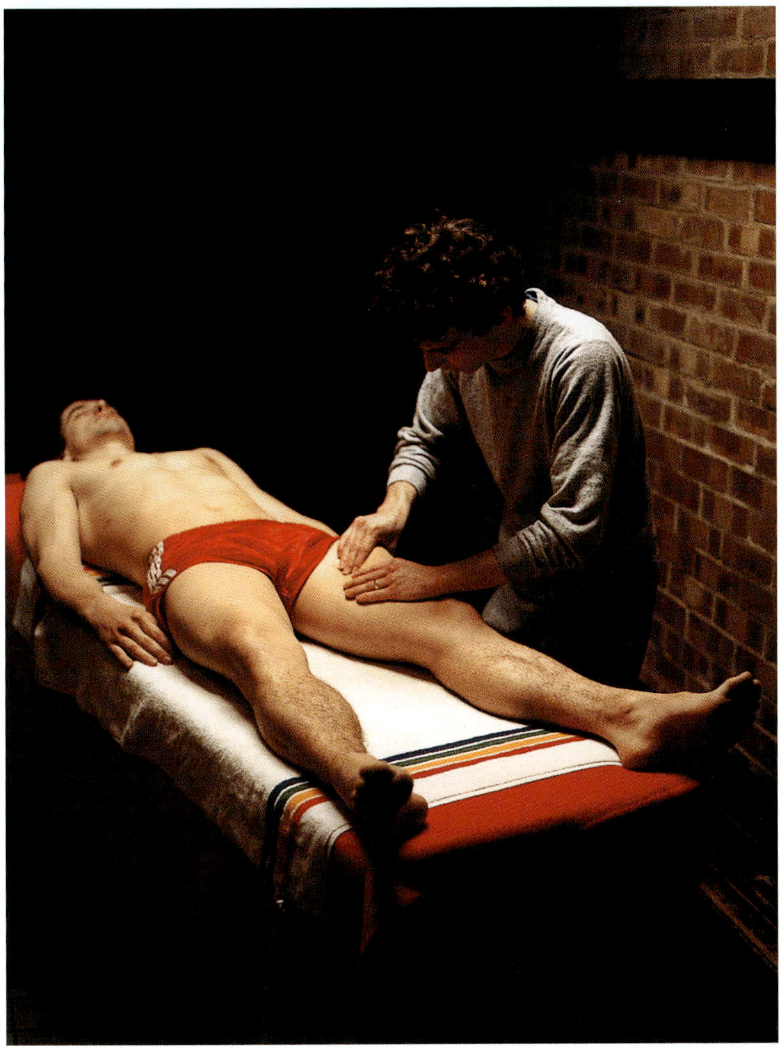

Entsprechungsbereiche

Für jemanden, der viel Sport treibt und häufig Gefahr läuft, seine Muskeln zu verletzen oder zu überanstrengen, lohnt es sich zu lernen, wie man eigene oder anderer Leute Verletzungen mit Hilfe der Entsprechungsbereiche der Reflexologie behandeln kann. Dabei handelt es sich um Körperteile, die einander anatomisch entsprechen und die anstelle des verletzten Gebiets oder zusätzlich zu diesem behandelt werden können. Die Hauptpartien sind Hüfte und Schulter, Oberschenkel und Oberarm, Knie und Ellbogen, Unterschenkel und Unterarm, Fußgelenk und Kniegelenk jeweils auf derselben Körperseite. Der große Wert dieser Entsprechungsbereiche besteht darin, dass man einen verletzten oder entzündeten Körperteil bearbeiten kann, ohne diesen direkt berühren zu müssen. Wenn Ihr Partner sich beispielsweise das rechte Fußgelenk gebrochen hat, können Sie den Heilungsvorgang beschleunigen, indem Sie den entsprechenden Bereich am rechten Handgelenk bearbeiten. Das Prinzip wirkt stärker von der oberen Körperhälfte zur unteren – mit anderen Worten, es ist leichter, ein verletztes Bein durch Arbeit am Arm zu behandeln als umgekehrt.

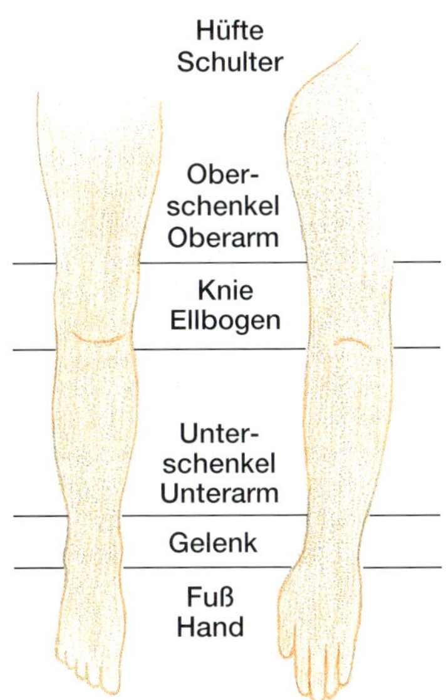

Selbstmassage

Selbstmassage ist eine der besten Methoden, massieren zu lernen, weil man so die aktive und die passive Rolle am besten nachempfinden kann. Sie ist eine uralte Form des Heilens, und wir alle wenden sie instinktiv an, wenn wir uns steif fühlen oder Schmerzen haben – wir kneten unsere verspannten Schultern oder reiben eine Druckstelle weg. Vor vielen Jahrhunderten wurde die Selbstmassage von mongolischen Kriegern rituell dazu benutzt, sich von Angst frei zu machen, ehe sie in die Schlacht zogen. Sie stellt einen jedoch vor gewisse Hindernisse: Es ist nicht leicht, sich völlig zu entspannen und alle Körperteile ohne Anstrengung zu erreichen. Insgesamt aber überwiegen die Vorteile die Nachteile. Sie können sich überall massieren – bei der Arbeit, zu Hause oder im Auto, wann immer Sie sich angespannt, müde oder steif fühlen oder Ihnen etwas wehtut. Niemand kennt Ihren Körper so gut wie Sie selbst, und niemand außer Ihnen kann sagen, was wirklich wohltuend ist oder wo genau der Schmerz sitzt.

Abfolge der Selbstmassage

Sie können alle Körperteile massieren, die Sie erreichen, und sämtliche Griffe der Grundabfolge anwenden. Am leichtesten ist es, wenn Sie jeden Körperteil in der hier gezeigten Stellung und Reihenfolge behandeln und von den Füßen zum Kopf hin arbeiten. Sie können diese Positionen auch einnehmen, um Ihre *Tsubos* zu drücken (siehe Seite 131). Für die Behandlung der eigenen Reflexzonen setzen Sie sich mit einem Fuß über dem anderen Oberschenkel hin oder bearbeiten Ihre Hände (siehe Seite 148–151). Ehe Sie anfangen, zentrieren Sie sich im *Hara* (siehe Seite 25). Beginnen Sie immer mit einem leichten Streicheln und arbeiten Sie allmählich tiefer, indem Sie mit verschiedenen Griffen und Druckarten experimentieren. Lassen Sie sich genug Zeit und machen Sie sich gründlich mit jedem Körperteil vertraut, damit Sie sich hinterher auch wirklich erfrischt fühlen.

Beine und Füße

Setzen Sie sich mit gestreckten Beinen auf den Boden. Beginnen Sie abwechselnd auf der linken und auf der rechten Seite, indem Sie die Füße, die Knöchel und die Unterschenkel, die Kniegelenke und dann die Schenkel von den Knien bis zu den Hüften bearbeiten.

Hüften und Bauch

Legen Sie sich mit angezogenen Knien hin. Massieren Sie den ganzen Beckenbereich; beginnen Sie am inneren Dreieck des Schambeins und arbeiten Sie sich um die Beine zu den Sitzknochen vor. Nun legen Sie sich auf eine Seite, um den Bereich vom Sitzknochen zum Steißbein durcharbeiten zu können; dann massieren Sie über die Pohälfte, um Beckenknochen und Hüftgelenk herum zur Vorderseite. Rollen Sie sich auf die andere Seite und wiederholen Sie die Abfolge. Danach massieren Sie den ganzen Bauch.

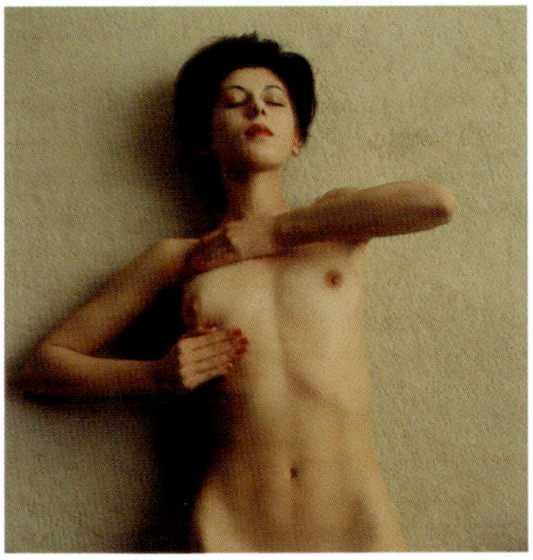

Brust

Legen Sie sich auf den Rücken und massieren Sie vom Solarplexus zum Schlüsselbein. Ziehen Sie an den Brustseiten entlang und bearbeiten Sie die Zwischenräume der Rippen von innen nach außen.

Arme und Hände

Massieren Sie zunächst beide Hände, dann beide Unterarme einschließlich der Ellbogen. Danach massieren Sie die Oberarme bis zu den Achselhöhlen und Schultergelenken.

Schultern und Hals

Drücken Sie im Liegen am oberen Rand des Schlüsselbeins und auf der Oberseite der Schulter entlang. Massieren Sie Halsseiten und Nacken und was Sie vom oberen Rücken erreichen können.

Rücken

Arbeiten Sie sich im Sitzen vom Becken aus so weit es geht nach oben. Legen Sie sich dann auf den Boden und »rollen« Sie Ihren Rücken über ein Nudelholz oder einen Gummiball; im Sitzen kann man dasselbe gegen eine Wand tun.

Gesicht und Kopfhaut

Streichen Sie im Liegen fest von der Stirn zum Kinn und von der Mitte nach außen. Massieren Sie Unterkiefer, Ohren, Kopfhaut.

Mit dem »Verbinden« enden.

Körpersprache

Mit unserem Körper drücken wir das aus, was wir denken und fühlen. Er spiegelt unsere Geschichte wider, denn seine Gestalt wird von unserer individuellen Lebenserfahrung mitgeprägt. Deshalb verrät der Körper viel über unsere Seele. Wenn wir die Körpersprache lesen, sie beherrschen, können wir verstehen, was der Körper uns sagt. Dazu gehört, dass wir seine Signale zu deuten lernen. Jede innere Bewegung, Gefühle, Wünsche drücken sich durch unseren Körper aus. Verstehen wir seine Sprache, können wir oft Spannungen, die sich festgesetzt haben, lindern.

Welche formenden Faktoren wirken zusammen und machen jeden von uns einzigartig? Wir kommen mit einer körperlichen und einer seelischen Grundausstattung auf die Welt, die genetisch vorbestimmt ist; wie wir uns dann aber als Individuen entwickeln, hängt von einer Vielzahl von Einflüssen ab: unserer Erziehung, unserer körperlichen Schulung und geistigen Bildung; wie und wo wir auf der Welt leben; wie wir emotional ausgerichtet sind, womit wir uns beschäftigen, was wir tun. Kleine Kinder brauchen Berührung, und wenn dieses Bedürfnis in der Familie nicht unterstützt oder Berührung nicht aktiv ermutigt wird, erlebt das Kind einen Konflikt zwischen dem Wunsch nach Berührung und dem Unterdrücken dieses Impulses aus Angst vor Zurückweisung. Dieses Unterdrücken umfasst ein Muster von Muskelkontraktion, das mit der Zeit chronisch und unbewusst wird – es manifestiert sich unter Umständen in gespannten, zurückgezogenen Schultern und schlaff herunterhängenden Armen, die nicht in der Lage sind, sich zu strecken und nach der Berührung zu greifen, nach der sie sich sehnen; die Angst haben, nach dem zu streben, was sie im Leben wollen, weil sie sich vor Misserfolg fürchten.

In der östlichen Medizin bildet das Lesen der Körpersprache einen wichtigen Teil der traditionellen medizinischen Diagnose. Jedes Organ ist mit einem bestimmten emotionalen und geistigen Merkmal verbunden, und der Arzt gewinnt Hinweise auf die Ursache von Symptomen ebenso aus Gesichtsfarbe, Geruch und Stimme eines Patienten wie aus Temperatur und Puls. Im Westen ist man erst in jüngerer Zeit dazu übergegangen, den Zusammenhang zwischen Persönlichkeit und körperlichen Merkmalen zu untersuchen und therapeutisch zu nutzen; diese westlichen Systeme sind es, auf denen unser eigenes basiert. Ein breites Spektrum von Disziplinen erkennt inzwischen die wichtige Rolle an, die Geist und Emotionen für die Gesundheit und die Struktur des Körpers spielen, und sucht die Persönlichkeit auch durch Arbeit am Körper zu befreien.

Der Wert der Körpersprache liegt darin, dass sie uns sozusagen einen Wegweiser für die Problembereiche jedes einzelnen Individuums liefert. Wenn man die Bereiche entdeckt hat, die auffallend verspannt oder unentwickelt sind, oder jene, in denen Energie zu stagnieren oder im Übermaß vorhanden zu sein scheint, kann man daran arbeiten, das Gefüge zu harmonisieren und ein Gleichgewicht herzustellen. Im Allgemeinen konzentriert man sich darauf, verspannte Bereiche zu lockern – im Fall der Reflexzonenbehandlung durch besondere Beachtung der schmerzenden Reflexe; bei der Massage durch zunehmend tiefere Behandlung blockierter oder angespannter Partien.

In diesem Kapitel wollen wir nur auf einige extreme Fälle eingehen und zeigen, wie sich unsere Einstellung zum Leben in verschiedenen Körperteilen ausdrückt; die meisten Menschen weisen jedoch viel subtilere Abweichungen vom »Normalen« auf. Wenn Sie Ihren eigenen Körper oder den eines anderen Menschen betrachten, sollten Sie aus isolierten Strukturmustern keine oberflächlich verallgemeinernden Schlüsse ziehen. Das Lesen der Körpersprache ist eine Fertigkeit, die mit der Übung wächst. Je intensiver Sie diese »Sprache« studieren, desto besser lernen Sie Ihre Intuition einzusetzen, um ein zutreffendes Bild zu erhalten.

Spaltungen und Asymmetrien

Beim Studium der Körpersprache sollten Sie zunächst versuchen, einen Gesamteindruck zu gewinnen, statt sich auf einzelne Körperteile zu konzentrieren. Verbringen Sie erst einige Minuten damit, sich mit geschlossenen Augen zu »zentrieren« (siehe Seite 25). Dann öffnen Sie die Augen und nehmen auf, was immer Ihre Aufmerksamkeit erregt. Vielleicht bemerken Sie Unterschiede in Farbe oder Textur – ein Bereich des Körpers sieht gesund und strahlend aus, ein anderer blasser und weniger lebendig. Achten Sie auf die Größe und Form des Körpers. Ist er beispielsweise lang und dünn oder kurz und muskulös? Wo ist die Energie konzentriert? Macht die Person einen kraftvollen und starken oder schwachen und unentschlossenen Gesamteindruck? Vielleicht wirkt die Figur geschmeidig, vielleicht aber auch unproportioniert, groß an einigen Stellen, klein an anderen. Sie werden oft auch feststellen, dass der Körper in zwei verschiedene Bereiche aufgespalten scheint. Die am häufigsten anzutreffenden Spaltungen und Asymmetrien sind Oben/Unten, Links/Rechts und Vorn/Hinten.

Oberlastig *(unten links)*
Bei der überentwickelten oberen Hälfte hat man den Eindruck, als müsse sie ein Unsicherheitsgefühl an der Basis kompensieren. Hüften und Beine wirken im Vergleich dazu unterentwickelt.

Gut ausgewogen *(unten Mitte)*
Das Gewicht ist gleichmäßig auf obere und untere Körperhälfte verteilt. Die Energie scheint mühelos im Körper auf und ab zu fließen, ohne in der Mitte eingeschnürt zu wirken.

Unterlastig *(unten rechts)*
Beine und Hüften sind im Vergleich zur oberen Körperhälfte übergroß. Sie wirken beinahe herausfordernd, doch der Brustraum scheint nach innen gezogen und eingeschnürt.

Oben/Unten-Spaltung

Bei einer Oben/Unten-Spaltung scheinen Energie und Vitalität nach oben oder unten verschoben zu sein, sodass der Körper ober- oder unterlastig aussieht. Die Energie scheint auf irgendeiner Ebene blockiert zu sein, sodass eine Hälfte überreichlich damit versorgt ist, die andere nur sehr spärlich. Der Teil, dem es an Energie fehlt, wirkt merklich blasser und schwächer und fühlt sich bei Berührung oft kühler an. Bei einem oberlastigen Menschen sehen Brust und Schultern aufgeblasen aus, während Becken und Beine angespannt und unterentwickelt wirken. Bei einem unterlastigen sind die Beine groß und schwer, doch die obere Körperhälfte sieht eng und zusammengepresst aus. Oberlastige Menschen sind eher selbstbewusst, vernunftorientiert und aktiv. Unterlastige Menschen tendieren zu Passivität, sind eher auf der Gefühlsebene zu Hause und haben Schwierigkeiten, sich zu behaupten.

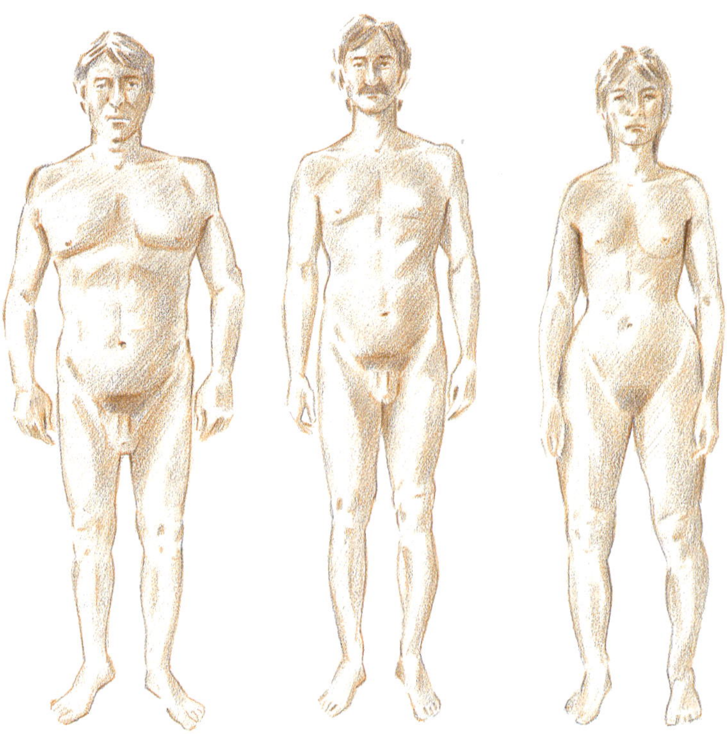

Links/Rechts-Spaltung

Niemand ist vollkommen symmetrisch, doch bei manchen Menschen ist die Asymmetrie besonders ausgeprägt. Das kann auf strukturelle Unausgewogenheiten zurückzuführen sein wie Skoliose oder Schiefstellung der Hüften. Auch die Muskulatur beider Seiten kann unterschiedlich entwickelt sein – eine ist beispielsweise härter und eckiger, die andere weicher und runder. Die linke Körperseite wird von der rechten Gehirnhälfte kontrolliert und umgekehrt. Jüngere wissenschaftliche Forschungen haben ergeben, dass die linke Hirnhälfte vor allem mit rationalem, linearem Denken und verbalem Ausdruck befasst ist, die rechte mit der mehr intuitiven, emotionalen Seite des Lebens. Beide Körperseiten können dies widerspiegeln. Wenn ein Mensch im Gleichgewicht ist, entwickelt sich der Körper symmetrisch. Ausgeprägte Asymmetrie deutet auf einen Konflikt hin – vielleicht zwischen Vernunft und Gefühl.

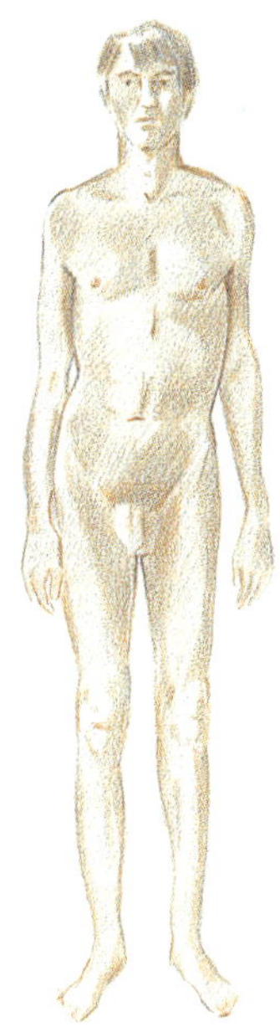

Links/Rechts-Spaltung
Dieser Mann weist mit schiefen Hüften und Schultern eine ziemlich deutliche Spaltung auf, sodass die linke Seite höher ist. Auffallender wird die Diskrepanz, wenn man die jeweiligen Seiten zusammensetzt.

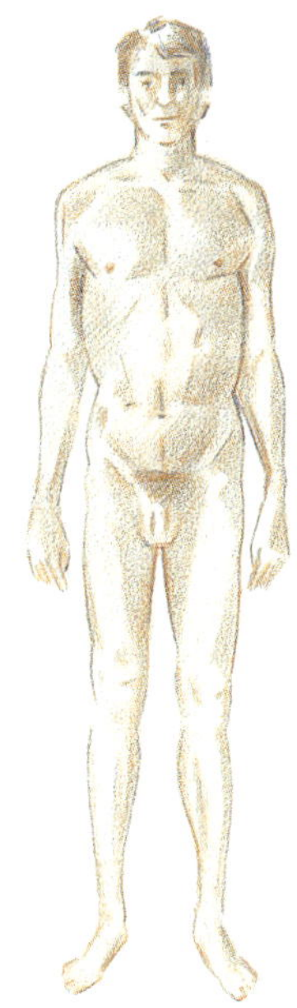

Linke Seite verdoppelt
Die Figur wirkt recht stark und groß, die Energie nach aufwärts verschoben. Der Mann steht aufrecht und scheint resolut zu sein und bereit zu handeln.

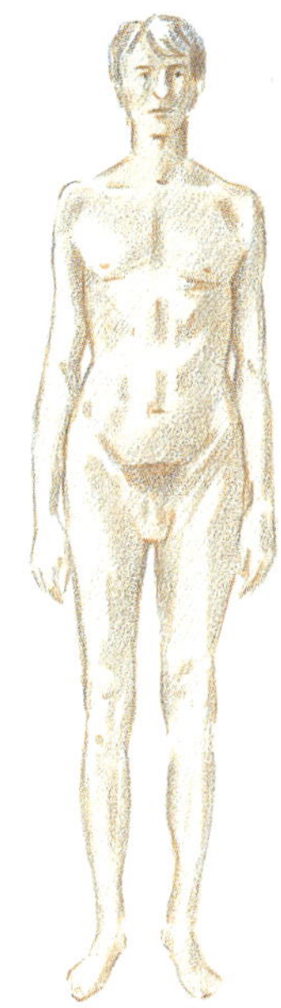

Rechte Seite verdoppelt
Die Figur ist weicher und in den Hüften runder, was sie weiblicher wirken lässt. Die Schultern sind tiefer, die Energie scheint abwärts verschoben. So wirkt der Mann passiver.

Vorn/Hinten-Spaltung

Eine Vorn/Hinten-Spaltung liegt vor, wenn jemand von vorn einen anderen Charakter darzubieten scheint als von hinten. Die Vorderseite des Körpers präsentiert die Art und Weise, wie wir gesehen werden möchten. Der Rücken reflektiert unsere mehr unbewusste Seite, Aspekte unserer Persönlichkeit, die wir vielleicht vor der Welt oder vor uns selbst verstecken. Normalerweise birgt der Rücken mehr Spannungen und Negatives – wie ein Keller, in dem Dinge abgestellt sind, die wir vergessen haben.

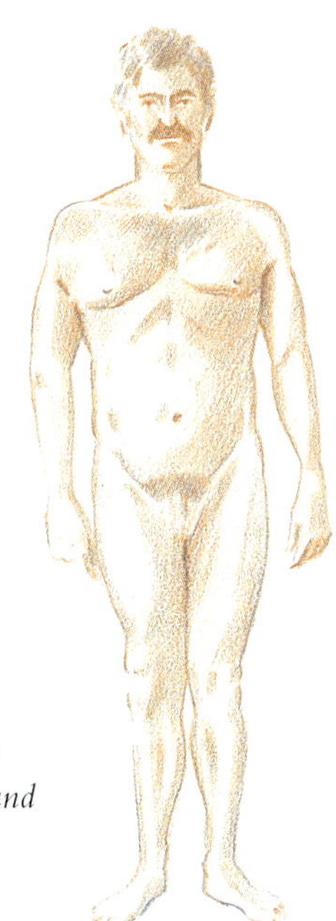

Vorderseite
Von vorn wirkt dieser Mann stark und kraftvoll. Seine Beinstellung und seine Schulterhaltung sind herausfordernd.

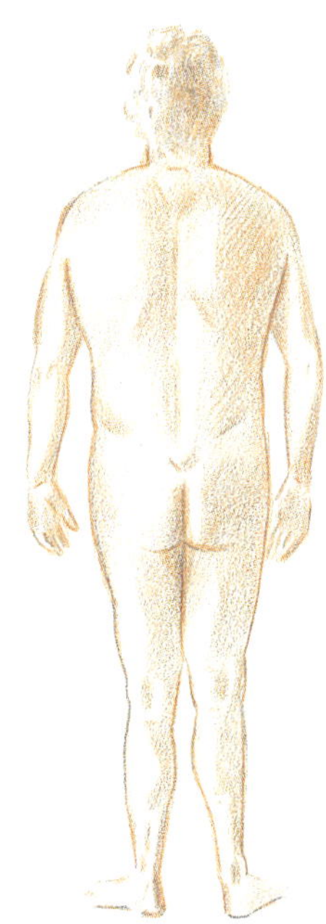

Rückseite
Von hinten wirkt er gebeugt und traurig. Obwohl die Schultern breit sind, sehen sie überlastet aus, die Beine scheinen schwächer.

Füße und Beine

Der Zustand unserer Beine und Füße spiegelt unsere Beziehung zur Realität wider, die Verfassung unseres Wurzel-Chakras (siehe Seite 189) und unserer Fundamente – unsere frühesten Erfahrungen, gestützt zu werden. Als Zweibeiner haben wir mit den Füßen Kontakt mit dem Energiefeld der Erde. Wir »stehen fest auf beiden Füßen« oder stehen »auf schwachen Füßen«; wir können »weiche Knie haben« oder »auf eigenen Füßen stehen«. Ausdrücke wie diese reflektieren unser instinktives Wissen um die Verbindung zwischen Füßen und Beinen und unserem allgemeinen Gefühl von Sicherheit, Vertrauen und Kontakt mit der Realität – der Erde, auf der wir gehen. Unsicherheit kann sich in schwachen Beinen und Füßen ausdrücken, deren Muskeln unentwickelt und schlaff und der Aufgabe, unser Gewicht zu tragen, kaum gewachsen sind. Oder wir kompensieren die Unsicherheit, indem wir unsere Beine und Füße versteifen und die Muskeln hart, die Gelenke starr machen.

»Erden«

Damit die Energie unbehindert durch den Körper fließen kann, ist ein guter Kontakt mit dem Boden wesentlich. Menschen, die nicht gut »geerdet« sind, neigen zur Unsicherheit im Gang und im Zugriff zur Realität. Ihre Muskeln können entweder hart oder schlaff sein – beides unangemessen, wenn man vor neuem Terrain steht. Diesen körperlichen Merkmalen entspricht häufig auch die geistige Einstellung – der Mensch ist schlaff oder übermäßig streng. Gut »geerdete« Menschen wirken ausgeglichen. Mit ihren geschmeidigen Füßen und Beinen passen sie sich unvertrautem Terrain schnell an und bleiben offen und reaktionsfähig gegenüber allem Neuen in ihrem Leben.

Füße

Mit unseren Füßen haben wir Kontakt mit dem Boden, tauschen Energie mit der Erde aus wie die Wurzeln eines Baums. Die Rolle, die unsere Füße spielen, verstehen Sie am besten, wenn Sie aufstehen und sich einige Minuten ohne Schuhe hinstellen. Achten Sie auf das, was Sie spüren. Wie ist Ihr Gewicht verteilt? Liegt es auf den Fußballen, den Fersen oder den Seiten? Fühlen Sie sich behaglich auf Ihren Füßen? Sind Sie angespannt oder entspannt? Vielleicht liegt Ihr Gewicht hauptsächlich auf den Innenseiten und Ihr Spann ist durchgedrückt, um mehr Boden zu gewinnen. Vielleicht sehen Ihre Füße auch recht entspannt aus, mit gut gewölbtem Spann an der Innenseite, der Ihr Gewicht ohne Überlastung trägt. Oder sind Ihre Füße verkrampft, haben einen hohen, harten Spann und nach unten gebogene Zehen? Rechts sehen Sie die drei Fußformen, auf die Sie am häufigsten stoßen.

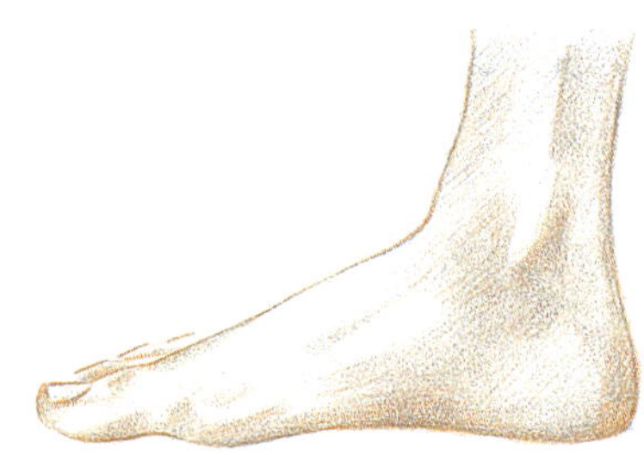

Flacher Fuß

Der Spann ist nach unten durchgedrückt und schwächt die Struktur. Der Fuß sieht aus, als wolle er sich der besseren Stützung wegen an den Boden klammern. Das Gewicht ist im Allgemeinen in Richtung auf die Innenseite der Fußknöchel verlagert.

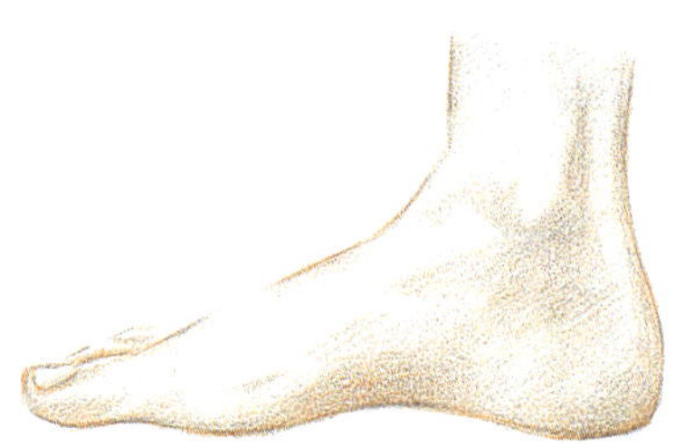

»Normaler« Fuß

Hier wirkt der ganze Fuß geschmeidig – das Gewicht ist gleichmäßig auf Ballen und Fersen verteilt, und der stützende Bogen des Spanns ist in der Mitte der Innenseite sichtbar.

Verkrampfter Fuß

Der Fuß wirkt angespannt und übermäßig zusammengezogen, als sei sein Kontakt mit dem Boden heikel. Die Wölbungen unter Zehen und Spann sind stark hochgezogen; die Zehen sind nach unten gebogen, als versuchten sie, sich in die Erde zu krallen.

Knöchel und Knie

Wie die Füße sagen auch Knöchel und Knie etwas über »Geerdetsein«, Mobilität und Gleichgewicht. Jedes Ungleichgewicht und jede Schwäche in den Füßen kann auch die Fußgelenke beeinflussen. Die Art und Weise, wie Menschen gehen, verrät einiges über das Bild, das sie von sich haben – ob sie stolzieren, trippeln oder schreiten. Wenn die Fußknöchel krumm oder schwach sind, können die Schritte zögernd und unsicher sein. Besonders die Knie haben mit unserem Gefühl von Sicherheit zu tun – wenn wir Angst haben, zittern sie. Auf Dauer spiegelt sich Unsicherheit in steif werdenden Knien, herausfordernder oder entschlossener Haltung oder in dem Bemühen, nicht zu fallen oder zu versagen.

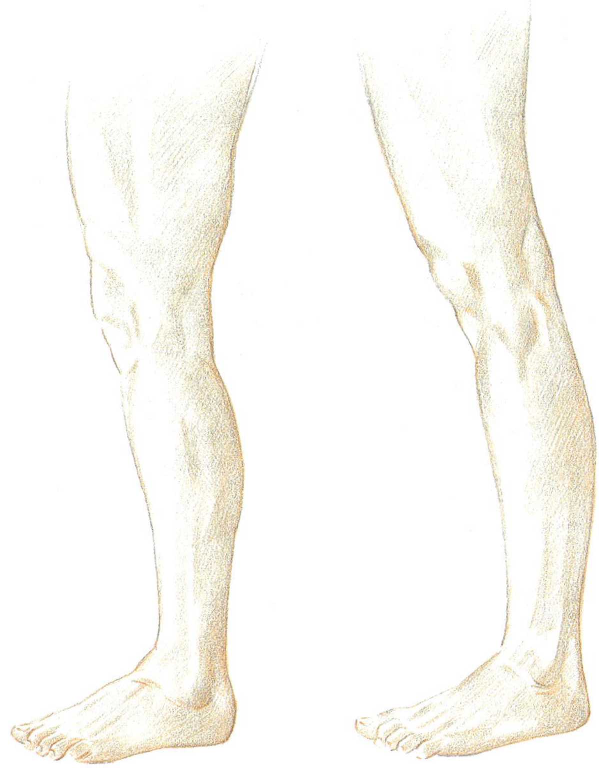

Normale und starre Knie

Das »normale« Knie (rechts) ist elastisch und entspannt und lässt die Energie direkt durch die Beinmitte auf und ab fließen. Das durchgedrückte Knie (ganz rechts) sieht starr aus, blockiert den Energiefluss und macht die Bewegungen steif.

Beine und Oberschenkel

Unsere Fähigkeit zu ausdauerndem Bemühen, unsere Aktivität und Sexualität spiegeln sich in den Oberschenkeln. Wenn wir uns bedroht fühlen, sind die Beine mit Energie geladen, da wir uns auf Kampf oder Flucht vorbereiten. Bei einigen Menschen manifestieren sich chronische Unsicherheit und Handlungsunfähigkeit in charakteristischen Beinformen – sie können schwer und schlaff sein oder aber angespannt und starr oder schwach und unentwickelt, als hätten sie sich resigniert mit ihrer Lage abgefunden. Zwei häufige Beinstellungen sehen Sie rechts.

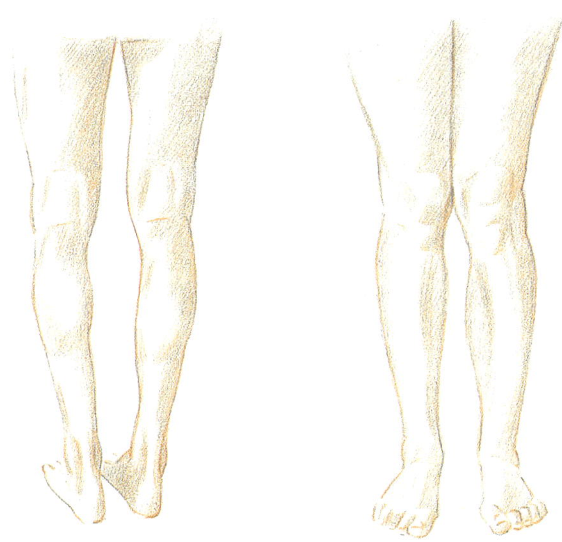

Gebogene Beine und zusammengedrückte Knie

Das Kennzeichen gebogener Beine (oben links) sind nach innen und oben zu den Genitalien gezogene Schenkelmuskeln, die die Beweglichkeit des Beckens behindern und damit den vollen sexuellen Ausdruck. Eine Haltung mit zusammengedrückten Knien (oben rechts) bedeutet Selbstschutz. Auch hier kann die sexuelle Vitalität eingeschränkt sein.

Das Becken

Das Becken verbindet die Beine mit dem Rumpf und stützt die Wirbelsäule. Seine Hauptgelenke an den Hüften und an der Wirbelsäulenbasis machen uns mobil – wir können gehen. Der gesamte Beckenbereich ist verbunden mit dem Wurzel-*Chakra* und dem *Hara*; Nerven aus dem unteren Wirbelsäulenbereich aktivieren die Sexual- und Ausscheidungsfunktionen sowie die Beine und Füße. Wie wir gesehen haben, spiegeln sich Spannung und Ungleichgewicht in einem Körperbereich in allen anderen Bereichen wider, und zwar mittels muskulärer Kompensation. Steifheit im Becken kann also von »ungeerdeten« Beinen herrühren und umgekehrt. Die Art, wie wir unsere Hüften bewegen, zeigt unsere Einstellung zu Sex und zur Ausscheidung. Ein Becken, das nicht »blockiert« ist, kann bei Bewegung frei hin und zurück schwingen, doch ein Becken voller Spannung bewegt sich wie ein fester Block und führt zu steifen Beinbewegungen.

Das verschobene Becken

Wenn sich im Beckenbereich sehr viel Spannung und Energie ansammelt, ist nicht nur der Bewegungsspielraum eingeschränkt, sondern das Becken wird auch oft gewohnheitsmäßig nach vorn oder hinten geschoben. Beim »nach vorn gedrückten« Becken scheint das Zurückschwingen zum Aufnehmen neuer Energie und zum Freisetzen von Gefühlen nicht mehr möglich zu sein. Die zurückgezogene Haltung des Beckens wirkt stark aufgeladen mit Energie, doch sie kann nicht abgegeben werden und führt so zu einem Energiestau.

Der Po

Spannung in diesem Bereich kann Probleme mit Geben und Nehmen und ein Bedürfnis nach Besitz anzeigen. Dieser Körperteil ist mit der Ausscheidung verbunden. Wenn Kinder zu früh zur Sauberkeit erzogen werden, können noch andere Muskeln außer denen von Beckenboden und Po ins Spiel kommen, um die Darmbewegungen zu kontrollieren. Ein solches »Zusammenziehen« kann unbewusst mit ins Erwachsenenalter hinübergenommen werden.

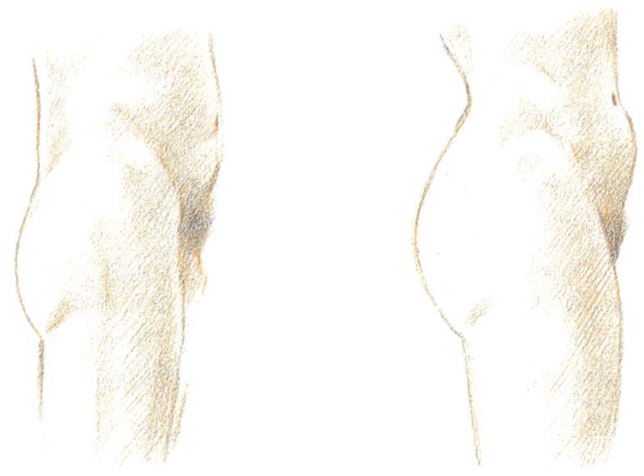

Verschobenes Becken
Beim nach vorn verschobenen Becken (unten links) wird der Po eingezogen, und das Becken selbst wird nach vorn und oben gedrückt. Diese Stellung geht oft mit schwachen oder steifen Beinen und einer überentwickelten oberen Körperhälfte einher. Beim nach hinten verschobenen Becken (unten rechts) ist der untere Rücken angespannt und hohl, die Gesäßhälften werden nach außen gedrückt und das Becken wie ein angespannter Bogen nach hinten gezogen. Es ist, als habe der betreffende Mensch Angst, sich loszulassen.

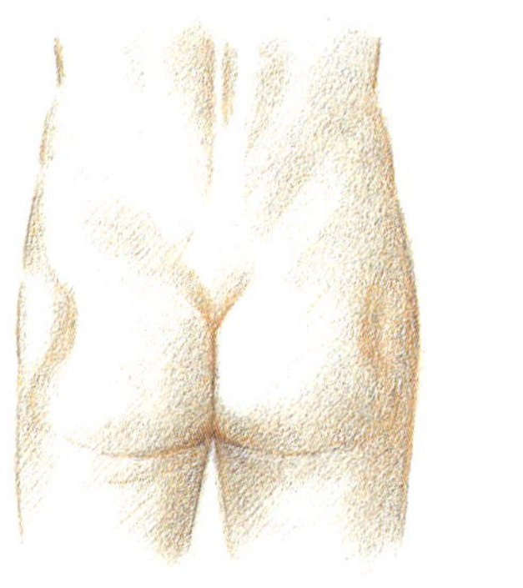

Zusammengepresste Pohälften
Bei diesem Beispiel des »analen Festhaltens« sind die Pohälften dauernd fest zusammengekniffen – eine Angewohnheit aus der Kindheit.

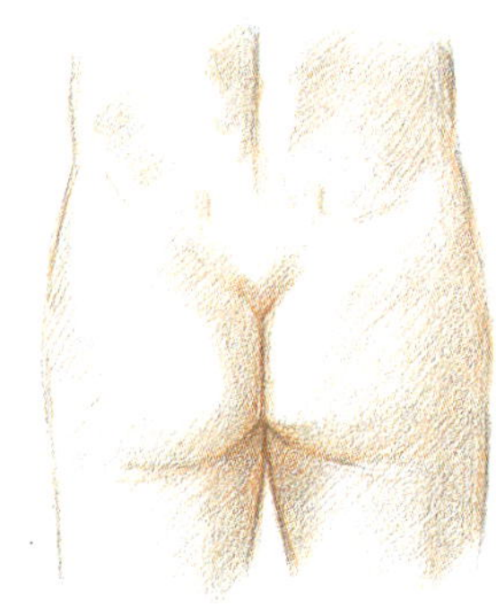

Hochgezogener Beckenboden
Hier werden die inneren Oberschenkelmuskeln hochgezogen, und die Muskeln des Beckenbodens sind angespannt.

Der Bauch

Der Bauch ist der Sitz des *Hara*, unseres Schwerkraftzentrums, unserer Kraft und Vitalität, und ist eng verbunden mit unseren Beinen und dem Gefühl des »Geerdetseins«. Der Bauch beherbergt unsere inneren Gefühle, unseren Hunger- und Sexualtrieb, unsere emotionale Erfüllung oder Leere; wenn wir frei und tief atmen, bewegt sich der Bauch mit dem Atem. Die westliche Kultur mag den Bauch nur, wenn er dünn ist, flach und fest, und zwängt ihn in Gürtel und Korsetts, wenn seine eigenen Muskeln nicht stark genug sind, um ihn eingezogen zu halten. Bei diesem Vorgang erstarren unsere inneren Gefühle; wir sind abgeschnitten von unseren primitivsten Trieben, und der Kopf übernimmt die Herrschaft. Zwischen Kopf und Bauch liegt das Herz, unsere emotionale Mitte. Nur dann, wenn alle drei Zentren in Harmonie zusammenarbeiten, können wir Integration und Gleichgewicht erreichen.

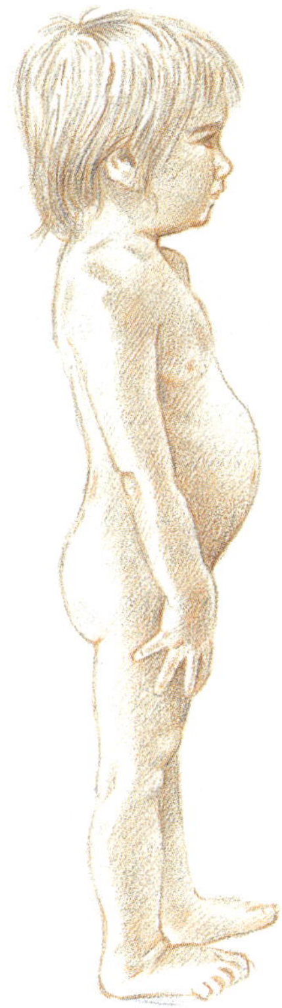

Der »entfremdete« Bauch

Viele Menschen schneiden sich von ihrem Bauch ab, indem sie ihn einziehen und angespannt halten. Diese Reaktion findet man oft bei der militärischen Haltung des »Kopf hoch, Bauch rein, Brust raus«. Mangel an Kontakt mit den Bedürfnissen des Bauchs kann sich auch durch Fettleibigkeit zeigen, bei der wir irrtümlich versuchen, das Gefühl der Leere über übermäßiges Essen auszugleichen, während in Wirklichkeit das Leeregefühl oft daher rührt, dass wir von den Empfindungen im Bauch abgeschnitten sind.

Natürlicher Bauch *(rechts)*
Bei kleinen Kindern und Menschen primitiver Gesellschaften ist die Bauchwand im Allgemeinen entspannt und bewegt sich frei mit jedem Einatmen. Bauch und Brust sind nicht getrennt, sondern gehen eher ineinander über.

Angespannter Bauch *(rechts)*
Hier wird der Bauch ständig eingezogen, die Muskeln sind hart und fest, die Grundtriebe gefesselt. Jemand, der sich mit dieser Haltung wappnet, beschränkt sich so auf die oberflächliche Brustatmung.

Aufgeblähter Bauch *(ganz rechts)*
Ein übergewichtiger, schwerer Bauch kann die inneren Gefühle verdecken und verheimlichen. Ein Individuum, das so die Berührung mit seinem Lebenszentrum verloren hat, kann auch unfähig sein, seine Bedürfnisse zu erkennen und zu erfüllen.

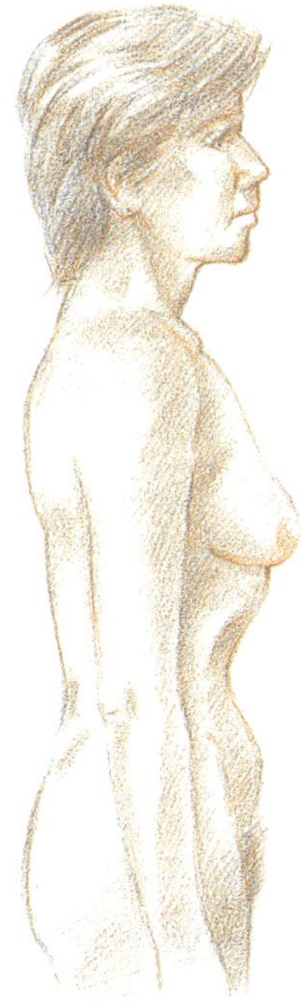

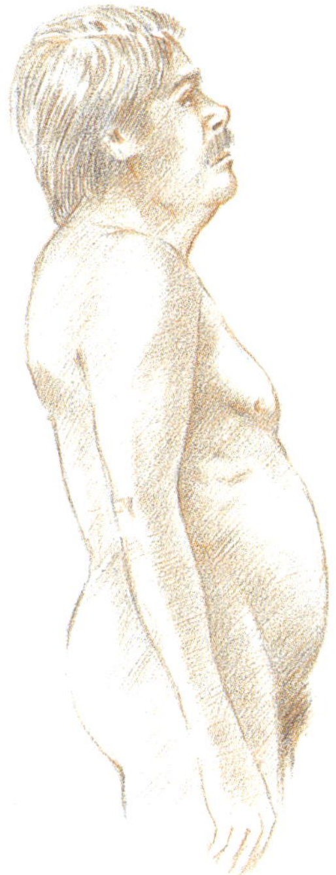

Die Brust

Die Brust enthält und schützt lebenswichtige Organe, das Herz und die Lungen, und ist verbunden mit den *Chakras* von Solarplexus, Herz und Kehle – den Zentren von Vitalenergie oder Bewusstsein, die zu tun haben mit der Aufnahme und Verteilung von Energie, von Emotionen und der Äußerung von Gefühlen (siehe Seite 189). Bei einem Menschen, dessen Brust leicht beweglich und nicht gepanzert ist, können Zärtlichkeit und Wärme frei ausgetauscht werden; wo aber die Energie in diesem Bereich blockiert ist, lassen sich derartige Gefühle weniger leicht äußern. Das Zwerchfell ist der Hauptatmungsmuskel; er massiert, wenn er flexibel ist, die Bauchorgane, Herz und Lungen. Eine volle, entspannte Atmung versorgt und nährt den ganzen Körper mit Energie, doch nur zu oft ist der Energiefluss blockiert. Wenn unsere Gefühle zu schmerzhaft sind, lernen wir, unbewusst die Atemmuskulatur anzuspannen, da eine Beschränkung der Atmung ein Mittel ist, Gefühle abzutöten.

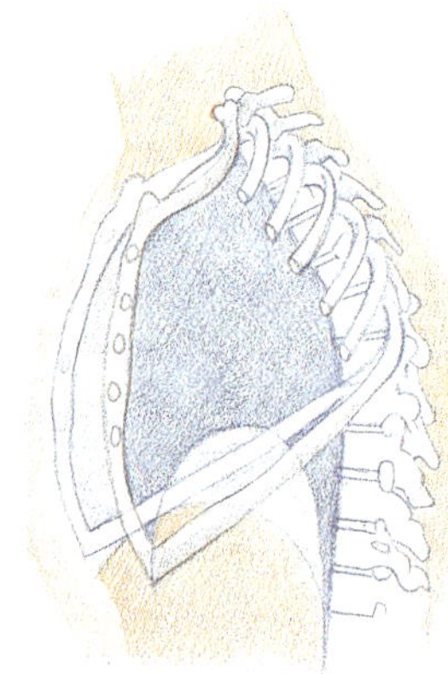

Normale Atmung *(oben)*
Wenn wir einatmen, zieht sich das Zwerchfell zusammen und senkt sich; dadurch werden die unteren Rippen und das Brustbein hoch und nach außen gezogen, und der Bauch beginnt zu schwellen. Indem die Rippen sich heben, vergrößern sie die Brusthöhle, wodurch Luft in die Lungen gezogen wird. Wenn sich das Zwerchfell entspannt und bewegt, weicht die elastische Brustwand wieder zurück, und die Luft wird aus den Lungen ausgestoßen.

Überdehnte und eingefallene Brust

Unsere Brust ist der Sitz großer Gefühle, doch wenn das Zwerchfell gewohnheitsmäßig angespannt ist und die Atmung einschränkt, enthalten wir uns selbst sowohl physische als auch emotionale Lebenskraft vor. Chronische Anspannung kann zu einer Vielfalt von Reaktionsmustern führen, deren zwei Extreme die überdehnte und die eingefallene Brust sind. Menschen mit überdehnter Brust wirken »aufgeblasen«, während die untere Körperhälfte oft unterentwickelt ist. Sie können rational, selbstbewusst und dünkelhaft wirken. In Wirklichkeit aber sind sie ständig in Verteidigungsstellung und haben Angst, sich loszulassen. Im Gegensatz dazu sind Menschen mit eingefallener oder eingezogener Brust unfähig, tief einzuatmen, ihre Energie wieder aufzuladen. Sie sehen müde und erschöpft aus und wirken häufig in sich zurückgezogen und hilfsbedürftig.

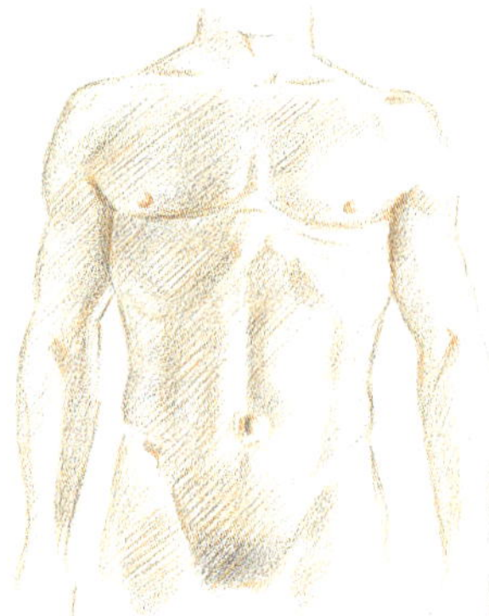

Überdehnte Brust
Die Brust sieht aufgeblasen und hochgezogen aus. Ihre starren Muskeln verhindern, dass sie sich beim Ausatmen frei bewegt. Eine Lockerung der Brustmuskulatur kann diesem Muster entgegenwirken und volles Ausatmen ermöglichen.

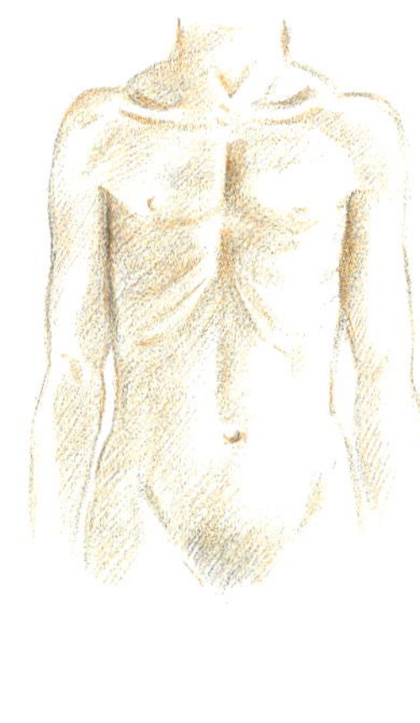

Eingefallene Brust
Die Brust sieht angespannt und zerbrechlich aus, als sei sie nach innen gezogen. Menschen mit solcher Brust wirken resigniert und verletzt. Wenn sie lernen können, tief zu atmen, können sie ihren Schmerz nochmals erleben und integrieren und so ihre Energie zurückgewinnen.

Schultern und Arme

Mit unseren Schultern und Armen arbeiten und agieren wir, tragen Verantwortung und treten mit der Außenwelt in Beziehung. Durch unsere aufrechte Haltung sind wir für ein breites Spektrum von Aktivitäten einzigartig ausgestattet – wir können Werkzeuge und Waffen handhaben, geben und nehmen, schlagen, lieb haben oder umarmen. Durch Schultern und Arme werden viele Gefühle geäußert oder gehemmt – Gefühle, die in Bauch und Brust entstehen, mit denen die Schultern eng verbunden sind. Das zu diesem Bereich gehörende Energiezentrum ist das Kehlen-*Chakra*, das in erster Linie mit Selbstausdruck und Kommunikation mittels Armen oder Stimme zu tun hat. Versuchen Sie, Gefühle wie Wut, Freude, Überlegenheit, Angst, Verzweiflung und so weiter auszuleben. Sie werden feststellen, welche Rolle Ihre Schultern dabei spielen.

Schultern und Arme

Arme und Schultern enthüllen oft ungelöste Emotionen. Am häufigsten sind vorgezogene oder gekrümmte Schultern, die gewöhnlich eine Selbstschutzhaltung verraten, nach hinten gezogene Schultern, die mit unterdrückter Wut assoziiert sind, und hochgezogene Schultern, was meist ein Ausdruck von Angst ist. Möglicherweise prädestiniert uns auch Vererbung zu einer Schulterform, die eine bestimmte Lebenseinstellung widerspiegelt, indem man sich Verantwortung »auf die Schultern lädt« oder aber sie fallen lässt.

Hochgezogene Schultern

In Angst erstarrt (rechts), bleiben die Schultern hochgezogen, während Kopf und Hals sich zum Schutz sozusagen hineinkauern.

Nach hinten gezogene Schultern

Die Schultern sind zurückgezogen (Mitte), als wolle der Mensch sich davon abhalten, um sich zu schlagen. Hals und Unterkiefer sind herausfordernd vorgeschoben, die Arme zur Seite gezogen.

Nach vorn gezogene Schultern

Die Schultern sind schützend nach vorn gezogen (ganz rechts), als sollten Brust und Herz bewacht werden. In dieser Haltung ist der Brustkorb oft zusammen- und die obere Brust nach innen gezogen, die Arme sind an die Seiten gedrückt.

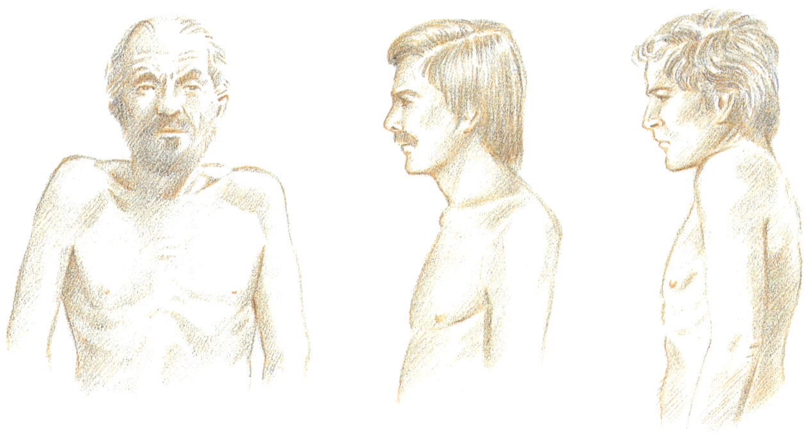

Überentwickelte Schultern

Starke, breite Schultern werden gewöhnlich mit dem Mann assoziiert. Wenn sie außerdem gerundet sind, weisen sie auf einen Menschen hin, der sich überlastet fühlt. Die Arme sind häufig einwärts gedreht wie die eines Gorillas.

Schmale Schultern

Die Schultern sind nicht nur schmal, sondern fallen auch stark ab und sehen zusammengedrückt aus, was darauf hinweist, dass man seine Verantwortung nicht tragen kann und es einem an Energie fehlt, Dinge zu bewältigen.

Hals, Kopf und Gesicht

Im Bereich von Hals und Kopf liegen die *Chakras* von Kehle, Brauen und Krone (siehe Seite 189) – die Energiezentren, die verbunden sind mit Selbstäußerung und Kommunikation, Selbstbewusstsein und Überbewusstsein. Der Hals transportiert Blut zum Gehirn und Luft in die Lungen und vermittelt in Form von Nervenimpulsen zwischen unseren Gedanken und Gefühlen. Neben der Kehle ist er ein häufiger Sitz von Spannung und Einschnürung, wenn wir uns emotional überlastet fühlen. Für die Körpersprache ist unser Gesicht am aufschlussreichsten, der Teil des Körpers, in dem sich am leichtesten »lesen« lässt. In unserem Gesichtsausdruck sind Erfahrungen festgehalten. Er spiegelt unsere wahren Gefühle wider, oder aber wir verbergen diese hinter einer Maske, die wir uns als Verkleidung für die Konfrontation mit der Außenwelt gewählt haben. Viele von uns wählen beispielsweise eine Maske von Unschuld oder Überlegenheit, um einen bestimmten Eindruck zu erwecken und, was wichtiger ist, eine gewisse Reaktion hervorzurufen.

Kopf und Hals

Die Art, wie Sie Ihren Kopf tragen, drückt aus, wie Sie zu sich selbst stehen und der Welt überhaupt. Wenn Sie offen und entspannt sind, ist der Hals geschmeidig und beweglich, und der Kopf sitzt in der Mitte über dem Körper. Häufiger aber ist der Hals chronisch verspannt, und mit der Zeit werden Kopf und Hals in einer charakteristischen Haltung fixiert. Ein nach vorn geschobener Kopf kann auf Aggressivität oder Entschlossenheit deuten, doch in Verbindung mit einer zu stark gebogenen Wirbelsäule weist er auf ein Nachlassen der Kräfte und oft auf Sehnsucht, Einsamkeit und Depression hin. Wenn Kopf und Hals nach hinten gezogen sind, kann das auf eine starre Persönlichkeit und auf einen Tatenmenschen hindeuten.

Vorgeschobener Kopf
Der Kopf wird über den Körper hinaus nach vorn geschoben (links) und erweckt entweder den Eindruck von Aggression oder aber von Bedürftigkeit und Abhängigkeit wie hier. Die Haltung wird oft dadurch verstärkt, dass auch das Kinn vorgeschoben wird.

Nach hinten gezogener Kopf
Diese Haltung kann auf eine starre, leistungsorientierte Einstellung hinweisen, wie unten links gezeigt.

Seitlich geneigter Kopf
Ein nach einer Seite geneigter Kopf (unten rechts) deutet auf Unentschiedenheit hin, die Unfähigkeit, sich dem Leben direkt zu stellen. Wenn der Kopf außerdem noch gebeugt ist, weist das auf eine gewisse Scheu hin.

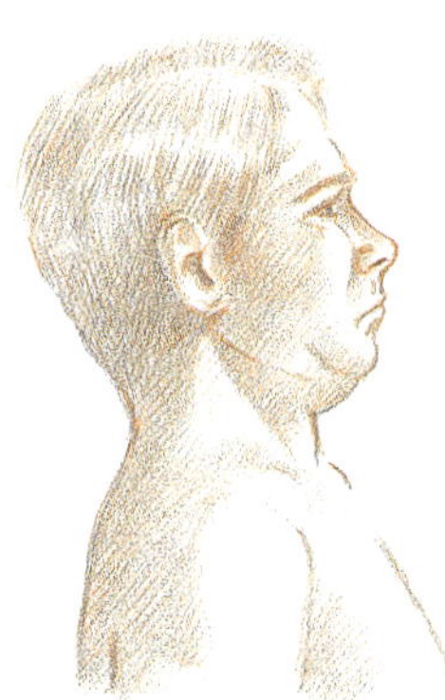

Das Gesicht

Ein großer Teil unseres Gesichtsausdrucks wird durch unsere emotionale und geistige Einstellung geformt. Wollen Sie das Gesicht interpretieren, können Sie es in drei Hauptabschnitte unterteilen. Der Bereich über den Brauen ist der geistige und spirituelle Teil; der Bereich zu beiden Seiten der Nase, einschließlich der Augen, ist der emotionale Teil; und der Mundbereich von den Nasenlöchern an abwärts ist mit den physischen und sexuellen Aspekten des Körpers verbunden, insbesondere mit der Energieaufnahme. Die allgemeine Form und der Charakter verschiedener Gesichtszüge spiegeln auch die Körperteile wider, wie die Gesichtskarte oben zeigt. Wie Sie sehen, entspricht der Kiefer dem Becken, und Spannung hier hat oft ein Echo in Spannung dort.

Zusammengebissene Kiefer können bedeuten, dass Wut unterdrückt wird oder Angst besteht, die Kontrolle zu verlieren, sich loszulassen; ein angespanntes Becken hält sich oft von sexueller Selbstbehauptung zurück. Ein vorstehender, überentwickelter Unterkiefer weist auf Entschlossenheit und Herausforderung hin, während ein zurückweichender, unterentwickelter Unterkiefer andeutet, dass jemand sich vom Leben auf sich selbst zurückzieht, wie rechts gezeigt. Der Mund selbst drückt aus, wie bedürftig oder erfüllt wir im Hinblick auf emotionale und physische Bedürfnisse sind – die Lippen können voll und entspannt sein oder schmal und verkniffen. Die Augen sollen die Fenster zur Seele sein. In ihren Ausdrucksmöglichkeiten sind sie ungeheuer vielfältig. In vielen Gesichtern werden Sie eine Rechts/Links-Spaltung zwischen den beiden Augen bemerken. In der esoterischen Lehre heißt es, dass rechtes und linkes Auge unterschiedliche Energien besitzen. Das rechte Auge bedeutet das Ego, Aktivität, Männlichkeit und Beziehung zum Vater, das linke bedeutet Geist, Empfänglichkeit, Weiblichkeit und Beziehung zur Mutter.

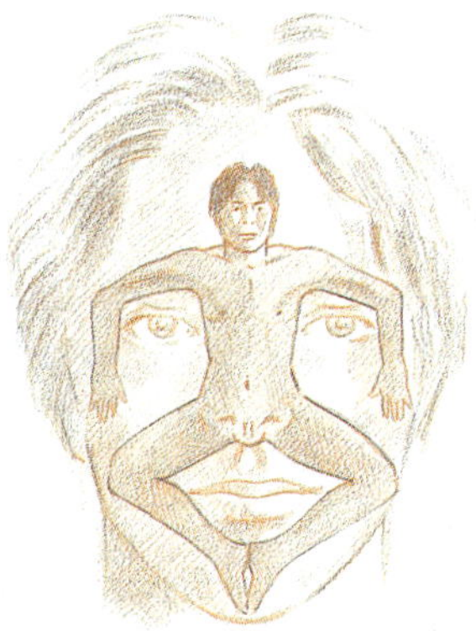

Gesichtskarte

Die verschiedenen Züge des Gesichts stehen in Verbindung zu verschiedenen Körperteilen und sind eine Art Wegweiser. Die Stirn entspricht dem Kopf, die Brauen Schultern und Armen. Der mittlere Teil des Gesichts repräsentiert den Rumpf, die Augen befinden sich auf einer Höhe mit dem Herzen. Die Nasenspitze entspricht dem Hara, der Mund den Genitalien, Kiefer und Kinn dem Becken, den Beinen und den Füßen.

Vorstehendes, überentwickeltes Kinn

Das Kinn ist in einem Ausdruck von Aggression und Starrsinn vorgeschoben.

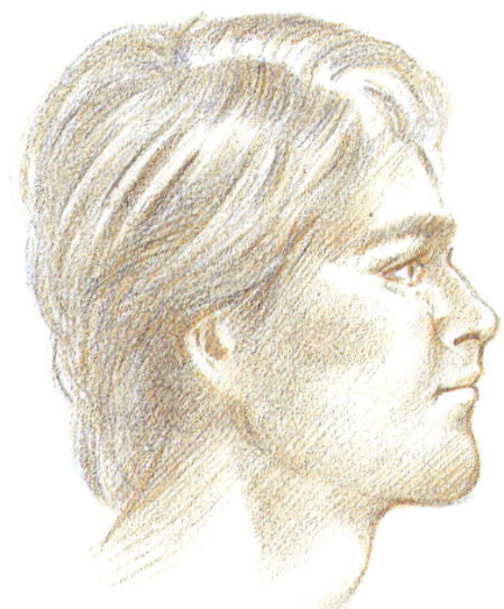

Fliehendes, unterentwickeltes Kinn

Dieses Kinn trägt einen Ausdruck von Verletzung, als sei die Person ständig zurückgewiesen worden und unfähig, sich »auszusprechen«.

Ungleichgewicht von rechtem und linkem Auge

Das rechte Auge wirkt offener und mehr nach außen gerichtet, während das linke Auge angespannter, geschlossener und defensiv aussieht.

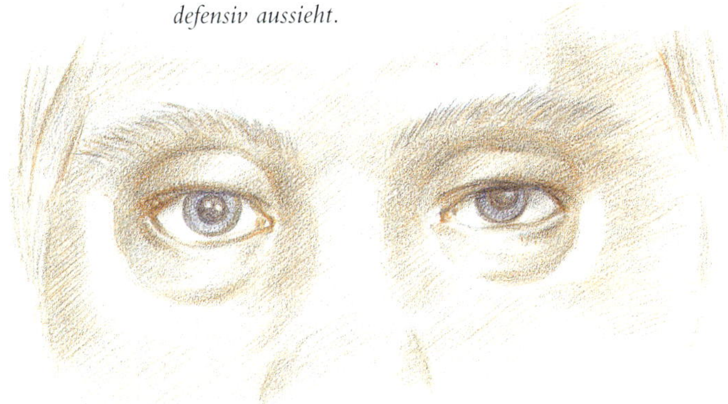

Der Körper spricht

Unser Körper erzählt die Geschichte unseres Lebens – unsere Ängste und Hoffnungen, unsere tiefsten Geheimnisse und Erfahrungen. Jeder ist einzigartig, eine eigene Welt, vergleichbar nur mit sich selbst. Wir schauen uns nun hier drei verschiedene Körper an, um Ihnen zu zeigen, wie Sie Ihre Eindrücke zusammenfassen, die verschiedensten Signale miteinander verbinden und die Person als Ganzes sehen können. Wenn Sie damit anfangen wollen, die Sprache Ihres eigenen Körpers zu »lesen«, können Sie sich entweder vor einen großen Spiegel stellen und einen kleinen Handspiegel benutzen, um sich von hinten zu sehen. Oder Sie können, was besser wäre, zwei große Spiegel in einem Winkel zueinander so aufstellen, dass Sie sich von zwei Seiten gleichzeitig sehen. Wenn Sie die Körpersprache derer verstehen wollen, die Sie behandeln, dann beobachten Sie ihre Bewegungen und ihre Haltung, ehe sie sich hinlegen, die Art und Weise, wie sie mit ihrem Körper umgehen und wie sie atmen. Haben sie sich dann hingelegt, können Sie Ihre ersten Eindrücke abrunden, indem Sie darauf achten, wie gut sich der Körper an die Arbeitsunterlage schmiegt und welche Teile verspannt sind. Teilen Sie Ihre Entdeckungen dem Partner mit und benutzen Sie sie als Anleitung für Ihre Hände, den Körper von seinem Panzer zu befreien.

Joe

Joes Körper sieht zusammengedrückt aus. Wenn er sich selbst im Spiegel betrachtet, ist er tatsächlich überrascht zu sehen, dass er größer ist als er dachte, denn er fühlt sich kleiner als er ist. Sein Körper vermittelt den Eindruck von Resignation und Gehemmtheit, insbesondere im Brustbereich. Becken und Bauchraum erscheinen gestaut, und von der Seite sieht man, dass das Becken stark zurückgeschoben und der untere Rücken hohl ist. Auch die Schultern sind nach hinten gezogen und außerdem leicht hochgehoben; sie lassen auf eine Mischung aus Angst und mangelndem Selbstbewusstsein schließen. Joes oberer Brustraum ist zusammengezogen und müsste geöffnet werden – tiefe Atmung hilft, die gewohnheitsmäßige Verspannung und Stauung von Brust und Bauch zu lockern.

Ann

Sowohl von vorn wie von hinten gesehen erweckt Anns Haltung den Eindruck eines kleinen Mädchens, wehrlos und ein wenig fragend. Die Füße sind flach und haben zu viel Berührung mit dem Boden, und die Beine, obwohl recht gut entwickelt, sehen ein bisschen verloren aus. Das Becken ist zurückgezogen und nach rechts verschoben. Der größte Teil von Anns Energie scheint sich in Bauch, Hüften und Beinen gesammelt zu haben, die voller und stärker wirken als die obere Körperhälfte. Die Brust ist im Vergleich dazu eng und zusammengezogen, und Schultern, Hals und Kinn wirken angespannt. Von der Seite können Sie sehen, dass Ihr Kopf vorgeschoben ist – tatsächlich scheint die ganze obere Körperhälfte bereit, vorwärts zu gehen, während die untere Hälfte zurückhaltend und zögernd wirkt. Arme und Beine verstärken diesen Eindruck.

Mark

Das auffallendste Merkmal an Marks Körper ist die Rechts/Links-Spaltung. Die ganze rechte Seite sieht komprimierter und angespannter aus – der Brustkorb ist nach rechts geneigt, die rechte Schulter steht tiefer und ist runder als die linke, der rechte Arm wirkt infolgedessen länger. Die Hüften sind nach rechts geneigt, und das Gewicht liegt hauptsächlich auf dem rechten Fuß. Es besteht eine leichte Energieverschiebung nach oben – die obere Körperhälfte wirkt stärker und reifer, die Beine mehr jungenhaft und unentwickelt. Der Kopf wird hoch getragen. Der stärkste Eindruck der ganzen Figur ist die Bereitschaft zu »Kampf oder Flucht«, vor allem von vorn. Mark sieht sowohl herausfordernd als auch ein wenig defensiv aus. Die allgemein starre und aufrechte Haltung könnte eine Angst kennzeichnen, sich loszulassen, mit seiner sanfteren Seite in Berührung zu kommen.

Anatomie

Für einen Anfänger ist es besser, sich erst einmal praktisch auf dem Gebiet der Massage zu betätigen und die Struktur des Körpers durch Berührung kennen zu lernen; erst dann sollte man sich theoretisch mit der Anatomie befassen. Wenn Sie die Grundabfolge der Griffe an sich selbst oder einem anderen ausführen, werden Sie bald ein Gefühl bekommen für das Gerüst, das sich unter der Haut befindet. Das Interesse an Struktur und Funktionsweisen des Körpers kommt dann von ganz allein. In diesem Kapitel machen wir Sie mit der Anatomie und Physiologie des Körpers bekannt; wir untersuchen den Aufbau von Knochen und Muskeln, beschäftigen uns dann mit dem Nervensystem und der Haut und schließlich mit der Aura oder dem »feinstofflichen Leib«, der unseren physischen Körper umgibt.

Skelett

Mehr als 200 Knochen bilden das Skelett (gegenüberliegende Seite), das bewegliche Gerüst des Körpers. Die Knochen stützen nicht nur den Körper und schützen einige der empfindlichsten Organe, sondern ermöglichen auch die Bewegung; sie wirken als Hebel an den Gelenken oder den Verbindungspunkten zwischen ihnen. Die Knochen dienen auch der Befestigung von Muskeln.

Anatomie eines Knochens

Alle Knochen sind feucht und aktiv und benötigen Nahrung wie jedes lebende Organ. Sie bestehen aus einer harten Außenschicht und einem porösen Innenteil – dem Knochenmark; ein Teil des Knochenmarks ist für die Blutbildung verantwortlich; es bildet unter anderem die roten Blutkörperchen und dient als wichtige Mineralreserve. Die Struktur eines langen Knochens wie des Oberschenkelknochens wird rechts gezeigt.

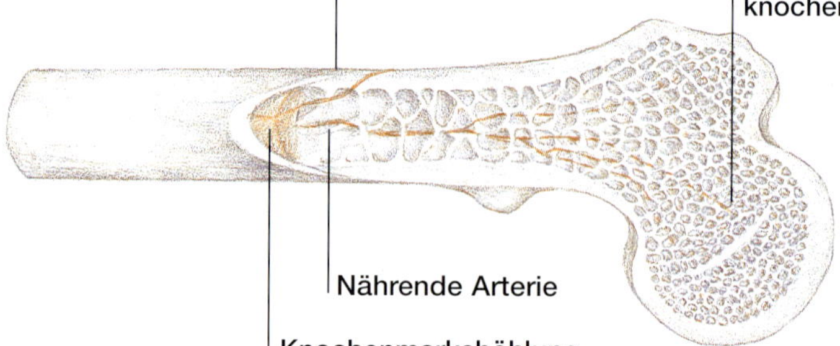

Gelenke

Knochen können entweder fest miteinander verbunden sein, wie die des Schädels, oder beweglich wie die Gliedmaßen. Diese Verbindungen heißen Gelenke. Es existieren mehrere Arten frei beweglicher Gelenke; dazu gehören die Scharniergelenke wie Knie, Fußknöchel und Ellbogen und die Kugelgelenke wie Hüft- und Schultergelenke. Bei frei beweglichen Gelenken sind die Knochenenden mit Knorpel bedeckt und liegen in einer Gelenkkapsel, deren Gewebe die »Gelenkschmiere« hervorbringt. Ihre Produktion wird durch Massage angeregt.

Das Knie

Das Knie ist das größte Gelenk des Körpers. Es ist ein Scharniergelenk und kann sich nur auf einer Ebene bewegen, wie das Scharnier einer Tür.

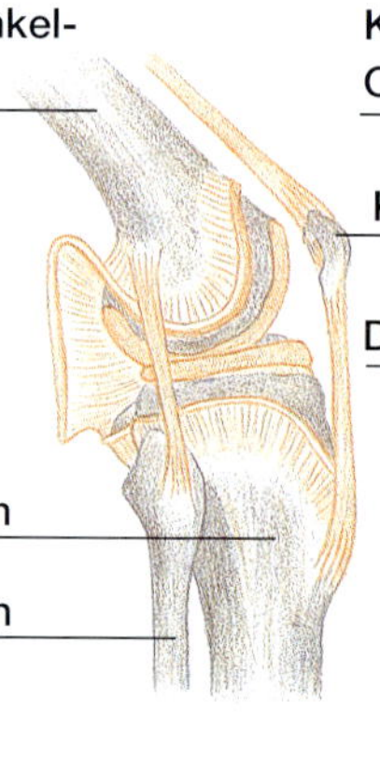

Die Hüfte

Wie alle Kugelgelenke hat die Hüfte einen runden Kopf, der in eine gewölbte Gelenkpfanne passt und in jede Richtung beweglich ist.

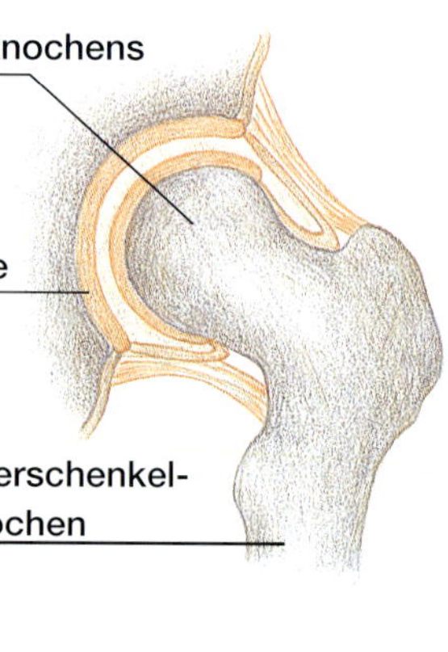

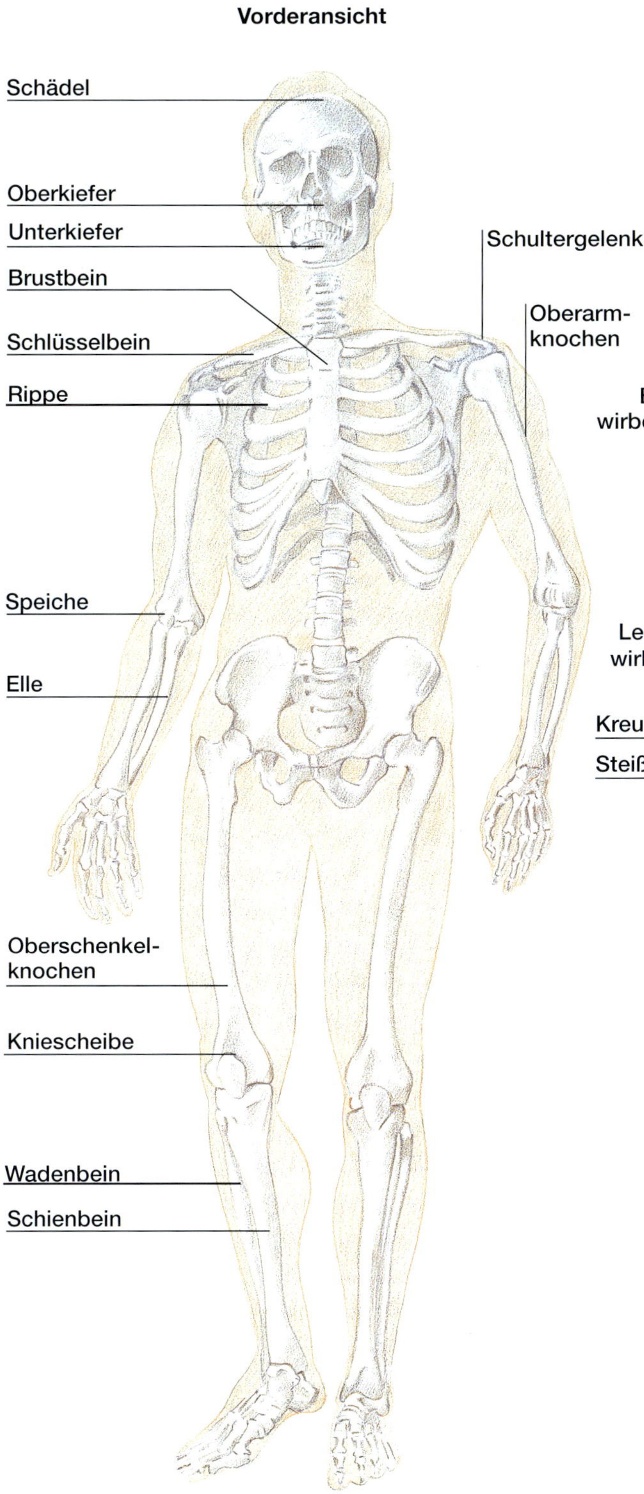
Vorderansicht
Schädel
Oberkiefer
Unterkiefer
Brustbein
Schlüsselbein
Rippe
Schultergelenk
Oberarm-
knochen
Speiche
Elle
Oberschenkel-
knochen
Kniescheibe
Wadenbein
Schienbein

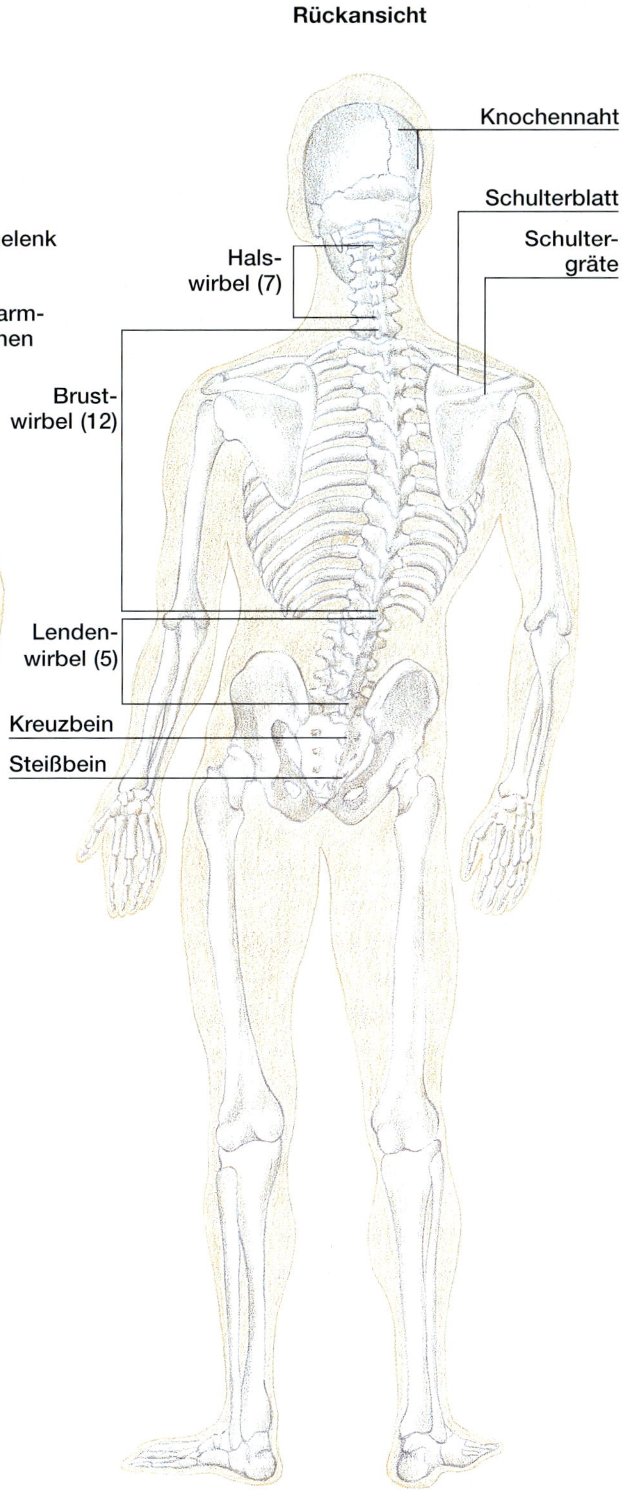
Rückansicht
Knochennaht
Schulterblatt
Schulter-
gräte
Hals-
wirbel (7)
Brust-
wirbel (12)
Lenden-
wirbel (5)
Kreuzbein
Steißbein

Muskeln

Muskeln machen uns beweglich und tragen zu unserer Körperform bei; sie unterstützen die Atmung, die Verdauung, den Blutkreislauf und erfüllen zahllose andere Funktionen. Es gibt zwei Hauptarten: die Skelettmuskeln, die wir willentlich bewegen können; und die nicht unserem Willen unterstehenden Muskeln wie die des Herzens, die sich automatisch bewegen. Jedes Ende eines Skelettmuskels ist an einem Knochen beiderseits eines Gelenks befestigt. Die meisten Muskeln arbeiten paarweise; einer bewegt das Gelenk in die eine Richtung, der andere in die andere. Die Skelettmuskeln sind schichtweise angeordnet und symmetrisch auf beide Körperhälften verteilt. Bei den Abbildungen auf der rechten Seite wurde die oberflächliche Schicht der Muskeln von einer Körperseite entfernt, damit die tiefste Schicht darunter sichtbar wird. Massage kann helfen, die harten Knoten von Muskelverkrampfungen zu beseitigen, die durch chronische Spannung, Stress oder Verletzung entstehen.

Struktur der Muskeln

Muskeln bestehen aus sich überlappenden Bündeln von Fasern oder Zellen, die mit Blut, Lymphe und Nerven versorgt sind. Sehnen an den Enden der Muskeln verbinden sie mit den Knochen. Der vollste Teil des Muskels ist die Mitte, auch als »Bauch« bezeichnet. Die beiden Enden heißen »Ursprung«, das ist der Verankerungspunkt; und »Ansatz«, das ist der Punkt, an dem gezogen wird. Die Faserbündel im Bauch eines Muskels bestehen aus noch kleineren Bündeln von Fibrillen, die sich zusammenziehen können (siehe rechts).

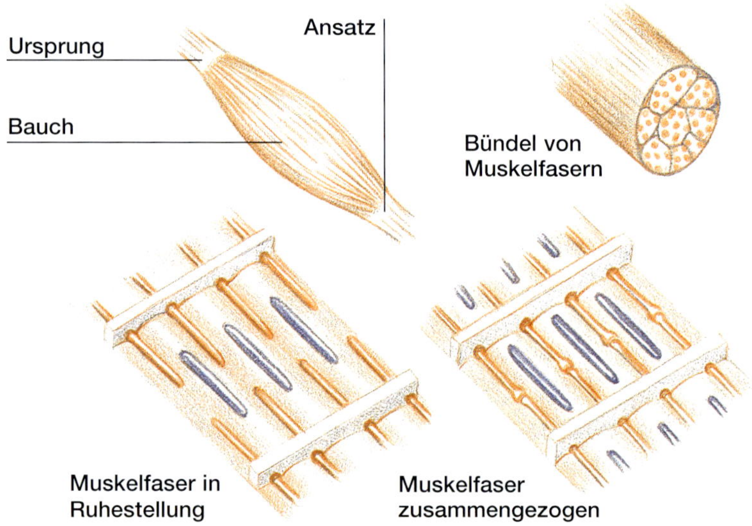

Funktion der Muskeln

Wenn ein Muskel vom Gehirn die Botschaft erhält, sich zusammenzuziehen, gleiten die Fasern, wie rechts gezeigt, aufeinander zu, und der ganze Muskel schwillt an und verkürzt sich. Dies wiederum zieht die Knochen, an denen der Muskel befestigt ist, aufeinander zu und bewirkt eine Bewegung. Muskeln, die Gelenke beugen, werden Beuger genannt, solche, die Gelenke strecken, heißen Strecker. Wenn Sie beispielsweise den Ellbogen beugen, zieht sich der Bizeps – der Beugemuskel an der Vorderseite des Oberarms – zusammen und hebt die Speiche, den Knochen des Unterarms. Wenn Sie Ihren Arm senken, zieht sich der Trizeps – der Streckmuskel an der Rückseite des Oberarms – zusammen, und der Bizeps entspannt und streckt sich, wie rechts gezeigt.

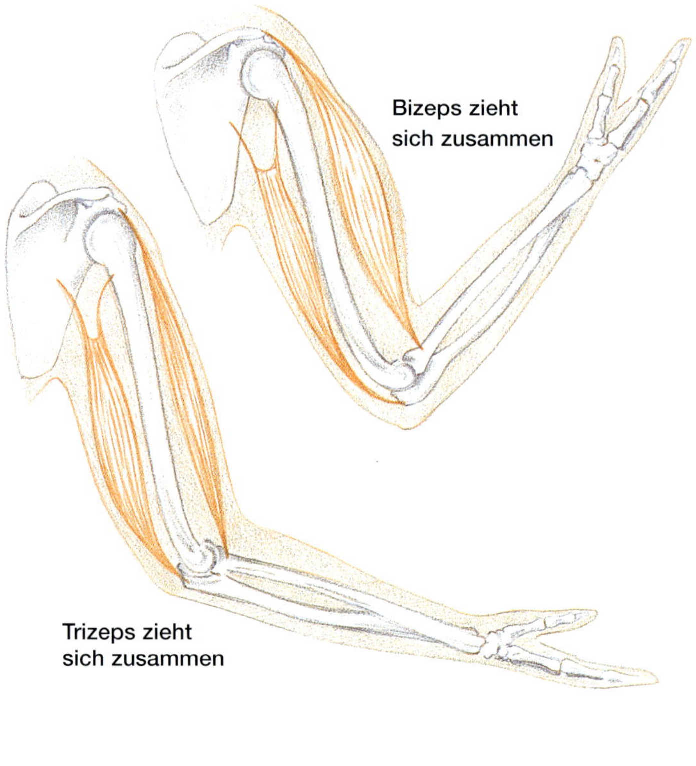

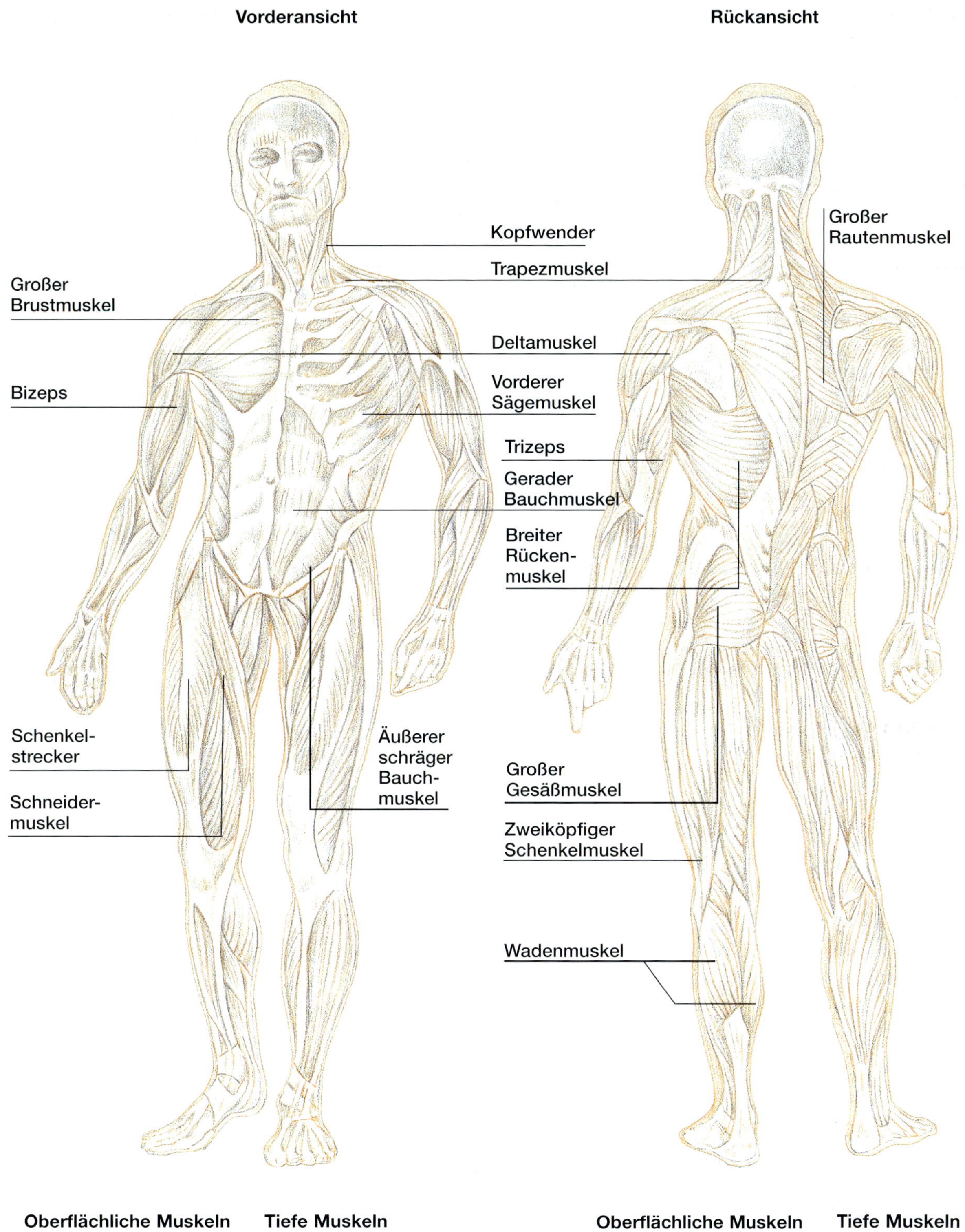
Vorderansicht
Rückansicht
Kopfwender
Trapezmuskel
Großer Brustmuskel
Deltamuskel
Bizeps
Vorderer Sägemuskel
Großer Rautenmuskel
Trizeps
Gerader Bauchmuskel
Breiter Rückenmuskel
Schenkelstrecker
Äußerer schräger Bauchmuskel
Schneidermuskel
Großer Gesäßmuskel
Zweiköpfiger Schenkelmuskel
Wadenmuskel
Oberflächliche Muskeln
Tiefe Muskeln
Oberflächliche Muskeln
Tiefe Muskeln

Der Kreislauf

Das Kreislaufsystem transportiert das Blut durch den Körper – daher sein Name. Während das Blut kreist, trägt es Sauerstoff und andere Nährstoffe zu den Zellen, entfernt Abfallstoffe und zerstört mit den weißen Blutkörperchen eindringende Bakterien. Das System wird vom Herzen angetrieben, einer überaus wirksamen Muskelpumpe, die etwa sechs Liter Blut pro Minute befördert, wenn der Körper sich im Ruhezustand befindet, und bis zu vierundzwanzig Liter bei anstrengender Bewegung. Der erwachsene Körper enthält etwa sieben Liter Blut; selbst im Ruhezustand durchläuft also das gesamte Blut in etwas über einer Minute einmal den Körper. Das hellrote, sauerstoffhaltige Blut wird vom Herzen durch die Arterien gepumpt, die in winzigen, Kapillaren genannten Gefäßen enden, wo Sauerstoff und Nährstoffe gegen Kohlendioxid und andere Abfallstoffe ausgetauscht werden. Das damit befrachtete Blut, das nun dunkler in der Farbe ist, kehrt durch die Venen zum Herzen zurück, wo es zur Reinigung durch die Lungen gepumpt wird. Die Venen liegen im Allgemeinen dichter an der Oberfläche als die Arterien, und der Druck in ihnen ist geringer. Massage unterstützt den Kreislauf, indem sie den venösen Zufluss zum Herzen und die Ausscheidung von Abfallstoffen fördert und den Sauerstoff in den Geweben erhöht.

Das Herz

Das hellrote, sauerstoffhaltige Blut aus den Lungen wird durch die Lungenvenen in den linken Vorhof und die linke Kammer des Herzens gepumpt und von dort durch die Aorta in die Arterien und alle Teile des Körpers. Dunkles Blut, das seinen Sauerstoff abgegeben hat, kehrt durch die Venen in den rechten Vorhof und die rechte Kammer des Herzens zurück, von wo es durch die Lungenarterien zur Wiederaufbereitung in die Lungen gepumpt wird.

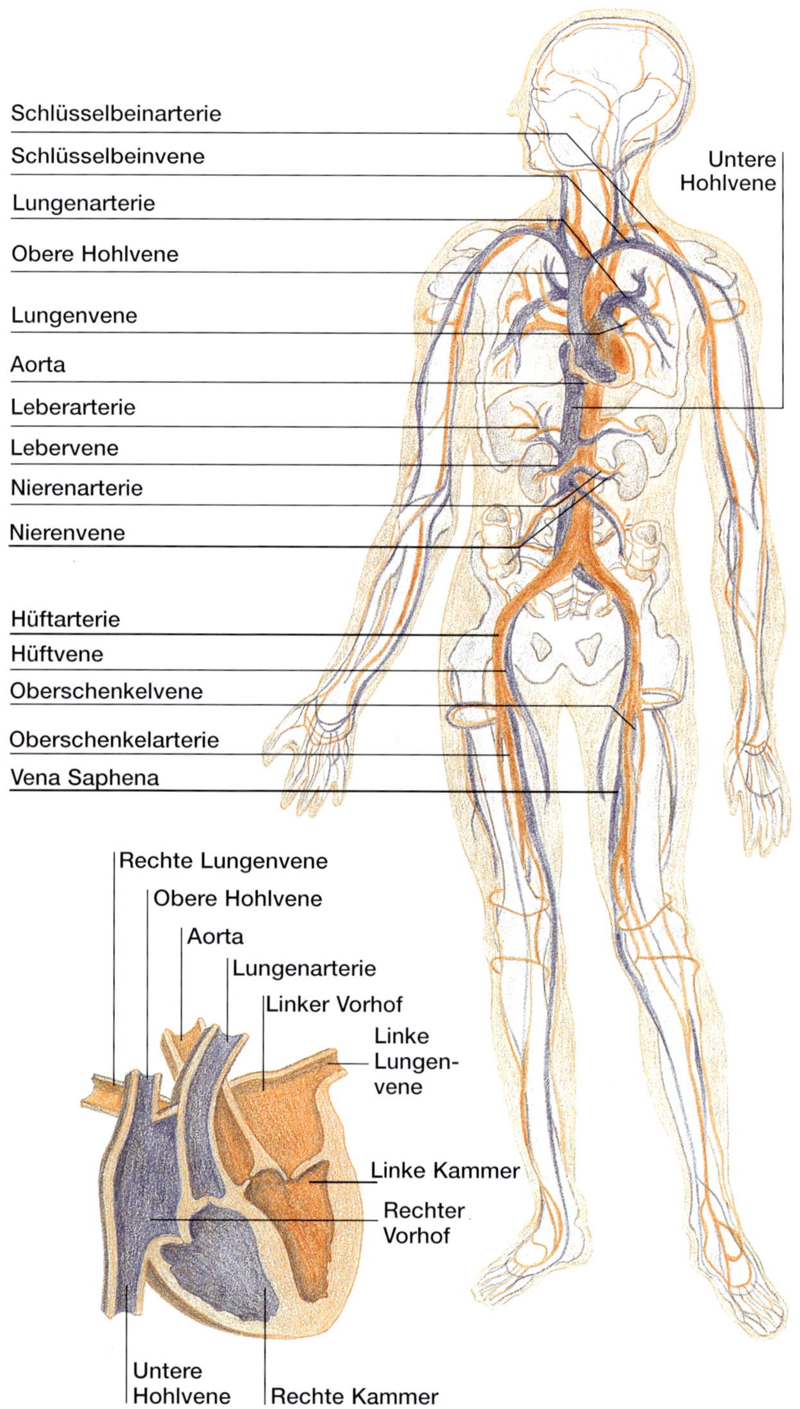

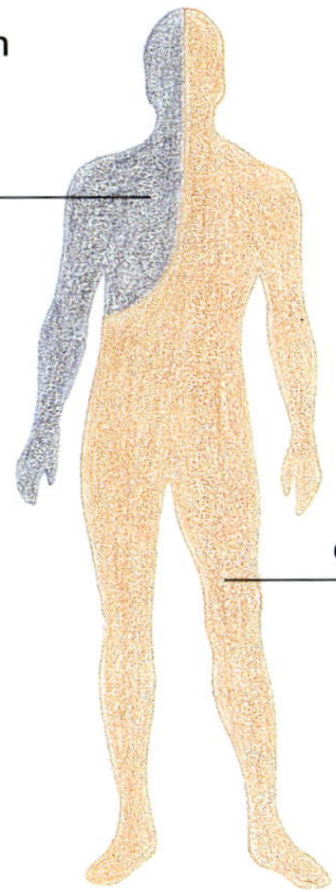

Lymphdrainage

Die Lymphe kommt ursprünglich aus dem Blut. Wenn sie von Unreinheiten befreit wird, wird sie durch zwei Gänge an das Blut zurückgegeben: den rechten Lymphgang, der die rechte obere Körperhälfte drainiert, und den Thoraxgang, der den restlichen Körper drainiert.

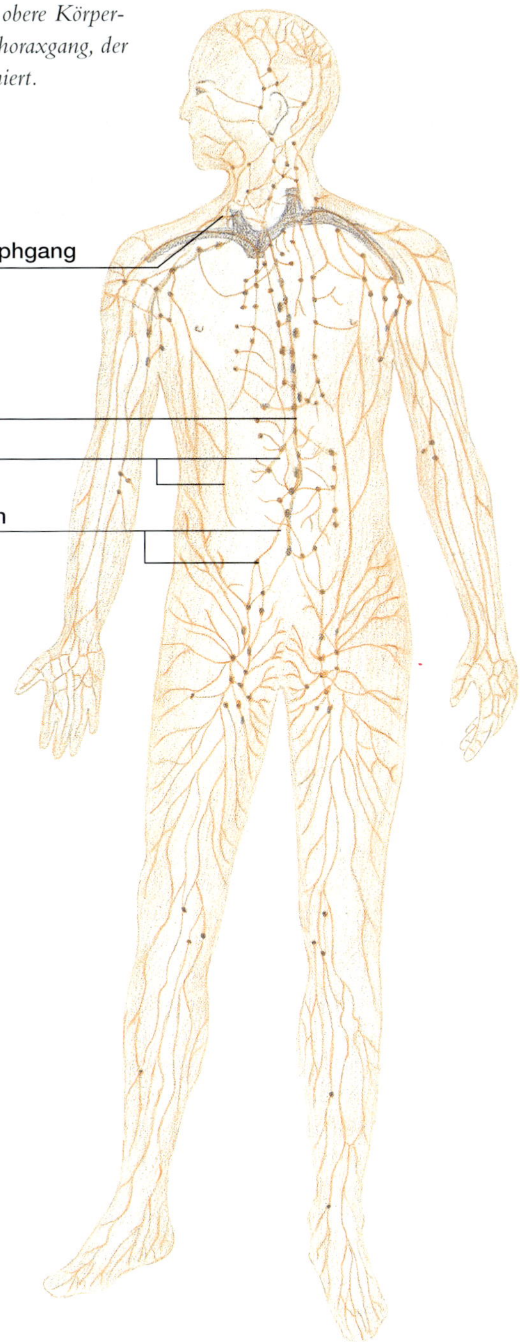

Lymphsystem

Das Lymphsystem hilft bei der Aufrechterhaltung des richtigen Flüssigkeitsgleichgewichts in den Geweben und im Blut, um den Körper vor Krankheiten zu schützen, Eiweiß zu konservieren und Bakterien sowie andere Zellabfallstoffe zu beseitigen. Es ist ein kompliziertes Filtersystem, das aus winzigen Lymphgefäßen besteht, in denen eine milchige Flüssigkeit, Lymphe genannt, durch den Körper zirkuliert. Bewirkt wird die Lymphbewegung von der massageähnlichen Aktion der umgebenden Muskeln, da das Lymphsystem zu seinem Antrieb keine Pumpe wie das Herz hat. Die Lymphgefäße tragen überschüssige Flüssigkeit und Bakterien aus den Geweben, die dann von den Lymphknoten oder Drüsen während der Zirkulation ausgefiltert werden. Die Lymphknoten produzieren auch die weißen Blutzellen. Sie liegen an den Gefäßen wie Perlen auf einer Schnur. Gruppen von Lymphknoten befinden sich im Hals, in den Achselhöhlen, in den Leisten und Knien sowie entlang der Rumpfmitte, wie die Abbildung rechts zeigt. Massage stimuliert den Lymphfluss und hilft bei der Entfernung von Milchsäure und anderen Abfallstoffen, die bei starker Bewegung erzeugt werden.

Das Nervensystem

Das Nervensystem empfängt Impulse von inneren und äußeren Reizen, dekodiert und speichert sie im Gehirn und erzeugt als Reaktion Verhalten. Es besteht aus zwei Teilen – zentrales und peripheres Nervensystem. Das zentrale umfasst das Gehirn und das Rückenmark; diese bilden ein Zweiweg-Kommunikationssystem, das mittels der peripheren Nerven mit dem ganzen übrigen Körper verbunden ist. Das periphere Nervensystem selbst besteht aus zwei Zweigen – dem willlkürlichen (Rückenmarks- und Gehirnnerven) und dem unwillkürlichen oder autonomen (verantwortlich für Funktionen wie Verdauung und Atmung). Es gibt zwei Arten von peripheren Nervenzellen oder Neuronen – sensorische (Empfindungsnerven) und motorische (Bewegungsnerven). Die sensorischen Nerven tragen Impulse von den Rezeptoren in den Sinnesorganen zum Rückenmark und Gehirn; die motorischen Nerven tragen Information und Instruktionen vom Gehirn durch das Rückenmark zu den Organen und Geweben. Unser Nervensystem gestattet uns, unsere Umwelt wahrzunehmen und angemessen darauf zu reagieren; es reguliert außerdem die Aktivitäten der anderen Körpersysteme. Indem sie die Nerven entspannt und belebt, verbessert Massage den Zustand aller Körperorgane.

Zentrales und peripheres Nervensystem

Das Kraftwerk des Körpers sind Gehirn und Rückenmark – das zentrale Nervensystem. Vom Rückenmark aus gehen die Nerven in die Peripherie oder die Extremitäten des Körpers und bilden das periphere Nervensystem. Aus Gründen der Deutlichkeit sind in unserer Abbildung die peripheren Nerven stark vereinfacht dargestellt.

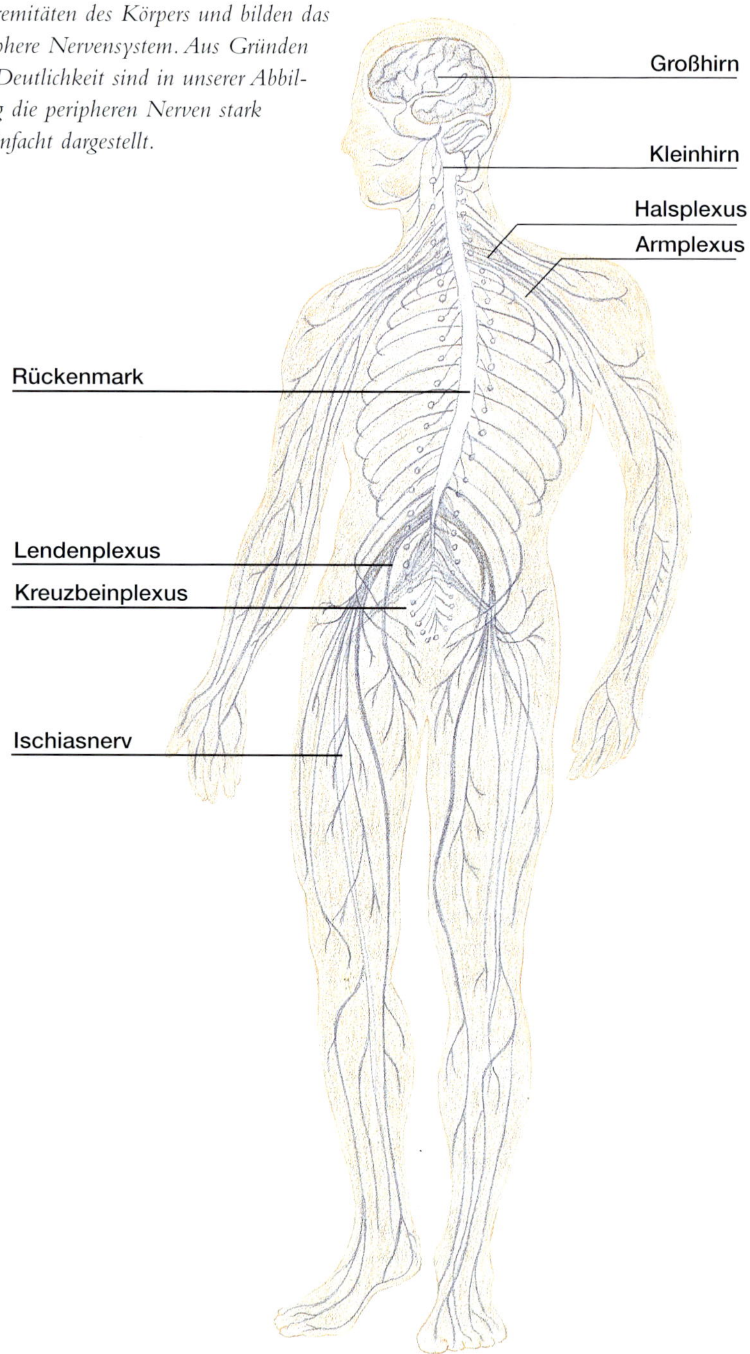

Nervenzonen

Die Spinalnerven zweigen paarweise aus dem Rückenmark ab, um verschiedene Körperteile zu versorgen. Hals und Arme werden von Nerven aus dem Halsbereich versorgt; Brustkorb und Bauch von Nerven aus dem Brustbereich; unterer Rücken, Hüften und die Vorderseiten der Beine von Nerven aus dem Lendenbereich; Beinrückseiten von Nerven aus dem Kreuzbeinbereich. Beim Massieren ist es nützlich zu wissen, welche Bereiche des Körpers von den verschiedenen Spinalnerven versorgt werden, damit man seine Behandlung darauf abstimmen kann. Wenn Ihr Partner beispielsweise an einem Bein abwärts Ischiasschmerzen hat, sollten Sie sich auf den Kreuzbeinbereich der Wirbelsäule und die Rückseiten der Beine konzentrieren. Schmerzen in den Hüftgelenken können ebenso im Lendenbereich der Wirbelsäule gelindert werden wie an den schmerzenden Stellen selbst.

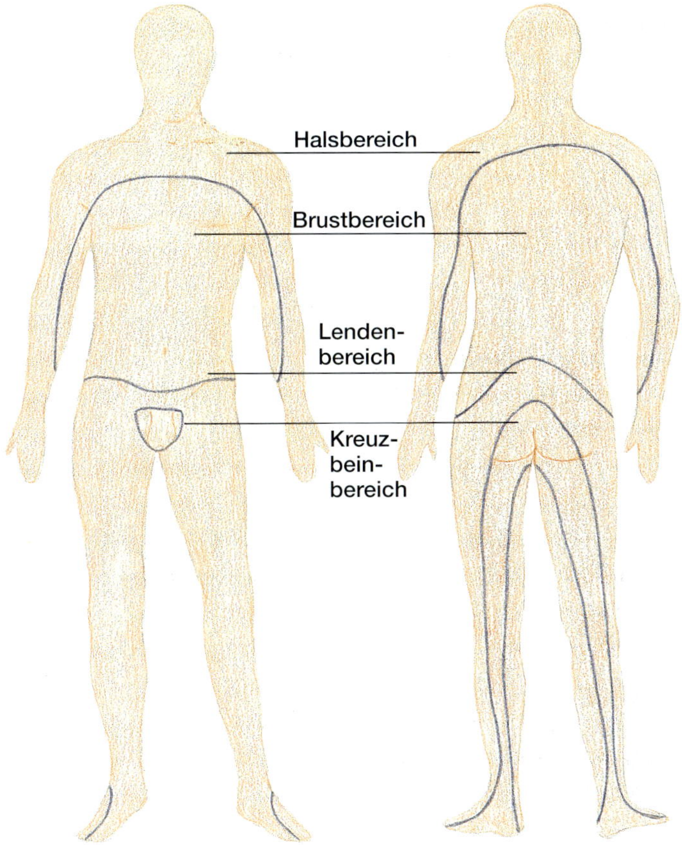

Die Haut

Die Haut ist das größte Organ des Körpers – das Berührungsorgan. Sie ist eine starke, wasserdichte Schutzschicht für die darunter liegenden Teile und hilft mit, Abfallstoffe zu beseitigen und die Körpertemperatur zu regulieren. Vor allem aber versorgt sie uns mit Informationen über die Umgebung, weil sie reich mit Nervenenden oder Rezeptorzellen durchsetzt ist. Rezeptoren, die empfindlich sind für leichte Berührung, Schmerz, Hitze und Kälte, liegen ziemlich nahe an der Hautoberfläche; diejenigen, die durch Druck aktiviert werden, liegen tiefer. Am größten ist die Anzahl der Rezeptoren, die auf Schmerz reagieren, am geringsten die derer, die Temperatur wahrnehmen. Ebenfalls in die Haut eingebettet sind Schweißdrüsen, die Abfallstoffe ausscheiden und durch das Schwitzen helfen, den Körper abzukühlen, sowie Talgdrüsen, die ein öliges Sekret hervorbringen, das die Haut fettet und vor Bakterien schützt.

Die Struktur der Haut

Die Haut besteht aus einer äußeren Zellschicht, der Epidermis, und einer dickeren, inneren Schicht, Dermis. Die Epidermis, die ständig erneuert wird, enthält die Rezeptorzellen, die auf Berührung reagieren, während die Dermis die Talg- und Schweißdrüsen enthält. Unter der Dermis liegt eine Fettschicht.

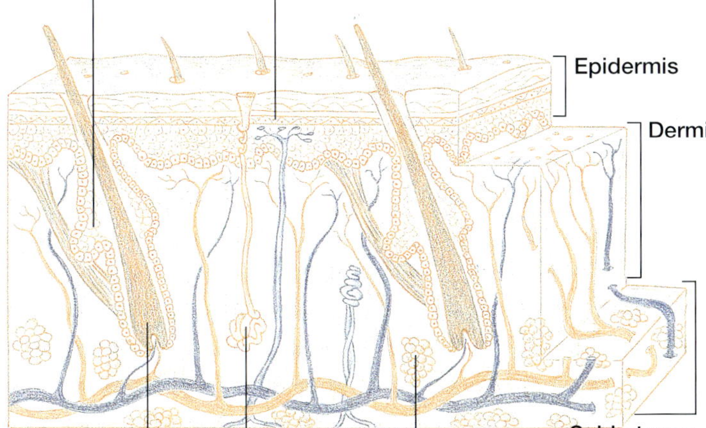

Aura und Chakras

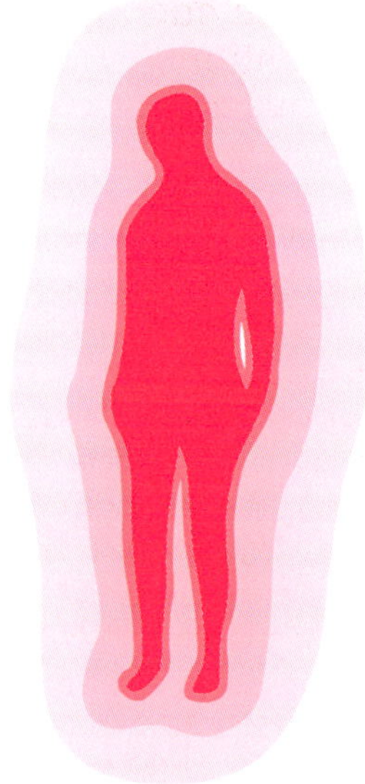

Zusätzlich zu unserer physischen Anatomie mit ihren Systemen wie Kreislauf, Atmung etc. gibt es noch eine subtile oder »feinstoffliche« Anatomie, die normalerweise unsichtbar ist. Sie umfasst die Aura, die den physischen Körper umgibt, und die als *Chakras* bekannten Hauptzentren der Vitalenergie. Die Aura wird im Allgemeinen als eiförmige, farbig leuchtende Strahlung beschrieben, die den physischen Leib durchdringt und umkreist, wie rechts gezeigt. Sie ist ständig in Bewegung und reagiert auf Informationen aus der Umgebung und auf Verschiebungen im Denken, Fühlen und körperlichen Wohlbefinden. Wörtlich heißt *Aura* »Brise«, und tatsächlich erscheinen die schimmernden Energieschichten, aus denen die Aura besteht, denjenigen, die sie sehen können, wie vom Wind bewegt. In der Aura liegen die sieben Hauptchakras (siehe gegenüberliegende Seite), die als Verteiler der Vitalenergie dienen.

Die Aura

Das als Aura bekannte Energiefeld besteht aus drei Schichten: dem ätherischen, dem astralen und dem spirituellen oder kausalen Leib. Der ätherische Leib umgibt den physischen Körper in einer Dicke von etwa zweieinhalb Zentimetern. Seine Hauptfunktion besteht im Empfangen und Übermitteln von Vitalenergie – der Lebenskraft, die in Sanskrit als *Prana*, im Japanischen als *Ki* bekannt ist. Der Astralleib erstreckt sich dreißig Zentimeter oder mehr um den Körper herum. Er steht in Verbindung mit dem emotionalen Zustand und den Denkmustern des Individuums, und durch diesen Leib spüren wir die Stimmung oder die »Vibrationen« anderer Menschen. Negatives Denken oder ungelöste Emotionen können von diesem Teil der Aura in die ätherische und die körperliche Ebene gefiltert werden und sich als Krankheit manifestieren. Noch weiter außen um unseren Körper herum erstreckt sich der feinste Teil der Aura, bekannt als spiritueller oder kausaler Leib. Er kann von einem halben Meter bis zu vielen Metern groß sein, je nach der spirituellen Entwicklung des Individuums.

physisch ätherisch astral spirituell kausal

Die Aura-Körper

Ein Individuum besteht aus einem physischen Leib und einer Aura aus feinstofflichen Leibern – ätherisch, astral und spirituell oder kausal. Der physische Leib besteht aus Materie mit dichtesten und langsamsten Vibrationen, der spirituelle Leib aus feinstofflicher Energie mit feinsten und schnellsten Vibrationen. Alle vier Körper durchdringen sich gegenseitig und bilden ein feinstoffliches Energiefeld, wie oben gezeigt.

Chakra *Sanskrit-Name*	**Wurzel** *Muladhara*
Drüse	Nebennieren
Beherrschte Körperteile und Organe	Beine, Füße, Genitalien, Anus, Steißbein, Nieren
Bereich von Verhalten und menschlicher Entwicklung	Physischer Seinswille, ursprüngliche Herkunft, Überleben

Die Chakras oder Energiezentren

Die sieben Chakras sind Energiezentren im ätherischen Leib. Sensitiven, die sie sehen können, erscheinen sie als wirbelnde, kegelförmige Strudel oder als untertassenförmige Vertiefungen, je nach Gesundheit und spiritueller Entwicklung des Individuums. Doch selbst diejenigen von uns, die sie nicht wahrnehmen, können lernen, ihre individuellen Energien mit den Händen zu spüren. Entlang der Wirbelsäule angeordnet, wie rechts zu sehen, wirken die Chakras als Hauptempfänger und Verteiler von Vitalenergie zwischen dem physischen Leib und den feinstofflichen Körpern der Aura. Jedes Chakra entspricht einer anderen Drüse und regiert bestimmte Teile des physischen Körpers und Bereiche psychologischer und spiritueller Entwicklung, wie die unten stehende Tabelle zeigt. Gleichgewicht zwischen den Chakras führt zu maximaler Vitalität und Gesundheit. Ein Schaden an einem der Chakras durch physische oder emotionale Verletzung manifestiert sich als Fehlfunktion in den entsprechenden Bereichen des Körpers. Das Ziel von Heilkünsten wie Akupunktur, Shiatsu und Massage besteht darin, die Energien des Individuums ins Gleichgewicht zu bringen und dem Individuum zur Harmonie mit dem universellen Puls des Lebens zu verhelfen.

Die sieben Chakras

Die Chakras können sowohl an der Vorderseite als auch an der Rückseite des Körpers wahrgenommen werden – vom Wurzel-Chakra an der Wirbelsäulenbasis bis zum Kronen-Chakra oben auf dem Kopf. Oft werden sie als Lotusblüten dargestellt, jedes mit einer anderen Anzahl von Blütenblättern, die die Kanäle repräsentieren, welche sie durchfließen. Das Kronen-Chakra soll tausend Blütenblätter haben.

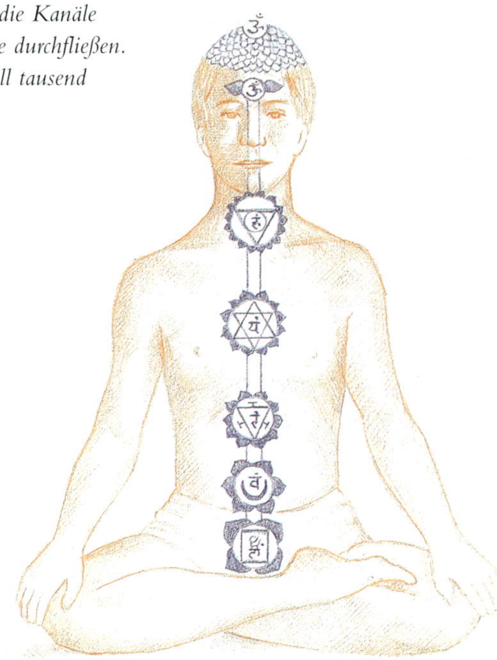

Hara *Swadhisthana*	**Solarplexus** *Manipura*	**Herz** *Anahata*	**Kehle** *Vishuddha*	**Brauen** *Ajna*	**Krone** *Sahasrara*
Keimdrüsen	Bauchspeicheldrüse	Thymusdrüse	Schilddrüse	Hirnanhangdrüse	Zirbeldrüse
Becken, Genitalien, Fortpflanzungssystem, Bauch, Kreuzbein, Lendenwirbel	Lendenwirbel, Magen, Gallenblase, Leber, Zwerchfell, Nervensystem	Herz, untere Lungen, Brustkorb, Brüste, Brustwirbel, Kreislaufsystem	Arme, Hände, Kehle, Mund, Stimme, Lungen, Halswirbel Atmungssystem	Stirn, Ohren, Nase, Schädelbasis Medulla, Nervensystem	Schädel, Hirnrinde, rechtes Auge
Vitalität, Bewegung, sexueller Ausdruck, »Erdung«	Rohe emotionale Energie, Begehren, persönliche Macht	Liebe, Mitleid, Dienst an der Menschheit	Selbstausdruck, Kreativität, Clairaudience oder Hellhören	Intuition, Intellekt, Clairvoyance oder Hellsehen	Transzendenz Überbewusstsein, spiritueller Seinswille

Register

Für ihre Mitarbeit danken wir:

Hylton Allcock; Miranda Allcock; Janey Arnold; Sharon Bannister; Irma Basson; Carola Beresford-Cooke; Terry Bryan; Peter Camp; Jeoff Canin; Nicky Childs; Elizabeth Courtier; Peter Courtier; Guy Dartnell; Helène Debargé; Fausto Dorelli; Billy Doyle; Geraldine; Duncan Gillies; Jerry Gloag; Usha Gundelach; David Hamilton; Liz Hood; Jeremy Hopkins; Joni; Len Joseph; Michael Lewis; Jan Liberadski; Lucy Lidell; Elaine Liechti; Miren Lopategui; Agnes Maurer; Clare Maxwell-Hudson; Penny McEwan; William McEwan; Anne Neary; Anthony Porter; Katy Pring; Roger Pring; Sally Pring; Sarah Pring; Phil Reynolds; Corinne Roché; Michael Rose; Kali Rosenblum; Michael Selby; Kevin Smith; Peter Sperryn; Nigel Stainton; Tom Sturgess-Lief; Sara Thomas; Ann Vadgama; Laural Wade; Claire Warburton; Sarah Webster; Rosie Wildwood

Bildnachweis:

International Institute of Reflexology (12/13 o.);
Joseph Regenstein Library, University of Chicago, Illinois (12/13 u.);
Ido No Nipponsha, Tokyo (13 u. r.).